Ángel Gómez Moreno
Claves hagiográficas de la literatura española
(del *Cantar de mio Cid* a Cervantes)

MEDIEVALIA HISPANICA

Fundador y director
Maxim Kerkhof

Vol. 11

Ángel Gómez Moreno

Claves hagiográficas
de la literatura española
(del *Cantar de mio Cid* a Cervantes)

Iberoamericana • Vervuert • 2008

Bibliographic information published by Die Deutsche Nationalbibliothek.
Die Deutsche Nationalbibliothek lists this publication in the Deutsche
Nationalbibliografie; detailed bibliographic data are available on the Internet at
http://dnb.ddb.de

© Iberoamericana, 2008
Amor de Dios, 1 – E-28014 Madrid
Tel.: +34 91 429 35 22
Fax: +34 91 429 53 97
info@iberoamericanalibros.com
www.ibero-americana.net

© Vervuert, 2008
Elisabethenstr. 3-9 – D-60594 Frankfurt am Main
Tel.: +49 69 597 46 17
Fax: +49 69 597 87 43
info@iberoamericanalibros.com
www.ibero-americana.net

ISBN 978-84-8489-377-6 (Iberoamericana)
ISBN 978-3-86527-402-1 (Vervuert)
Depósito legal: M. 42.037-2008

Diseño de Portada: Michael Ackermann

The paper on which this book is printed meets the requirements of ISO 9706

Impreso en Closas-Orcoyen, S. L.

A la memoria de Domingo Ynduráin, un maestro que marcó a toda mi promoción.

A la memoria de John K. Walsh, adelantado en el estudio de la materia hagiográfica.

A MODO DE PRESENTACIÓN

Hace mucho que anhelaba escribir algo parecido a las líneas que aquí les ofrezco; sin embargo, lo impedían mis obligaciones regulares como investigador (pues no había vuelto sobre el asunto en los últimos doce años) y otras que debería calificar de extraordinarias (aunque en puridad ya no lo sean, pues las tareas administrativas han absorbido gran parte de mi jornada diaria en los últimos diez años). Tras acercarme por vez primera a la materia hagiográfica por medio de la leyenda de san Vitores burgalés,[1] me parecía inevitable una inmersión en profundidad, con la que procuraría mostrar la importancia que las vidas de santos tienen en el estudio de la literatura en su conjunto; un estudio que vendría a colmar, de algún modo, una laguna obvia en el caso español y que a mí, particularmente, me serviría para conocer mejor un universo cultural que ofrece claves poéticas permanentes, de conjunto o de detalle, de estructura y de estilo. ¿Por dónde comenzar? A esta pregunta obligada sólo podía darle entonces, y puedo darle aún hoy, una respuesta insatisfactoria, si es que no claramente confusa; no obstante, lo primordial tenemos que buscarlo —y a este respecto, no albergo ninguna duda— antes en los textos de las *vitae* que en la bibliografía que las estudia.[2]

---

[1] Me refiero a mi trabajo «Leyenda y hagiografía: el caso de San Vitores», *La légende. Anthropologie, Histoire, Littérature* (Madrid: Casa de Velázquez/Universidad Complutense, 1989), pp. 173-191. El testigo lo han tomado Marco A. Gutiérrez, *Pasión, historia y vida de san Víctor[es]* (Cerezo de Río Tirón: Excmo. Ayuntamiento de Cerezo de Río Tirón, 2004), y Fernando Baños Vallejo, «San Vitores en otro incunable: texto e imagen», en Rafael Alemany, Josep Lluís Martos y Josep Miquel Manzanaro, eds., *Actes del X Congrés Internacional de l'Associació Hispànica de Literatura Medieval (Alacant, 18-22 de setembre de 2003)* (Alacant: Institut interuniversitari de filologia valenciana, 2005), pp. 341-353; y «San Vítores en otro incunable (II): Edición de Juan de Burgos (1499)», *Archivum*, 54-55 (2004-2005), pp. 395-419.

[2] Propiamente, los antecedentes de este libro son tres trabajos propios, que me han permitido avanzar en la materia antes de llegar al punto en que ahora lo dejo: «La hagiografía, clave para la ficción literaria entre Medievo y Barroco (con no pocos apuntes cervantinos)», *Edad de Oro*, 23 (2004), pp. 249-277; «La virtud del santo en la ficción

Ahora bien, limitarse de entrada a las fuentes primarias *ante omnia* supone acometer una tarea igualmente inabarcable, como enseguida se comprobará según vaya aludiendo a las principales colecciones de obras hagiográficas. Sería perfectamente posible, eso sí, quedarse tan sólo con las *vitae* y *passiones* hispánicas, ya que son limitadas en número; con ello, sin embargo, no se haría más que empobrecer este estudio, quitar cualquier interés a los datos en él reunidos y, al fin y al cabo, desvirtuarlo por completo. ¿Qué más da cuál sea el origen de tal o cual leyenda hagiográfica? Lo que importa es su difusión por la Península Ibérica y la huella que haya podido dejar en nuestra literatura. Tampoco parece razonable quedarse sólo con los textos vernáculos, pues el tipo de influjo que aquí persigo se ejerce por igual desde el latín y desde el romance. Al respecto, cabe añadir, además, que ni siquiera este corpus es fácil de controlar, pues a los primitivos relatos exentos (compuestos tanto en prosa como en distintas formas de la poesía narrativa), ciertamente limitados en número, hay que sumar el vastísimo universo de las compilaciones castellanas, entre el cerrado ramaje de la *Legenda aurea* y las colecciones quinientistas, con la espléndida labor de Pedro de Ribadeneira.[3]

No, ningún investigador con una mínima prudencia se limitará a unas u otras, y eso a pesar de que la consideración de este conjunto de materiales, y nada más que de ellos, se presenta ya como una tarea capaz de sepultar al estudioso más fuerte y abnegado. Pero ni tan siquiera bastará con ello, como digo, pues resulta obligado adentrarse en un sinfín de leyendas hagiográficas, algunas de las cuales se antojan ajenas por completo, o bien revelan un contacto mínimo o tangencial, respecto de la cultura, el arte y la literatura hispánicas. Si eso es así en lo que atañe a las fuentes primarias, es fácil imaginar el panorama que ofrecen las fuentes secundarias o referenciales: una lista verdaderamente interminable de títulos en todas las lenguas de cultura. Como botón de muestra, invito a echar una simple ojeada al fichero que bajo la voz *Hagiography* ofrece la base de datos electrónica de la Modern Language Association. El resultado es sencillamente apabullante, aunque mucho peor se antoja realizar esa misma consulta en el maremágnum de Google. Y no queda ahí la cosa, ya que el trabajo que ahora leen tiene en la hagiografía uno de los

---

épico-novelesca», en Pedro M. Piñero Ramírez, ed., *Dejar hablar a los textos. Homenaje a Francisco Márquez Villanueva* (Sevilla: Universidad de Sevilla, 2005), vol. I, pp. 77-93; y «Cervantes y las leyendas de los santos», en Ángeles Varela Olea y Juan Luis Hernández Mirón, eds., *Huellas de Don Quijote. La presencia cultural de Cervantes* (Madrid: Instituto de Humanidades Ángel Ayala/Fundación Universitaria San Pablo CEU, 2005), pp. 59-82.

[3]   Desde esta primera cita, regularizo en su forma más común el nombre de este erudito áureo, que otras veces aparece como *Rivadeneira*, *Ribadeneyra* o *Rivadeneyra*.

dos elementos de contraste; el otro, igualmente inconmensurable, lo ofrece la literatura hispánica (y a ratos la europea), más que española, entre el Medievo y el Barroco. Es más, ni tan siquiera me ha bastado con la literatura, pues he ido reuniendo referencias de tipo artístico, cultural, folklórico y hasta antropológico. Metidos de lleno en el universo de la antropología, vienen muy bien todas las pinceladas que se den, con unos colores que unas veces son los de la literatura latina clásica; otras, los de las literaturas románicas; otras, los de la literatura comparada; otras, los de la cultura oral, etc. Por ello, puedo decir que he ampliado, decidida y conscientemente, el espectro de una investigación con respecto a la que —es de ley reconocerlo— la mía queda en deuda parcial (iré descubriendo otras tantas sobre la marcha): la de Julia Reinhardt Lupton, cuyo libro atiende a las literaturas europeas del Trecento al Cinquecento, aunque su relación de títulos sea muy selecta y sólo se mueva entre la literatura italiana y la inglesa.[4]

Así las cosas, reconozco que esta investigación es paradójica en sus fundamentos y apariencia, ya que se produce un marcado contraste entre la extraordinaria riqueza de la materia de la que aquí me ocupo y la brevedad del libro que tienen en sus manos. Detrás hay, y espero que lo perciban, innumerables lecturas, que no he cesado de cultivar durante el largo tiempo que he dedicado a esta investigación. Es más, esta materia es de esas que no se pueden improvisar de la noche a la mañana; es de las que atrapan a quienes a ella se entregan, pues para rentabilizar el enorme esfuerzo que supone ejercer un cierto control sobre ella, es obligado adquirir el compromiso previo (aunque silente y personal, se trata sin duda de un compromiso, de un verdadero pacto, al fin y al cabo) de no abandonarla nunca de ahí en adelante. Este libro no es más, por lo tanto, que una meta parcial, un jalón importante en mi dedicación a los estudios sobre hagiografía, un manifiesto en el que revelo mi pasión por el asunto y mis deseos de profundizar en él y, en definitiva, de aprender mucho más de lo que ahora sé.

Ahora bien, tras este libro hay mucho más que eso. Lo que importa en él no es el dato aislado: la línea directriz por la que discurro me lleva a destacar el

---

[4]   *Afterlives of the Saints: Hagiography, Typology, and Renaissance Literature* (Stanford: Stanford University Press, 1996). Su propósito es rastrear «the residual presence of hagiography and typology in the secular literature of the Renaissance» (p. xxi). A decir verdad, y a pesar del propio título, las citas de esta estudiosa van del Medievo a nuestros días; además, no duda en salirse de la literatura e inmiscuirse, atinadamente, en las artes plásticas del Renacimiento. Tal vez, en lo que más distante me halle de Lupton sea en el método, ya que, más que simples motivos o ecos, lo que ella busca, guiada en todo momento por Lacan y otros teóricos, es la huella del tipo o patrón hagiográfico en lugares como la célebre galería de retratos de Giorgio Vasari (capítulo VI).

carácter seminal de la materia hagiográfica y a denunciar, por ello, su llamativa marginación por parte de Ernst Robert Curtius en *Literatura Europea y Edad Media latina* (1948).[5] Sorprende, ciertamente, que en la búsqueda y en la determinación de nexos entre el legado clásico y las literaturas modernas, el erudito alemán silenciase casi por completo las vidas de santos, aun cuando su capacidad para acarrear y transmitir material literario apenas si resiste comparación. Al respecto, no soy tan cándido como para pensar que Curtius no estaba suficientemente avisado sobre la riqueza de la literatura hagiográfica y los infinitos trabajos sobre ella escritos por unos estudiosos pertenecientes en su mayoría al clero católico (aunque tampoco hayan faltado en ningún momento investigaciones llevadas a cabo por investigadores laicos o vinculados a distintas confesiones). En realidad, lo que veo tras la que considero una marginación consciente del material hagiográfico desde sus raíces no es más que el resultado del divorcio cultural que supuso para Europa la Reforma quinientista, el abandono de un legado común por parte de la inteligencia luterana, que abjuró de la *Legenda aurea* y su linaje literario.

En ese alejamiento o puesta en cuarentena de las *vitae*, Lutero contaba con la compañía de otros grandes valedores de la magna transformación religiosa del siglo XVI. En esa acometida, no sólo hubo teoría sino acción, como la que llevó a los anglicanos a profanar la tumba y robar las joyas de san Cuthberto en 1542 (por fortuna, los monjes se habían llevado antes los restos incorruptos del santo, que, en opinión de muchos, corresponden a los encontrados en 1827) o a abrir con idéntica intención la de santo Tomás Becket, por esas mismas fechas, tras haber destruido antes su santuario por orden de Enrique VIII (su orden de supresión de las órdenes religiosas y de desamortización de sus bienes, de 1536, supuso el principal acicate para tales desmanes). Del mismo modo, en 1562 los calvinistas sacaron de su tumba los restos de san Ireneo (muerto hacia el 202), que se custodiaban en la iglesia de Lyón que lleva su nombre; los de san Germán de Auxerre (muerto en 448), por su parte, fueron profanados en 1567 en la abadía de san Germain, situada en la propia ciudad de Auxerre; en fin, la sepultura de santa Gúdula de Bruselas (muerta hacia el 711) fue profanada por los mismos hugonotes en la capital belga en 1579. Disponemos de infinitos testimonios en ese mismo sentido, como cierto escrito de Thomas Becon, *The acts of Christ and of Antichrist*, publicado en 1563, en que presenta al Anticristo entremezclando su funesta doctrina con narraciones extraídas del dominico Jacobo de Vorágine y los martirologios («Antichrist commandeth his praters to

---

[5]   En uno de mis primeros artículos procuré complementar el libro de Curtius en uno de sus *loci communes* más conocidos: «Una forma especial del tópico de modestia», *La Corónica*, 12 (1983), pp. 71-83.

set forth to the people his laws and decrees, and to intermeddle them with tales out of *Legenda Aurea*, and narrations out of the Festival, Martyrology, etc.»);[6] con ellos, estaban también los reformistas que no habían llegado a apartarse por completo de Roma, con Erasmo al frente de todos. A este respecto, viene bien recordar cuáles eran las señas de identidad de Curtius, pues el gran sabio alemán había nacido en 1886 en la ciudad de Thann en la familia de un reputado teólogo protestante.[7]

No es excesivo, por ello, suponer la existencia de unos prejuicios que hubieron de pesar lo suyo sobre Curtius al redactar su *opus magnum* y que, al fin y al cabo, determinaron extraordinariamente su percepción de la alta cultura derivada del trasvase del legado clásico a la modernidad. En su ideario, contaban san Agustín, Capella, Boecio o san Isidoro; sin embargo, las *vitae sanctorum* discurrían para Curtius por unos cauces muy próximos, pero, eso sí, casi siempre rigurosamente paralelos a la *main stream* de la cultura occidental. Es más, cuando aborda la obra de san Jerónimo, que es uno de los autores más frecuentemente citados en su libro, no lo hace a través de su espléndida obra hagiográfica, de unas fundamentales *Vitae patrum* de todo punto básicas para los estudiosos de la materia, que de continuo aluden al conocido como *Martirologium Hieronymianum* (no debo ocultar, no obstante que ésta es una compilación del siglo V atribuida sin ningún fundamento al santo). Más me sorprende el uso limitado —a decir verdad, ni tan siquiera tangencial— que Curtius hace de la materia hagiográfica por el hecho de estar atendiendo a menudo a intelectuales que destacaron precisamente por su labor hagiográfica. Pienso, por poner un ejemplo especialmente rotundo, en Venancio Fortunato (*c*. 530-610), al que Curtius cita de continuo, pero no, precisamente, por sus escritos hagiográficos, cuando, fuera de ellos, la magna obra en prosa y verso de quien llegara a ser obispo de Poitiers se queda en nada. Ésta que parece ser la regla de oro del erudito alemán sólo la quebrantó, y para acertar por cierto, al atender a la figura de san Martín de Tours, primero de todos los santos fran-

---

[6]   Tomo esta reveladora cita de *The Acts of Christ and of Antichrist*, en John Ayre, ed., *Prayers and Other Pieces of Thomas Becon, S. T. P.* (Cambridge: University Press, 1844), p. 519; no obstante, luego he podido leer el texto completo en Internet, toda vez que algún milenarista actual ha recogido gran parte de la literatura reformista en que se alude al advenimiento del Anticristo: http://www.iconbusters.com. Como me recuerda Antonio Cortijo, los fundamentos religiosos de la leyenda negra eran dos básicamente: el sentimiento papista de los españoles y su devoción obsesiva por las reliquias (para abundantes testimonios en este sentido, consúltese la sección Leyenda Negra de la revista electrónica *e-Humanista*).

[7]   Me aprovecho de la semblanza escrita por Heinrich Lausberg, *Ernst Robert Curtius (1886-1956)* (Stuttgart: Franz Steiner Verlag, 1993).

ceses, y al ocuparse de la *Vita Martini* (396) de Sulpicio Severo, que fue quien la dio a conocer a todo Occidente.[8]

De ahí, de esa joya de la literatura hagiográfica de todos los tiempos, tomó Curtius la materia para un importantísimo —a pesar de su brevedad— complemento a su libro, concretamente su excurso cuarto, dedicado nada menos que a la comicidad hagiográfica. Más adelante veremos lo importante que resulta la consideración de este ingrediente particular; lo cierto, no obstante, es que, de haber frecuentado esta materia, Curtius habría contado con un reservorio inagotable que le habría ayudado a resolver numerosos problemas genéticos o exegéticos de aquella literatura europea que se constituye en eso que en tantas disciplinas científicas y humanísticas se conoce como *target*. Por todo ello, desearía —y es una propuesta que hago con toda la modestia que pueda imaginar el lector— que, en el presente librito, se vea una suerte de pequeño complemento a esa magna obra histórico-filológica. Así pues, tienen en sus manos una humilde apostilla a Curtius, aunque no sólo eso.

Y es que, al mismo tiempo, he pretendido mostrar lo estériles que resultan los esfuerzos del historiador de la literatura si no se atreve a explorar unos territorios que no son propiamente los suyos, aunque le quedan próximos, y que más que amplios cabe tildar de infinitos, como son los pertenecientes al folklore y, en términos generales, a la pura antropología. Porque la leyenda hagiográfica, en algún punto de su larga trayectoria, en sus ires y venires, acaba por encontrarse inevitablemente con los modos de vida y las creencias de los pueblos, en las tierras en que surgió o por las que se expandió la fe cristiana. Cada vez que me he adentrado por tales derroteros, me he sentido empequeñecer porque me daba cuenta de lo poco que sabía, de lo poco que sabemos todos en realidad; sin embargo, a la vez sentía cómo iba cobrando mayor seguridad al reunir datos y referencias tan ricos y precisos como los que resultan de cualquier incursión por ese territorio erudito, de dimensiones prácticamente inabarcables. La única frustración radica en el hecho de que estoy convencido de que no siempre he sabido llegar hasta esa ficha última —¿dónde estaría esperándome?— que habría fortalecido una hipótesis de trabajo concreta; no obstante, tengo la profunda convicción de que no podía ser de otro modo y de que he asumido esta limitación o miseria de mi método de investigación con plena conciencia de lo que estaba haciendo y del lío en que estaba metiéndome.

---

[8]   Por cierto, el inicio en la relación entre Venancio Fortunato y san Martín de Tours, que aquí me interesa en varios sentidos, nos lleva al año 595, en el que aquél visitó la tumba de san Martín para darle gracias porque creía que, gracias a su intercesión, habían sanado sus ojos. Los principales patrones hagiográficos están claramente recogidos en Thomas J. Heffernan, *Sacred Biography: Saints and Their Biographers in the Middle Ages* (New York: Oxford University Press, 1988).

Conocedor de esta realidad inobjetable, me he entregado a la búsqueda de claves interpretativas en una gran diversidad de fuentes de información; tantas que se antojan prácticamente inacotables e inagotables. En tales casos, la frustración parcial encuentra alivio en el dato anhelado que viene a apuntalar alguna de las *vitae* de mayor interés, que no son sino aquellas que con mayor profundidad y amplitud penetraron en la ficción literaria de los siglos que me ocupan. A la par, siempre que lo he considerado necesario me he parado a determinar los motivos exactos sobre los que se monta una *vita* para perseguir luego su presencia en el vasto ámbito de la ficción literaria. A tal efecto, he contado con la herramienta de referencia obligada para estos casos: el vademécum de Frederic C. Tubach, *Index exemplorum. A Handbook of Medieval Religious Tales.*[9] Creo que, a la luz de los resultados obtenidos, el lector echará de ver rápidamente hasta qué punto es conveniente una prospección de esta naturaleza.

A veces, no obstante, el panorama que se nos ofrece es tan confuso que espanta. Valgan los casos, harto frecuentes, en que el dato extraído de una *vita* determinada lo encontramos en una variedad de obras literarias que se ofrecen dispersas en términos genéricos, geográficos y cronológicos; si además el folklore hace guiños al estudioso desde uno o varios rincones, es prácticamente inevitable plantearse un enigma irresoluble: ¿qué va antes y qué después? Aunque la cronología podría dar pistas más o menos seguras en alguna de esas direcciones (en los caminos que van desde la literatura hagiográfica a la ficción literaria, y al contrario), la presencia de ese tercer referente comporta dudas a las que difícilmente se puede dar solución, ya que el folklore y la oralidad suelen escapar al ojo del investigador, por muy avezado que se muestre para el análisis literario. Así las cosas, de continuo se impone una prudencia que lleva a establecer influjos, apoyos y cruces de tipo intraliterario, pero sin obsesionarse por marcar prioridades cronológicas o establecer tradiciones claras. Nuestros desvelos, admitámoslo honestamente, no pueden ir mucho más lejos; su fruto, por otra parte, no resulta en absoluto estéril cuando se procura un conocimiento más profundo y preciso de las obras literarias; o, en atención a

---

[9] *Index exemplorum. A Handbook of Medieval Religious Tales* (Helsinki: Academia Scientiarum Fennica, 1981). La extraordinaria amplitud y minuciosidad de sus índices ha sido la razón que me ha refrenado al documentar todos y cada uno de los motivos recogidos por este estudioso a partir de un total de 37 colecciones. Ahora, el investigador cuenta con el auxilio del *Thesaurus Exemplorum Medii Aevi*, dirigido por Jacques Berlioz, Marie Anne Polo de Beaulieu y Pascal Collomb, accesible en la siguiente dirección electrónica: http://gahom.ehess.fr/thema. Resta decir que Maria Jesús Lacarra y Juan Manuel Cacho Blecua, dos de nuestros grandes expertos en relato breve medieval, participan en tan fundamental proyecto.

nuestra particular piedra de toque, cuando se pretende captar la esencia de la propia materia hagiográfica.

Una última advertencia: el libro que les ofrezco no sólo es ligero por el número razonable de sus páginas sino que lo es también, intrínsecamente, tanto por el control del número de las fichas bibliográficas que incorpora (que queda extraordinariamente lejos de las revisadas para la ocasión y, por supuesto, a distancia remota del ingente corpus bibliográfico que cabría reunir con relación a la hagiografía) como, y sobre todo, por apelar a la versión vulgata de cada vida siempre que ésta existe o cuando ha sido posible establecerla (generalmente suele haberla para la mayoría de las leyendas de que me he servido gracias a los *flores* de la época, entre Jacobo de Vorágine y Pedro de Ribadeneira y sus continuadores). Cuando no ha sido así, he procurado especificar la fuente concreta de la que he partido o a la que me he referido en un momento determinado del presente libro. Por supuesto, a nadie ha de escapársele que un estudio filológico riguroso y detallado de estas leyendas (algo que en ningún momento he pretendido ofrecer en este volumen, cuya redacción ha sido posible gracias a otros estímulos e intereses) pasa por revelar con exactitud las fuentes primarias utilizadas y por buscar apoyo en un aparato crítico que, dada la materia, ha de ser de considerable magnitud. Precisamente, este modo de proceder marca dos épocas en la labor que los bolandistas desarrollaron en sus *Acta Sanctorum*, ya que sólo aportaron los datos a que me refiero desde 1887; con todo, como justo homenaje a los hagiógrafos renacentistas y barrocos, el lector debe saber que ese prurito científico había ido imponiéndose de manera paulatina gracias a Luigi Lippomano y Lorenzo Surio y a sus más conspicuos seguidores, con Pedro de Ribadeneira al frente. Aunque entre citas internas y ladillos, sus fichas suelen —y nada más que eso— ofrecer información al respecto, ninguno de ellos reveló sus fuentes de una manera ordenada y sistemática.

Queda, así pues, avisado el lector sobre el método seguido al agavillar los datos y compilar el material que constituye mi trabajo. Ahora, sin más dilación, hago entrega de este primer fruto granado de mis investigaciones hagiográficas. Por lo que me toca, sólo puedo añadir que me falta muchísimo que aprender y que, por ello, retorno a mis lecturas sobre los santos y sus leyendas. Las ideas que se han ido asentando en mi cabeza y que he pretendido transmitir en mi libro derivan justamente de la lectura de una larga serie de documentos, entre fuentes primarias y referenciales, que citaré cada vez que convenga. ¡Pero son tantas las que me quedan por ver! Tanto o más, si cabe, se ha ido cocinando en mi particular *officina* a partir de conversaciones orales o epistolares con varios de mis amigos. Sus ideas, fichas bibliográficas y avisos han sido tales que me obligan a confesar mi insolvencia para satisfacer, hoy o mañana, la deuda adquirida. José Manuel Pedrosa, Rebeca Sanmartín Bastida, Antonio Cortijo Ocaña y Hernán Sánchez Martínez de Pinillos leyeron una primera versión de este libro y me hicieron interesantísimos comentarios. Ya próximo a acabar la tarea, y por cuanto estaba informado de su sabiduría y generosidad extremas (y repárese en que virtudes son ambas de santo), procuré el auxilio de José Aragüés Aldaz; de resultas de ello, me apabulló con un rosario de glosas a mi original, unas finísimas observaciones que he procurado plasmar allí donde era necesario. En fin, la deuda adquirida con mi mujer, Teresa Jiménez Calvente, es de todo orden, pues ha soportado mis obsesiones hagiográficas a lo largo de estos años, ha leído el original en las varias fases o estadios por los que ha atravesado y me ha iluminado con unas referencias siempre certeras a leyendas literarias que van mucho más allá de su ámbito de trabajo natural. Gracias, queridos todos.

1.

LA HAGIOGRAFÍA, UN ÚTIL PARA EL ANÁLISIS LITERARIO

A nadie se le escapa el influjo formidable que la Biblia ejerció sobre la literatura occidental a lo largo de los siglos. Es más, cada vez que se llevan a cabo calicatas en profundidad —en clave literaria, histórica o, de manera mucho más comprehensiva, antropológica—, se perciben nexos tan ricos como variados entre las culturas del Mundo Antiguo en el amplio marco del Mediterráneo Oriental; no obstante, el resultado de tales indagaciones se revela igualmente deslumbrante cuando se sobrepasan tales jalones espacio-temporales.[1] En todos los sentidos indicados, sólo sé de otro filón comparable por su abundancia y diversidad en materiales de esa misma naturaleza: las vidas de santos.[2] Así las cosas, es de desear que el lector tome buena cuenta de este hecho y que, desde ese momento, sepa aprovecharse de una idea básica que guiará mis pasos en las páginas que siguen: la incorporación de la hagiografía al arte literario en sus diversas formas y los infinitos engarces que aquélla

---

[1]   Para una aproximación al fenómeno, recomiendo revisar las fichas bibliográficas reunidas por Alan Deyermond, «La Biblia como elemento unificador y divisoria en la literatura castellana medieval», en A. Pérez Jiménez y G. Cruz Andreotti, eds., *La Religión como Factor de Integración y Conflicto en el Mediterráneo* (Madrid: Ediciones Clásicas, 1996), pp. 127-156.

[2]   Por supuesto, la Biblia es, también en este caso, uno de los principales dadores de materia o inspiradores, como ha recordado Baudoin de Gaiffier, «Miracles bibliques et Vies de saints», en Baudoin de Gaiffier, ed., *Études critiques d'hagiographie et d'iconologie* (Bruxelles: Société des Bollandistes, 1967), pp. 50-61. Con esta idea en mente, se han escrito numerosos trabajos, algunos con enfoques tan a la moda como los *gender studies*, como vemos en Lynda L. Coon, *Sacred Fictions: Holy Women and Hagiography in Late Antiquity* (Philadelphia: University of Pennsylvania Press, 1997), particularmente en los capítulos 2 y 3.

manifiesta respecto del folklore aconsejan un uso permanente y generalizado por parte de los estudiosos.[3]

A decir verdad, uno de los errores más comunes y perniciosos es el que ha llevado a aplicar los conocimientos sobre la materia hagiográfica al estudio exclusivo de las vidas de los santos y casi siempre desde un enfoque religioso. Al hacer esta afirmación, pienso sobre todo en los bolandistas,[4] en su fascinante y, en buena medida, frustrante empresa, que ha consistido desde siempre en deslindar una supuesta ficción de la que al final acaba por revelarse como una realidad histórica igualmente supuesta, en un universo en el que la repetición de patrones y la duplicación de figuras, modos y circunstancias (de naturaleza literaria muy diversa dentro del ámbito del relato breve, de raigambre folklórica o hagiográfica, pues la hagiografía dispone de su propio venero para incrementar el caudal de toda vida sagrada) se constituyen en los mecanismos característicos de su poética.[5] Este principio no sólo es propio de las viejas *vitae*; al contrario, se reforzó aún más en la era moderna, dadas las necesidades de los hagiógrafos frente al ataque de la Reforma quinientista. [6]

---

[3] Al inicio, todo investigador que se adentre en el género de las *vitae sanctorum* debe tener en cuenta las investigaciones del sabio jesuita Hippolyte Delehaye (1859-1941), en especial a través de su esencial *Les legendes hagiographiques* (Bruxelles: Société des Bollandistes, 1905), cuyo texto fue revisado y ampliado en sucesivas ediciones.

[4] Recordemos que a ellos, los herederos espirituales e intelectuales de Jean Bolland (1596-1665) y Daniel Papebrock (1628-1714), se adelantaron algunos representantes de la reforma religiosa del siglo XV y del temprano siglo XVI, que contaron también con antecedentes lejanos del tipo del *De pignoribus sanctorum* de Guibert de Nogent, escrito en torno a 1120 y estudiado por Colin Morris, «A Critique of Popular Religion: Guibert of Nogent on the Relics of the Saints», en G. J. Cuming y Derek Baker, eds., *Popular Belief and Practices* (Cambridge: University Press, Studies in Church History, 8, 1972), pp. 55-60; para la puesta en cuarentena en el Medievo tardío de muchas de las vidas transmitidas por Jacobo de Vorágine, véase Sherry L. Reames, *The Legenda Aurea. A Reexamination of Its Paradoxical History* (Madison: The University of Wisconsin Press, 1985).

[5] Ésta es su esencia desde el puro comienzo de la materia hagiográfica, como recuerda André Vauchez: «D'autre part, les textes qui nous ont transmis l'essentiel de ces récits obéissent à des règles, dont la principale est la volonté de l'auteur de rendre son héros aussi conforme que possible à un modèle reconnu», en «Le miracle dans la Chrétienté Occidentale au Moyen Âge entre vie sociale et expérience religieuse», en Denise Aigle, ed., *Miracle et Karama. Hagiographies médiévales comparées* (Turnhout: Brepols, 2000), pp. 37-50 [37]. Para profundizar en esta materia, recomiendo la lectura de Benedicta Ward, *Miracles and the Medieval Mind. Theory, Record and Events, 1000-1215* (Philadelphia: University of Pennsylvania Press, 1987, 2ª ed.).

[6] El fenómeno ha interesado a una larga nómina de estudiosos, aunque me basta con señalar lo dicho al respecto por José Luis Sánchez Lora, *Mujeres, conventos y formas de la religiosidad barroca* (Madrid: Fundación Universitaria Española, 1988).

Por supuesto, en esas adherencias de las que los bolandistas pretendían desprenderse está precisamente el principal atractivo para un estudioso que aborda la materia hagiográfica desde nuestra orilla. No extrañará que las más interesantes para la ocasión resulten ser las leyendas correspondientes a santos que nunca existieron o bien aquellas otras con una carga tan elevada de material literario y folklórico que han despertado dudas sobre su autenticidad. Tampoco costará entender que algunas de las *vitae* más apasionantes correspondan a santos de los llamados *extravagantes*, recogidos en sección diferenciada por Alonso de Villegas y Pedro de Ribadeneira y estudiados en obras tan ricas como la de Philippe Ferrari (el *Catalogue général des saints qui ne sont pas au martyrologe romain* de 1625), uno de los blancos predilectos del bolandismo en su búsqueda de material espurio. Me interesan mucho, aunque no tanto para la presente ocasión, los arranques racionalistas prerreformistas y prebolandianos, a la manera de Nicolás de Cusa, quien, en los *Synodi Brixinenses*, prevenía al clero para que no incluyese en sus prédicas algunas de las vidas sagradas de las que me ocuparé precisamente en varios momentos del presente libro: «Item ne populo praedicentur superstitiosa, quae in legenda Lombardica habentur de S. Blasio, Barbara, Catharina, Dorothea, Margarita, etc.».

Como digo, noticias como éstas son verdaderamente relevantes cuando se pretende seguir la evolución de la cultura occidental, pero apenas si importan cuando lo que se tiene en mente es un propósito como el que a aquí me mueve. No obstante, hay que decir que esa voluntad reduccionista en el uso de las *vitae* no sólo es característica de la Iglesia Católica;[7] en realidad, idéntico ha sido el modo de proceder por parte de la erudición histórico-filológica siempre que se ha servido de la hagiografía para estudiar la literatura a ella vinculada (muy rica, por cierto) en sus distintas manifestaciones y formas, pero nada más que para eso. ¿Por qué se ha obrado de ese modo? Tal vez porque quienes se han ocupado de la literatura en sus varias formulaciones han sentido verdadera pasión al buscar sus herramientas y claves en la mitología, en el folklore o en la literatura universal; sin embargo, hasta hace unas pocas décadas el hartazgo que se derivaba de un consumo abusivo de las vidas de santos, como lectura para laicos o para religiosos, llevó a su inevitable rechazo, con unos resultados verdaderamente perniciosos para las investigaciones histórico-filológicas, como intentaré mostrar a lo largo de los capítulos que siguen. En particular, no

---

[7] No diría toda la verdad si no reconociese que los intelectuales católicos han sido de los primeros en enfocar las *vitae* de distintas épocas con el prisma de la Antropología o de la Historia de las Mentalidades. Como botón de muestra, véase Teófanes Egido, «Hagiografía y estereotipos de santidad contrarreformista (La manipulación de san Juan de la Cruz)», *Cuadernos de Historia Moderna*, 25 (2000), pp. 61-85.

podía ser de otro modo cuando el estudioso de turno había pasado largos años en un seminario, circunstancia ésta de lo más común en la España que va desde la inmediata Posguerra hasta los años sesenta o incluso setenta.

Frente a ese modo de proceder, cada vez resulta más obvia la conveniencia de convertir la hagiografía en una herramienta de análisis permanente para los estudiosos de muy diversos ámbitos, y no pienso sólo en aquellos ligados al universo de las Humanidades;[8] de hecho, el recurso a principios antropológicos, ciertamente obligado para el especialista de la materia que me ocupa, lleva al dominio de las Ciencias Sociales; por fin, las *vitae sanctorum* o *patrum* ofrecen lecciones formidables hasta para el psicólogo y el psiquiatra, con lo que, de seguir con la división actual en los grandes campos del conocimiento, se constituyen incluso en un objeto de atención primordial para las Ciencias de la Salud. Como quiera que sea, de venir a nuestra especialidad, no cabe sino reconocer que nos hemos despistado por demasiado tiempo y que no nos hemos servido de este precioso útil como habría sido de desear; de hecho, las vidas de santos no sólo merecen mayor atención por sus propios méritos literarios —que los tienen, y muchos, en cualquiera de las lenguas clásicas o vernáculas—, sino por su continuo influjo sobre el conjunto de la literatura, por la interrelación que manifiestan en ambas direcciones (pues queda claro que no sólo influyeron en la literatura sino que ellas mismas se vieron impregnadas por la literatura una y otra vez), y a fin de cuentas por su propios orígenes, que invitan a considerar un sinfín de tradiciones culturales en un espacio tan vasto que de él se puede decir que no conoce fronteras.[9]

---

[8] Ello obliga, en primer lugar, a prestar mayor atención a la materia hagiográfica y, sólo luego, a aplicar las ideas extraídas, en atención a su forma, temas y motivos, al resto de los géneros literarios. Por ahora, sólo podemos consolarnos con el hecho de que, en el medievalismo hispánico, las vidas de santos interesen más que nunca, como apunta Fernando Baños Vallejo, «El conocimiento de la hagiografía medieval castellana. Estado de la cuestión», en Marc Vitse, ed., *Homenaje a Henri Guerreiro. La hagiografía. entre historia y literatura en la España de la Edad Media y del Siglo de Oro* (Madrid/Frankfurt am Main: Iberoamericana/Vervuert Verlag, 2005), pp. 65-96. Este mismo investigador pide, con razón, un hueco para las *vitae* en nuestros estudios literarios, en «El canon de la hagiografía medieval castellana y la coordinación en la edición de inéditos», en Mercedes Pampín Barral y Carmen Parrilla García, coords., *Actas del IX Congreso Internacional de la Asociación Hispánica de Literatura Medieval (A Coruña, 18-22 de septiembre de 2001)* (A Coruña: Univerdade da Coruña/Editorial Toxosoutos, 2005), pp. 403-416.

[9] Por supuesto, en el pasado lo normal fue estudiar de modo exento el contenido de las *vitae*, materia que continúa siendo del mayor interés y que sigue atrayendo a algunos destacados estudiosos; a ese respecto, cabe destacar la obra de ese gran especialista en la materia hagiográfico-taumatúrgica que es André Vauchez, *La sainteté en Occident aux derniers*

Por poner un solo ejemplo de lo útil que resulta la hagiografía como herramienta permanente en el análisis artístico, aduciré el dato más sorprendente que se me ocurre: una película dirigida por John Sturges en 1963, con guión que parte de una novela de Paul Brickhill. Se trata de *The Great Scape*, que en español se tradujo literalmente como *La gran evasión*, película en la que uno de los personajes que logran escapar de un campo de concentración alemán es capaz de recorrer kilómetros y kilómetros con destino a la neutral Suiza gracias a que una vaca lo acompaña y le brinda diario sustento con su leche. Pues bien, esta misma estampa nos la ofrece la leyenda del irlandés san Ciarán, Keriano o Querián de Clonmacnoise o Connacht (siglo VI), que marchó de casa cuando era sólo un niño e hizo un larguísimo viaje acompañado de una vaca, de la que obtenía la leche con que se alimentaba. Hasta en circunstancias tan inesperadas como la que acabo de citar salen a relucir los santos y las leyendas que recogen sus vidas y hechos. Frente a este caso, en que percibo un contacto, tal vez indirecto, con una leyenda hagiográfica concreta, hay otros en que sólo me cabe el asombro ante la sorprendente e inesperada repetición de un patrón.

Esto es lo que sucede, por ejemplo, cuando contrasto la vida de san Andrés Corsini (1302-1374) y la película de David Cronemberg *The Dead Zone* (1983), basada en una novela de Stephen King; en ella, a Christopher Walken le corresponde interpretar al héroe: un vidente llamado Johny Smith. El punto de encuentro entre película y *vita* está en la virtud que ambos personajes poseen para captar, nada más verlo, la maldad de un individuo que, pasado el tiempo, querrá llevar la ruina a su nación (así en la leyenda de san Andrés Corsini) o a la humanidad entera (caso éste de la obra de King, pues el mal habita nada menos que en quien está llamado a ser presidente de Estados Unidos). El desarrollo es, eso sí, diferente por completo, toda vez que el personaje de King actúa y conjura el peligro dejando su vida en el empeño; en cambio, el santo a lo más que alcanza es a enunciar tan terrible profecía. Pedro de Ribadeneira nos lo cuenta así:[10]

---

siècles du Moyen Âge d'après les procès de canonisation et les documents hagiographiques (Roma/Paris: École française de Rome, 1981); véase, además, *Saints, prophètes et visionnaires. Le pouvoir surnaturel au Moyen Âge* (Paris: Albin Michel, 1999). En España, este camino tradicional ha sido retomado por varios estudiosos en fecha reciente; a varios de ellos aludiré aún reiteradas veces.

[10] La ficha bibliográfica completa de esta que será mi fuente básica es la siguiente: *Flos sanctorum. De las vidas de los santos, escrito por el padre Pedro de Ribadeneira de la Compañía de Jesús, natural de Toledo. Aumentado de muchas por los PP. Juan Eusebio Nieremberg y Francisco García, de la misma Compañía de Jesús. Añadido nuevamente las correspondientes para todos los días del año, vacantes a las antecedentes impresiones, por*

De Aviñón vino a Florencia, y sanó de hidropesía a un fraile de su orden, que se llamaba Ventura de Pisa. Con estos milagros iva Dios Nuestro Señor descubriendo la santidad del bienaventurado fray Andrés, y no menos con el don de la profecía con que le ilustró; porque haviéndole rogado encarecidamente un amigo suyo que bautizasse a un niño que le havía nacido, y condescendido con su devoción, al tiempo que le sacaba de la pila tubo revelación de Dios del desdichado y triste fin que havía de tener aquella criatura. Enterneciose el santo varón y lloró muchas lágrimas. Y preguntado del padre del mismo niño de la causa de aquel llanto, respondió, aunque de mala gana: «Lloro porque este niño ha nacido para ruina suya y destrucción de su casa». Y assí fue, porque, siendo ya mozo, se conjuró contra su patria y murió a manos del verdugo, con infamia suya y daño de su casa (*Flos*, I, p. 115).

¿Hasta dónde cabe llegar en estos casos? Ya que la prudencia al efectuar prospecciones y la economía al ofrecer resultados deben imperar en toda pesquisa erudita, me siento legitimado a llegar justo hasta aquí, pero no a más. No he podido dejar de unir estos dos testigos, aunque la coincidencia puede ser fruto de esa fuerza creadora de naturaleza antropológica que anima el folklore universal y que, siempre en paralelo, da en un sinfín de manifestaciones poligenéticas. Lo que sí tengo claro es que a ambos les debo anteponer un par de leyendas clásicas: la de Edipo (y nos la encontraremos de nuevo más adelante) y, sobre todo, la de Paris, pues remite directamente a la biografía del citado san Andrés y ayuda a entrever —aunque nada más sea eso— los múltiples vericuetos por los que puede haberse llegado a la idea que anima el libro de King. Ya tendremos ocasión de hablar de ella con más detalle y de enmarcarla entre los sueños premonitorios de una madre respecto de un hijo.

La hagiografía nos ofrece de continuo lecciones de valor excepcional sobre las literaturas española e hispánica, sobre las literaturas románica y universal, sobre la literatura comparada y, al fin y al cabo, sobre lo que no es sino pura antropología. En la diversidad de las vidas de santos, en su carácter multiforme y hasta bastardo, desde un enfoque literario, están algunos de sus principales méritos y valores; ahí hemos de buscar también, de seguro, una de las claves de su todopoderosa capacidad para atraer y atrapar a un público tan amplio

---

el muy reverendo P. Andrés López Guerrero, de la Orden de Nuestra Señora del Carmen, de la Observancia, de la provincia de Castilla. Y en ésta últimamente addicionado con las vidas de algunos santos antiguos y modernos para satisfacer a las piadosas ansias y vivos deseos de tantos como las piden y solicitan, las quales tanto éstas como las del M. R. P. Andrés López Guerrero van anotadas con estas señal: *. Dividido en tres tomos, y cada uno de éstos en cuatro meses del año (Barcelona: Imprenta de los Consortes Sierra, Oliver y Martí, 1790).

como diverso, siglo tras siglo.[11] Sentadas estas premisas, ahora conviene atender, aunque sólo sea por un instante, a un material que servirá, al mismo tiempo, como instrumento y como objeto de análisis. Cuando uno se dispone a hacer precisamente eso, debe obrar con un criterio selectivo en todos los órdenes, pues las fuentes de información para tan abultada materia son prácticamente inagotables (la moderna *Bibliotheca Sanctorum* produce vértigo por sí sola, sin necesidad de aludir a las incontables herramientas de los bolandistas a que aludiré de inmediato);[12] con todo, he atendido a las *vitae* más relevantes para mi propósito y he tenido buen cuidado en no dejar de lado aquellas que más directamente atañen a la literatura hispánica, si bien es cierto que el enfoque que he adoptado ha sido por lo común panrománico.

En mi caso, la criba inicial de materiales ha resultado especialmente difícil y problemática, toda vez que me he inmiscuido de continuo por lugares que quedan fuera del ámbito de las bellas letras, como acabo de indicar. Aunque me he visto obligado a leer y releer textos de toda época, con los *Acta martirum* al frente de todos ellos, mi atención primera ha ido dirigida a las vulgatas medievales, desde las tempranas *vitae* románicas hasta los dispersos *flores sanctorum* del Medievo tardío, cimentados sobre esa formidable matriz que son los 182 capítulos que, inicialmente, incorporó el dominico Jacobo de Vorágine a su *Legenda aurea* (c. 1265), expandidos por la geografía europea en numerosísimos manuscritos, de los que unos mil han llegado a nuestros días.[13] Por cierto, adelanto que tampoco he despreciado el *miraculum* o los *miracula* exentos, atribuidos a tal o cual santo, pues son sin duda uno de los ingredientes básicos

---

[11] A este respecto, considero más que recomendable la lectura de Alain Boureau, «Pour une théorie élargie de la légende religieuse médiévale», *La légende..., op. cit.,* pp. 29-54.

[12] Quiero destacar la utilidad de obras como la del Rev. Sabine Baring-Gould, *The Lives of the Saints* (Edinburgh: John Grant, 1914), cuyos volúmenes han experimentado sucesivas revisiones. Estupendo es el reciente panorama, para un público erudito y en un solo volumen, de Mary-Ann Stouck, *Medieval Saints: A Reader* (Toronto: Broadview Press, 1999). Para el lector especializado, antes de nada recomiendo la lectura de un estudio histórico-sociológico bien digerido, el de Donald Weinstein y Rudolf M. Bell, *Saints and Society: The Two Worlds of Western Christendom, 1000-1700* (Chicago: University of Chicago Press, 1981).

[13] Ahora contamos con la infalible guía que supone el libro verdaderamente necesario de mi buen amigo Duncan Robertson, *The Medieval Saint's Lives. Spiritual Renewal and Old French Literature* (Lexington, Kentucky: French Forum Publishers, 1995); para España, he tenido presente a Fernando Baños Vallejo, *La hagiografía como género literario en la Edad Media. Tipología de doce vidas individuales castellanas* (Oviedo: Universidad de Oviedo, 1989), ahora transformado por completo en *Las vidas de santos en la literatura medieval española* (Madrid: Laberinto, 2003). Para quien conozca estos trabajos, irá quedando claro que me muevo mucho más cerca, por intereses y por método, del primero de los libros citados.

de la *vita* y resultan fundamentales para mi propósito; no obstante, en esta ocasión, no me interesan tanto los milagros aislados o agavillados en colecciones cuanto engastados dentro del relato hagiográfico.[14]

De limitarnos exclusivamente a las letras castellanas, es obligado sobrepasar los títulos de todos conocidos, con la obra de Berceo u otros documentos tan madrugadores como la *Vida de santa María Egipciaca*, todos ellos beneficiarios directos del desarrollo de las colecciones de *vitae* latinas entre los siglos X y XII; además, hay que tomar en consideración el refuerzo adicional que supuso el nacimiento de las órdenes mendicantes y el nacimiento de la literatura de *summae*, cuyo epicentro hay que situar en el siglo XIII.[15] Precisamente, la *Legenda aurea* de Jacobo de Vorágine, punto de partida para buena parte de mis pesquisas en el presente estudio, tiene una data imprecisa que situamos aún hoy en las medianías del siglo XIII. Un vistazo a lo que viene después revela de inmediato lo que la experiencia confirma: el estudio de esta materia obliga a realizar un formidable esfuerzo de revisión textual entre el final del siglo XIII y las postrimerías del siglo XVI, o lo que es lo mismo, desde los años en que se inició la expansión de la obra de Jacobo de Vorágine (presente casi por principio en cualquier biblioteca de la Baja Edad Media), a través del dilatado marco temporal que va de las décadas correspondientes a la *devotio* cuatrocentista, y a través de la gran Reforma del siglo XVI, hasta un final de centuria marcado ideológicamente por el Concilio de Trento (1545-1563).

De seleccionar un puñado de autores y títulos, ha de hacerse referencia obligada a una serie de hitos literarios posteriores a Jacobo de Vorágine, aunque la formación de las grandes vulgatas europeas sólo se produjo ya dentro del Quinientos, con la publicación de la importantísima obra de Luigi Lippomano (1500-1559) y Lorenzo Surio (1522-1578): el corpus hagiográfico titulado *Vitae sanctorum* (1575).[16] Por lo que a España respecta, las múltiples refundiciones de Jacobo de Vorágine dejadas por el Medievo tardío desembocan en el

---

[14]   Aun así, he tomado buena cuenta de este material, que ha merecido trabajos tan sesudos como el reciente de María Jesús Lacarra, «Una colección inédita de Milagros de san Antonio de Padua: edición y estudio», *Revista de Literatura Medieval*, 14 (2002), pp. 9-33. En este trabajo, Lacarra se inmiscuye una y otra vez —yo diría que inevitablemente— por derroteros antropológicos.

[15]   Para la temprana presencia de la leyenda de la Egipciaca, téngase en cuenta el *Legendario mozárabe* de El Escorial que la incluye, que ya fue señalado por Jerry R. Craddock en uno de sus trabajos más madrugadores, «Apuntes para el estudio de la leyenda de Santa María Egipciaca en España», *Homenaje a Rodríguez-Moñino* (Madrid: Castalia, 1966), pp. 96-105.

[16]   La aportación de ambos autores queda perfectamente ponderada en Sofia Boesch Gajano, «Luigi Lippomano», en Sofia Boesch Gajano, ed., *Raccolte di Vite di Sancti dal XIII al XVIII* (Fasano di Brindisi: Schena Editore, 1990), pp. 112-130; y en Serena Spanò

que José Aragüés Aldaz denomina *Flos Sanctorum Renacentista*, heredero directo de la labor del dominico italiano (con un total de hasta quince ediciones localizadas, entre 1516 y 1580, que se acompañan de los nombres de Gonzalo de Ocaña, Pedro de la Vega, Martín de Lilio, el doctor Majuelo, Gonzalo Millán y Mora, Juan Sánchez y Pedro de Leguizamo, y finalmente Francisco Pacheco) y en la *Leyenda de los santos*, obra del mayor interés por incluir leyendas especialmente sabrosas (fue impresa en sucesivas ocasiones entre 1493 y 1579).[17] Luego vendrán las dos célebres colecciones postridentinas, que se apartarán ya de Jacobo de Vorágine para apoyarse, sobre todo, en Lippomano y Surio: el *Flos sanctorum* (1578-1603) de Alonso de Villegas, sobre el que volveré más adelante, y ese verdadero monumento hagiográfico que es la obra de Pedro de Ribadeneira (1526-1611), cuyo *Flos sanctorum. Libro de las vidas de los santos* (1599) acabó por eclipsar (aunque ya bien entrado el siglo XVIII, a decir verdad) a todos los demás títulos de ese universo literario para gozar de múltiples reimpresiones (con las adiciones de otros dos jesuitas, los padres Juan Eusebio Nieremberg y Francisco García, y, ya en el siglo XVIII, del carmelita Andrés López Guerrero).[18]

Poco a poco, hemos ido conociendo más y mejor ese enmarañado universo de referencias, que en el caso del Medievo español tiene sus principales aportaciones eruditas en fecha muy reciente; de hecho, el punto de partida para tales indagaciones tenemos que ubicarlo en cierto trabajo de Leonardo Romero Tobar;[19] inmediatamente después, apareció otro trabajo de Billy Bussell Thompson y John K. Walsh, en el que se prometía una monografía que nunca

Martinelli, «Cultura umanistica, polemica antiprotestante, erudizione sacra nel *De probatis sanctorum historiis* di Lorenzo Surio», *ibid.*, pp. 131-141. Debo el conocimiento de este libro a la gentileza de José Aragüés.

17 «Para el estudio del *Flos Sanctorum Renacentista* (I)», en Marc Vitse, ed., *L'Hagiographie entre Histoire et Littérature. Actes du Colloque... (Toulouse, oct. 2002)*, en prensa; y «El *Flos sanctorum con sus ethimologías*. El incunable, la *Compilación B* y la *Leyenda de los santos*: deudas, herencias, filiaciones», *Actas del XI Congreso de la Asociación Hispánica de Literatura Medieval (León, 16-21 de septiembre de 2005)*, en prensa. En ambos trabajos, se aclaran por completo las relaciones internas de la Compilación A, o *Flos sanctorum renacentista*, y las de la Compilación B, con dos testigos: la citada *Leyenda de los santos* y el incunable del *Flos sanctorum con sus ethimologías*.

18 Domingo L. González Lopo, «Los nuevos modos de la hagiografía contrarreformista», en Agustín Hevia Ballina, ed., *Actas del XVIII Congreso de la Asociación de Archiveros de la Iglesia en España (Orense, del 9 al 13 de septiembre de 2002)*, en *Memoria Ecclesiae*, 24 (2004), pp. 609-632.

19 «La prosa narrativa religiosa», incorporado al *Grundriss der romanischen Literaturen des Mittelalters* (Heidelberg: Carl Winter. Universitätsverlag, 1985), vol. IX, t. I, fasc. 4, pp. 44-53.

pudo ser por culpa de la prematura muerte del segundo de ambos investigado-res;[20] por otra parte, en su línea de recuperación de la literatura castellana per-dida, Alan D. Deyermond vino a apuntalar el panorama con un valioso trabajo en que anda en pos, precisamente, de la literatura hagiográfica perdida.[21] Para la hagiografía latina en España, hay que partir del panorama de José Martínez Gázquez;[22] para la literatura española desde época incunable, resulta esclare-cedora la visión de conjunto, lógicamente provisional, de José Aragüés.[23] Por fin, para toda Europa, y no sólo para España como bien sabemos, resulta imprescindible tener en cuenta la evolución experimentada desde el texto de Vorágine hasta el de Pedro de Ribadeneira, un asunto del mayor interés que mereció un encuentro erudito y un volumen de carácter monográfico coordi-nado por Brenda Dunn-Lardeau.[24] Por añadidura, desde 1643, en que apare-cieron sus dos primeros volúmenes, no hay que dejar de lado los *Acta Sanctorum*, que han ido recorriendo el santoral de acuerdo con el año eclesiás-tico hasta llegar al mes de diciembre en 1940; desde 1882, los bolandistas venían revisando y cimentando sus investigaciones en los suplementos a los *Acta*, que son conocidos bajo el prestigioso título de *Analecta Bollandiana*.

Como señalaba atrás, y como puede comprobarse por esta sucinta relación, los textos hagiográficos son de una indudable riqueza, lo que explica que la mayoría de los estudiosos, dentro y fuera del mundo cultural hispánico, no

---

[20] «Old Spanish Manuscripts of Prose Lives of the Saints and Their Affiliations. I: Compilation A (the *Gran flos sanctorum*)», *La Corónica*, 15 (1986), pp. 17-28, donde se contrasta el contenido de varios manuscritos vernáculos. Esta labor aún está falta de la necesaria conclusión, aunque son formidables los progresos experimentados en los últimos años gracias a los estudios que cito a continuación.

[21] «Lost Hagiography in Medieval Spanish: A Tentative Catalogue», en Jane E. Connolly, Alan Deyermond y Brian Dutton, eds., *Saints and their Authors: Studies in Medieval Hispanic Hagiography in Honor of John K. Walsh* (Madison: The Hispanic Seminary of Medieval Studies, 1990), pp. 139-148.

[22] «Los estudios hagiográficos sobre el Medioevo en los últimos treinta años en Europa: España», *Hagiographica*, 6 (1999), pp. 1-22.

[23] «El santoral castellano en los siglos XVI y XVII. Un itinerario hagiográfico», *Analecta Bollandiana*, 118 (2000), pp. 329-386. Véase ahora su fundamental «Para el estudio del *Flos Sanctorum Renacentista* (I)», *op. cit.* Aparte, Aragüés mantiene permanentemente actualizada su base de datos y pone la información a disposición de todo investigador en: http//www.uniovi.es/Grupo/CEHC/pdf/aragues/biblaragues.PDF.

[24] La importancia de esos dos jalones hagiográficos se revela en el simple título del encuentro, recogido en sus actas: *«La Légende Dorée» de Jacques de Voragine aux «Fleurs des vies de saints» de Pedro da Ribadeneira. Actes du colloque organisé en fevrier 1992 au departement d'Études françaises de l'Université de Montréal* (Montréal: Université de Montréal, 1993).

hayan sentido la necesidad de apartarse de un filón que se antoja inagotable. A ese respecto, las prospecciones externas a la materia han sido contadas en nuestra especialidad, aunque son muy de agradecer las reflexiones de Jack Walsh en varios de sus trabajos o algunas de las fichas del capítulo que a este asunto dedica Fernando Baños Vallejo en su benemérito libro.[25] Como ya he dicho varias veces a lo largo de las páginas previas, ésa es precisamente la intención que me ha movido a redactar el volumen que el lector tiene en sus manos. En el proceso de redacción, y durante la búsqueda de fuentes primarias y referenciales, he sentido el abismo que nos separa de otras culturas —la germánica, la francesa y, por las ricas aportaciones de las últimas décadas, la anglosajona muy en particular— al considerar el escaso número de investigaciones hagiográficas desarrolladas en el seno de nuestra Universidad, a pesar de la reacción experimentada en los últimos años, de la que he comenzado a dar cuenta en las líneas que llevo redactadas.

A este respecto, causa asombro comprobar cómo ni siquiera las nuevas corrientes de crítica literaria, que tan vigorosamente han logrado cuajar en Norteamérica, han abandonado la materia hagiográfica; muy al contrario, han vuelto a ella con especial tesón, como se demuestra en las investigaciones de Peter Brown,[26] de Caroline Walker Bynum,[27] o de Elizabeth Alvilda Petroff,[28] en las que aparecen palabras tan reveladoras de esas corrientes de análisis como pueden ser *mujer*, *sexo*, *género* y *cuerpo*. Algo más adelante, veremos cómo los estudiosos anglosajones —y junto a ellos los hispanistas, tanto los británicos como los norteamericanos— han seguido idéntica ruta al prestar atención a las santas prostitutas (santa María Magdalena, santa María Egipciaca y santa Thais), a las santas travestidas (tras el modelo o patrón de santa Pelagia, presente en varias *vitae*, o el de santa Librada, que se ofrece también tras otros nombres),[29] a la de ese lindo niño que era san Pelayo, y a otras

---

[25] «La hagiografía en el sistema literario de la Edad Media. Comparación con otros géneros», *op. cit.,* pp. 107-134, donde Baños se queda voluntariamente corto, en espera de posteriores prospecciones.

[26] *The Body and Society: Men, Women and Sexual Renunciation in Early Christianity* (New York: Columbia University Press, 1988).

[27] *Fragmention and Redemption: Essays on Gender and the Human Body in Medieval Religion* (New York: Zone Books, 1991).

[28] *Body and Soul: Essays on Medieval Women and Mysticism* (New York: Oxford University Press, 1994).

[29] Fuera de su atención ha quedado por ahora santa Afra, personaje de comienzos del siglo V vinculado a la leyenda del gerundense san Narciso, venerado en la iglesia de san Félix de Gerona; por esa estrecha relación entre ambos, también hay santuario con la advocación de Afra en la misma provincia, más concretamente en la localidad de Sant Grigori.

tantas *vitae* que encajan con unas líneas de investigación todopoderosas en las postrimerías del siglo XX y aún en nuestros días. Aunque el propósito que persigue mi libro es muy distinto, me he visto en la obligación de revisar unos trabajos que —de ley es reconocerlo— me han enseñado mucho más de lo que en principio esperaba.

2.

RELATO HAGIOGRÁFICO Y FICCIÓN LITERARIA

Volvamos a los orígenes vernáculos para decir que las vidas de santos durante el Medievo adoptaron distintas formas (en Francia y Occitania, por ejemplo, se cuenta con las *vitae* primitivas, escritas a modo de *laisses* o tiradas de versos monorrimos, como la *Vie de saint Alexis* francesa o la *Chanson de sainte Foi* occitana, ambas del siglo XI, aunque el punto de partida para la hagiografía vernácula se halla en la arcaica *Séquence de sainte Eulalie*, de finales del siglo IX) y se sirvieron, según el caso, de la prosa y el verso, con abundantes ejemplos para ambas formas.[1] Como poema, el relato hagiográfico se sintió especialmente a gusto al apoyarse en metros de tipo primordialmente narrativo (como el pareado, la cuaderna vía o la serie, a veces incluso en un contexto dramático), aunque tampoco rehuyó aquellos otros característicos de la poesía lírica (en romance y también en latín, como comprobamos con sólo echar un vistazo a los treinta y tres volúmenes de Guido Maria Dreves y Clemens Blume en su *Analecta Hymnica*, 1886-1922).[2] En prosa, su espacio caía entre los amplios límites que le ofrecían el *roman* o novela medieval, por

---

[1] Nada puedo añadir respecto de los modelos latinos más allá de lo aportado por los estudiosos modernos tras la obra básica de René Aigrain, *L'hagiographie. Ses sources - Ses méthodes - Son histoire* (Poitiers: Bloud et Gay, 1953) -conviene manejar la edición de Bruxelles: Société des Bollandistes, 2000, por adjuntar un complemento bibliográfico de gran valor a cargo de Robert Godding-; por otra parte, para los no iniciados en la materia, considero altamente recomendable una primera aproximación a través de la voz «Hagiografía», desarrollada por Isabel Velázquez, en la *Enciclopedia Universal Micronet*, en formato electrónico; véase también Claudio Leonardi, «Agiographia», en Claudio Leonardi y Enrico Menestò, dirs., *Lo spazio letterario del medioevo, 1. Il Medioevo Latino, 1, 2: La produzione del testo* (Roma: Salerno Editrice, 1993), pp. 421-462; para hacerse una idea de la magnitud de la materia, revísese Guy Philippart, dir., *Hagiographies* (Turnhout: Brepols, 1994), vol. I: *Corpus Christianorum*.

[2] *Analecta Hymnica Medii Aevi* (Leipzig: R. Reisland, 1886-1922; con repr. en Frankfurt, 1961 y con índices en 1978).

un lado, y el cuento o relato breve (conocido también, en otras lenguas, con los nombres de *novella*, *nouvelle* o, más en general, *racconto*, aunque con este último término no se segregue la prosa del verso), por otro. Metamorfoseada en pieza teatral, la *vita* contó con verdaderos hitos en la Francia medieval; de venir a España, alguna alusión cuatrocentista hace las veces de pórtico para la explosión de la comedia de santos, apabullante a decir verdad, entre los siglos XVI y XVIII.[3]

La modalidad más común entre las indicadas fue, con mucho, la de una *vita* en prosa de extensión reducida, en latín o en romance, a menudo redactada a modo de epístola o de discurso, géneros éstos hermanados —no olvidemos este importante dato— desde la Antigüedad. En el caso de la hagiografía vernácula del Medievo, se trata, por lo común, de romanceamientos de textos latinos respecto de los que aquélla presenta un grado de originalidad muy diverso. En cualquier caso, las literaturas modernas no sintieron la necesidad de resolver el principal problema que afecta a ese gran corpus textual en lengua latina: la ausencia de una verdadera unidad en atención a la forma. Por lo que al contenido respecta, hemos de retener un dato de lo más elocuente: las vidas de santos sólo pudieron acogerse al marbete genérico *hagiografía* al llegar al siglo XIX. Un rastreo en pos de tales etiquetas antes de esa fecha resulta baldío, particularmente en los siglos de formación de este formidable género.[4] La denominación es, así pues, perfectamente moderna y ha servido para agavillar obras de una gran diversidad formal, que los *flores* renacentistas y barrocos pretendieron paliar en parte (algo especialmente patente en Pedro de Ribadeneira y sus continuadores).

Ocasiones hay en que la vida del santo se queda en simple pasión o en que se atiende tan sólo a uno o varios milagros, que pueden viajar señeros en los manuscritos medievales (en códices castellanos misceláneos, esto sucede con cierta frecuencia). Otras veces, de la *vita* no quedan sino los castigos del sabio, incorporados a la literatura gnómica del momento, que recoge dichos de diferente procedencia, paremias y proverbios. Tampoco es de extrañar que las *vitae* convivan con estos ramilletes de *sententiae*, ya que las literaturas románicas abundan en ejemplos de esta fórmula mixta (tan grata al universo de sermón);

---

[3]   Como la que recogí en el pasaje correspondiente del sinodal abulense de 1481, en mi artículo «Teatro religioso medieval en Ávila», *El Crotalón. Anuario de Filología Española*, 1 (1984), pp. 769-775. Por lo que al género de la comedia de magia se refiere, su significado en el Siglo de Oro puede medirse cuantitativamente, ya que, de las 2.000 comedias que se conocen aproximadamente, 150 lo son de ese género. A Antonio Cortijo le debo una reseña precisa de todo lo aportado por la crítica reciente, que tiene un verdadero hito en Elma Dassbach, *La comedia hagiográfica del siglo de oro español* (New York: Peter Lang, 1997).

en España, en concreto, esta poética tiene su paradigma: la suma de *exempla*, o cuentos, y de *sententiae*, o máximas, reunidos por don Juan Manuel en *El conde Lucanor* (a estas alturas, la crítica acepta de manera casi unánime, tras las propuestas de Alan Deyermond, la división de esta obra en dos partes, conocidas como *Libro de los Ejemplos* y *Libro de los Proverbios*).

Como digo, esta misma misma fórmula se halla en la *Patrologia latina* de Migne, allí donde las *vitae patrum* se acompañan de sentencias, agrupadas en temas, que se conocen como *verba seniorum*. La comunión en la fórmula fuerza la pregunta: ¿se trata o no de una pura coincidencia? Creo que no, en tanto en cuanto en ambos casos se percibe la impronta de la predicación medieval, que pesa en la obra de don Juan Manuel y se plasma en las lecturas para la formación del clero del tipo de las recogidas por Migne; no obstante, el influjo de esta fórmula sobre el conjunto de la literatura medieval justifica que, ya en el siglo XV, los manuscritos e impresos en que se reúnen los *Tratados* de Séneca (verdaderos o apócrifos) incorporen unos *Proverbios* supuestamente —y sólo eso— compuestos por el filósofo cordobés. De vuelta a los casos que aquí interesan, cabe concluir que la *sententia* era una compañera de viaje grata a las formas del relato breve.

Las fronteras del relato hagiográfico nunca quedaron del todo claras: por su constitución, podía relacionarse y sentirse a gusto con otras tantas formas de la narrativa breve, aunque su contenido fuese diametralmente opuesto e incluso aun cuando en tales relatos se abordasen asuntos procaces. Además, dada su materia, no exenta sino al contrario de viajes, aventuras y hazañas guerreras, las *vitae sanctorum* podían aparecer copiadas junto a textos novelescos en el mismo manuscrito, sin que el lector percibiese diferencia alguna entre aquéllas y éstos. Es más, un dato iluminador por sí solo es el hecho de que los estudiosos de la hagiografía, desde hace aproximadamente un siglo,[5] se hayan dado a hermanar este género y la novela, tendencia erudita ésta que cuajó plenamente en el momento en el que Hippolyte Delehaye, el gran bolandista belga, comenzó a referirse en sus trabajos a los *romans hagiographiques*.[6]

El público disfrutaba de unos mismos ingredientes en el *roman* y la *vita*, dos géneros que con harta frecuencia venían a satisfacer unas expectativas a

---

[4]   Esta tarea ahora la facilita mucho el libro de Derek Krueger, *Writing and Holines. The Practice of Authorship in the Early Christian East* (Philadelphia: University of Pennsylvania Press, 2004).

[5]   El responsable de esta aportación parece haber sido Charles Plummer cuando acuñó la etiqueta *Religious Romance*, en *Vitae sanctorum Hiberniae* (Oxford: University Press, 1910), vol. I, p. xcv.

[6]   Lo que Delehaye hizo en otra monografía fundamental, *Les Passions des martyrs et les genres littéraires* (Bruxelles: Société des Bollandistes, 1921), particularmente en el capítulo IV.

poco idénticas. Eso era cierto, en especial, cuando un santo había sido más que un *miles Christi* un verdadero *bellator*, como Sebastián, Menas el Egipcio,[7] Mercurio o Hermes, Zenón, Demetrio, Víctor,[8] Marcelo el Centurión, Procopio (en la evolución tardía de la leyenda de este santo), Anastasio, Nereo y Aquileo o Aquiles,[9] Sergio y Baco, Marino de Cesarea, Teodoro el Capitán, Jorge, Mauricio con su legión tebana (patrón repetido por san Acacio y sus diez mil compañeros, presentes en el *Martirologium Romanum*), Proceso y Martiniano, Martín de Tours, Maximiliano, Julián el Veterano, Terenciano, Basílides, Cirino, Nabor, Nazario, Valentín, Germán de Auxerre o Eustaquio (sobre este santo-guerrero, el de la visión del ciervo y la cruz, consta tan sólo que era un famoso general y muy poco más, aunque su figura fue tan atractiva que incluso llegó a colarse en el folklore de ciertas zonas de Asia), entre otros tantos.[10] De este modo, Constancio de Lyón (que escribió el *De vita Germani* algo antes del año 494) pudo decir de su biografiado, san Germán de Auxerre (*c.* 380-448), que al abandonar sus cargos y honores como político y militar y ser elegido obispo por aclamación, «desertitur mundi militia, caelestis adsumitur», esto es, «dejó la milicia terrenal y se incorporó a la milicia celestial». Esta *militia caelestis* continuará perfectamente activa como ideal entre los santos confesores en las *vitae patrum*, dada la dureza de la vida cristiana en el yermo, el cenobio o el mundo. Recordemos que, en definitiva, la existencia es una lucha para cualquiera, según la célebre máxima de Job: *Militia est vita hominis super terram*; no obstante, nadie como el héroe cristiano hace suyo ese ideal con toda decisión y voluntad de sacrificio.[11]

---

[7]   La leyenda de Menas el Egipcio era distinta en origen de la del soldado Menas, personaje que parece corresponder a san Gordiano, a quien se dio muerte en Frigia por orden de Diocleciano. El primero es, en algunos lugares, el patrón de los comerciantes.

[8]   En realidad, no hay uno sino tres santos con este nombre, aunque no sabemos si remiten a una sola *vita* primitiva, a dos o incluso a más. Tan enredada está la investigación hagiográfica sobre san Víctor que poco más se puede añadir que no sea que tanto el más famoso de los tres como los otros dos personajes de idéntico nombre fueron soldados del ejército romano. Que así sea no es de extrañar, pues se trata de un claro ejemplo de nombre parlante, al igual que otros que veremos en las páginas que siguen.

[9]   Como santos militares aparecen en parte de la tradición, incluidos los documentos más tempranos, como en un poema del papa san Dámaso en el que se alude por vez primera a Nereo y Aquileo; desde el Medievo tardío (gracias a las *Actae* publicadas en 1479), se fue imponiendo otra versión, que acabaría convirtiéndose en vulgata, según la cual eran esclavos y eunucos al servicio de Flavia Domitila, quien también acabaría en el santoral.

[10] Algunos de ellos ajenos a la Romania pero de la importancia de san Olaf, rey de Noruega y patrón de esa misma nación.

[11] Aragüés dirige mi atención, y con toda razón, al prólogo del célebre cronista Gauberto Fabricio de Vagad al impreso de la *Leyenda de los santos* (Sevilla: Juan Valera de

Notemos que santos y héroes se hallan hermanados, más allá de su estricto código, por su marcado ascetismo y su anhelo de perfección (tema éste recurrente en la literatura caballeresca, dado que los caballeros son perfectos, o al menos lo pretenden, como combatientes, como amantes y, en no pocas ocasiones, como devotos cristianos), por una valentía que lleva a derramar la sangre propia para dar testimonio (recuérdese que, desde un punto de vista etimológico, tampoco salimos del universo que nos interesa, ya que el griego *martírion* y el latín *martyrium* significan justamente eso, 'testimonio') de su fe o de su lealtad, a su Dios, a su patria, en el caso de la poesía épica, o a su dama, en el caso de la novela. Por supuesto, la abnegación, la morigeración y el castigo de la blanda carne constituyen ingredientes básicos en todas las *vitae sanctorum*, tanto las de los mártires (que llegan al culmen al ser ajusticiados por las autoridades paganas) como las de los confesores (que alcanzan ese punto en el momento en que se hace la luz en su vida, en que se convierten y siguen un nuevo camino vital, con privaciones y sacrificios); de hecho, el sacrificio es el común denominador de unas y de otras, en el circo o en las mazmorras, en la soledad del yermo, bajo la dura regla de los cenobitas, o con la amenaza permanente de los enemigos del cuerpo y el alma en la vida secular.

Así las cosas, no es de extrañar la tendencia generalizada de los pueblos a canonizar a algunos de sus héroes y sus reyes (cójase cualquier santoral o diccionario de santos, llévese a cabo un recuento aproximado y se comprobará cómo se valida al instante mi afirmación, que explica la atención que Marc Bloch dedicó a los reyes santos o *rois thaumaturges*),[12] a sumar las virtudes hagiográficas y heroicas, con sus respectivos códigos (modelos separados en origen en la axiología de Max Scheler, aunque marcados por el común denominador que se acaba de indicar). Un caso de todo punto extraordinario, al que atenderé en varios momentos, es el de Alejandro Magno, pues en la constitución de su leyenda se fue muy pronto de lo heroico a lo hagiográfico,

---

Salamanca, 1520-1521); en este lugar, el benedictino aragonés: «E assentose principalmente sobre la cabeça del libro, a manera de una illustre, soberana e maravillosa cimera de toda virtud; y dévese poner en la mano diestra del que leyere como una pujante, venturosa, magnánima e siempre vencedora seña real de los cavalleros de Dios, que son los santos de aquél» (fol. A iir).

[12] En su clásico *Les rois thaumaturges* (1924) (Paris: Gallimard, 1983), donde presta especial atención a la gracia de los reyes franceses e ingleses para curar la escrófula desde Roberto II (996-1031). En Gran Bretaña, se tiene noticia de la práctica de la imposición de mano hasta los años de la reina Ana (1665-1714). Sobre los reyes y reinas del santoral, véanse las investigaciones de Robert Folz, *Les saints rois du Moyen Âge en Occident (VIe-XIIIe siècles)* (Bruxelles: Société des Bollandistes, 1984); y *Les saintes reines du Moyen Âge en Occident (VIe-XIIIe siècles)* (Bruxelles: Société des Bollandistes, 1992).

según veremos. Por supuesto, también cabe la fórmula inversa, con lo que además cabe perfilar la idea previa, ya que los mártires cristianos, en los *flores sanctorum*, son comúnmente calificados de *caballeros de Cristo* o *milites Christi*.[13]

¿Precisamos de algún nombre? Sin ir demasiado lejos, basta recordar el de Rodrigo Díaz de Vivar, nuestro Cid; con él, hay que aludir al proceso incoado por Felipe II para llevarlo a los altares tras aducir pruebas tan determinantes como el olor de santidad que exhaló su sepulcro de Cardeña cuando fue abierto en 1541. Aunque más adelante volveré sobre algunos aspectos relativos a los ricos elementos taumatúrgicos de la leyenda cidiana,[14] me interesa incidir en el hecho de que la célebre *Crónica de España* de mosén Diego de Valera (la *Valeriana*, como todos la conocían) pone especial énfasis en la gracia divina de Rodrigo, más propia de un santo que de un héroe. Así, la inminencia de su muerte le fue anunciada por el propio san Pedro («De cómo el apóstol san Pedro apareçió al Cid e le certeficó que partiría d'esta vida dende en treinta días y que vencería después de muerto al rey Búcar y a todos los que con él venían»);[15] además, tras morir, su cuerpo no se descompuso, por lo que decidieron dejarlo sentado en su escaño. Sólo se determinó enterrarlo cuando habían transcurrido diez años y una vez comprobado que se le había caído la punta de la nariz. Justo al lado del Cid, cabe poner al primer conde de Castilla, quien obraría prodigios desde la tumba (de la que, se dice, salía también el inconfundible aroma del santo), como recuerda Mercedes Vaquero a partir del capítulo II de la *Crónica*

---

[13] Esta percepción del compromiso cristiano se comprueba a día de hoy en la denominación que se otorgan comunidades modernas como la de los *legionarios de Cristo* o la *milicia de María*.

[14] Del olor que exhala el cuerpo del Cid habla Francisco de Berganza, *Antigüedades de España* (Burgos: Francisco de Hierro, 1719), vol. I, pp. 550b-551a. Véanse los reveladores artículos de Colin Smith, «The diffusion of the Cid cult: a survey and a little-known document», *Journal of Medieval History*, 6 (1980), pp. 37-60, y «Cardeña, Last Bastion of Medieval Myth and Legend», en Ian Macpherson y Ralph Penny, eds., *The Medieval Mind. Hispanic Studies in Honour of Alan Deyermond* (London: Tamesis D. L., 1997), pp. 425-443; añádase además el reciente de Patrick Henriet, «¿Santo u hombre ilustre? En torno al 'culto' del Cid en Cardeña», en Carlos Alvar, Fernando Gómez Redondo y Georges Martin, eds., *El Cid: de la materia épica a las crónicas caballerescas*, *Actas del Congreso Internacional «IX Centenario de la muerte del Cid», celebrado en la Univ. de Alcalá de Henares los días 19 y 20 de noviembre de 1999* (Alcalá de Henares: Universidad de Alcalá, 2002), pp. 99-119. El repaso histórico y bibliográfico que lleva a cabo este investigador resulta de lo más interesante.

[15] En breve podremos leer este texto por la edición preparada por Cristina Moya García, correspondiente a la tesis doctoral, aún inédita, «Edición y estudio de la *Valeriana* (*Crónica abreviada de España* de mosén Diego de Valera)» (Madrid: Universidad Complutense, 2007).

de Fernán González escrita por fray Gonzalo de Arredondo, que suena así: «Cómo se prosigue, un testimonio del sonido que fizieron los güesos de sant Pelayo y conde Fernán González, la conquista del reino de Granada fecha por los muy christianísimos rey don Fernando e doña Isabel».[16]

En este caso, supuestamente acaecido en 1483, más que equiparar a Fernán González con los santos, lo que pretende el prior del monasterio de San Pedro de Arlanza es aportar una muestra especialmente elocuente del signo mesiánico que marcó la empresa de los Reyes Católicos, por lo que este testimonio supone un magnífico complemento a los estudios que ya se han ocupado del asunto.[17] Piénsese, por otra parte, en el ejemplo, aún señero en la historia de España, de Fernando III el Santo y repárese también en la dimensión escatológica del rey Fernando el Católico, aspecto éste básico al considerar la empresa acometida por España durante su reinado, y —¿cómo no?— téngase muy en cuenta la siempre inminente canonización de Isabel la Católica.[18] A ello acabo de hacer referencia y aún haré alguna más en lo que resta del presente libro. Por añadidura y para apoyar esta idea en un rotundo ejemplo foráneo, hay que tener en cuenta el culto a Carlomagno, notablemente extendido por el norte de Italia y por la Europa central.[19]

Pero tenemos mucho más que eso. La conversión de infieles sarracenos en su tierra se constituye en la empresa primordial de algunos religiosos que, llegados a un punto, no aciertan a distinguir entre cruz y espada. En ese plano, junto a san Raimundo de Peñafort, tenemos a ese gran sabio que fue Raimundo Lulio, cuyo *Libro de pasaje* no sólo hace valer unos principios catequísticos

---

[16] «La Devotio Moderna y la poesía del siglo XV: elementos hagiográficos en la *Vida rimada de Fernán González*», en Jane E. Connolly, Alan Deyermond y Brian Dutton, eds., *Saints and their Authors...*, *op. cit.*, pp. 107-119 (116).

[17] Ahí está, en primer lugar, el estupendo libro de Alain Milhou, *Colón y su mentalidad mesiánica en el ambiente franciscanista español* (Valladolid: Universidad de Valladolid, 1983); añádase, además, mi reciente trabajo sobre esta materia, junto a Teresa Jiménez Calvente, «Entre edenismo y *emulatio* clásica: el mito de la Edad de Oro en la España de los Reyes Católicos», *Silva. Estudios de Humanismo y Tradición Clásica*, 1 (2002), pp. 113-140.

[18] De los muchos trabajos que van apareciendo sobre Isabel I en torno al centenario de su muerte, me quedo aquí con el de Alfredo Alvar, *Isabel la Católica. Una reina vencedora, una mujer derrotada* (Madrid: Temas de Hoy, 2002), por el capítulo que dedica al problema de su santidad (pp. 270-288), aunque no sólo por eso.

[19] La ficha bibliográfica principal para la consideración de este importante fenómeno la ofrece Antonio Viscardi, *La leggenda liturgica di san Carlo Magno e l'epopea francese* (Bari: Adriatica, 1971). El modelo de Carlomagno pesó también lo suyo en este preciso sentido al elaborar la leyenda cidiana, como ya pusiera de relieve Colin Smith, «The Cid as Charlemagne in the *Leyenda de Cardeña*», *Romania*, 97 (1976), pp. 509-531.

sino que se fundamenta sobre un plan militar que permitirá conquistar Tierra Santa. ¿A quién le puede extrañar que así sea cuando la lucha contra el infiel, en España como en Ultramar, sirvió para forjar santos junto a héroes? Nadie se sorprenda, ya que en los combates contra el musulmán en la Península participa aquel Santiago (llamado por lo común Matamoros) que fue conocido como el hermano de Cristo. Para ayudarlo, ahí estaban otros santos, aunque su aportación no la hiciesen con su vigor y con sus armas sino por medio de la afirmación de su fe, al mostrarse valerosos ante la muerte o de otras maneras diversas, con casos tan sorprendentes como el del ingenioso san Vitores burgalés, a cuya leyenda atendí en un temprano artículo (citado al inicio de este libro) y a quien aún dedicaré unas cuantas reflexiones más adelante. Quien no podía faltar era, claro está, Fernando III el Santo, que quiso evitar en todo momento la guerra que su padre le hacía y que sólo estaba obsesionado por ganar tierras para la cristiandad (la única guerra que cabía calificar de justa, en opinión de toda una legión de moralistas que se dejaron sentir, sobre todo, en la Castilla del siglo xv), como todavía recuerda Pedro de Ribadeneira (*Flos*, II, p. 163): «determinó hacer guerra a los moros que tiranizaban grande parte de España y conquistar los reinos y ciudades que posseían, no para extender los límites de su imperio sino para aumentar los términos de la religión christiana».

Tampoco resulta extraordinario que los héroes se presenten como el brazo de Dios en la realidad y en la ficción; así, en una novela caballeresca como es el *Tirant lo Blanch* (vale decir, el exitoso *Tirante* castellano, que tanto influirá sobre Cervantes y las ensoñaciones de don Quijote),[20] el héroe se transforma en misionero y logra convertir a miles y miles de infieles. Tirante está siguiendo así —y no albergo duda al respecto— el camino trazado por el barcelonés san Raimundo de Peñafort, maestro general de la Orden de los Frailes Predicadores y cofundador, junto a san Pedro Nolasco (1182 o 1189-1256 o 1259), de la Orden de la Merced. Por ello, su *vita* antepone su fértil labor catequística a cualquier otro dato o mérito, y resalta la fundación de dos estudios

---

[20] El rótulo *novela caballeresca* es fundamental en el estudio de la poética literaria tardomedieval gracias a Martín de Riquer y resulta básico en muchos trabajos sobre la caballería del Medievo tardío y del temprano Renacimiento, pero es particularmente importante en su *Tirant lo Blanch, novela de historia y de ficción* (Barcelona: Sirmio, 1992). Riquer nos ha explicado, gracias al *Tirant*, cómo la ficción literaria puede servir para quitarse la espina de la pérdida de Constantinopla y la prisión de siglos sobre los Santos Lugares, recuperados por el héroe; por extensión, en varios libros de caballerías, como en *Lisuarte de Grecia* (1525), la caballería medieval triunfa en la defensa de Constantinopla. Del mismo modo, otro de estos títulos, el *Florando de Inglaterra* (en sus dos primeras partes, publicadas en 1545), supera otra frustración parecida al darnos cuenta del modo en que el héroe mata nada menos que al Gran Turco.

de hebreo y árabe, en Túnez y Murcia, para que sus compañeros dominicos pudiesen predicar en tierra de herejes. La cifra de convertidos gracias a tamaña empresa es machaconamente repetida por las fuentes: más de diez mil musulmanes. El influjo de esta *vita* sobre un *roman* en que el héroe, como el santo, es de nación aragonesa me parece, obvio.[21] No obstante, aprovecho la ocasión para rescatar del olvido a otro mercedario, el inglés san Serapio (1178-1240), que primero marchó como cruzado a Tierra Santa para luego participar en la Cruzada peninsular, a las órdenes de Alfonso VIII de Castilla. San Serapio me interesa en especial porque su *vita* es una breve novela de aventuras, de esas que tanto gustaban a Cervantes, en la que ni tan siquiera faltan motivos tales como el encuentro con piratas o el cautiverio en Argel (en tal lacería, y atado de manos, lo retrató Zurbarán en un famoso cuadro datado en 1628 que puede contemplarse en el Wadsworth Atheneum de Hartford, Connecticut).

El libro de Joanot Martorell sería luego una de las lecturas que animaron a dos hermanitos llamados Teresa y Rodrigo (la primera luego será conocida como santa Teresa de Jesús) a defender la fe de Cristo con las armas.[22] No menos célebre es el caso de su contemporáneo san Ignacio de Loyola cuando participó en el sitio de Pamplona y cayó gravemente herido. Fue durante su convalecencia cuando, al solicitar que le trajesen algún libro de caballerías de los que acostumbraba leer, le dieron los únicos dos que había: cierto *flos sanctorum* y la *Vita Christi* de Ludolfo de Sajonia, también conocido como «El Cartujano».[23] Por lo que ya sabemos, y por lo que iremos viendo en las páginas que siguen, el paso de una a otra literatura hubo de hacerse sin estridencias, toda vez que el lector encontraba en ambas no pocos puntos en común. Del otro lado, de adoptar el enfoque del cristiano virtuoso y del hagiógrafo, la praxis militar (fomentada por la literatura militar, histórica o ficticia) no era mal ofi-

---

[21] Por cierto, aunque no de cuna, el de Nolasco es también un santo aragonés, con una primera visita a España que lo llevó derecho a Montserrat y con su labor mantenida de redención de cautivos, a cambio de su propio dinero, en tierras de Valencia; con los trescientos primeros que logró liberar, tuvo una entrada triunfal en la ciudad de Barcelona. En lo que resta, la *vita* de san Pedro es propiamente la de un santo de Aragón.

[22] Imagino que, si hacemos caso a sus biógrafos (en adición al *Flos* de Ribadeneira, II, p. 553), no mucho más que las escenas de san Miguel Arcángel dando muerte al dragón-diablo, o algunas semejantes, movieron la imaginación de san José de Calasanz (1557-1648) cuando, con sólo cinco años y un cuchillo en la mano, acaudilló a una pandilla de críos, con los que marchó en busca de Satanás para acabar con él.

[23] Ese arranque militar en la biografía del santo fundador de la Compañía o Sociedad de Jesús vuelve a aparecer de nuevo en la bula de Pablo III que hizo posible el nacimiento de los jesuitas, pues su título es *De regimini militantis Ecclesiae*.

cio para llegar a los altares;[24] por ello, no es de extrañar que san Ignacio se sintiese movido a marchar con otros cristianos para recuperar Jerusalén y convertir a los infieles que la poblaban. En fin, la cima de la gloria que esperaba obtener la veía fácil de lograr, gracias al martirio, según apunta Pedro de Ribadeneira en su conocida biografía del fundador de la Compañía de Jesús (*Vita Ignatii Loyolae* [1572] y, en versión castellana, *Vida del B. P. Ignacio de Loyola* [1583], con sucesivas ediciones y traducciones a distintas lenguas).

Por supuesto, la ficción tardomedieval y áurea sirven también para dar sentido al sobrenombre de *El Peregrino* que se otorgó a sí mismo san Ignacio tras su conversión (más adelante, hablaremos precisamente de sobrenombres y cambios de nombre); esos mismos libros iluminan también el título de *Castillo interior* o *Las moradas* de que se sirvió la santa para su conocida obra. Ahora bien, cuando me refiero a modelos romancescos o novelescos, estoy pensando, tanto o más que en el *roman courtois* y sus derivados, en las novelas sentimental y bizantina. Como ya he comenzado a poner de relieve, hay mucho en común entre las figuras del santo y del héroe novelesco, por su función, por sus atributos y hasta por aquellas proezas que caen dentro de lo maravilloso o taumatúrgico, lo que justifica que se produzcan influjos en ambos sentidos. Busquemos esas mismas equivalencias en el segundo gran referente caballeresco: la vida civil en el marco que brinda una corte que se rige por normas no menos estrictas que las de la milicia. Así lo vemos en el conjunto de la literatura caballeresca tardomedieval, que reparte sus contenidos entre los libros de materia militar y aquellos otros que versan sobre el mundo áulico, con su protocolo y sus ceremonias.[25] Cuando se repasan tales escritos, se comprueba que los rigores de la vida del caballero no se limitaban al campo de batalla (sacrificios constantes que, por sí solos, justificaban las palabras de Alfonso de Cartagena en su respuesta al Marqués de Santillana por su *Qüestión*, allí donde iguala los votos caballerescos a los de las órdenes religiosas más duras: «[...]

---

[24]   Sobre este asunto, y sobre el conjunto de la materia que me ocupa en el presente trabajo, versa un libro de mucho mérito, al que no hacen justicia ni el título ni, a veces, el tono escogido: el de Jesús Moya, *Las Máscaras del Santo. Subir a los altares antes de Trento* (Madrid: Espasa-Calpe, 2000). El conocimiento que de la hagiografía demuestra tener Moya en este libro es verdaderamente formidable.

[25]   Para la larga lista de títulos que versan sobre esa materia, véase mi trabajo «La *militia* clásica y la caballería medieval: las lecturas *de re militari* entre Medievo y Renacimiento», *Evphrosyne. Revista de Filologia Clássica*, 23 (1995), pp. 83-97; no obstante, reconozco que el gran especialista en la rica y diversa literatura militar ha demostrado serlo Jesús Demetrio Rodríguez Velasco, como se colige por varios trabajos que siguieron a su tesis doctoral, que una vez revisada se publicó con el título *El debate sobre la caballería en el siglo XV. La tratadística caballeresca castellana en su marco europeo* (Valladolid: Junta de Castilla y León, 1996).

2. Relato hagiográfico y ficción literaria

porque quien bien catare la regla que tiene, e con grand diligençia la quisiere observar, por ventura la fallará tan estrecha commo la de los ençerrados cartuxos o de los menores descalços, que de la observançia llamamos»),[26] sino que se prolongaban hasta alcanzar cada uno de los momentos de su existencia, marcada por unos códigos verdaderamente rigurosos.

Esas estrecheces de la vida cortesana se perciben nítidas en un erotismo que todo lo impregna, en unas leyes amorosas perfectamente estilizadas y claramente tipificadas que conocemos bien gracias a su abundante expresión literaria. Por esa literatura amatoria, que cuenta con una extraordinaria documentación, a nadie se le esconde lo mucho que tienen de común santos y caballeros en sus cultos o devociones; en el caso del cortesano, ésos y éstas alcanzan su máxima expresión en la orden o religión de amor que se cuela de continuo en los cancioneros castellanos y que mereció numerosos poemas monográficos, a la manera de uno, justamente célebre, de Jorge Manrique, que tituló *La orden del Amor*. Tampoco extraña que santos y caballeros encuentren la más placentera de las experiencias en el mayor de los dolores; de hecho, el masoquismo de los mártires tiene su principal correlato en el amor cortés, que da en formas continuas de oxímoron y en paradojas verdaderamente formidables. Al respecto, una vez más resulta magnífico el ejemplo de Jorge Manrique, aunque hoy conviene abordar el fenómeno de una manera más amplia, gracias a la espléndida aproximación de Ana Rodado Ruiz.[27]

En definitiva, si en las postrimerías del siglo XVII el obispo Huet afirmaba en *De l'origine des romans* aquella famosa frase: «L'amour doit estre le principal sujet du roman», lo mismo podría decirse de las vidas de santos, aunque su erotismo, bien claro queda, fuese de origen divino. De hecho, el amor por los demás es un motivo que se introducirá tarde en las vidas de santos y que sólo tendrá una plasmación rotunda en el modelo hagiográfico y en el ideario

---

[26] Cito por cualquiera de mis ediciones de estas dos epístolas cruzadas, que son el resultado de unos desvelos ecdóticos que quedaron plasmados en «La *Qüestión* del Marqués de Santillana a don Alfonso de Cartagena», *El Crotalón. Anuario de Filología Española*, 2 (1985), pp. 335-363.

[27] Me refiero a su libro *«Tristura conmigo va»: Fundamentos de Amor Cortés* (Cuenca: Universidad de Castilla-La Mancha, 2000). Aunque más adelante volveré sobre tal parentesco con ejemplos concretos en verso y prosa, por ahora me conformo con recordar que, para Antonio Cortijo (*La evolución genérica de la ficción sentimental de los siglos XV y XVI: género literario y contexto social* [London: Tamesis, 2001]), el estímulo de la hagiografía sobre la novela sentimental fue formidable, tanto en la obra que inaugura el género, el *Siervo libre de amor* de Juan Rodríguez del Padrón, como en su cumbre, la *Cárcel de amor* de Diego de San Pedro; en particular, en su próxima edición de la primera de ambas obras (que aparecerá en la madrileña editorial Castalia), apunta una posible lectura de la obra en clave hagiográfica.

de san Francisco de Asís (1182-1226); por el contrario, lo que nos ofrecen los *Acta martirum*, con los santos mártires, y las *vitae patrum*, con los santos anacoretas, es un ejemplo de concentración absoluta en el amor por Dios hasta sus últimas consecuencias, con independencia de que por ese camino se pueda infligir el mayor de los dolores hasta a los propios familiares. Más adelante volveré sobre esta común tendencia de la antigua hagiografía, que es de una naturaleza marcadamente sadomasoquista.

En esta ruta, que me lleva a buscar puntos de encuentro entre los arquetipos del santo y el héroe, incluso alcanzo a percibir uno nuevo en el hecho de que tras las gestas de esos personajes esté de una u otra manera el revulsivo de la fama. Que así sea en el caso del héroe militar y en el ámbito de la novela o, incluso, en la poesía épica a nadie puede extrañarle, pues se trata de un beneficio intangible pero preciado que ese personaje procura para sí mismo, para su patria o para su dama; sin embargo, el hecho de que se aluda a la fama en la hagiografía precisa de la necesaria apostilla, ya que el santo, particularmente el santo confesor, rehúye la gloria mundana y es capaz de recorrer mares y desiertos para alejarse del pecado de la vanagloria, que se esconde tras la fama de santidad que en un punto le atribuyen las masas. Por ello, san Gregorio, papa y mártir, llegó a esconderse en una cueva, aunque los ángeles revelaron el escondrijo a los fieles que deseaban elevarlo a la silla apostólica; otro tanto hizo san Egidio o Gil (siglo VII), que se ocultó en otra cueva cerca de la desembocadura del Ródano, tras un arriesgado viaje marítimo que lo llevó lejos de Atenas, donde ya era tenido por santo; lo mismo, en fin, se cuenta de san Hilarión [*c.* 291-*c.* 371], que marchó de Palestina a Sicilia para huir del acoso a que lo sometía la muchedumbre, aunque su llegada a la isla fue revelada en san Pedro de Roma por un endemoniado.

Entonces, ¿qué necesidad hay de referirse a la fama en las biografías de los santos? Pues la hay, y mucha, desde el momento en que el objetivo de quienes las redactaron fue dejar memoria universal de esas santas vidas, aunque no me estoy refiriendo sólo a este hecho, claro e inobjetable. Lo que más me interesa ahora es que esa voluntad proceda de Dios mismo en algún caso, como se dice abiertamente en la vida de san Antonio, tal como la escribió san Atanasio a poco de morir su biografiado (el texto, verdadero punto de partida de toda la hagiografía, se fecha por lo común *c.* 356). En lo que se refiere a dicho revulsivo en la vida del sabio, basta recordar, con Hugo Óscar Bizzarri (quien extrae las referencias oportunas de *Bocados de oro*, *Cien capítulos*, *Libro del consejo e los consejeros* y otras fuentes gnómicas), que «la gloria será uno de los pocos bienes terrenos a los cuales el sapiente podrá aspirar».[28] Velis nolis, la

---

[28] «'Non omnis moriar'. Sobre la fama del sabio en la Edad Media castellana», *Thesaurus. Boletín del Instituto Caro y Cuervo*, 45 (1990), pp. 1-6 (3).

fama es siempre un valor añadido con respecto al santo y sus diversas gracias y virtudes; lo mismo, sin embargo, cabe decir del héroe épico y novelesco y, tampoco se olvide, del sabio. Al lado de santos con verdadero imán, podríamos poner una nómina interminable de *milites viri* de la ficción y la historia; con ellos, también, figuran por derecho propio aquellos intelectuales que, por su grandeza, tuvieron en su casa un verdadero centro de peregrinación y recibieron a visitantes llegados desde el último confín. Acerca de ello, daré unos cuantos datos algo más adelante.

Casos hay en los que esa mezcla de la materia hagiográfica y el erotismo novelesco se percibe con especial intensidad, como vemos en la derivación de la leyenda de Tristán, con la triste historia de los amores de Palamedes por la rubia Iseo, a quien no le quedará más que llevar su sentimentalismo por los derroteros de lo divino; eso mismo encontramos en el conjunto de la novela sentimental, con el Leriano de la *Cárcel de Amor* al frente de un ejército de amantes sufridores. Otras veces, no obstante, el amante alcanza a gozar plenamente de la gloria terrenal (meta que, de acuerdo con una imagen manida, consiste en el triunfo amoroso, cuando el amante dispone a su antojo del cuerpo de la dama), que, de acuerdo con el credo cristiano, lo llevará derecho al infierno una vez muerto; justo a la inversa, los sufrimientos del santo le depararán los placeres infinitos en el más allá. De bajar al detalle, queda claro que la relación entre los santos y los héroes novelescos se da de diversas maneras; así, la archiconocida estampa del san Daniel bíblico, arrojado a un foso de leones por ser fiel a Dios, tiene su correlato en *Grisel y Mirabella* (*c*. 1480-1485), de Juan de Flores, dado que Grisel se procuró la muerte en idéntica circunstancia por fidelidad a Mirabella (en su caso, no podía obrar la virtud taumatúrgica que salvó a Daniel y a tantos otros santos posteriores). De vuelta a la generalidad, me atrevo a decir que el arrojo que lleva al santo a provocar a las autoridades paganas, y a buscar el tormento y la muerte con alegría, tiene su correspondencia en un sinfín de vidas atormentadas y muertes anheladas en la literatura erótica medieval.

Por supuesto, la operación que estoy llevando a cabo no se ha de limitar tan sólo a la estricta cronología de la Edad Media; de hecho, los resultados son idénticos cuando se estudia la tratadística caballeresca y cortesana (antes y después del conde Baldassare Castiglione) y la literatura amatoria (marcada como está primero por el erotismo cortés y luego por el neoplatonismo quinientista), cuando ya nos adentramos en el siglo XVI. Así las cosas, el rigurosísimo mundo de los amantes de la novela sentimental tendrá un relevo sólo parcial (ya que ese género cuatrocentista seguirá presente de varias maneras) en el que se ofrece al lector a través de la nueva narrativa idealizante. En ella, admitámoslo, se lleva al amante más allá del dolor imaginable y se espera de él la mayor de las muestras de generosidad y abnegación, como ocurre en la novela pastoril. En ella, se llega al más horroroso de los tormentos que pueda imaginar un amante no correspondido y es el de tener que aplicar obligatoriamente la propiedad transitiva para amar a su contrincante por el simple hecho de ser el deseado por aquella a quien él mismo ama.

Así llegamos a los años del Barroco, aunque de nuevo conviene dar marcha atrás; de hecho, la Edad Media es la época más rica de creación y recreación de tales *vitae*, un factor genético que a veces se descubre a las claras en los casos, verdaderamente frecuentes, de contaminación múltiple. De esta manera se explica que unos mismos motivos se repitan en leyendas distintas y que, no pocas veces, un solo relato hagiográfico derive en dos o más vidas, lo que ha exigido infinitos esfuerzos por parte de los jesuitas bolandistas y demás expertos a lo largo de varias centurias, desde los inicios del siglo XVII (el resultado de tales esfuerzos eruditos se reúne en la *Bibliotheca Hagiographica Latina*, la *Bibliotheca Hagiographica Graeca* y la *Biblioteca Hagiographica Orientalis*). Al abordar estas leyendas desde un enfoque religioso o desde la característica perspectiva genética del positivismo decimonónico, se perseguía, con diferente propósito, la adherencia de material literario, legendario, folklórico; en el caso de los bolandistas, también se procuraba deslindar lo histórico de lo puramente legendario o, lisa y llanamente, ficticio. Hoy, no obstante, vemos las cosas de un modo radicalmente distinto y nos interesamos precisamente —en términos antropológicos, literarios y hasta religiosos— por las variaciones de la leyenda, por sus idas y venidas entre oralidad y escritura, por esa particular constitución que acerca la *vita* al cuento o relato folklórico y que lo aleja de esas dos nociones básicas en Filología que son original y arquetipo.

Además, como ya he dicho, el principio de la contaminación es poderosísimo y se deja sentir entre unas y otras *vitae*, que a veces repiten anécdotas tan curiosas como la de san Casiano de Imola (siglo IV), espejo de maestros, que habría muerto asaeteado por los cálamos de sus discípulos tras saberse que era cristiano; a ese respecto, no deja de sorprender que ese motivo aparezca en otras tres biografías sagradas: la de san Marco de Aretusa, la de san Artema de Puzzuoli y la de san Arquipo de Asia, compañero de san Pablo. Como veremos más adelante, todas estas leyendas parten de fuentes harto sospechosas y, además, cuentan con antecedentes en la literatura pagana. Del mismo modo, llama la atención que la increíble leyenda de san Genesio, el actor que en mitad de la escena recibió la luz divina y fue martirizado y ajusticiado por Diocleciano, se repita en algunas ramas de las leyendas de san Ardalio, san Gelasio y san Porfirio. Tengamos cuidado a ese y a otros respectos; caminemos con pies de plomo, pues no están claros los jalones divisorios entre lo folklórico y lo hagiográfico, ya que sus señas de identidad a menudo coinciden y se confunden; del mismo modo, resultan dificilísimos los deslindes entre el material folklórico y el heroico cuando se lleva a cabo esa misma tarea en la literatura épica. Alan Deyermond lo ha dicho con su tino característico:

> It is not always easy to define the frontiers of this subject. Folk-motifs overlap to some extent with the fundamental epic motifs (treachery, vengeance, the assembly, enumeration of warriors, and so on) which, as a reading of Bowra or Lord quickly reveals, are a remarkably constant feature of the genre over many centuries and in many languages.[29]

Como acabo de comentar, los relatos novelescos y hagiográficos coinciden en algunos rasgos definidores de ambos géneros, sin que se sepa a ciencia cierta en qué dirección obran los influjos ni podamos determinar su naturaleza precisa en cada caso. El *roman*, en sus diversas manifestaciones, abunda en sucesos extraordinarios o fenómenos dignos de admiración; para encontrarlos no hay que adentrarse sólo en el universo de la ficción pura (vale decir, en la literatura artúrica o en otros enredos romancescos) sino en algunas de las grandes leyendas del Mundo Antiguo (en esa *matière de Rome* a la que se refiere Jean Bodel a finales del siglo XII), con Alejandro Magno al frente de todas ellas. Tengamos en cuenta que éstas también se apoyaban en la pura fantasía o apelaban de continuo a unos *mirabilia* prácticamente inevitables desde el momento en que el héroe se daba a explorar tierras ignotas (de nuevo, Alejandro ofrece el paradigma). No sólo era así en el caso de la novela: también la épica clásica, tanto la griega como la romana, está plagada de episodios taumatúrgicos; en ese sentido, destaca la visita a espacios prohibidos a todo mortal, como el Hades (ya se trate de Ulises, de Hércules o de Eneas).[30]

Este escenario, infierno o purgatorio, tiene lógica cabida en las leyendas hagiográficas de san Brandán,[31] san Patricio,[32] san Macario Romano (a quien

---

[29] «Folk-Motifs in the Medieval Spanish Epic», *Philological Quarterly*, 51 (1972), p. 38.

[30] Desde el ámbito de lo religioso-heroico, este tipo de motivos se extendió hacia otras muchas áreas de esa vasta cultura literaria, como se ve en el cuento de Cupido y Psique, incorporado a *El asno de oro* de Apuleyo.

[31] Para la presencia de este relato en España desde fecha tan temprana como el siglo X, véase Alan Deyermond, «Lost Hagiography in Medieval Spanish: A Tentative Catalogue», en Jane E. Connolly, Alan Deyermond y Brian Dutton, eds., *Saints and their Authors..., op. cit.*, pp. 139-148 (146).

[32] Contamos con el tradicional trabajo de Antonio García Solalinde, «La primera versión española de *El purgatorio de San Patricio* y la difusión de esta leyenda en España», *Homenaje ofrecido a Menéndez Pidal* (Madrid: Hernando, 1925), vol. II, pp. 219-257, donde se parte del manuscrito de la catedral de Toledo que conserva la versión castellana.

tres monjes encontraron haciendo vida eremítica, con la custodia de varios leones, en lugar situado a las puertas del Paraíso), en buena medida en la figura de un san Amaro que surge en el Medievo tardío,[33] en otros relatos tan conocidos como los *Cuentos de Cantorbery* o bien en otros más modestos pero no menos interesantes como el de cierto milagro de san Antonio de Padua (1195-1231);[34] por fin, la visita al más allá se constituye en el escenario básico de la leyenda del caballero Túngano o Tundalo (llamado también *caballero de Hibernia*), uno de esos textos novelescos que se revelan infundidos por el espíritu de la taumaturgia cristiana y que cuenta con una base fundamentalmente hagiográfica.

La ficción narrativa caballeresca, tantas veces criticada por los moralistas en los años que aquí me ocupan, se movió en este universo para atrapar al lector, y lo hizo suyo en una obra tan popular como *Guarino Mezquino* (pieza literaria que tiene numerosas ediciones desde 1512 en adelante, hasta alcanzar el siglo XIX), que inserta nada menos que la visita de san Patricio al Purgatorio. El motivo no es privativo del cristianismo, ya que existe en un sinfín de culturas y religiones que ofrecen estampas tan afamadas como el mito del panfilio Er de la *República* (X, 614 y ss.) de Platón, el guerrero resucitado del mundo de los muertos. De tan grato como resultó al público medieval, se deriva el hecho de que ni siquiera se tratase de un tema restringido al universo religioso, dado que al menos el Paraíso (casos aparte son los del Infierno y el Purgatorio) era un espacio físico que no faltaba en enciclopedias, mapamundis y libros de viajes; de ahí que algunos de los aventureros medievales marchasen en su búsqueda, con Alejandro Magno como adelantado de todos ellos, en un magnífico ejemplo de transculturación (que lo es, verdaderamente, y no todos esos que ahora se aducen sin fundamento) y de manifiesto anacronismo: se trata del *Alexandri Magni iter ad Paradisum*, obra anónima del siglo XII que gozó de una notable fama por distintas partes de Europa.[35] El Medievo tardío alimentaría esta leyen-

---

[33]   Véase Leonardo Romero Tobar, «Un San Amaro legendario en el camino de Santiago», en *La légende...*, *op. cit.*, pp. 193-207. La edición y el estudio más profundo del texto se deben a Carlos Alberto Vega, *Hagiografía y Literatura. La Vida de San Amaro* (Madrid: El Crotalón, 1987).

[34]   María Jesús Lacarra, «Una colección inédita...», *op. cit.*, pp. 27-28.

[35]   Véase Marcel Alexandre, «Entre ciel et terre: les premiers débats sur le site du Paradis (Gen. 2, 8-15, et ses receptions)», en Bernard Deforge y François Jouan, eds., *Peuples et Pays Mythiques* (Paris: Les Belles Lettres, 1988), pp. 187-224. La importancia del héroe macedonio explica otros tantos ejemplos taumatúrgicos o, más específicamente, hagiográficos en que el anacronismo se cuela de rondón, como el de la vida de santo Tomás, cuyo cuerpo habría sido devuelto desde la India por orden de su conquistador (Pedro de la Vega, II, 14v).

da con nutrientes especialmente fértiles, vinculados a la figura del Preste Juan y a sus dilatados dominios, en los que se ubicaba el Paraíso.[36]

Por cierto, la leyenda paneuropea de Túngano muestra a las claras la derivación desde lo hagiográfico hacia lo puramente novelesco;[37] en ella, se revela, además, la escasa distancia que media, si acaso, entre la *visio* taumatúrgica y los *mirabilia* propios de las novelas y libros de viajes. Claro está que podemos enriquecer y complicar sobremanera nuestro universo de referencias con sólo aludir a mitos tan poderosos como el de Orfeo, con sus infinitas secuelas, o a joyas literarias como la *Commedia* dantesca, que dejaron plagado el arte europeo de descensos o visitas al averno. Otro ingrediente propio de los libros de viajes son las fichas zoológicas que recogen animales poco conocidos o extraordinarios de todo punto, que tampoco faltan en el universo hagiográfico; así por ejemplo, en la tradición griega, san Cristóbal procedía de la tribu de los cinocéfalos, raza fabulosa que aparece también en libros de viajes, enciclopedias y obras científicas de la Antigüedad y Medievo; por ello, fue representado en múltiples ocasiones con cabeza de perro. En el caso de la leyenda de san Pablo Protoeremita (también conocido como san Pablo de Tebas), la vulgata de su *vita* (que tiene como única fuente la *Vita Pauli* de san Jerónimo, compuesta en 397 o 398) nos relata que, cuando san Antonio lo buscaba, éste se encontró con un hipocentauro, sátiro, fauno o íncubo, tan pacífico que le saludó, le ofreció un puñado de dátiles y le recordó que era uno de los seres adorados por los gentiles en su ceguera; desde esa fuente, el motivo pasó a la mayoría de las versiones de la vida del Ermitaño y hasta a las artes plásticas.

En una de sus fugaces pero frecuentes aproximaciones a la materia teratológica, Juan Casas Rigall ha hecho muy bien en recordar que los monstruos no sólo cabían en la tradición pagana, con la autoridad que brindaban Aristóteles, Plinio o Solino, sino que su existencia quedaba confirmada dentro de las Escrituras Sagradas, según se lee en diversos pasajes del Antiguo Testamento,

---

[36] Sobre el particular, está trabajando Aragüés, quien recuerda las cuatro obras de referencia: Jean Delumeau, *Historia del Paraíso* (Madrid: Taurus, 2005 [orig. fr., 1991-2000]); Jeffrey Burton Russell, *A History of Heaven: The Singing Silence* (Princeton: Princeton University Press, 1997); Colleen McDannell y Bernard Lang, *Historia del cielo. De los autores bíblicos hasta nuestros días* (Madrid: Taurus, 2001; orig. ing., 1988); y Claude Carozzi, *Le Voyage de l'âme dans l'au-delà d'après la littérature latine (Ve-XIIIe siècle)*, Roma: École Française de Rome, 1994.

[37] La leyenda presenta varias ramas en la literatura castellana, una de las cuales fue recogida, a partir de un pliego suelto, por John K. Walsh y por Billy Bussell Thompson en uno de sus memorables libritos, *Historia del virtuoso cavallero don Túngano (Seville 1526)* (New York: Lorenzo Clemente, 1985).

desde Génesis 1, 20-22, o 6, 4, en adelante.[38] Como se desprende de los datos previos, obras literarias de signo radicalmente opuesto podían contener materiales comunes: a veces, se trataba tan sólo de detalles menores y aislados; otras, no obstante, eran ingredientes básicos para la constitución de la obra y la del género literario a que pertenecía.

La vinculación de san Cristóbal a los cinocéfalos no llega al extremo de otra leyenda que entra abiertamente en el territorio de lo absurdo: la del perro san Guinefort. Aunque como leyenda hagiográfica no tenga mayor fundamento y parezca de importancia menor, desde el punto de vista folklórico y literario se trata de una verdadera joya, ya que está presente en el *Sendebar* y el *Calila y Dimna*; además, mientras José Fradejas Lebrero ha rastreado las raíces del que es, propiamente, un cuentecillo y ha llegado hasta Pausanias (siglo II), Jean-Claude Schmitt ha demostrado su antigüedad y su extraordinaria difusión al documentar su presencia en la cultura india. Lo sorprendente de este breve apólogo es que, bajo etiquetas como «El perro fiel», se haya colado entre las leyendas urbanas y que su presencia en los *blogs* de Internet pueda calificarse de apabullante.[39] El modo en que el cuento se transformó en una peculiar manera de hagiografía nos lo explica Étienne de Bourbon (*c*. 11850-1261), al ser testigo de cierto caso ocurrido junto a Lyón. Merece la pena leer el pasaje (que tomo del libro de Schmitt):

> Es lo que pasaba recientemente en la diócesis de Lyón donde, cuando yo predicaba contra los sortilegios y oía confesiones, muchas mujeres confesaron que habían llevado sus hijos a san Guinefort. Y como yo creía que era algún santo, hice mi investigación y supe por fin que se trataba de un perro lebrel que había sido muerto de la siguiente manera.
> En la diócesis de Lyon, cerca del pueblo de las monjas llamado Neuville, en la tierra del señor de Villars, ha existido un castillo cuyo señor tenía un hijo de su esposa. Un día, cuando el señor y la dama habían salido de su casa y la nodriza había

---

[38] «Razas humanas portentosas en las partidas remotas del mundo (de Benjamín de Tudela a Cristóbal Colón)», en Rafael Beltrán, ed., *Maravillas, peregrinaciones y utopías: literatura de viajes en el mundo románico* (Valencia: Universitat de València, 2002), pp. 253-290.

[39] Jean-Claude Schmitt, *La herejía del santo lebrel. Guinefort, curandero de niños desde el siglo XIII* (Barcelona: Muchnik, 1984 [orig. fr., 1979]). Para un resumen atinado de la leyenda y sus problemas, véase María Jesús Lacarra, *Cuento y novela corta en España, 1: Edad Media* (Barcelona: Crítica, 1999), p. 66. Su expansión como leyenda urbana está en la base del rico archivo, para éste como para tantos otros casos, de José Manuel Pedrosa, quien, además, me aporta la siguiente referencia: Jan Harold Brunvand, *El fabuloso libro de las leyendas urbanas. Demasiado bueno para ser cierto*, trad. M. Berastegui (Barcelona: Alba, 2002) vol. I, pp. 57-60.

hecho lo mismo, dejando solo al niño en la cuna, entró una serpiente muy grande en la casa y se dirigió hacia la cuna del niño. Al verlo, el lebrel que había quedado allí, persiguiendo a la serpiente y atacándola bajo la cuna, volcó la cuna y daba mordiscos a la serpiente, que se defendía y mordía a su vez al perro. El perro acabó por matarla y la arrojó lejos de la cuna. Dejó la cuna y también el suelo, su propia garganta y su cabeza inundados de sangre de la serpiente. Maltrecho por la serpiente, se mantenía en pie cerca de la cuna.

Cuando entró la nodriza, creyó al verlo que el niño había sido devorado por el perro y lanzó un grito muy fuerte de dolor. Al oírlo la madre del niño acudió a su vez, vio y creyó las mismas cosas y lanzó un grito semejante. Del mismo modo, el caballero, llegando allí a su vez creyó la misma cosa y sacando su espada mató al perro. Entonces, al acercarse al niño, lo encontraron sano y salvo durmiendo dulcemente. Intentanto comprender, descubrieron la serpiente desgarrada y muerta por los mordiscos del perro. Reconociendo entonces la verdad del hecho y deplorando haber matado tan injustamente a un perro tan útil, lo arrojaron a un pozo situado ante la puerta del castillo, lanzaron sobre él una gran masa de piedras y plantaron al lado árboles en memoria del hecho.

El comentario de quien actuaba en esa zona de Francia como predicador general de la Orden de los Frailes Predicadores no deja lugar a duda: estamos fuera del universo que aquí interesa, esto es, en una heterodoxia que ni tan siquiera merece ese nombre, sino el de pura superstición de los grupos sociales más bajos y menos formados. El dominico fue concluyente al etiquetar el caso de esa precisa manera, y no de otra, y no mostró ninguna consideración sobre una creencia que consideraba sencillamente aberrante; al estudioso moderno, no obstante, la derivación de un viejo apólogo animalístico (perfectamente activo a día de hoy, como ya se ha señalado) hacia el universo de la hagiografía no puede resultarle más interesante.

John R. Maier y Thomas D. Spaccarelli, en un revelador artículo que cumple ahora 20 años justos,[40] demostraron cómo todo un manuscrito puede aglutinar textos pertenecientes a ambos universos por venir a satisfacer parecidas expectativas entre su público. Por supuesto, junto a vinculaciones como ésas, debidas a su semejanza en la materia, hay que recordar aquellas otras que derivan de su extensión pareja, de su condición de relato breve, que hermanan la *vita* con el *miraculum* (lo que no llamará a sorpresa, dado su común contenido

---

[40] Me refiero a ese verdadero clásico de los estudios de literatura española medieval titulado «Ms. Escurialense h-I-13: Approaches to a Medieval Anthology», *La Corónica*, 11 (1982), pp. 18-34; desde ese momento, el códice comenzó a recibir la atención que merecía por parte de varios especialistas, con contribuciones tan interesantes como el estudio del texto castellano y de las fuentes francesas de dos de las obras ahí reunidas por John Rees Smith, *The Lives of St. Mary Magdalen and St. Martha* (Exeter: University of Exeter, 1989).

religioso, que explica el carácter híbrido de la exitosa obra francesa del siglo XIII titulada *Vie des Pères*, cuya segunda y última parte es una colección de *miracula Virginis Mariae* que sigue el modelo de Gautier de Coinci) y ambos (aquí sí, la sorpresa es mayúscula) con la *novella* e incluso con el procaz *fabliau*.

Pasado el tiempo, ese hermanamiento de las *vitae* con otras formas del relato breve se pondrá de manifiesto con toda claridad en la ya citada obra del toledano Alonso de Villegas, cuyo *Flos sanctorum* (con una primera entrega de 1578) en seis volúmenes incorpora un cuarto volumen que se compone de sermones propios; el quinto, por su parte, lo tituló *Fructus sanctorum* (1594) y reúne un total de tres mil seiscientas facecias o anécdotas de diversa procedencia, bíblicas, clásicas, medievales y renacentistas;[41] por fin, en la última de sus entregas, *Vitoria y triunfo de Iesu Christo* (1603), vuelve a la primera de todas las *vitae* para el fiel cristiano. Tales mezclas no son en absoluto extrañas; de hecho, un mismo códice medieval podía incluir obras de contenido radicalmente divergente pero hermanadas en su brevedad, como acabo de afirmar y como muy bien indica Michelangelo Picone:

> Troviamo riuniti insieme, in grandi collettori unici, componimenti brevi di ogni sorta: *exempla* e *fabliaux, lais* e vite di santi, *fables* e *dits*, etc. senza che si avverta la benché minima preoccupazione di raggruppare i vari componimenti in base ad affinità di contenuto o di forma. Insomma in questi manoscritti, vere e proprie antologie del *narratif bref*, il profano confina col religioso, il serio col comico, il morale con l'osceno, la poesia con la prosa, etc., sulla base dell'unico comun denominatore che è la *brevitas*.[42]

El fenómeno indicado puede perseguirse incluso dentro de la obra de un solo autor, como en el *Libro de Buen Amor* de Juan Ruiz o, para centrarnos en la materia que aquí interesa, en *The Canterbury Tales* de Geoffrey Chaucer, que integran *miracula*, *vitae*, cuentos morales, un catecismo y una galería de breves retratos de hombres y mujeres de dura caída; a su lado, están los relatos que todos recordamos, los únicos que llamaron la atención de Pier Paolo Passolini al llevar la obra a la pantalla grande: los de contenido procaz. Al final, los ejem-

---

[41] Esta abultada obra constituyó el meollo de la tesis doctoral de José Aragüés Aldaz y hoy podemos leerla, junto a la totalidad de dicha tesis, en forma de microficha: *El «Fructus sanctorum» de Alonso de Villegas (1594). Estudio y edición del texto* (Zaragoza: Universidad de Zaragoza, 1993). También puede consultarse a través de las páginas electrónicas de LEMIR de la Universidad de Valencia.

[42] Es lo que leemos en un párrafo revelador de su prólogo —sucinto, brillante y esencial por igual— a *Il racconto* (Bologna: Il Mulino, 1985), p. 7.

plos aducidos hasta aquí y otros tantos que iremos viendo en lo que resta ponen de relieve el carácter híbrido de no pocas novelas desde el mismo Medievo, un hibridismo que se convertirá en común denominador y en principio poético básico de buena parte de la narrativa áurea —en sus diferentes géneros, idealizantes o no— y que justificará una etiqueta tan estupenda como aquella de la que se sirve Anna Bognolo al hablar de *il romanzo onnivoro*.[43]

[43] Etiqueta ésta que utiliza como título de uno de los capítulos de *La finzione rinnovata. Meraviglioso, corte e avventura nel romanzo cavalleresco del primo Cinquecento spagnolo* (Pisa: Edizioni ETS, 1997), pp. 137-144. En este libro, su autora se refiere en particular a la *Reina Sebilla* al poner como ejemplo «fusioni tra genere agiografico e comico-grottesco».

3.

VIRTUD HEROICA Y VIRTUD HAGIOGRÁFICA

Con un panorama tan complejo, a nadie puede sorprender lo que de hecho ocurrió: que las leyendas heroicas (o, si lo prefieren, épicas) y las leyendas novelescas influyesen con harta frecuencia sobre los relatos hagiográficos, y al contrario. En cierta medida, había razones históricas que justificaban tales contaminaciones: la vida del santo ofrecía una cronología propicia, que retrotraía al lejano pasado de Roma (con sus mártires) o a los siglos de mayor postración durante la cruzada peninsular contra el sarraceno (con su legión de santos ordenados y con su manípulo de santos laicos). Si repasamos el santoral, comprobamos que esos dos periodos son los más fértiles en lo que se refiere al desarrollo taumatúrgico de ciertas *vitae*; muy distintos serán, por supuesto, los caminos de la santidad desde el siglo XVI hasta nuestros días, pues la carga de elementos maravillosos y de material legendario y literario es mucho menor comparativamente.[1] En las primitivas leyendas hagiográficas, el patrón racionalista o anti-taumatúrgico apenas si existe; de hecho, mi memoria sólo alcanza a san Fulgencio, obispo y confesor, en un rotundo testimonio de Pedro de Ribadeneira (*Flos*, I, 83):

---

[1] Como indica Jesús Moya, *Las Máscaras del Santo...*, *op. cit.*, p. 26; por esa razón, aquel género teatral que era del gusto del común entre los siglos XVII y XVIII y que se conoce como *comedia de santos* encontraba la materia adecuada en las viejas *vitae* medievales y no en los nuevos santorales al uso de clérigos. De todos modos, la fe popular imponía que la vida del santo se decorase con algún sonado milagro *ante mortem* o *post mortem*, como recuerda Teófanes Egido en «Hagiografía y estereotipos de santidad contrarreformista (La manipulación de san Juan de la Cruz)», *op. cit.* En particular, me interesa la deriva de su leyenda mostrada por el padre Joseph de Velasco, *Vida y virtudes y muerte venerable del varón Francisco de Yepes, que murió en Medina del Campo, año de 1607. Contiene muchas cosas notables de la vida y milagros del S. P. Fray Juan de la Cruz, carmelita descalzo. En particular, se trata de las cosas maravillosas que en una medalla en que está un poco de carne de su bendito cuerpo se muestran* (Valladolid: Gerónimo Murillo, 1617), obra que iría a parar al *Index librorum prohibitorum*.

[...] no buscaba honra en los hombres sino el testimonio de su conciencia. Y por esta misma causa, nunca se inclinó a hacer milagros, y para encubrir algunos que hacía Dios por él, los solía atribuir más a la fe de otros que a su propia virtud, porque decía que los milagros no hacen al hombre santo sino famoso en el mundo.

A veces, incluso se ha llegado a los altares no por vía taumatúrgica sino por pura entrega abnegada, por una vida de sacrificio permanente, caso éste de santa Bernadette de Lourdes, canonizada en 1933. Por supuesto, no pretendo dar a entender que el género hubiese muerto para esas fechas, pues las vidas de los santos contemporáneos continuarán engalanando la literatura europea más allá del temprano Barroco, que es el momento exacto en que las abandono en el presente libro.[2] Ahora bien, el panorama que se obtiene de un estudio de las leyendas hagiográficas del Medievo lleva a coincidir con lo dicho por André Vauchez:

> Le point de départ de cette étude est la constatation que, dans les procès de canoni-
> sation de la fin du Moyen Âge, les saints sont présentés comme des êtres beaucoup
> plus extraordinaires que dans ceux de la fin du XIIᵉ et du XIIIᵉ siècle. Contrairement
> à ce qu'on pourrait imaginer, l'évolution que l'on relève dans ce domaine ne va pas
> dans le sens d'un réalisme croissant mais se marque au contraire par une accentua-
> tion des traits surnaturels et merveilleux.[3]

Volvamos, no obstante, al tipo de *amplificationes* propias de la Baja Edad Media, las que aquí más me interesan. A este respecto, conviene recordar que las razones para tales cambios fueron por lo general de naturaleza literaria: determinadas anécdotas tomadas de distintos lugares aumentaban el encanto de una *vita*; por ello, san Jerónimo incorporó, con decisión y sin titubeos, materiales de la ficción narrativa en el interior de sus *vitae*, con cita expresa de las *Etiópicas* de Heliodoro. Ahora bien, también sucedió lo contrario, como hemos visto y seguiremos viendo en lo que resta: que la taumaturgia, siempre atractiva, que nunca falta sino al contrario en las vidas de los santos, alcanzase a teñir relatos de distinta condición y que incluso les llegase a conferir algunos de sus principales fundamentos. Ya de entrada, conviene hablar de casos manifiestos de hibridación genérica para explicar las peculiaridades de ciertas obras y hasta de grupos textuales completos, como ocurre en el caso de las primitivas *pas-*

---

[2]   A ese respecto, recomiendo el capítulo «L'hagiographie moderne en dehors des bollandistes» del libro de Aigrain, *L'hagiographie...*, *op. cit.*, pp. 351-388.

[3]   «L'influence des modèles hagiographiques sur les représentations de la sainteté, dans les
procès de canonisation (XIIIᵉ-XVᵉ siècles)», en *Hagiographie, Cultures et Sociétés, IVᵉ-
XIIᵉ siècles. Actes du Colloque organisé à Nanterre et à Paris (2-5 mai 1979)* (Paris:
Études Augustiniennes, 1981), p. 585.

siones; a este respecto, conviene darle la voz directamente a Duncan
Robertson, por su atinada corrección a cierta idea del maestro Delehaye:

> The literature of the passions has the character of epic. Delehaye's term, *passion
> épique*, refers pejoratively to the later works, and to their generic tendency to
> «exaggerate». For more recent scholars, however, the term «epic» describes featu-
> res fundamental to the passions from the very beginning.[4]

La entereza del héroe cristiano ante las autoridades que quieren apartarlo de
su fe, su resistencia al tormento y su ansiosa voluntad de morir para merecer a
Cristo dibujan seres excepcionales, desde la primera de todas las *passiones*, la
de san Policarpo, en adelante. Por no faltar, ni siquiera faltan la comicidad y la
ironía que caracterizan determinados momentos de la poesía épica desde los
tiempos de Homero y que afloran, una vez y otra, en la escritura hagiográfica,
tanto en las vidas de los santos mártires como en las de los confesores. No obstante, la percepción de los rasgos de la epopeya en la escritura hagiográfica no
se ha de limitar al ámbito de la *passio*; al contrario, a poco que se profundiza
en la materia se comprueba la necesidad que tiene el estudioso de ampliar su
radio de acción.

Por supuesto, cuando se tiene la vista puesta en el héroe épico y novelesco,
hay que prestar especial atención a aquellos santos guerreros que acorren a los
cristianos en la batalla o que toman parte activa en la misma, como san Millán
de la Cogolla o Santiago Matamoros; con todo, la confusión de las figuras del
santo y el héroe puede llegar incluso al pequeño detalle. A bulto, se percibe una
comunión de elementos en el hecho de que ambos son morigerados y se muestran disciplinados hasta el extremo; uno y otro, también, hacen gala de su prudencia y mesura en grado insuperable, son capaces de guardar la más estricta
de las abstinencias, de observar los votos más duros e incluso de fustigar sus
carnes (un patrón heroico-hagiográfico perfectamente constituido en los años
en que cuajó la leyenda de Alejandro Magno y que aparece rotundo en
Plutarco). José Manuel Pedrosa lo ha dicho mucho mejor de lo que yo podría
hacerlo; por ello, traigo aquí su cita, en la que este eminente folklorista busca
fundamentos en la teoría de los dones y contradones del maestro Claude Lévi-
Strauss:

> Los santos son los paralelos simétricos del héroe en el ámbito de lo religioso. Los
> santos dan todo lo que tienen o todo lo que pueden a su comunidad (especialmente
> a los miembros que menos tienen), e intentan sacar lo menos posible de los bienes
> que tiene ésta a su disposición, porque el consumo de cualquier bien se suele iden-

---

4   *The Medieval Saint's Lives...*, *op. cit.*, p. 31.

tificar con el concepto del pecado, lujuria, avaricia, gula, soberbia, según se posean y consuman sexo, riquezas, comida, saberes, poder, autoridad, etc.[5]

Por supuesto, el santo va mucho más allá de la generosidad que el héroe muestra al repartir el botín y, en general, al recompensar a sus vasallos. El patrón hagiográfico, de hecho, supone el desprendimiento absoluto de toda riqueza, el abandono del hogar y, en el colmo de los colmos, induce a la venta del propio cuerpo para destinar el dinero resultante a cualquier fin benéfico. En ese sentido, el santoral puede superar con creces el modelo cristológico del que en principio parte. Me refiero al ideal de pobreza que se ofrece en el famoso pasaje del Evangelio de san Lucas, 18, 18-30, allí donde Jesús dio al joven rico su receta para asegurarse la gloria: «Te falta todavía una cosa: vende todo lo que tienes y repártelo entre los pobres, y tendrás tesoro en los cielos; y ven y sígueme».

Santos y héroes se ven forzados a superar las continuas pruebas a que son sometidos por fuerzas adversas, contrarias al principio del bien y el orden. Este desarrollo es común para la épica de todos los tiempos (y para buena parte de los textos de la órbita del *roman courtois*, que tanto debe al patrón épico); no obstante, sólo algunos de los títulos épicos plantean tales pruebas en serie o retahíla, de acuerdo con el arquetipo de la leyenda herculea. Cuando esto afirmo, tengo la épica medieval en mente y, en particular, la *Chanson de Roland*. De seguir con ciertas peculiaridades épicas, entiendo que el *Cantar de mio Cid*, en lo que respecta a la mesura del héroe, muestra un nuevo punto de encuentro con las vidas de los santos, ya que todos ellos salen triunfantes frente a la calumnia y la difamación. Los *enemigos malos* del inicio del *Cantar*, los mezcladores o malos mestureros, han logrado que el Cid caiga en desgracia; frente a esa situación, el héroe cristiano ha de armarse con la paciencia, a la manera de Job, en la idea de que todo se aclarará, de que los problemas se resolverán, de que se recobrará el orden inicial. Se diga o no, detrás de todo ello está la divina providencia, en la que el santo confía para librarse de las más terribles calumnias. Me sirvo, para aclarar mi reflexión, de tres ejemplos: el de san Bernardo de Claraval, a quien las malas lenguas pretendieron hacer daño en distintos momentos (léase, por ejemplo, a Pedro de Ribadeneira, II, pp. 521-

---

[5]   Datos precisos en el sentido que me interesa son los que aporta en «La tradición. La lógica de lo heroico: mito, épica, cuento, cine, deporte... (modelos narratológicos y teorías de la cultura)», en *Mitos y héroes* (Urueña: Fundación Centro Etnográfico Joaquín Díaz/Ministerio de Educación, Cultura y Deporte, 2003), pp. 37-63. Es particularmente atractiva la teoría que aquí desarrolla y aplica sobre los *cuerpos abiertos y cerrados* a partir de las ideas de Mijail Bajtín y, de nuevo, de Claude Lévi-Strauss. La cita que aduzco se encuentra en la p. 44.

522), el de san Juan Crisóstomo (que veremos más adelante) y el de santa Pelagia, la santa travestida en monje a quien cierta doncella acusó de haberla empreñado (arriba, me he referido al patrón hagiográfico de santa Pelagia, pues la circunstancia y el motivo aparecen en otras *vitae* tan importantes como la santa Teodora de Alejandría). Su resignación ante las acusaciones fue total y absoluta; es más, la verdad sólo se supo tras su muerte, cuando se comprobó que el bello monje Pelagio era, en realidad, una mujer. Su enereza le abrió las páginas de los santorales, de la misma manera que al Cid le permitió no sólo vengarse de sus enemigos sino, lo más importante, recuperar el amor real.[6]

A veces, el milagro heroico no precisa de mayor fundamento que la ayuda divina directa, como en la victoria de don Pelayo en Covadonga, con unas flechas que se volvían contra los mismos que las arrojaban. Este motivo, por cierto, tampoco falta en otras vidas tan afamadas como las de san Cosme y san Damián, los dos hermanos médicos que tienen encomendada la bella Colegiata de Covarrubias (Burgos), donde ocupan el espacio privilegiado de una de las tablas que acompañan el impresionante *Tríptico de la adoración de los Reyes Magos* de Diego de Siloé; no obstante, en la vulgata de esta leyenda, lo que comúnmente les arrojaron, puestos en una cruz como estaban, fue piedras, que descalabraron tanto a quienes se las arrojaron como a cuantos contemplaban el espectáculo con regocijo. En nuestro rastreo, la sorpresa surge en casos como el de san Ginés de la Jara, patrón de los herniados, estudiado por Walsh en un temprano artículo;[7] en esta *vita*, como ese fino estudioso indicó, la conexión es directa con la *Chanson de Roland* y con la épica francesa. Esa relación con la poesía heroica se da también en la de un supuesto san Vidián, figura hagiográfica formada a partir de un personaje, de nombre Vivan, que era nada menos que sobrino de Guillermo de Orange. Enfoquemos ahora el fenómeno desde la óptica inversa.

Idénticas transformaciones experimentó la literatura heroica al encontrarse con la materia que aquí interesa. Determinados pasajes de nuestra poesía épica se entienden mucho mejor si se toman en consideración tales influjos. Eso es lo que sucede, por ejemplo, con el episodio del león escapado en el tercer cantar del *Cantar de mio Cid,* en que el héroe domina la voluntad del animal sin ningún esfuerzo. Bien conocidos son los estudios en torno a esta obra que inciden en la naturaleza divina del poder que el santo ejerce sobre las bes-

---

6   Véase la edición y estudio de una *vita* exenta en Ana M. Rodado Ruiz, «Vida de Santa Pelagia», en Jane E. Connolly, Alan Deyermond y Brian Dutton, eds., *Saints and their Authors... op. cit.*, pp. 169-80.

7   «French Epic Legends in Spanish Hagiography: The *Vida de San Ginés* and the *Chanson de Roland*», *Hispanic Review*, 50 (1982), pp. 1-16.

tias;[8] en alguno de ellos, se señala también que ésa es una virtud heroica,[9] como se ve en la leyenda de Alejandro Magno, único capaz de domar al fiero Bucéfalo, extraño híbrido de elefante y dromedaria, como se encarga de recordar el propio *Libro de Alexandre*.[10] Por retornar por un segundo a la figura del león, unido esta vez a la leyenda de Alejandro, hay que recordar que es Plutarco quien recoge el sueño de Filipo en que el vientre de Olimpíada aparece sellado con la figura de un león, lo que el sabio Aristandro interpretó como la clara señal de que el niño que había de nacer sería de índole parecida a la de tan fiero y valiente animal.

De entrada, es el animal, como el niño de pecho u otros seres «limpios», el primero en captar la presencia de la divinidad; de hecho, los derivados de la *Legenda aurea* ponen de relieve que el buey y la mula (o asno), animales presentes al desarrollar el motivo del establo que cuaja en los Evangelios Apócrifos, se postraron ante Jesús al reconocer a Dios. Por extensión, son varias las leyendas que inciden en el hecho de que el santo es capaz de ejercer un control total sobre las fieras, como san Blas, obispo y mártir (muerto hacia 316), a cuya cueva iban los animales más diversos para obtener su bendición y la cura de sus heridas; o como los santos mártires Vicente, Sabina y Cristeta (muertos

---

[8]   Me refiero al ya clásico trabajo de John K. Walsh, «Religious Motifs in the Early Spanish Epic», *Revista Hispánica Moderna*, 36 (1970-1971), pp. 165-172, y a otros que han abundado en datos en esa misma dirección, como el de Geoffrey West, «Hero or Saint? Hagiographic Elements in the Life of the Cid», *Journal of Hispanic Philology*, 7 (1983), pp. 87-105; al de Fernando Baños Vallejo, «Los héroes sagrados (elementos hagiográficos en la épica castellana)», en Aires Augusto Nascimento y Cristina Almeida Ribeiro, eds., *Literatura Medieval. Actas do IV Congresso da Associação Hispánica de Literatura Medieval* (Lisboa: Cosmos, 1993), vol. III, pp. 29-32; o a apuntes tan inteligentes como el de Paloma Gracia, *Las señales del destino heroico* (Barcelona: Montesinos, 1991), p. 169.

[9]   Así en Albert Henry, «Sur l'épisode du lion dans le *Poema de myo Cid*», *Romania*, 65 (1939), pp. 94-95.

[10]   Álvaro Galmés de Fuentes, continuando otras pesquisas eruditas previas, conecta la poesía heroica castellana con la árabe en «El *mitotema* de los leones en la épica románica y la tradición árabe», en *Romania Arabica* (Madrid: Real Academia de la Historia, 1999), pp. 257-293. Véase ahora su actualización en *La épica románica y la tradición árabe* (Madrid: Gredos, 2002), pp. 335-362. Queda claro, no obstante, que se le escapa el estímulo primordial que supone la hagiografía allí donde afirma que la presencia del león une el *Cantar de mio Cid* y la épica árabe, ya que, en su opinión, el resto de los posibles modelos no se sirven del animal a modo de prueba: «Es cierto que en la Biblia encontramos en ciertas ocasiones un combate iniciático con un león, como ocurre en el caso de David (*I Sam.*, 17, 34-6) o de Sansón (*Jueces*, 14, 5-7), pero en ninguno de estos casos se trata de una prueba, como condición previa, para demostrar el valor del héroe» (p. 361). Como digo, en las *vitae* el león y otras fieras domeñadas por el santo sirven para eso precisamente: para mostrar su virtud.

en 303), cuyos cuerpos fueron librados del acoso de hombres y animales por una descomunal serpiente (su martirio, con la escena en que la sierpe atrapa al judío que pretendía profanar los cuerpos, se recoge en una bellísima serie de relieves de la Colegiata de Toro). Cuando los británicos buscaban la cabeza del que otrora fuera su rey, san Edmundo, a quien los bárbaros habían decapitado, fueron guiados por la propia voz del santo («¡Aquí estoy!» y «¡Aquí, aquí, aquí!»); cuando dieron con ella, un lobo la tenía en su boca para protegerla de las zarzas. En la mayor parte de los casos, no obstante, el animal interesado es el emblemático león, como en las leyendas de santa María Egipciaca o san Pablo de Tebas, primero de todos los ermitaños, cuyos cuerpos fueron enterrados precisamente por leones (uno, por lo común, en el primero de los casos; dos, en el segundo, como se desprende de las artes plásticas). En la vida de la otrora pecadora, el león ayuda a san Zosimas a enterrar a la santa.

Entre los santos condenados a perecer en la arena, el mejor ejemplo lo ofrece santa Tecla, que mereció el respeto del león que había de despedazarla, que se comportó como un perrillo faldero o, al postrarse en reconocimiento de su virginidad, como si se tratase del legendario unicornio;[11] otro tanto hicieron las fieras con san Pantaleón, según recoge su *passio*. La misma escena se da también en la leyenda de la bellísima santa Martina, ante la que el león que había de despedazarla se postró y le besó los pies; poco después, cuando pretendían devolverlo a la jaula, la fiera mató a un pariente del malvado emperador Alejandro (Pedro de Ribadeneira, I, p. 98). Arrojado a las fieras, san Mamés vio cómo un león le lamía los pies para luego arremeter contra los soldados que lo habían puesto en la arena del circo;[12] de bestias fieras habla, por su parte, la leyenda de san Julián, que indica su sumisión absoluta ante este santo y su cohorte de mártires, cuyos pies también lamieron (Pedro de Ribadeneira, I, p. 137); la estampa se repite en la vida de san Agapito (Pedro de Ribadeneira, II, pp. 500-501); otro tanto hicieron los leones del circo con san Venancio (Pedro

---

[11] Martín de Córdoba, en su *Jardín de nobles donzellas*, nos lo cuenta de este modo: «Santa Tecla es odorante sacrificio, la qual huyendo la cópula conjugal e por furor del esposo dapnada, mudó con veneración de su virginidad la ferocidad de las bestias, ca, aparejada a las fieras, declinava e huía el aspecto de los varones e ofrecíase a los leones. E assí hizo que muchos de allí traxeron los ojos impúdicos los llevassen de allí púdicos, ca veían el león que lamía los pies a la virgen, echado en tierra a las plantas de la castidad, queriendo casi dezir que no podían violar el cuerpo entero por virginidad».

[12] San Mamés, santo nacional ausente en el original de Jacobo de Voragine, ejercía verdadero magnetismo sobre todo tipo de fieras, cuyas hembras se dejaban ordeñar por sus manos; luego, con la leche, hacía un sabroso queso, de acuerdo con el texto editado por Fernando Baños Vallejo e Isabel Uría Maqua, *La Leyenda de los Santos (Flos Sanctorum del ms. 8 de la Biblioteca de Menéndez Pelayo)* (Santander: Asociación Cultural Año Jubilar Lebaniego-Sociedad Menéndez Pelayo, 2000), p. 252.

de Ribadeneira, II, p. 105). Tras cuatro leones que fueron derechos a lamer sus pies, a san Faustino y san Jovita les soltaron leopardos, osos y otras bestias fieras, que «eran como ovejas para los santos»; luego se volvieron contra los verdugos y despedazaron a muchos de ellos. Leones y osos se postraron también en la arena del circo ante los santos Abdón y Senén; y otro tanto hicieron ante santa Eufemia de Calcedonia (muerta a finales del siglo III), aunque más tarde acabaron con su vida cuando la propia santa se lo pidió. El rezo de santa Eufemia fue lo único que movió a las fieras, que incluso para matarla actuaron mostrándole total sumisión y respeto: «Oyó el señor del cielo la oración de la santa virgen, y llegose un osso y diola un bocado, y dexola sin tocar ni comer sus carnes; y los otros ossos y cuatro leones estaban alrededor respetándola y lamiéndola sus pies» (Pedro de Ribadeneira, III, p. 45).

Los ejemplos más célebres corresponden a las infinitas representaciones de san Jerónimo en las artes plásticas, aunque la bestia en realidad no aparezca en su leyenda sino en la de san Gerásimo, cuyo nombre se confunde con el del santo Doctor de la Iglesia.[13] Leones incluyen también, además de las antes citadas, las leyendas de santa Rufina, santa Daría (en su caso, un león la defendió de las acometidas de quienes pretendían mancillarla por no adorar los ídolos), san Macario Alejandrino (a quien se asocia con una leona e incluso con una hiena, animal especialmente cruel y aficionado a la carne humana, como recuerda, entre otros, Jacques de Vitry en el bestiario que embute en su enciclopédica *Historia Hierosolimitana abbreviata*), san Humberto o Huberto (quien también aplacó la fiereza de un oso, que en su mansedumbre hizo las veces de bestia de carga y de guardián del rebaño), san Maximino (que consiguió otro tanto, aunque esta vez como compensación por haber matado el oso el burrillo que le llevaba sus pertenencias), san Columbano (que, por largo tiempo, tuvo su morada en la cueva que le cedió un oso), san Malco (a quien una leona ayudó matando a quienes pretendían devolverlo a la esclavitud y evitar su vuelta a la vida eremítica), santa Prisca o Priscila (en iconografía, aparece entre dos leones porque su fuerza interior evitó el ataque de estos animales) o la de san Eustaquio y su familia (este felino aparece en dos momentos cruciales de su leyenda: primero para arrebatarle a uno de sus hijos y, ya en el circo, para mostrar su docilidad ante la presencia del santo).

En el viaje de san Amaro en pos del Paraíso, en el monasterio de Val de Flores, le sale al encuentro el ermitaño Leónites o Leonatis, llamado así porque estas fieras acudían a él para que les echase una bendición.[14] Incluso en las

---

[13]   Véase Eugene F. Rice, *Saint Jerome in the Renaissance* (Baltimore: The Johns Hopkins University Press, 1985), que dedica toda una sección al asunto.

[14]   Sobre esta figura, véase Carlos Alberto Vega, *Hagiografía y literatura…, op. cit.*, pp. 44-48.

representaciones de san Francisco de Asis, no faltan ocasiones en las que el hermano lobo es sustituido por un hermano león (como en el *Retablo de san Jerónimo* o de *Francisco de Mena* de la catedral de Burgos). Por otra parte, tampoco olvidemos el difundido relato de Androcles y el león agradecido, que después rehusó atacarlo al encontrarse de nuevo con él en el circo; de hecho, son muchos los estudiosos que piensan que en esta leyenda está el fermento de algunas de esas *vitae*, particularmente en la de Jerónimo-Gerásimo, quien también logró ganarse la voluntad del león al extraerle la espina que se había clavado en su zarpa; tampoco se nos pasen por alto otras tantas leyendas paralelas, como la que nos transmite la célebre fábula del león y el ratón agradecido, que al final consigue liberar al félido de la red en que había caído.

Si nos apetece pasar al *roman*, nos basta con una sencilla alusión al heroe de Chrétien de Troyes, Ivain, más conocido como *Le chevalier au lion* por el agradecido y fiel león que lo acompaña en parte de sus aventuras (el sobrenombre que adopta don Quijote desde la célebre aventura a que a continuación me refiero es parodia directa del *roman* francés). Un libro de caballerías anónimo, *Arderique* (1517), incorpora el hallazgo del cuerpo incorrupto de san Paulicio, que se produce precisamente cuando dos leones abren la tierra con sus zarpas para que todos veneren su cuerpo intacto (por lo que puede considerarse el envés de la leyenda de san Pablo de Tebas o Protoeremita). La leona a modo de fiera mansa que amamanta al niño ungido por la gracia la encontramos en el *Amadís de Gaula*, cuyo hijo, Esplandián, es arrebatado por una leona (como en la leyenda de san Eustaquio) que lo cría con su propia leche. Como si de una santa se tratase, el fiero león con el que fue dar la bella Gridonia, una de las féminas del *Primaleón* (1512), libro de caballerías atribuido a Francisco Vázquez, se postró ante ella, y desde ahí, se convirtió en su permanente defensor. A punto de cerrar el siglo XVI, una obra de caballería con un único testimonio, *León Flos de Tracia*, nos ofrece exactamente la misma situación del *Yvain* de Chrétien por medio de su héroe, conocido por el apodo de *Doncel del León*.

Al final de esta larga serie nos encontramos de nuevo con la fiera, aunque ahora en una clara inversión paródica, en la aventura de los leones del *Quijote* de 1615 (capítulo XVII), que no se entiende sin un modelo que me he guardado hasta ahora: el del exitoso *Palmerín de Oliva* (1511), ligado al nombre de Francisco Vázquez. El capítulo 79 del *Palmerín* es, de seguro, la fuente directa de Cervantes, con sus leones y su leonero incluido; además, el pasaje posee el valor añadido de que recoge todas las tradiciones citadas (ed. de Carmen Marín Pina, *op. cit.*, pp. 265-266):

E sabed que todos los leones coronados que allí estavan no se curaron d'él porque conoscieron ser de sangre real, mas avía entr'ellos tres leones pardos que eran muy crueles a maravilla e, como lo vieron, levantáronse muy apriessa e viniéronse para él. El leonero le dio bozes que se saliesse; él no lo quiso fazer e echó el manto en el braço e sacó su spada e firió al primero que a él se llegó de tal ferida que no se meneó más, mas antes cayó muerto. Los otros dos rompiéronle todo el manto con las uñas, mas él los paró tales en poca de ora que poco le pudieron empecer.

Como si se tratase de santos o de héroes, hay leones que rinden pleitesía al hombre que se presenta revestido de una gracia especial; sin embargo, lo que hacen otros es medir fuerzas con el caballero, en esa larga línea que va desde los *Acta martirum* hasta el arte moderno y que cuenta con un exponente pre-claro en los libros de caballerías del Quinientos literario español. En el futuro, tampoco se abandonará esa iconografía del héroe que, al igual que el santo, tiene a un león abatido a sus pies, como en el magnífico retrato de Juan de Austria conservado en el Monasterio de El Escorial que algunos han atribuido a los pinceles de Alonso Sánchez Coello (*c*. 1531-1588). Por supuesto, el pano-rama se complica y enriquece en origen, pues la victoria sobre el león por parte del héroe con virtudes taumatúrgicas está ya en Hércules; en su leyenda, el tra-bajo que le llevó a la victoria sobre el león de Nemea es el primero de todos en la serie y el principal para su caracterización literaria y artística (recordemos que antes, con 18 años, había tenido una victoria semejante ante el león de Citerón). A este respecto, basta reparar en la hiperabundancia de imágenes heraclianas en las que reconocemos al héroe o semidiós por vestir la piel del animal o por portarla en sus manos. Por supuesto, su victoria deriva de su fuer-za física y no de los poderes taumatúrgicos propios de los santos y, por exten-sión, de algunos héroes.

Dejo de lado, aunque no sin citarlo, el león como figura básica del tetra-morfos, como figura heráldica, como símbolo del poder y la realeza, y hasta como símbolo del poder de la Iglesia, que nos obligaría a recorrer todo el arte y toda la cultura europeos en los años de nuestro interés. Tampoco me ocupo de los leones que se cuelan en otras leyendas de diferente procedencia y que se hallan, con notable frecuencia además, no sólo en la literatura sino en las artes plásticas, como el del célebre cuento del *Sendebar* («La huella del león»), presente también en una comedia elegíaca como es el *Milón*, en el *Decamerón* de Boccaccio, etc.; caso parecido es el del león presente en la leyenda de Píramo y Tisbe, causa del triste final del mito clásico. Hay otros muchos ejemplos de esto que digo, pero creo que basta con los que acabo de mencionar.

Pasemos ahora a considerar otro de los animales del bestiario hagiográfi-co,[15] que aún cuenta con una larga lista de especies, como es el archiconocido cuervo (y lo es porque, en las artes plásticas, sirve para una identificación inmediata del santo) que alimenta a san Pablo Protoeremita y que está presente en su encuentro con san Antonio. El cuervo aparece con idéntica función en la leyenda del veterotestamentario profeta Elías (a veces, en su lugar, en la iconografía de este santo está el ángel que le llevó el pan y el agua en otro milagro posterior), como también en la vida de san Onofre eremita (comúnmente, es un ángel el portador del sustento, aunque está muy expandida la imagen, copiada claramente de la de san Pablo, en que un cuervo le lleva su ración diaria de pan, tal como vemos en el retablo de la capilla de san Onefre en el Monasterio de la Real, en Palma de Mallorca) y aún se cuela en la iconografía de san Benito de Nursia (ya que, por intercesión divina, un cuervo le arrebató el pastel con que pretendía envenenarlo un clérigo presbítero, llamado Florencio, que ardía en la pura envidia) y en la de san Vicente de Huesca, a quien, entre otras cosas, el cuervo le servía para espantar a todas las demás alimañas; aparte, tenemos otros tantos animales, como el perro que llevaba diariamente su pan a san Roque; como la paloma que alimentó a santa Catalina de Alejandría cuando estaba en prisión; como el jabalí de la leyenda de san Antolín, sobre el que hablaré algo más adelante; como el oso de las leyendas de san Humberto y santa Gúdula; o como el ciervo, cuya presencia merece referencia aparte.

Con la iconografía de otro san Antonio, esta vez el de Padua, se asocian los peces o una mula, a los que predicó y alcanzó a convencer, dada su sabiduría, su facundia y la gracia que recibía del cielo (esta potencia se revela de nuevo, aunque en esta ocasión sólo con aves, en la difundida canción popular *San Antonio y los pajaritos*; con los pájaros, mostraron también su gracia san Francisco de Asís y santa Rosa de Viterbo [1235-1252]). El poder del ser extraordinario sobre la fauna acuática se antoja algo extraño, aunque sólo de entrada; de hecho, a poco que se repara se cae en que, en el folklore, esta potencia se halla asociada a la infancia de Cristo. Así visto, cobra sentido (aunque sólo de forma parcial, si no se asocia el verbo con los *adúnata* o *impossibilia*) el en principio ilógico villancico *Pero mira cómo beben los peces en el río* o el no menos célebre *Brincan y bailan los peces en el río*; así, se comprende un célebre episodio de la leyenda medieval de Alejandro Magno, en que, sirvién-

---

[15]   Añádase el necesario complemento de Fernando Baños Vallejo, «Simbología animal en la hagiografía castellana, en María Isabel Toro Pascua, ed. *Actas del III Congreso de la Asociación Hispánica de la Literatura Medieval: Salamanca, 3 al 6 de octubre de 1989* (Salamanca, Biblioteca Española del Siglo XV, 1994), tomo I, pp. 139-147.

dose de un protobatiscafo, el emperador macedonio muestra su poder incluso en las profundidades marinas (*Libro de Alexandre*, estr. 2306 y ss., en particular estr. 2314: «Tanto se acogién al rey los pescados / como si los oviés por armas sobjudgados: / vinién fasta la cuba, todos cabez' colgados, / tremién todos ant'él como moços mojados»).[16] La estampa se parece extraordinariamente a la que, de san Antonio de Padua, nos ofrece Pedro de Ribadeneira:

> Otra vez estando en la ciudad de Arimino, donde a la sazón havía muchos hereges, queriendo el santo predicarles y reducirlos al conocimiento de la verdad, cerraron sus orejas y no le quisieron oír. Y él se fue a la ribera del mar, que está allí cerca y llamó a los peces para que le oyessen, diciéndolos: «Oídme vosotros, pues estos hereges no me quieren oír». Fue una cosa maravillosa, que a estas palabras vino una muchedumbre innumerable de peces grandes, medianos y pequeños. Puestos por su orden y levantadas del agua las cabezas, con grande atención y sossiego le comenzaron a oír. Y el santo, llamándolos hermanos, les hizo un sermón de los grandes beneficios que havían recibido de Dios, y de las gracias que le havían de dar ellos, y cómo le havían de servir. Y acabado su razonamiento, baxando sus cabezas como quien tomaba su bendición, se fueron los peces. Y todo el pueblo, que havía estado presente a este espectáculo, quedó atónito; y los mismos hereges, tan corridos y rendidos que se echaron a sus pies, suplicándole que les predicasse y enseñasse la verdad; y muchos de ellos, dexando las tinieblas de sus errores, fueron alumbrados con la luz del cielo (*Flos*, II, pp. 207-208).

En las *vitae*, el motivo aparece en la de san Pacomio (muerto *c.* 346), a quien los cocodrilos ayudaban a atravesar el río Nilo (nos lo cuenta Pedro de Ribadeneira, II, p. 77). Lo encontramos también en la leyenda de santa Eufemia de Calcedonia, virgen y mártir, a quien el tirano Prisco quiso dar muerte metiéndola en una cisterna, que llenó «de peces y de otras sabandijas del mar» (Ribadeneira, III, p. 45); pero, para su sorpresa, todos esos seres acuáticos no hicieron sino reverenciarla y defenderla. La manifestación más nítida de esta potestad del ser ungido por la gracia divina la hallamos, no obstante, en la leyenda del popular san Telmo, según la transmite Pedro de Ribadeneira. Este hagiógrafo relata los duros trabajos en que participó el santo al levantar un puente de piedra sobre el río Miño en Ribadavia:

---

[16] Cito de nuevo por la ed. de Juan Casas Rigall, *op. cit.*, p. 644. En nota al conjunto de las estrofas 2305-2323, este estudioso recuerda la fortuna de que gozó la aventura submarina de Alejandro Magno, que dejó huellas literarias (en la *Historia de preliis*, el *Roman d'Alexandre* y sus continuadores) y hasta plásticas (sobre todo, en forma de dibujos o miniaturas en códices).

Muchas veces, faltándoles la comida, se iba a la lengua del agua, y los peces le salían a recibir, y se estaban quedos hasta que él tomaba los que quería para su mantenimiento y de los que allí trabajaban; y los otros no se partían hasta que les daba su bendición, y con ella se partían al agua a gozar de su libertad (*Flos*, I, pp. 550-551).

Acerca de la presencia del ciervo en la hagiografía, es obligado atender a la conocida leyenda (se hizo famosa al ser incorporada a la *Legenda aurea*, aunque Vincent de Beauvais ya había logrado mucho en ese sentido) de san Julián el Hospitalario, figura que carece de cualquier apoyo histórico y que nunca contó con datos de referencia tan necesarios como una ciudad o un sepulcro. En dicha leyenda, sobre la que volveremos algo más adelante, el terrible vaticinio de que el futuro santo sería responsable de la muerte de su padre y de su madre lo hace precisamente el ciervo que iba a cazar.[17] Aparte, la estampa más conocida de este animal es la del ciervo portando la cruz, que enseguida se revela como una aparición de Cristo, en la vida de san Eustaquio (sobre la difusión de esta vida, citada atrás, basta ver la nómina de estudiosos que la han abordado); idéntica estampa, la visión cabe una fuente de un ciervo blanco (el mismo color que tiene ese animal en la ficción romancesca, como enseguida veremos) con una cruz de color celeste y carmesí, llevará a erigir el convento de Ciervo-Frígido a los fundadores de los trinitarios (de ahí la cruz con un brazo rojo oscuro y otro azul propia de la orden de la Santísima Trinidad), san Juan de Mata (*c.* 1160-1213) y san Félix de Valois (1127-1212).[18]

En los derivados de esta leyenda, la inserción del ciervo es distinta, ya que lo que se nos ofrece es una serie de estampas venatorias; con todo, en la historia de Guillermo de Inglaterra parece obvio que la aventura del *roman* se une a la materia hagiográfica incluso en este sentido; otro tanto cabe decir a cierta derivación de la leyenda de san Eduardo, rey de Inglaterra (siglo X), a la que atenderé más adelante. Por lo que respecta al ingrediente novelesco que este motivo comporta, basta aludir a la costumbre de la corte artúrica de darse a la caza del ciervo blanco, que aparece desde el temprano *Érec et Énide* (para los intrincados fundamentos de esa peculiar caza, es preciso recordar que los estudiosos han indicado unas posibles raíces célticas para este motivo recurren-

---

[17] Sobre esta leyenda, la de Edipo y la de Judas versa el trabajo de Francisco Gutiérrez Carbajo, «La leyenda de Judas y sus variantes», en José Romera Castillo, Antonio Lorente y Ana María Freire, eds., *Ex Libris. Homenaje al profesor José Fradejas Lebrero* (Madrid: Universidad Nacional de Educación a Distancia, 1993), vol. II, pp. 805-819.

[18] Por cierto, el encuentro de ambos en pleno yermo repite la célebre estampa del encuentro entre san Pablo y san Antonio.

te).[19] En la derivación tardía de la leyenda artúrica, tenemos la figura de Florián, quien llegará a ser emperador de Constantinopla, que es guiado por un ciervo blanco hasta la tierra de Montgibel para encontrarse con su amada Florete. La caza del ciervo blanco aparece asociada también a la figura de Maduc, más conocido como *El Caballero Negro*.

El *roman courtois* de signo artúrico aún se permitirá volver al rico universo hagiográfico a través de la leyenda de Nascién el Ermitaño, que dejó la vida de caballero y adquirió la nueva condición que le da nombre tras contemplar cómo el Grial era llevado por un ciervo blanco.[20] De añadir nuevas fichas a la materia que ahora interesa, me permito recordar que Cristo aparece entre los cuernos del ciervo que san Humberto o Huberto (con justicia, por lo tanto, es tenido como el patrón de los cazadores) intentaba cazar,[21] motivo idéntico al que encontramos en la citada leyenda de san Eustaquio; del mismo modo, un ciervo o un cordero, según la versión de turno, hiere la roca para indicar dónde habrá de brotar la fuente que permitirá saciar la sed de san Clemente y sus compañeros cautivos.[22] En fin, el ciervo aparece estrechamente vinculado a la leyenda de la británica santa Osita de Quarendon (siglo VII), ya que el animal, extraordinariamente agresivo, le sirvió para preservar su virginidad, pues había consagrado su cuerpo a Cristo. Para ayudarla, el cielo buscó esa manera de retener a su esposo, rey de los sajones, evitando que consumase el matrimonio; luego, convenció a su marido para que ambos llevasen una vida totalmente pura.[23] Los escasos datos históricos que se conocen son totalmente contrarios a esta leyenda, pues incluso se sabe que los esposos tuvieron un hijo.

---

[19] Véase Jean-Guy Gouttebroze, «La chasse au blanc cerf et la conquête de l'epervier dans *Érec et Énide*», *Annales de la Faculté des Lettres et Sciences Humaines de Nice*, 48 (1984), pp. 213-224.

[20] Para todos los personajes citados, hay ficha certera y siempre abundante en datos en Carlos Alvar, *El rey Arturo y su mundo. Diccionario de mitología artúrica* (Madrid: Alianza, 1991). Para este caso concreto, recomiendo Sergio Cicada, *La leggenda medievale del Cervo Bianco e le origine della 'Matière de Bretagne'* (Roma: *Atti dell'Accademia Nazionale dei Lincei*, 1965).

[21] De esta leyenda, hay abundantes muestras plástico-iconográficas (capilla del castillo de Ambois, retablo de la Iglesia de san Félix en Játiva, etc.); de todas ellas, la mejor acaso sea el cuadro *La visión de san Humberto* de Pedro Pablo Rubens y Jan Brueghel el Mozo, que hoy podemos contemplar en el Museo del Prado.

[22] Momento es ya de añadir la ficha de interés de José Manuel Pedrosa, «El animal como guía: ganados, pastores y apariciones», en *Bestiario. Antropología y simbolismo animal* (Madrid: Medusa, 2002), pp. 109-115. Aquí, cabras y ovejas conducen hasta un tesoro, una imagen o una ermita de la Virgen o algún santo.

[23] De la temprana expansión de la leyenda en la literatura vernácula da cuenta el texto estudiado por A. T. Baker, «An Anglo-French Life of St. Osith», *Modern Languages Review*, 6 (1911), pp. 232-236.

La cierva, por su parte, se cuela en otras *vitae*; de ese modo, una es mandada por Dios para alimentar a san Egido (o san Gil), mientras son tres las ciervas que amamantan a los enviados de un obispo enemigo en la leyenda de san Goar (siglo VII); por fin, este animal se cuela —y ahora entendemos por qué— en la célebre leyenda de Genoveva de Brabante, alimentada únicamente por la leche de una cierva cuando sus criados la dejan en el bosque para librarla de la ira de su esposo.[24] ¿Puede extrañarnos, entonces, que este animal se muestre una vez más en un libro de ficción caballeresca? Pienso en concreto en el *Libro segundo de Morgante*, que en los capítulos LXVIII-LXXV y LXXIX nos ofrece precisamente eso: la persecución a que es sometida una cierva blanca por parte de Reinaldos.[25] Si la cierva tiene connotaciones infinitas en el mundo hagiográfico y en el folklore europeo (en la Península, basta recordar el sinfín de testimonios que nos ofrece la lírica de tipo tradicional, agavillados por Margit Frenk en su *Nuevo corpus*), el ciervo ensancha con mucho nuestro universo de referencias, pues no perdamos de vista el hecho de que el unicornio fue comúnmente considerado como una variedad de ciervo blanco.[26] No quiero silenciar que el español san Fructuoso era acompañado a todas partes por la corza que había salvado de unos perros. Nada cabe añadir, en fin, sobre el bestiario básico, el de Cristo, tras la vieja y conocida monografía de Louis Charbonneau-Lassay, que tiene su primer fundamento en el *Physiologus*.[27]

[24] Véase Carlo Doná, «La Cerva divina, Guiguemar e il viaggio iniziatico», *Medievo Romanzo*, 20 (1996), pp. 321-377, y 21 (1997), pp. 335-344.

[25] Esta vez tomo el dato de Javier Gómez-Montero, «Lo fantástico y sus límites en los géneros literarios durante el siglo XVI», *Anthropos*, 154-155 (1994), pp. 53-54.

[26] Aparte, sobre el ciervo de pie blanco en nuestra tierra, disponemos de varios trabajos, aunque para la ocasión considero suficiente el clásico de William K. Entwistle, «The adventures of *Le Cerf au Pied Blanc* in Spanish and Elsewhere», *Modern Language Review*, 18 (1923), pp. 435-448.

[27] *Le Bestiaire du Christ* (Paris: Desclée, De Brouwer & Cie, 1940).

4.

REBELDES Y ARROJADOS, GENEROSOS Y JUSTICIEROS

Un aspecto que me interesa resaltar aquí es el de que una buena parte de la épica románica, en su desarrollo, apuesta por unos contenidos muy concretos, que corresponden a la infancia o a la juventud del héroe. En esos casos, el patrón que se observa es el del joven díscolo y rebelde, a la manera del Rodrigo Díaz de Vivar de las *Mocedades de Rodrigo*, con unas señas de identidad posteriormente potenciadas por el romancero. Se trata, claro está, del héroe contrario a acatar la voluntad del rey Alfonso VI y avergonzado por el simple hecho de que su padre, Diego Laínez, bese la mano del monarca en testimonio de lealtad (esta estampa se transformará en uno de los más célebres romances cidianos, *Cabalga Diego Laínez*, memorizado generación tras generación).[1] Enfrente queda, y lo separa un profundo abismo, el héroe maduro del *Cantar de mio Cid*, obra en la que Rodrigo es paradigma de buen vasallo, como indica su famoso epíteto épico. Como bien sabemos, en Francia, el motivo de la rebeldía no sólo es fundamental en las obras relativas a ese periodo inicial de la vida de los héroes sino que llega a constituirse en un ciclo completo, etiquetado como el de los *Vasallos rebeldes*; en él, los protagonistas dejan la lucha contra el sarraceno en un segundo plano para arremeter contra Carlomagno, sus predecesores y sucesores.[2]

Pues bien, esa rebeldía contra el poder establecido es la norma en las vidas de los santos mártires, ya que en ella radica el origen de su condena y posterior muerte; es más, el patrón del santo rebelde se conserva como una característica de género incluso en el caso de los confesores, como vemos en la pri-

---

[1] Es el mismo carácter que posee el Cid de otros dos romances ligados a las *Mocedades*: *Quejas de Jimena Gómez, El Cid y el rey a Roma*.

[2] El ciclo de los vasallos rebeldes ocupa el capítulo IV de Martín de Riquer, *Les chansons de geste françaises* (Paris: Nizet, 1968, 2ª ed.).

mera de todas las vidas de ese grupo, la de san Martín de Tours, particularmente en dos momentos: al comienzo del relato de Sulpicio Severo, cuando el soldado Martín se niega a combatir contra los bárbaros y está a punto de perder la vida por esta causa, o cuando más tarde planta cara en varias ocasiones al emperador Máximo para dejar clara la independencia del poder religioso y, dado el caso, su preeminencia sobre el poder temporal (la literatura religiosa ha sentado sus bases cuando lo ha precisado, como aquí o como en la defensa de la primacía del obispo de Roma, para lo que fue retocada debidamente la leyenda de san Silvestre, primer papa). La rebeldía del santo, de acuerdo con un patrón extraordinariamente común, aflora cuando sus padres le tienen determinado un camino distinto del que se había trazado: un *cursus honorum* que le aportará dinero y posición social o, en el caso de ellas más que en el de ellos, un matrimonio conveniente. Así las cosas, la rebeldía es el común denominador de gran parte de las vidas de los santos, incluso de los que han dejado fama de dóciles, como san Francisco de Asís. ¿Podemos hablar, entonces, de un influjo directo de las *vitae* sobre la épica románica en los ejemplos aducidos? Acaso sí, aunque creo que en el fondo hay un estímulo más profundo, de orden antropológico, común a ambas formas literarias; se trata de un revulsivo que afecta a diversas leyendas y que cabe percibir tanto en esos universos literarios como también —pues puedo aducir ejemplos semejantes— en los de la novela y el cuento. Y no queda ahí la cosa.

Esta hibridación genérica o influjo justifica también la aparición de san Pedro al Cid en alguna rama menor de la leyenda cidiana;[3] del mismo modo, a la vuelta de Santiago de Compostela, san Lázaro se le aparece al héroe en el momento en que se dispone a atravesar el vado de Cascajares, sobre el río Duero. Se trata de un momento clave de las *Mocedades de Rodrigo*, obra mucho más fantástica que el *Cantar de mio Cid* y hasta claramente sensacionalista por pertenecer a una fase tardía y degradada de la épica castellana, de acuerdo con los postulados de don Ramón Menéndez Pidal.[4] Al respecto, aún

---

[3] Concretamente, en algunos testigos de la conocida como *Leyenda de Cardeña*, algunos de ellos tan preclaros como el capítulo 952 de la *Estoria de España* o el romance *Muy doliente estaba el Cid*, del que más adelante cito los versos que interesan para la presente ocasión. Para relacionar el motivo con la épica y, sobre todo, con el romancero castellano, véase mi artículo «El romancero cidiano y la poética del romancero», en Carlos Alvar, Fernando Gómez Redondo y Georges Martin, eds., *El Cid: de la materia épica a las crónicas caballerescas, op. cit.*, p. 335.

[4] Ésta es una idea básica que el eminente filólogo había llevado ya a un punto de madurez perfecta en *La epopeya castellana a través de la literatura española*, obra que tiene una primera versión francesa, *L'épopée castillane à travers la littérature espagnole* (Paris: A. Colin, 1910), y que es el resultado de un ciclo de conferencias impartido el

4. Rebeldes y arrojados, generosos y justicieros

cabe añadir que la estampa de un Cid a caballo que ofrece su capa a un leproso, que, como luego le revela en un sueño, resulta ser el Lázaro neotestamentario, es un trasunto de la *Vita Martini*, en aquella ocasión en que el santo de Tours, igualmente a caballo, parte su capa en dos, cerca de Amiens y en pleno invierno, para dársela al pobre bajo el que se escondía el propio Jesucristo, según vio luego en uno de esos sueños reveladores.[5] Se trata de uno de los momentos más recordados de todo el legendario hagiográfico, presente en la literatura y las artes plásticas gracias a la *vita* redactada por Sulpicio Severo. En este sentido, basta recordar que la fama de la capa de san Martín (por vía literaria o plástica),[6] conservada como preciada reliquia por Carlomagno en Aquisgrán, se demuestra por su presencia en un sinfín de lugares; como ejemplo, valga el recuerdo del capítulo LVIII del *Quijote* de 1615, que incorpora la materia hagiográfica por vía plástica y añade unas cuantas gotas de la suave comicidad cervantina:

—Señor, debajo destos lienzos están unas imágines de relieve y entabladura que han de servir en un retablo que hacemos en nuestra aldea; llevámoslas cubiertas, porque no se desfloren, y en hombros, porque no se quiebren.
—Si sois servidos —respondió don Quijote—, holgaría de verlas, pues imágines que con tanto recato se llevan, sin duda deben de ser buenas.
—Y ¡cómo si lo son! —dijo otro—. Si no, dígalo lo que cuesta: que en verdad que no hay ninguna que no esté en más de cincuenta ducados; y, porque vea vuestra merced esta verdad, espere vuestra merced, y verla ha por vista de ojos.
Y, levantándose, dejó de comer y fue a quitar la cubierta de la primera imagen, que mostró ser la de San Jorge puesto a caballo, con una serpiente enroscada a los pies y la lanza atravesada por la boca, con la fiereza que suele pintarse. Toda la imagen parecía una ascua de oro, como suele decirse. Viéndola don Quijote, dijo:

---

año previo en la prestigiosa Johns Hopkins University de Baltimore. En ese lugar, y en tantos otros trabajos, Menéndez Pidal volvió de continuo sobre el carácter realista de la épica castellana, en la que tanto sorprende la presencia de elementos fantásticos, frente a una epopeya francesa que abunda en contenidos ajenos a la verdad histórica, que no respetan el principio de la verosimilitud y que, en definitiva, se muestran refractarios a una consideración realista del arte. Lo curioso es que, en la Francia del siglo XIX, los estudiosos definían igualmente su literatura medieval como realista).

[5]   Este motivo, que todos conocemos aunque sólo sea por haberlo visto en un sinfín de testimonios plásticos, acaba de engastarlo Alberto Montaner Frutos en un artículo del mayor interés para la materia de que me ocupo, «Rodrigo y el gafo», en Carlos Alvar, Fernando Gómez Redondo y Georges Martin, eds., *El Cid: de la materia épica a las crónicas caballerescas, op. cit.,* p. 127.

[6]   En artes plásticas, los ejemplos son infinitos, pero me permito recordar, por ser un contemporáneo de Cervantes, el *Sueño de San Martín* de Juan Ribalta, que puede contemplarse en el Museo del Patriarca de Valencia.

—Este caballero fue uno de los mejores andantes que tuvo la milicia divina: llamóse don San Jorge, y fue además defendedor de doncellas. Veamos esta otra. Descubrióla el hombre, y pareció ser la de San Martín puesto a caballo, que partía la capa con el pobre; y, apenas la hubo visto don Quijote, cuando dijo:
—Este caballero también fue de los aventureros cristianos, y creo que fue más liberal que valiente, como lo puedes echar de ver, Sancho, en que está partiendo la capa con el pobre y le da la mitad; y sin duda debía de ser entonces invierno, que, si no, él se la diera toda, según era de caritativo.

El motivo se convirtió en un paradigma de generosidad extrema y, por esa vía, en una prueba de santidad; de ahí, su inserción entre los infinitos gestos en que se muestra la entrega absoluta de san Francisco de Asís, pues cada vez que encontraba un pobre le daba parte de su ropa si es que no toda ella; estampas similares leemos en las *vitae* del recién citado san Félix de Valois, san Ramón Nonato (1204-1240), san Antonino de Florencia (1389-1459) o san Tomás de Villanueva (1488-1555), paradigmas de generosidad con los pobres. De todos ellos, sin lugar a duda, el caso más conocido de generosidad al compartir su vestimenta es el de san Martín; en tan curioso *ranking*, la segunda plaza le corresponde a san Egidio o san Gil (santo que cabe situar entre los siglos VI y VII), por haber mostrado idéntico sentimiento de caridad cuando sólo era un niño. Para traer este caso hasta nuestro presente, conviene recordar los versos alusivos a san Gil en los *Loores de santos* de Fernán Pérez de Guzmán (la anécdota, célebre de veras, está en todos los *flores* que recogen la vida de tan importante santo, como en Pedro de Ribadeneira, II, p. 19):

> Quánta fue su caridad
> dígalo aquel mendigante,
> espeluznado e tenblante
> por frío e desnuedad,
> que con dulçe pïedad
> le proveyó e su manto,
> negando el niño muy santo
> al maestro la verdad.[7]

En el caso de las *Mocedades de Rodrigo* cabe hacerse la pregunta inevitable: ¿por qué san Lázaro de Betania y no otro santo, Cristo o la Virgen, a la manera de los abundantísimos *miracula Virginis Mariae*? Evidentemente, se debe a la selección de la figura de un repulsivo leproso por parte del anónimo

---

[7]   Cito esos versos por la edición de Fiona Maguire y Dorothy S. Severin, «Fernán Pérez de Guzmán's *Loores de santos*: Texts and Traditions», en Jane E. Connolly, Aland Deyermond y Brian Dutton, eds., *Saints and their Authors...*, *op. cit.*, p. 164.

autor del poema épico, pues sabemos que el santo neotestamentario protegía a los leprosos y a los lazaretos en que éstos se refugiaban desde el temprano Medievo. Por otra parte, conviene no perder de vista el área de expansión de la leyenda de la llegada de san Lázaro a tierras de Europa para predicar la nueva fe cristiana junto a sus hermanas Marta y María Magdalena: desde el *Midi* francés, ya que llegaron a Marsella en una nave milagrosa (sobre este motivo volveré algo después), hacia tierras de Francia y España. En este sentido, san Lázaro era casi tan español como francés.

Resta decir que encontrarse con Cristo o la Virgen habría sido un galardón concedido por el cielo de forma directa; aquí, por el contrario, el Cid debe superar la prueba que se le ofrece antes de alcanzar la bendición de san Lázaro, ya que su caridad y espíritu generoso debe sobreponerse al asco de las llagas del leproso y al posible contagio de su enfermedad. El mérito, así las cosas, del Cid es mucho mayor que el de san Martín, pues Rodrigo, en este pasaje, supera en una sola lo que en Sulpicio Severo son dos pruebas (la segunda es la correspondiente al beso que dio a un leproso cerca de París: «Apud Parisios vero, dum portam civitatis illius magnis secum turbis euntibus introiret, leprosum miserabili facie horrentibus cunctis osculatus est atque benedixit, statimque omni malo emundatus»); al vencer la repugnacia que despierta la lepra, el héroe español busca nueva compañía en san Eduardo, rey de Inglaterra (en el cuento que recogen los *Castigos y documentos* de Sancho IV, donde la presencia del leproso es, de nuevo, sólo una prueba divina),[8] y en san Francisco (en su *vita*, el episodio del leproso, en realidad figura celestial, es una prueba que sirve para que el santo dé un paso más en su camino a la santidad, tras vencer la lógica repugnancia).

Encuentro una conexión más, altamente probable aunque lógicamente tácita, entre la *Vita Martini* y el *Quijote*: me refiero en concreto a aquel momento en que san Martín (V, 1), en una de sus batidas en pos de herejes, detiene, con la fuerza que le manda el cielo, la marcha de la que él tiene por una procesión pagana, que, al fin y al cabo, resulta ser sólo un cortejo fúnebre. El aludido es uno de esos momentos en que Sulpicio Severo saca a relucir su gracejo; se trata de un episodio de la biografía de san Martín que trae automáticamente a la memoria varias aventuras quijotescas y sobre todo una, casi idéntica en su con-

---

8   Sobre esta peculiaridad española de la leyenda del santo y sobre sus orígenes (la estudiosa en esta ocasión arranca de cierto pasaje de san Gregorio Magno), véase el magnífico estudio de Andrea Baldissera, «El *exemplum* de san Eduardo: una *imitatio Christi* en los *Castigos y documentos* del rey don Sancho IV», *Rivista di Filologia e Letterature Ispaniche*, 4 (2001), pp. 9-35. En la vulgata de su vida, lo más parecido es la visita de un pordiosero, que resultó ser san Juan Bautista, a quien san Eduardo, en el colmo de la generosidad, dio un valioso anillo.

tenido, correspondiente al capítulo XIX del *Quijote* de 1605: «De las discretas razones que Sancho pasaba con su amo y de la aventura que le sucedió con un cuerpo muerto, con otros acontecimientos famosos». A pesar de su longitud, considero obligada la cita completa de este jugosísimo pasaje de la *Vita Martini*:

> Accidit autem insequenti tempore, dum iter ageret, ut gentilis cuiusdam corpus, quod ad sepulchrum cum superstitioso funere deferebatur, obuium haberet; conspicatusque eminus uenientium turbam, quidnam id esset ignarus, paululum stetit. Nam fere quingentorum passuum interuallum erat, ut difficile fuerit dinoscere quid uideret. Tamen, quia rusticam manum cerneret et, agente uento, lintea corpori superiecta uolitarent, profanos sacrificiorum ritus agi credidit, quia esset haec Gallorum rusticis consuetudo, simulacra daemonum candido tecta uelamine misera per agros suos circumferre dementia.
>
> Leuato ergo in aduersos signo crucis, imperat turbae non moueri loco onusque deponere. Hic uero, mirum in modum, uideres miseros primum uelut saxa riguisse. Dein, cum promouere se summo conanime niterentur, ultra accedere non ualentes ridiculam in uertiginem rotabantur, donec uicti corporis onus ponunt. Attoniti et semet inuicem aspicientes, quidnam sibi accidisset taciti cogitabant. Sed cum beatus uir conperisset exequiarum esse illam frequentiam, non sacrorum, eleuata rursum manu dat eis abeundi et tollendi corporis potestatem. Ita eos et, cum uoluit, stare conpulit et, cum libuit, abire permisit.[9]

[Tiempo después aconteció que, cuando iba de camino, se encontró con el cadáver de un gentil que era llevado al sepulcro en medio de una extraña ceremonia fúnebre; y viendo de lejos el grupo que se aproximaba, como no sabía de qué se trataba, se quedó quieto por un breve instante. En realidad, se hallaba a casi quinientos pasos, por lo que era difícil distinguir lo que veía. No obstante, como viese acercarse a un grupo de aldeanos y, al arreciar el viento, se alzase el sudario que envolvía el cadáver, creyó que se trataba de ritos paganos, ya que ésta era una bárbara costumbre de los galos: la de, faltos de seso, pasear por sus campos imágenes de demonios cubiertas con un velo blanco.

Levantada la cruz contra el grupo, ordena a la turba que no se mueva del lugar y que deposite su carga. Entonces, hecho admirable, en primer lugar, podrías ver a estos pobres desgraciados quedarse rígidos como piedras; luego, como tratasen de moverse con todas sus fuerzas y no pudiesen pasar adelante, daban vueltas en ridículo torbellino, hasta que vencidos por el peso dejan el cadáver. Y mirándose unos a otros, pensaban en silencio qué es lo que les había ocurrido. Pero cuando aquel beato varón cayó en la cuenta de que aquella masa de gente era en realidad un entierro y no una ceremonia profana, levantada de nuevo su mano, les permite marcharse y llevarse el cadáver. Así, cuando quiso, los obligó a quedarse quietos, y cuando quiso, les dio permiso para marcharse.]

---

[9] Como en la cita previa, parto de la edición de Jacques Fontaine (Paris: Les Éditions du Cerf, Sources Chrétiennes, 133, 1967), p. 278. La traducción que sigue es mía.

Para este episodio del *Quijote*, no basta, por lo tanto, con las fuentes aportadas tradicionalmente por la crítica: la traslación en secreto del cadáver de san Juan de la Cruz entre las ciudades de Baeza y Segovia, un pasaje de la *Eneida* o, por inversión paródica, el *Palmerín de Inglaterra*. La extraordinaria difusión de la leyenda de san Martín a través de la versión de Sulpicio Severo, con múltiples ediciones desde época incunable (particularmente exitosa fue la edición que se atribuye a Abdías, obispo de Babilonia, de la que circularon numerosos ejemplares en la época de Cervantes, pues hubo sucesivas impresiones de la obra en la segunda mitad del siglo XVI),[10] me dan la razón en esta nota cervantina que resulta de especial importancia para el propósito que me mueve en el presente libro.[11]

Incluso, cabe llevar más lejos ese hermanamiento entre la *Vita Martini* y el *Quijote* en un sentido más amplio, dado el carácter itinerante del héroe novelesco y del santo para deshacer los entuertos propios de sus respectivos oficios. Además, en la Segunda parte, el caballero consigue, aunque en clave nuevamente cómica y paródica, que las multitudes lo reconozcan y acompañen, al igual que ocurría en el caso de san Martín o como le aconteció años después a san Vicente Ferrer, tanto en sus tierras levantinas como durante su prolongada estancia en ambas Castillas.[12] Más importan aún las continuas notas cómicas de Sulpicio Severo, que de nuevo obligan a estrechar los lazos con la genial obra cervantina; con todo, no hay que olvidar que la comicidad hagiográfica —que no pasó inadvertida a Curtius, como ya he dicho— es una marca común a otras muchas leyendas, dada la mezcla de aplomo y sorna con que los héroes cristianos (a decir verdad, ellas más que ellos, aunque haya paradigmas masculinos de entereza, manifestada en clave cómica o satírica, según el caso, como vemos en los diálogos entre san Lorenzo y sus torturadores, en la tradición culta y popular)[13] se dirigen a sus captores, torturadores o contrincantes en las *passiones* y en las *vitae* en general.[14]

---

[10] La edición de sus *opera omnia* habría de esperar hasta algo más tarde, pues la primera fue la preparada por Víctor Giselinus (Amberes, 1574).

[11] Por supuesto, la vida de san Martín se incluye en el gran *Flos* de Pedro de Ribadeneira (III, pp. 374-385), aunque no recoge este milagro.

[12] De todo ello nos ha informado convenientemente Pedro M. Cátedra en varios de sus trabajos y, muy en particular, en su fundamental *Sermón, sociedad y literatura en la Edad Media. San Vicente Ferrer en Castilla (1411-1412): estudio bibliográfico, literario y edición de los textos inéditos* (Valladolid: Junta de Castilla y León/Consejería de Cultura y Turismo, 1994).

[13] Aquí me permitiré citar los versos berceanos, donde san Lorenzo responde al amenazante Valerio (*Martirio de san Lorenzo*, estr. 87): «Díssoli sant Laurencio: 'todas tus amenazas / más sabrosas me saben que unas espinazas. / Todos los tus privados y tú que me profazas / non me fechés más miedo que palomas torcazas». En una versión popular moderna

Permítaseme añadir que, desde nuestra perspectiva de lectores modernos, Sulpicio Severo y Cervantes lograron un propósito común al escribir sus respectivas obras: dieron a conocer su tierra, Francia y España, entre infinitas gentes de múltiples naciones; sin embargo, éste no deja de ser un simple hecho curioso que percibimos en la lectura y la difusión posterior de dos obras especialmente famosas. Los logros de Cervantes a este respecto los conocemos de sobra; los de Sulpicio Severo han sido sabiamente destacados por Duncan Robertson en su magnífico libro:

> Sulpicius's writings put Gaul «on the map» of religious legend, making its geography and sociology known throughout the Christian world. The rivers, forests, and mountains of France, the plants, and animals, the farms, pastures, monasteries and towns, with their various inhabitants, including princes, tradesmen and pagan «rustics», will henceforth become as familiar to pious readers as were the deserts and the cave-dwelling sages of the Thebaid.[15]

Aún me queda una sorpresa de idéntica índole. Si bien es verdad que la nitidez de la huella que ahora propongo es comparativamente algo menor, no puedo por menos que apuntarla; además, en caso de que las cosas sean como me parece que son y de que en la *vita* que paso a citar se halle realmente la fuente de cierto capítulo del *Quijote*, sería la única aducida hasta ahora. Me refiero, por un lado, al capítulo XXII de la *Primera Parte*: «De la libertad que

---

(conocidísima gracias a Joaquín Sabina), la leyenda cambia de enemigo para dar en el más rotundo antisemitismo: «San Lorenzo en la parrilla / les decía a los judíos: / 'dadme la vuelta, cabrones, / que tengo los huevos fríos'».

[14] Antonio Cortijo y Sara Poot Herrera recuerdan que Francisco de Acevedo se defendió de las críticas a los continuos detalles cómicos de su representación sobre san Francisco de Asís (*El pregonero de Dios y patriarca de los pobres*, de 1618) diciendo que ese ingrediente no lo aportaba él en su comedia sino que estaba ya en las fuentes primitivas de la vida del santo (en su edición de Francisco de Acevedo. «*El pregonero de Dios y patriarca de los pobres*». La comedia de santos en México en el siglo XVII, México: El Colegio de México, 2006). Y no mentía, toda vez que la risa es motivo básico en la literatura hagiográfica, como recuerda José Aragüés en sus rastreos en los *Apophthegmata Christianorum* (1608) y el *Magnum Theatrum Humanae Vitae* de Lorenzo Beyerlinck, en «Facecia, apotegma y hagiografía barroca: del ingenio a la *stultitia*: (I) La risa ejemplar», en Françoise Cazal, Claude Chauchadis y Carine Herzig, eds., *Pratiques hagiographiques dans l'Espagne du Moyen Âge et du Siècle d'Or* (Toulouse: Centre National de Recherche Scientifique/Université de Toulouse-Le Mirail, 2005), pp. 249-263. Desde ahí, Aragüés está en el camino adecuado para montar toda una teoría de la comicidad hagiográfica, a modo de guiño al lector devoto o como ingrediente, tan importante como lícito en las vidas ejemplares.

[15] *The Medieval Saints' Lives...*, *op. cit.*, p. 133.

dio don Quijote a muchos desdichados que, mal de su grado, los llevaban donde no quisieran ir». Del otro, tengo la mente puesta en san Germán de Auxerre; más concretamente, me interesa la versión de su leyenda incorporada al *Flos* de Ribadeneira, obra ésta que, cuando Cervantes trabajaba en su primer *Quijote*, se había erigido —aunque hacía poco que había visto la luz su *princeps*— en todo un éxito editorial. Aquí, como digo, encontramos un caso de liberación de presos, una circunstancia que, de no haber mediado su condición de santo, habría tenido un final parecido al del *Quijote*, esto es, con los ministros de justicia en pos del libertador. Leamos tan importante pasaje, donde el parecido respecto del episodio cervantino es sorprendente, a pesar de que también se perciban algunas diferencias: mientras en la leyenda de san Germán los condenados están en la cárcel, en Cervantes portan grilletes pero van de camino; por otra parte, mientras a san Germán los presos le ruegan que los libere, don Quijote, tras enterarse de que los condenados a galeras no van allá de grado, toma la iniciativa sin más ni más y procede a liberarlos. Aunque el episodio, en la *vita*, se ofrece a modo de simple pincelada, puede decirse que corresponde, *in nuce*, al aludido capítulo cervantino:

> Yendo un día por la ciudad de Rávena, acompañado de gran multitud de gente, passó por la cárcel, donde havía gran número de presos, los quales dieron voces suplicando a san Germán que los socorriese; y, entendiendo que eran presos los que clamaban, se puso en oración, y luego se abrieron las puertas de la cárcel, y los grillos y las cadenas se les cayeron; y los que estaban atados con ellas salieron libres; y, acompañando al santo, entraron en la iglesia, haciendo gracias a Dios por la merced que les havía hecho.

Menos probable, creo yo, es el influjo que haya podido ejercer la leyenda de san Malaquías de Armagh, obispo de Hibernia o Irlanda (1094-1148), aunque uno de sus milagros no deja de recordarme el episodio del rebuzno que se cuenta en el capítulo XXVII de la Segunda Parte. En ambos casos, dos pueblos miden sus diferencias saliendo a pelear al campo; en ambos, además, la narración tiene no poco gracejo, algo que no es de extrañar en el *Quijote*, pero que acaso sorprenda más en el caso de una *vita*. De no ser así, tal vez se deba a que, gracias a Sulpicio Severo, tenemos bien aprendida la lección y sabemos que la biografía del santo no rehúsa, sino al contrario, apoyarse en elementos cómicos. Así ocurre incluso en el caso de Pedro de Ribadeneira, de quien recojo el pasaje que ahora interesa para que el lector colija si mis sospechas tienen o no algún sentido o fundamento. Por lo demás, no añadiré ninguna otra glosa:

> Altercaban dos pueblos y traían grandes pleitos sobre los términos y linderos; y queriendo llevar por armas aquel negocio, se juntaron para pelear. Embió el santo,

por estar ocupado, a otro obispo para que, en su nombre, los apaciguasse, y sosse-
gasse aquella discordia. El obispo, aunque de mala gana (por pensar que no haría
nada, ni tendría la authoridad que era menester con aquella gente furiosa y arma-
da), todavía obedeció. Fue y halló que estaban ya para venir a las manos; y con el
nombre de san Malaquías los amansó y concertó, e hicieron sus capitulaciones.
Pero después, uno de los pueblos se embraveció de manera que quiso dar de repente en los contrarios y matarlos, sin que el buen obispo los pudiesse detener, porque
corrían como cavallo sin freno y desbocado. Bolviose entonces el obispo con el
corazón a pedir favor a san Malaquías, aunque estaba lexos; y de repente corrió una
voz entre toda aquella gente furiosa que otros enemigos suyos havían entrado en sus
tierras y las destruían, y llevaban cautivos a sus hijos y sus mugeres. Oída esta voz,
aunque falsa, al punto dexaron aquella empressa y se bolvieron a sus casas; y no
hallando a los enemigos, entendieron que havían sido engañados por voluntad de
Dios, por el poco respeto que havían tenido al mensagero de san Malaquías (*Flos*,
III, p. 339).

En todas las circunstancias analizadas, y en la práctica totalidad de las
intervenciones que reflejan sus respectivas *vitae*, ya sea como manifestación de
una *virtus* que no sobrepasa el ámbito de lo natural o por pura taumaturgia, los
santos, en mayor medida que los héroes, resuelven situaciones desesperadas,
corrigen injusticias y premian generosamente al virtuoso, por sus méritos, e
incluso al malvado, para que deje de serlo. En ese sentido, el santo es la quintaesencia del deus ex máchina, al hacer las veces de brazo de Dios en la tierra.
Al igual que los poemas épicos, las vidas de los santos tienen un final feliz y
grato a más no poder para el lector, pues la justicia universal queda fortalecida
en los dos sentidos en que obra y se hace sentir, en su desigual retribución con
respecto a los buenos y los malos. Como tantas veces se ha dicho al indagar
cuál es la quintaesencia de la épica (y con la mente puesta en el paradigma del
Roldán de la *Chanson*), nada importa que el paladín de la virtud muera en su
defensa del bien y la verdad: el final no deja, por ello, de ser feliz en grado
sumo, al imponerse la virtud y al recibir el santo el máximo galardón en la vida
eterna.

5.

LAS PRUEBAS DE SANTIDAD:
EL SUEÑO PREMONITORIO

Pasemos a otros asuntos de interés, aunque los escritos cervantinos aún saldrán a nuestro paso en varios momentos. Un poema perteneciente a la épica castellana tardomedieval, que se distingue de la previa por su cáracter culto y su estrofismo, es la *Vida rimada de Fernán González* (*c.* 1500), escrita por el benedictino fray Gonzalo de Arredondo y Alvarado, prior del monasterio de San Pedro de Arlanza (muerto poco después de 1527, como ha demostrado José Fradejas Lebrero).[1] En ella, vemos algo semejante a lo que poníamos de relieve en la evolución de la leyenda cidiana: la impregnación hagiográfica del héroe; de hecho, este *santo cavallero* se beneficia de varias de las gracias del ungido por Dios, como son el aviso divino de una muerte inminente, motivo éste sobre el que volveré de inmediato; el olor de santidad, que se constituía por lo común en prueba fundamental en los procesos de canonización («queda grande y suave olor / en el cuerpo tan loçano», estr. 240); y hasta algunos de los prodigios con que el cielo celebra el nacimiento y muerte de un ser excepcional. Con esta última referencia, adelanto también materia, pues de inmediato me ocuparé de esta forma de taumaturgia, apoyada por lo común en la aparición de astros en momentos especialmente relevantes, al igual que ocurre en la estrofa 234 de la *Vida* o *Crónica rimada de Fernán González* de fray Gonzalo de Arredondo:

> Una estrella reluziente
> aparesçe y resplendor,
> y las piedras çiertamente

---

[1] «Fecha de la muerte del abad Arredondo», *Epos*, 11 (1995), pp. 403-407.

agua, sangre, muy caliente,
sudan con grande dolor.[2]

Por supuesto, ingredientes tales como los que ahora estoy citando apenas si sorprenden en el dominio del *roman*, como en el *El Caballero del Cisne*, que incorpora sueños proféticos, milagros y apariciones angelicales.[3] En realidad, el onirismo se convirtió en un útil fundamental en el conjunto de la ficción caballeresca, como la crítica ha venido mostrando en los últimos años;[4] no obstante, cabe decir que ese recurso ni siquiera era privativo del universo novelesco sino que se convirtió en una magnífica apoyatura para algunos discursos históricos, como el de Andrés Bernáldez, en su *Historia de los Reyes Católicos* (sobre esta obra, hablaré algo más adelante).

Antes de seguir, sólo por un instante, con el motivo de la revelación divina por medio de sueños, deseo pasar revista a ese suave aroma que acompaña al santo y al héroe, a ese característico perfume que a veces exhala vivo pero que, las más de las veces, desprende cuando su cuerpo es ya cadáver. A este respecto, contamos con ese doble paradigma, laico y religioso, que son, aquí y en tantos otros momentos (y de alguno daremos buena cuenta en lo que sigue), Alejandro Magno y Jesucristo. El héroe macedonio muestra su gracia especial desde los más tempranos testimonios, que inciden incluso en el agradable olor que desprendía su cuerpo, dato éste que se recoge rotundo en las *Vidas paralelas* de Plutarco:[5] «Su cutis espiraba fragancia, y su boca y su carne toda despendían el mejor olor, el que penetraba su ropa, si hemos de creer lo que leemos en las Memorias de Aristoxeno». Otro tanto se dice de Cristo (con

---

[2] Cito, con algún pequeño cambio, por la edición de Mercedes Vaquero, *Vida rimada de Fernán González* (Exeter: University of Exeter, 1987). A esta investigadora le habrían venido bien algunos de los ejemplos que aduzco en el presente trabajo para limitar el parentesco que establece entre este y otros rasgos de la obra, por una parte, y la *devotio moderna*, por la otra, en «La Devotio Moderna y la poesía del siglo XV: elementos hagiográficos en la *Vida rimada de Fernán González*», *op. cit.*, p. 115.

[3] Al caso ha atendido particularmente María Luzdivina Cuesta Torre, «Lo sobrenatural en la *Leyenda del Caballero del Cisne*», en Carlos Alvar y José Manuel Lucía Megías, eds., *La literatura en la época de Sancho IV (Actas del Congreso Internacional «La literatura en la época de Sancho IV», Alcalá de Henares, 21-24 de febrero de 1994)* (Alcalá de Henares: Universidad de Alcalá, 1996), pp. 355-365.

[4] A ese respecto, léase un atinado resumen en el trabajo de Julián Acebrón, «'No entendades que es sueño, mas vissyón çierta'. De las visiones medievales a la revitalización de los sueños en las historias fingidas», en Rafael Beltrán, ed., *Literatura de caballerías y orígenes de la novela* (Valencia: Universitat de València, 1998), pp. 249-257.

[5] Manejo en todo momento la traducción de Antonio Ranz Romanillos, anotada por José Alsina, en Barcelona: Planeta, 1991 (para la cita, véase la p. 487).

sintagmas como *aroma de Cristo*, que hay que entender tanto rectamente como en un sentido figurado), y no es de extrañar, pues como Dios que es queda absolutamente vinculado a los mejores olores (el primero de todos, el del incienso).

El motivo lo encontramos de nuevo en el retrato de un gran héroe de la épica francesa del Medievo: en Guillermo de Orange, cuyo aliento, de acuerdo con la *Chanson de Guillaume* (*ca.* 1140), desprendía idéntico aroma. En este caso, no es de extrañar que así ocurra por cuanto el encuentro entre épica y hagiografía se había producido en origen, toda vez que, como nos enseñó hace tiempo Martín de Riquer, esta figura heroica es una deformación legendaria de un personaje auténtico, para el que existe documentación histórica precisa: san Guillermo de Aquitania, también llamado san Guillermo de Tolosa (cuya fiesta se celebra el 28 de mayo). En la serie textual relativa a este personaje hay dos referencias principales: la primera es la *Vita Sancti Wilhelmi* (*ca.* 1125), por cuanto nos recuerda que, antes de entregarse al rigor del monasterio, Guillermo había luchado contra los sarracenos, había derrotado al rey moro Teobaldo y conquistado la ciudad de Orange; el segundo título es, lógicamente, la aludida *Chanson de Guillaume*.[6] El pasaje que me interesa lo cito a través de la traducción de mi buen amigo Joaquín Rubio Tovar:

> ¿Quién sería? El pensamiento
> lo adevina, y Dios lo sabe.
> ¡Qué olor tan dulce y suave
> dejó su divino aliento!
> Aquí se dejó el gabán,
> seguiré sus pisadas...
> ¡Válgame Dios! Señaladas
> hasta en las peñas están.[7]

Pocas son, en vida del santo, las leyendas hagiográficas que señalan su fragancia corporal; de hecho, a la memoria sólo me viene esa rara ave que es la estupenda biografía que de san Pedro Nolasco escribió Pedro de Ribadeneira (*Flos*, I, p. 298), donde también se indica que, a su muerte, «salió tal fragancia del santo cuerpo que llenó todo el convento» y que vino tanta gente a verlo a Barcelona «que fue necessario tener algunos días sin enterrar el santo cuerpo, perseverando siempre con la misma fragancia» (*ibid.*, p. 307). Ahora bien, el

---

6   El libro de Riquer, que a día de hoy sigue siendo la mejor manera de iniciarse en el estudio de la épica del país vecino, es *Les chansons de geste françaises* (Paris: Nizet, 1968 [1ª ed. en esp. 1952]); para el asunto, véanse en especial las pp. 122-147.

7   *Cantar de Guillermo* (Madrid: Gredos, 1997), p. 141.

prodigio se produjo cuando el santo estaba aún caliente, pero ya muerto, con lo que no nos salimos de una norma en la que, eso sí, no faltan rasgos peculiares; de todos ellos, sólo recordaré el hallazgo del cuerpo de san Fermín en Amiens, que fue posible gracias a los desvelos de san Salvio, obispo de la ciudad. El relato de Pedro de Ribadeneira recuerda los prodigios que llevaron a picar en un determinado lugar, y añade cuáles fueron las señales indubitadas de que allí estaba san Fermín:

> Dio infinitas gracias a Dios, y con temor y reverencia trémula se llegó; y tomando un azadón, comenzó a cavar en aquella parte que señalaba el divino rayo; y al instante salió un olor tan precioso, suave y vehemente como si huviessen esparcido por la iglesia quantas aromas cría la feliz Arabia y quantos sabeos perfumes ha descubierto la industria humana, como si allí de repente se huviessen transplantado todos los hibleos prados y campos elisios, creciendo más las fragancias quanto más la azada se iba acercando al santo cuerpo. A tanto extremo llegó que se esparció el olor y fragancia no sólo por la iglesia y ciudad sino también por toda la provincia y ciudades circunvecinas; de tal suerte que todas confessaban a una voz después que juzgaban en aquella hora hallarse todos en el Paraíso (*Flos*, III, p. 92).

Me he apartado de mi línea recta, por un segundo, para rematar el detalle sobre una de las gracias del santo, que cuaja en intervenciones divinas a través de emisarios celestes, que se aparecen en sueños y que, dada la necesidad, llegan a corporeizarse. Motivos como éstos aparecen tanto en la épica como en la novela. En breve prestaré atención a la visión que tuvo el Cid de san Gabriel en el marco de un sueño. Por ahora, me quedo con el ejemplo más trabado que conozco: el del *Renaldos de Montalbán* de Luis Domínguez, una exitosa novela de caballerías en dos libros compuesta al inicio del siglo XVI. En ella, encontramos la máxima expresión de este beneficio que el héroe novelesco recibe a veces del cielo: es el momento en que Renaldos, aleccionado por un ángel en medio de un sueño, abandona su idea de ir en busca de Roldán para luchar con él; por el contrario, acepta la invitación divina a combatir contra el infiel y a aguardar mejores tiempos para ambos, un futuro en que Roldán acabará siendo su leal amigo.[8]

La versión transmitida por el libro III de *Renaldos de Montalbán*, que es continuación de la anterior y lleva por título *La trapesonda* (1513), transforma de manera notable el episodio, pues en ella ambos héroes llegan a cruzar

---

[8] De ese modo, la ficción literaria vuelve sobre un problema básico en la centuria recién acabada: el de la única guerra justa, que es la que se le hace al infiel. La voz de los moralistas recorre todo el siglo XV intentando que cesasen de una vez las guerras entre cristianos, tanto las que desangraban a los reinos (civiles o *ciudadanas*), como las que atrapaban, por honor o por deporte, a sus campeones, con no pocas muertes.

armas; sin embargo, en el preciso momento en que Roldán descarga el golpe épico que acabará inevitablemente con Renaldos, y por intervención celestial, el cuerpo de éste es sustituido por un padrón de piedra que cae al suelo partido en dos. Aunque el combate continúa todavía por largo espacio, el momento anterior marca la reconciliación final entre ambos campeones. Este segundo regalo del cielo, la intercesión directa de los ángeles, está también en numerosas vidas de santos; de hecho, las hay tan próximas al caso descrito como la de un santo militar, Wenceslao, rey de Bohemia (907-938), que logró evitar el derramamiento de sangre tras convencer a su oponente, de nombre Radislao, de que dejasen a un lado a sus respectivos ejércitos. Incluso en tales circunstancias, cuando todo había quedado en un duelo entre campeones, los rezos de Wenceslao lograron que el cielo mediase: dos ángeles dieron orden a Radislao de que no hiriese a su contrario. Atónito, lo que hizo el caballero fue arrojarse a los pies de Wenceslao y pedirle perdón. Pero continuemos con la visión en forma de sueño, pues aún hay mucho que decir al respecto.

Mucho más difusas y profundas son, sin lugar a duda, las raíces de otro motivo: el sueño profético a largo plazo, específicamente el que podríamos denominar vaticinio onírico materno-filial. La literatura de todos los tiempos ofrece continuas muestras de tales pronósticos de signo positivo, en los que la madre intuye grandes beneficios para la comunidad gracias a un hijo que acaba de nacer o que aún se encuentra en su vientre. Entre los varios casos que se vienen a la memoria,[9] merece la pena recordar el de Virgilio en aquellas *vitae* que, tras el todopoderoso modelo de Suetonio, incorporan el sueño de su madre encinta, en el que se veía pariendo un ramo de laurel que, al tocar la tierra, se convertía en un hermoso árbol con flores y frutos. A nadie le costará entender tan feliz vaticinio, en el que se descubre nada menos que un regalo de Apolo: ese laurel que Horacio adjetivaba de *Delphica* o *Apollinea*, por lo que bastaba mentar la planta para hacer referencia automática a ese dios. Por eso huelga preguntarse en qué otra planta podía metamorfosearse Dafne al huir de Apolo. El motivo del laurel, con el que se coronan los grandes poetas, aparece de nuevo en el sueño de la madre de Dante que Boccaccio incorporó a su *Tratattello*, escrito con el propósito de homenajear al gran vate florentino; a esta obra volveré necesariamente más adelante, por cuanto en su brevedad utiliza no pocos de los resortes principales que caracterizan la literatura hagiográfica.

---

[9] Para la cultura griega antigua, basta con recordar las reflexiones de Eric R. Odds, «Esquema onírico y esquema cultural», en *Los griegos y lo irracional* (Madrid: Revista de Occidente, 1960), pp. 103-131.

La tercera de las fichas que aduzco resulta peculiar, ya que el sueño premonitorio de doña Sancha, en la afamada leyenda de los Siete Infantes de Lara o Salas, no es sobre el alumbramiento de un hijo propio sino sobre la gestación de Mudarra, fruto de las relaciones adulterinas de su esposo, Gonzalo Gustioz, con la hermana de Almanzor; pero ello no importa, pues sólo cuenta el hecho de que, gracias a su nacimiento, doña Sancha logrará satisfacer sus deseos de venganza por la muerte de los Siete Infantes, sus hijos naturales, gracias a su medio-hermano Mudarra. Por fin, la cuarta referencia (ya que no se trata de una ficha sino de un conjunto de fichas) me lleva, de manera obligada, a las *vitae sanctorum*; por ello, se muestra sagaz Alonso de Villegas cuando en su *Fructus Sanctorum* se ocupa del asunto en el Discurso LXXIII («De sueños y Vigilias», *op. cit.*, pp. 1743-1764); aquí, en secciones diferenciadas, aduce ejemplos de las Sagradas Escrituras, junto a ejemplos que denomina «cristianos» (en gran medida, es un material que ha tomado de diversas *vitae*) y otros que, de manera harto curiosa, etiqueta como *extranjeros* (tomados íntegramente de la Antigüedad greco-latina a partir de fuentes diversas).

El primero de los testimonios lo encuentro en la *Vita prima* de San Bernardo, redactada por Guillaume de Saint-Thierry (*c.* 1085-1148); en ella, Aleth de Montebarro, embarazada de quien más tarde será santo, sueña que un perro ladra en su interior, de donde colige que su hijo será un gran predicador y que vendrá al mundo ya bendito de Dios (en Ribadeneira, el sueño de Aleth se recoge en *Flos*, II, p. 508). Parecida a ésta es la anécdota que se recoge en la vulgata de la vida de san Domingo de Guzmán, con el célebre sueño de su madre, la beata Juana de Aza, en que vio a un perro con una antorcha en la boca;[10] en el sueño de los padres de san Alberto confesor, Benedicto y Juana, lo único que aparece, significativamente, es el cirio con que, en exégesis inmediata, logrará iluminar a no pocos, en palabras de Pedro de Ribadeneira (*Flos*, II, p. 456).[11] Idéntica, propiamente, respecto de la de san Bernardo es la de un gran dominico, san Vicente Ferrer, según la leemos en la vulgata de Pedro de Ribadeneira (*Flos*, I, p. 568).

---

[10] La figura del perro, blanco y negro en alusión a los dominicos, con una antorcha en la boca pasó luego a las artes plásticas para dejar numerosos ejemplos; no obstante, son muchos los que ven en ella el desarrollo de un simple juego de palabras montado sobre el nombre del fraile de esta orden, *dominicanis*, y *Domini canis*, «el perro de Dios».

[11] Esta misma idea puede apuntalarse de otras maneras, como por medio de un nombre parlante, como santa Clara. En su leyenda, leemos (cito por Pedro de Ribadeneira, II, p. 468) que una voz divina quito a su madre, Hortelana, los cuidados del parto, y añadió: «'No temas: que parirás una luz que, con su grande claridad, ilustrará todo el mundo.' Quando parió, puso por nombre a la niña Clara, confiando que se havía de cumplir en ella la voz que del cielo havía oído. Luego comenzó la niña a resplandecer en la noche del mundo con singular gracia».

A su lado, podríamos poner algunas muestras adicionales, como puede ser la de san Columbano, cuya madre, cuando estaba preñada, vio —esta vez en una especie de duermevela— que de su vientre salía un sol resplandeciente que alumbraba toda la tierra; tras consultar el caso a personas de sabiduría y prudencia de todos conocidas, alcanzó a saber que su hijo sería una lumbrera del mundo, como recoge Pedro de Ribadeneira (*Flos*, III, p. 462). En todos los ejemplos aducidos, hay, sí, un común denominador que se antoja extraordinariamente problemático, pues resulta tan patente en su plasmación como intrincado en los estímulos que lo animan, sobre todo si se consideran los infinitos cruces y entrecruces entre literatura y folklore, sin olvidar tampoco aquellos otros que se producen entre leyenda épica, ficción narrativa, biografía y relato hagiográfico.

Aunque mi argumento queda así bien cerrado, no puedo silenciar un ejemplo más de naturaleza hagiográfica, pues me ayuda a demostrar hasta qué punto seguía activo este patrón en el tránsito del Medievo al Renacimiento. Me refiero a la leyenda de san Andrés Corsini (siglo XIV), bien conocida en España gracias a Pedro de Ribadeneira (*Flos*, I, pp. 113-114). En ella, la madre cuenta a Andrés, hasta ese momento pecador consumado, el sueño que tuvo antes de parirlo; en él, aparecía en figura de lobo, que se transformó en cordero al entrar en una iglesia y postrarse ante la figura de la Virgen. Apelando a una sencilla exégesis, la madre exhortó a Andrés, que hasta ahí había llevado vida de lobo, a que se transformase en cordero. El hijo, avergonzado y arrepentido, marchó a la iglesia de los carmelitas, a rezar a Nuestra Señora del Carmen, y determinó hacerse religioso. En su *vita*, este santo desarrolla luego la capacidad de vaticinar el futuro, aunque en la común manera de la vigilia, como otros tantos santos. Hablaré de su caso cuando corresponda.

A la leyenda de san Andrés Corsini me había referido al comienzo de este libro por parecida razón, pues predijo que, llegado su tiempo, el niño que estaba bautizando traicionaría a su patria y causaría la ruina de su familia y su propia muerte. Pues bien, esta profecía negativa entra en relación directa con una última muestra de vaticio onírico materno-filial, esta vez distinta de las que acabo de ofrecer por poseer, como digo, el mismo signo negativo de la incrustada en la leyenda de san Andrés. Me refiero al sueño de Hécuba preñada de Paris (recogido por los principales mitógrafos), en el que se vio pariendo una antorcha que quemaba la ciudad de Troya. Príamo pidió a Ésaco, hijo que había engendrado con otra mujer, que le interpretase el sueño, pues tenía esa gracia. Cuando le dijo que Paris traería la destrucción de Troya y que, por ello, debía matarlo, Hécuba lo abandonó en el monte Ida (en el *Libro de Alexandre*, son las parteras las que, engañando a la madre, lo salvan), donde lo criaron unos pastores o lo amamantó una osa, según distintas fuentes mitológicas. Ahora sí, conviene progresar un paso más.

Aunque raro caso, en la vida del burgalés san Julián, obispo de Cuenca (lo fue entre 1198 y 1208), el sueño lo tiene el padre cuando la madre se halla preñada del que luego será santo. La versión más común no ofrece una exégesis completa del sueño, pero el lector la deduce fácilmente: el cachorrito blanco como la nieve que ahuyenta a los murciélagos y otros animales nocturnos que chillan y ululan es un ser que ya cuenta con la gracia de Dios. Por si no hubiera quedado claro, el niño al nacer hizo la señal de la Cruz a todos los presentes, y en su bautizo se oyó cantar a los ángeles: «Oy ha nacido un niño que en gracia no tiene par». Así nos lo cuenta Pedro de Ribadeneira (*Flos*, I, p. 263), que dice otro tanto sobre el nacimiento de san Pedro Nolasco (*Flos*, I, p. 296), cuya *vita* incorpora el célebre «sueño de la oliva», diversamente interpretado por él y los exegetas posteriores.

Lo último me sirve para incidir en la importancia del onirismo, que se convierte de nuevo en común denominador de la hagiografía, el cuento, la épica y, al final del recorrido, la novela. Sueño y visión, no obstante, tienen idéntica función e invitan a la interpretación por parte de quien experimenta uno u otra, por parte de algún próximo o de exegetas futuros. Baste con el ejemplo de san Efrén (*c.* 306-373), quien, según narra en el *Testamentum* que se le atribuye, al comienzo de la adolescencia vio nacer una vid de su boca, tan grande que cubría toda la tierra y tan alta que en ella anidaban las aves, que se alimentaban de unos frutos que nunca se agotaban. Por esta visión, se entendió que su obra se extendería por toda la cristiandad, lo que fue particularmente cierto en el caso de sus himnos religiosos.

6.

TAUMATURGIA, VERDAD HISTÓRICA Y VEROSIMILITUD

Así las cosas, y una vez comprobado el hecho de que el sueño premonitorio es uno de los ingredientes básicos de la literatura taumatúrgica de signo hagiográfico o épico (según se desprende de los propios patrones clásicos, en los que la injerencia de los dioses, a través de sueños, ensueños, duermevelas y apariciones, es permanente, con el paradigma de la *Eneida* virgiliana),[1] conviene matizar la afirmación que ha inducido a muchos estudiosos a admitir sin pestañear y hasta reforzar al límite la idea pidaliana de un *Cantar de mio Cid* absolutamente verosímil y realista,[2] lo que se pondría de manifiesto en la aparición del arcángel san Gabriel en el sueño del cantar primero de este poema épico.[3] El Cid del *Cantar* comparte esta visión onírica con santa Natalia (que

[1]   La formulación —digámoslo así— común y esperable es la que ofrece Samuel G. Armistead al estudiar el sueño de doña Alda en *Folk Literature of the Sephardic Jews*, III, *Judeo-Spanish Ballads from Oral Tradition* (Berkeley/Los Angeles/London: University of California Press, 1994). En un marco más amplio, la bibliografía es sencillamente apabullante, con múltiples encuentros eruditos, libros y artículos que abordan el asunto. A la luz del material que presento, cabe matizar la idea de Álvaro Galmés de Fuentes, *La épica románica y la tradición árabe*, *op. cit.*, según la cual «el sueño présago» (pp. 476-501) es una muestra más del influjo árabe sobre nuestros poemas heroicos.

[2]   Rasgos éstos determinantes de la peculiar idiosincrasia española, al tiempo que claves de nuestra literatura, según señala don Ramón Menéndez Pidal, en *Los españoles en la historia* (Madrid: Espasa-Calpe, 1947) y *Los españoles en la literatura* (Madrid: Espasa-Calpe, 1960), obra en la que contrapone de nuevo el realismo de la épica castellana y el carácter fabuloso de la francesa. Sobre este asunto he escrito varias veces en el pasado y estoy escribiendo en el presente; en esa misma línea de trabajo, hay que contar ahora con E. Michael Gerli, «Inventing the Spanish Middle Ages: Ramón Menéndez Pidal, Spanish Cultural History, and Ideology in Philology», *La Corónica*, 30 (2001), pp. 111-126.

[3]   Nuevamente se impone corregir, en el sentido que me interesa, la trayectoria seguida por Álvaro Galmés de Fuentes en *La épica románica y la tradición árabe*, *op. cit.*, en el

embarcó y marchó de Nicomedia a Constantinopla por revelación divina, que
le llegó precisamente en forma de sueño), de culto muy extendido en España y
Portugal, o con la piadosa Calisto de la vida de san Policarpo; de ese modo, el
poema épico castellano, en ese punto, se deja llevar por un estímulo literario
que cabría tildar de *realismo* o *verismo taumatúrgico*.[4] Al margen de su condición de revelación divina, el sueño premonitorio tiene una función importantísima y se muestra muy extendido en el conjunto de la literatura, tanto en la
épica, como en la novela, el cuento o el romancero; por ello, seguir este camino me sacaría fuera del curso que me he trazado al inicio de este libro.

El mismo tipo de adherencias se percibe en el caso de la leyenda de los
Siete Infantes de Lara o Salas, con el motivo de las cabezas cortadas que acabará por contaminar a la propia leyenda rolandiana en su transmisión española (es, precisamente y por un azar tan caprichoso como feliz, el pasaje que se
conserva en los cien versos del fragmentario *Cantar de Roncesvalles*).[5] Corto
se quedará quien atienda sólo al número siete y al motivo de la decapitación,
pues las conexiones hagiográficas se revelan mucho más precisas; ahí está, por
ejemplo, la leyenda de santa Felicidad y sus siete hijos mártires, que estuvo en
el santoral hasta 1969 y que dio vida a otra leyenda idéntica, la de santa
Sinforosa, con sus respectivos siete hijos. No extraña que, para los bolandistas,
la base se halle en el relato veterotestamentario de los Siete Hermanos
Macabeos y su madre, que también salió del santoral en la purga de 1969, a
pesar de sus fundamentos (de hecho, es la única leyenda hagiográfica del
Antiguo Testamento que conmovió al Occidente medieval) y a pesar también
de su larguísima tradición.[6]

---

capítulo que titula significativamente «La aparición del ángel Gabriel» (pp. 462-476),
que se cierra con una afirmación tan categórica como ésta: «Estos ejemplos, unidos a
los de la aparición del ángel Gabriel, como anunciador de buenas nuevas, habrá que
inventariarlos, sin duda, entre los influjos del árabe, según la tradición musulmana, bien
distinta de la tradición occidental» (p. 476).

4   La función estructuradora del sueño en la literatura española medieval cuenta con una
breve aproximación de conjunto en Harriet Goldberg, «The Dream Report as a Literary
Device in Medieval Hispanic Literature», *Hispanica*, 66 (1983), pp. 21-31.

5   De nuevo tenemos que mirar hacia la hagiografía y no tanto hacia los modelos árabes,
como sugiere Álvaro Galmés de Fuentes, cuyo libro *La épica románica y la tradición
árabe, op. cit.*, remata el capítulo «Llanto sobre las cabezas cortadas» (pp. 536-544) con
una propuesta que yo llevaría más cerca del ámbito que aquí me interesa: «En todo caso,
la rareza de tales escenas en la épica románica, frente a la frecuencia en la vida real y en
la literatura árabe, confirma, sin duda, la dependencia de causalidad» (p. 544).

6   Al respecto, supuso una enorme conmoción el resultado obtenido de la exhumación y
estudio en 1930 de los restos supuestamente auténticos que se custodiaban en Roma: los
huesos eran de un perro.

Consideremos, además, el valor que a la decapitación le otorga el Medievo, en el caso de los así llamados santos cefalóforos, como san Vitores, san Dionisio,[7] san Indalecio, san Justo de Beauvais, san Nicasio de Reims,[8] san Lamberto,[9] santa Valeria de Limoges o santa Osita, que son algunos de los más afamados;[10] a ellos, habría que unir la transformación experimentada por ciertas leyendas, como la del propio Santiago, de acuerdo con la *Magna Passio* del *Liber Sancti Iacobi*; lo mismo ocurre con los santos Cosme y Damián, tal como aparecen en una de las tablas del *Tríptico de la Adoración de los Reyes Magos* de Diego de Siloé; con todo, de muchos de los santos que se presentan como cefalóforos —esto es, en pie y con la cabeza en la mano— en la iconografía religiosa, sólo tenemos testimonios literarios de su decapitación, como ocurre en los casos de san Nereo y san Aquileo o Aquiles, o san Oswaldo Rey. No es casual que el hallazgo de cuerpos decapitados, como algunos correspondientes a enterramientos merovingios, diese pronto en formas de veneración y culto, como han apuntado varios estudiosos y señaló atinadamente Manuel Alvar.[11] A este respecto, disponemos de datos tan elocuentes como el hallazgo por parte de san Ambrosio —quien tuvo como testigo nada menos que a san Agustín— de dos cuerpos decapitados en la iglesia de San Félix y Nabor de Milán que, casi de inmediato, fueron identificados como los de los mártires Gervasio y Protasio, pareja de santos sobre la que aún volveremos algo más adelante.

---

[7] El caso de san Dionisio es llamativo, ya que en algunas de sus imágenes es un santo cefalóforo como el resto, pero en otras es representado con la simple mutilación del casco del cráneo (véase *Summa Artis*, p. 221).

[8] En la catedral de Reims hay, lógicamente, varias imágenes de este santo que fuera obispo de la ciudad; en una de ellas (*Summa Artis*, p. 126), los ángeles coronan su tronco decapitado. Magnífica tabla gótica con su pasión y muerte es también la que puede contemplarse en el Museo Arqueológico de Madrid.

[9] Véase Jean-Louis Kupper, «Saint-Lambert: de l'histoire à la légende», *Revue d'Histoire Ecclésiastique*, 79 (1984), pp. 5-49. Por cierto, del santo mártir zaragozano, a quien los bolandistas anatemizaron muy pronto, hay un sorprendente fresco de Goya en la cúpula de la Basílica del Pilar conocida como *Regina martyrum*, por haber escrito en ella estas palabras de la letanía.

[10] La iconografía creó falsos santos cefalóforos, pues representó con la cabeza en la mano a santos de los que no consta más que su decapitación en actas y leyendas.

[11] No quedaron parcelas ciegas para la curiosidad erudita de Alvar, como se demuestra en el trabajo a que aludo: «Sobre San Juan Crisóstomo y la folclorización de la cefaloforía», en José Romera Castillo, Antonio Lorente y Ana María Freire, eds., *Ex libris. Homenaje al Profesor José Fradejas Lebrero, op. cit.*, vol. I, pp. 33-38. A partir de la leyenda de san Dionisio, Edmund Colledge y Jack C. Marler rastrearon este asunto en «Céphalogie, a recurring theme in classical and medieval lore», *Traditio*, 37 (1981), pp. 11-26 y 418-419.

Sin salir de la leyenda cidiana, el *Cantar*, en el episodio de la afrenta de Corpes, nos aporta un nuevo y magnífico ejemplo de esa asociación rápida entre decapitación y santidad; por otra parte, el pasaje constituye un nuevo reflejo hagiográfico dentro de una obra de naturaleza heroica. Recordemos cómo las hijas del Cid, maltratadas por sus maridos, ruegan que las decapiten:

> —¡Don Diego e don Ferrando,   rogámosvos por Dios!
> Dos espadas tenedes   fuertes e tajadores,
> al una dizen Colada   e al otra Tizón,
> cortandos las cabeças,   mártires seremos nos.

Estas interrelaciones se producen desde la génesis de la propia leyenda. A veces, no obstante, es la evolución posterior la que lleva desde lo heroico a lo hagiográfico, como han puesto de manifiesto recientemente José Manuel Pedrosa, César Javier Palacios y Elías Rubio Marcos al rastrear la leyenda cidiana en el folklore burgalés.[12] Estos estudiosos nos han aportado ejemplos formidables en este sentido, como los de las supuestas huellas que el Cid y su caballo habrían dejado sobre el terreno que pisaron (por lo común, sobre una gran lasca), idénticas a las imprimidas por los corceles de otros héroes épicos, tanto moros como cristianos, o incluso a las de las caballerías de santos, como Santiago, san Martín o san Voto (en este caso, producto de la frenada de su caballo cuando, con la ayuda de san Juan Bautista, evitó caer al abismo en el monte Pano, muy cerca de Jaca, donde se levantó el Monasterio de San Juan de la Peña);[13] de la cabalgadura de Santiago, se conservan, además, algunas herraduras en distintos lugares (como en el monasterio riojano de Cañas).[14] Por cierto, me pregunto si esas pisadas de Babieca cabe adjudicárselas al caballo del héroe cuando éste vivía o si, por el contrario, la leyenda enlaza con aquella otra de corte hagiográfico que nos presenta a un fantasmagórico Cid matamoros que habría cabalgado triunfante tras su muerte. En el origen, cabe ver una evolución de la *Leyenda de Cardeña* y de pasajes tan conocidos como el capítulo 956 de la *Estoria de España*, en que el cuerpo de un Cid incorrupto —por merced de

---

[12] *Héroes, santos, moros y brujas (Leyendas épicas, históricas y mágicas de la tradición oral). Poética, comparatismo y etnotextos* (Burgos: Tentenublo, 2001).

[13] Al zaragozano Voto, los relatos lo sitúan a finales del siglo VIII. Añádase a la ficha anterior esta otra del mismo José Manuel Pedrosa, «Huellas legendarias sobre las rocas: tradiciones orales y mitología comparada», *Revista de Folklore*, 238 (2000), pp. 111-118.

[14] *El Tesoro de las Reliquias. Colección de la Abadía Cisterciense de Cañas. Exposición Centro Cultural Caja de La Rioja, Gran Vía, 2. Del 15 de enero al 5 de febrero. Logroño, 1999*, textos de Antonio Cea Gutiérrez, prólogo de Alfonso E. Pérez Sánchez (Logroño: Fundación Caja Rioja, 1999).

un bálsamo y no de ninguna virtud taumatúrgica— es atado a Babieca y espanta a sus enemigos.

A pesar de que la leyenda cidiana no dé en curaciones y otros milagros vinculados al santuario burgalés, tampoco cabe negar en su caso la derivación, una vez y otra, desde el ámbito de lo heroico hacia el de lo hagiográfico.[15] Dejo de lado las pisadas de san Pedro, la Virgen o el mismísimo Jesucristo, que merecieron la chanza del maestro Barbieri en *Pan y Toros* (1864), quien recuerda el carácter venal y el uso lucrativo de tales reliquias:

> Ved la huella divina
> de Cristo en Monte Olivete.
> Sólo hay en el mundo siete;
> y la traigo a mi país
> sólo por cumplir un voto
> y la esa el que es devoto
> por cuatro maravedís.[16]

El motivo de la pisada impresa sobre la piedra está también presente en la novela artúrica, con la huella dejada en una piedra por Cabal, el perro de Arturo, cuando trataba de cazar un jabalí junto a su amo. El motivo de la caza de este animal resulta casi tan poderoso como el de la caza del ciervo, pues nos lleva a leyendas muy diversas, como la clásica de Hércules, la romancesca del jabalí blanco del *Lai de Guingamor* o la hagiográfica de san Antolín, incorporada al *Poema de Fernán González*; por supuesto, la incorporación de otras piezas venatorias, como la mucho más común del ciervo o cierva, ensancha nuestro horizonte de referencias, tanto en el ámbito de la novela como en el de la hagiografía, donde contamos con leyendas como la de san Gil (ya sabemos que este nombre es el mismo de Egidio) o la de san Eustaquio. Gracias a un importante testimonio, que los estudiosos citados rastrean y documentan en el

---

[15] Acaso el culto religioso al Cid no sea tan temprano como pretende Mercedes Vaquero en su trabajo «La *Leyenda de Cardeña* enfrentada a diferentes tradiciones carolingias», en Mercedes Vaquero y Alan Deyermond, eds., *Studies on Medieval Spanish Literature in Honor of Charles F. Fraker* (Madison: Hispanic Seminary of Medieval Studies, 1995), pp. 265-283; sin embargo, había cuajado perfectamente entre el final del Medievo y el siglo XVI, con unos fundamentos ideológicos que venían de atrás y que han sido considerados con su magisterio característico por Peter E. Russell, «San Pedro de Cardeña and the History of the Cid», *Medium Aevum*, 27 (1958), pp. 57-79, con versión española en *Temas de la «Celestina»* (Barcelona/Caracas/México: Ariel, 1978), pp. 73-112.

[16] El dato nos lo recuerda Alfonso E. Pérez Sánchez en *El Tesoro de las Reliquias..., op. cit.*, p. 15.

cauce oral y en algunas fuentes tan señaladas como el *Diccionario Geográfico-Estadístico-Histórico de España y sus posesiones de Ultramar* de Pascual de Madoz, tenemos noticia de que el Cid acabó por convertirse —y de ello han quedado numerosas muestras populares— en un nuevo matador de sierpes, al igual que tantos santos, como el local san Vitores o el internacional san Hilario, padre de todos los anacoretas de Tierra Santa.

Enseguida veremos una nueva señal de gracia: la del aviso divino de la inminencia de la muerte.[17] Este es un motivo característico de las vidas de santos que se coló en la leyenda cidiana por medio del romancero.[18] Adelantemos materia para ver que eso, justamente, es lo que sucede en el romance *Muy doliente estaba el Cid*, donde el faraute divino resulta ser nada menos que san Pedro:

—Díjole: «¿Duermes, Rodrigo?	Recuerda y está velando.»
—Díjole el Cid: «¿Quién sois vos,	que así lo habéis preguntado?»
—«San Pedro llaman a mí,	príncipe del apostolado.
Vengo a decirte, Rodrigo,	otro que no estás cuidando,
y es que dejes este mundo:	Dios al otro te ha llamado,
y a la vida que no ha fin,	do están los santos holgando.
Morirás en treinta días,	desde hoy que esto te fablo.

El colmo en lo que a mixtura de materiales se refiere lo encuentro en otro testimonio reunido por Pedrosa, Palacios y Rubio Marcos,[19] cuando recogen una amplia muestra de la leyenda del pozo airón o tragahombres,[20] especie de charca que haría las veces de respiradero del infierno y que, según cierta ver-

---

[17]   Aragüés llama mi atención sobre uno de los grandes hitos de la Historia de las Mentalidades: el libro de Philippe Ariès, *L'homme devant la mort* (Paris: Éditions du Seuil, 1977). Aquí se incide en una de las características comunes a todo bien morir: la buena muerte no coge desprevenido al *moriturus* sino que se anuncia previamente.

[18]   Para hacerse una idea de la dimensión e importancia de este fenómeno, véase mi artículo «El romancero cidiano y la poética del romancero», en Carlos Alvar, Fernando Gómez Redondo y Georges Martin, eds., *El Cid: de la materia épica a las crónicas caballerescas, op. cit.*, p. 335.

[19]   *Héroes, santos..., op. cit.*, en el capítulo titulado «Lagunas y pozos mágicos» (pp. 317-327).

[20]   Esta leyenda, de conocimiento obligado para cualquier comparatista que se inmiscuya en el Medievo peninsular, ha sido estudiada por el mismo José Manuel Pedrosa, «El pozo Airón y dos leyendas», *Medioevo Romanzo*, 18 (1993), pp. 261-275, que añade sólidos cimientos al trabajo de Samuel G. Armistead y Joseph H. Silverman, «Baladas griegas en el romancero sefardí», *En torno al romancero sefardí (hispanismo y balcanismo de la tradición judeo-española)* (Madrid: Cátedra Seminario Menéndez Pidal, 1982), pp. 151-168.

sión documentada en Santo Domingo de Silos, habría causado la muerte de la pérfida doña Lambra. Así, asistimos a una hibridación patente de una leyenda grata a los folkloristas con la épica hispánica; con todo, no queda ahí la cosa, ya que un auténtico pozo airón, esta vez con sierpes en su interior, se nos ofrece en un poema veterotestamentario: las coplas sefardíes de *Las hazañas de José*, estudiadas con su tino habitual por Iacov Hassán.[21] Como ya he indicado en otro lugar, creo que esta evolución de la leyenda no se explica a la luz de la exégesis posterior (esto es, con los comentaristas o con el Midrash) sino sólo cuando se apela a un encuentro entre ésta y la leyenda panrománica del pozo airón.[22]

Como estamos viendo, los entrecruces entre todas estas tradiciones literarias resultan básicos hasta el punto de que constituyen un principio poético fundamental, algo que la crítica ha destacado desde hace bien poco para recordar préstamos en una o en otra dirección, como es el caso de las oraciones incorporadas a la épica, a la manera de la de Jimena en el *Cantar de mio Cid* o la del primer conde de Castilla en el *Poema de Fernán González*.[23] A lo que todavía no se ha prestado la atención debida es a cierto tipo de contactos, como los que se dan entre historiografía y hagiografía, que merecen al menos una rápida alusión. Tengamos en cuenta, por poner un ejemplo que se me antoja especialmente significativo, el caso concreto de los nobiliarios, que incorporan con absoluta naturalidad unas leyendas de la más variada estirpe, que se inmiscuyen por todos los vericuetos de la ficción pura. Pongo por muestra un nobiliario recientemente exhumado por Miguel Ángel Ladero Quesada: el *Nobiliario de Diego Hernández de Mendoza*.[24] Aquí, el apellido Meneses sirve al historiador para recordar el caso de aquella princesa pecadora que más tarde logró enderezar su vida, situación ésta que se da con múltiples variaciones en otras tantas leyendas hagiográficas femeninas; por su parte, el apellido Manrique

---

21 «Las *Coplas de Yosef* sefardíes y la poesía oral», en Jesús Antonio Cid, Beatriz Mariscal, Diego Catalán, Flor Salazar, Ana Valenciano, coords., *De balada y lírica* (Madrid: Fundación Ramón Menéndez Pidal/Universidad Complutense, 1994), vol. 2, pp. 271-282.

22 En mi artículo «Lírica española medieval y lírica sefardí: entre tradición y poligénesis», en Carlos Carrete Parrondo *et al.*, eds., *Encuentros & desencuentros. Spanish-Jewish Cultural Interaction Throughout History* (Tel Aviv: Tel Aviv University, 2000), pp. 241-261.

23 Ahora contamos con una visión de conjunto de Fernando Baños Vallejo, «Plegarias de héroes y de santos. Más datos sobre la 'oración narrativa'», *Hispanic Review*, 62 (1994), pp. 205-215.

24 «'No curemos de linaje ni hazañas viejas...' Diego Hernández de Mendoza y su visión hidalga de Castilla en tiempo de los Reyes Católicos», *Boletín de la Real Academia de la Historia*, 198 (2001), pp. 205-314.

presenta en sus orígenes el sorprendente caso del hombre casado con el Diablo
que ha tomado forma de bella mujer; como último ejemplo, me permito apun-
tar el del apellido Barrientos, ya que su origen se remonta hasta la fundación
de Astorga, cuyos vetustos edificios fueron localizados por casualidad cuando
un caballero de ese linaje perseguía un jabalí en una montería, al igual que
acontece en la leyenda de san Antolín, que analizaremos con especial deteni-
miento.

Basta ese ejemplo para comprobar lo fértiles que pueden ser los libros de
linajes, aunque se pueden añadir otros muchos, incorporados a veces a las propias galerías de semblanzas sagradas. Así, una anécdota que acaba por colarse
en el *Flos* de Ribadeneira es la de la fiesta del Triunfo de la Cruz (16 de julio),
alusiva a la victoria de las Navas de Tolosa, porque en esa ocasión se contó con
la ayuda divina. Ésta se manifestó con la aparición de una cruz en el cielo (un
signo que sirvió de guía a algunos aguerridos capitanes de los que procede una
gens o familia determinada, cuyo origen quedó así marcado por la bendición
divina, el de los Barrionuevo), la misma que anunció a Constantino la victoria
contra Majencio en la batalla del puente Milvio:

> La *Corónica general de España* dice que, al tiempo que se dio la batalla, se vio en
> el cielo una cruz colorada, y que su vista dio ánimo a los cristianos y le quitó a los
> moros, por donde fueron vencidos. Y de aquí tomó nombre de Triunfo de la Cruz.
> Y aun algunos añaden que un hidalgo del reino de León, llamado Reinoso, la mos-
> tró al rey, y que porello le dio su bandera y hizo su alférez, y asimismo le dio por
> armas la cruz colorada en campo blanco de que usan los Reinosos.

Son éstos unos motivos comunes a todos los universos literarios que estamos considerando: el hagiográfico, el novelesco y el heroico, ya sea a través
de los poemas épicos propiamente dichos o bien como derivación de la leyenda, ya sea por vía erudita o cronística. Un ingrediente común a todos ellos y
que ya anunciaba atrás es el de los signos extraordinarios que acompañan a los
héroes incluso desde antes de venir al mundo; de ellos, paso a ocuparme desde
este momento.[25] Antes de nada, la cita obligada es el nacimiento de Cristo y el
prodigio del cometa —vulgo estrella— que todos conocemos desde niños. A
su lado, cabe recordar otras profecías que gozaron de cierta fama en el

---

[25]   Trataré aquí de prodigios que anuncian el orto y el óbito del ser ungido de la gracia divina; dejo, en esta ocasión, el estudio de los prodigios acaecidos en momentos tan especia-
les como la elección de un gran prelado, como san Cirilo de Jerusalén (una cruz celeste se
situó sobre el monte Calvario) y san Braulio de Zaragoza (un globo de fuego bajó del cielo
y se situó sobre la cabeza de quien iba a ser el nuevo obispo). Ambos momentos se recogen en Pedro de Ribadeneira (*Flos*, I, pp. 506 y 508, respectivamente).

Medievo, como la de que el nacimiento Jesús sería anunciado por un anillo alrededor del sol, por el parto de un cordero parlante en Babilonia y por el hallazgo de una fuente que manaría aceite en lugar de agua (véase Tubach, *Index*, núm. 993). Más extendida se muestra aún la creencia de que, cuando nació el Mesías, la noche se transformó en día luminoso, como se recoge, por ejemplo, en la divulgada *Legenda aurea* de Jacobo de Vorágine.

En el universo de la literatura heroica, que derivará en lo erudito y lo novelesco, tenemos el nacimiento de Alejandro Magno, acompañado por todo un rosario de prodigios que aumentaron en los años en que se pretendía su divinización (recordémoslos, sin ir más lejos, gracias a las estrofas 8-20 del *Libro de Alexandre*);[26] más tarde, con idénticas señales se adornará el orto de Octavio Augusto (como narra Suetonio, *Vitae Caesarum*, II, 94, 3, autor éste que se erigió en uno de los principales modelos para los grandes hagiógrafos, como se percibe con toda nitidez en las *vitae* compuestas por san Jerónimo). Entre Cristo y Alejandro, surgieron nuevos puentes por vía legendaria: si el nacimiento de Alejandro coincidió con la destrucción del templo de Diana en Éfeso (una de las Siete Maravillas del Mundo Antiguo) por un incendio provocado, la llegada de Cristo se manifestó —en un claro caso de anacronismo— por el hundimiento del Templo de Roma, inmediatamente sustituido por la Iglesia de Santa Maria Nova (Tubach, *Index*, núm. 4729). En el ámbito hagiográfico, hay que recordar a santa Genoveva de París, a la que atienden los *Miracles de Sainte Geneviève* (compilados entre los siglos XII y XV), cuyo nacimiento fue celebrado ostentosamente por los ángeles.

De venir a España, no han de escapársenos los prodigios que anunciaron el nacimiento de quien luego será Alfonso X, con una nube ardiente que cubrió toda la Península en el momento de la Epifanía (como se describe en la *Estoria de España*).[27] Más adelante, los *flores* darían cabida a cierta leyenda relativa a

---

[26] las fuentes de las que proceden se ocupa Bienvenido Morros, «Las glosas a la *Alexandreis* en el *Libro de Alexandre*», *Revista de Literatura Medieval*, 14 (2002), pp. 63-107 [66-72].

[27] «Otrossí fallamos en las estorias que a aquella ora que Ihesu Cristo nasció, seyendo media noche, apparesció una nuve sobre Espanna que dio tamanna claridat et tan grand resplandor et tamanna calentura cuemo el sol en mediodía, quando va más apoderado sobre la tierra. E departen sobr'esto los sabios et dizen que se entiende por aquello que, depués de Ihesu Cristo, vernié su mandadero a Espanna a predigar a los gentiles en la ceguedat en que estavan, et que los alumbrarié con la fe de Cristo; et aqueste fue sant Paulo. Otros departen que en Espanna avié de nacer un princep cristiano que serié sennor de tod'el mundo, et valdríe más por él tod'el linage de los omnes, bien cuemo esclareció toda la tierra por la claridad d'aquella nuve en quanto ella duró» (cito, con algunos cambios y el texto convenientemente acentuado, por la ed. de Ramón Menéndez Pidal [Madrid: Cátedra Seminario Menéndez Pidal/Gredos, 1978], vol. I, p. 108).

su padre, Fernando III, que sorprende mucho menos dada su condición de santo; en concreto, recoge algunas de las maravillas que anunciaron su futuro nacimiento, entre ellas el hallazgo de tres libros proféticos dentro de una piedra por un judío toledano. El ambiente mesiánico de los años de los Reyes Católicos está en el origen de manifestaciones similares, en referencia a los acontecimientos y prodigios que rodearon el nacimiento de Isabel la Católica (en las coplas 29-37, la *Consolatoria de Castilla*, escrita hacia 1487 por Juan Barba, alude a un cometa, y en las coplas 38-47 a un terremoto que destruyó casi por completo la judería sevillana)[28] y el de su esperado y pronto malogrado hijo, el príncipe don Juan (de acuerdo con la *Historia de los Reyes Católicos* de Andrés Bernáldez, cuyo capítulo XXXIX narra que, «a mediodía, fizo el sol un eclipse el más espantoso que nunca los que fasta allí eran nascidos vieron, que se cubrió el sol de todo e se paró negro, e parecían las estrellas en el cielo como de noche»).[29] En la ficción literaria, un magnífico ejemplo es el que ofrece un libro de caballerías quinientista, *Cirongilio de Tracia* (1545) de Bernardo de Vargas. Aquí, los sucesos maravillosos son idénticos a los vistos en las *vitae* y demás tradiciones literarias (trans. Javier Roberto González):

> Porque al instante que el niño nasció, aparesció en el cielo una luminaria tan grande y tan clara que a juizio de los que la miravan parecía ocupar la décima parte del cielo. Tan radiante se mostrava que con su claridad privava los rayos del resplandeciente sol. Duró esto assí por espacio de tres días sin se mover de un lugar, y al fin de los tres días, viéndolo todos los que en ello miravan, vissiblemente desapareció. Y allende de lo ya dicho, en la misma persona del infante quiso Nuestro Señor Dios mostrar sus señales y grandes maravillas, poniendo y esculpiendo en el su braço derecho diez letras bermejas a manera de fuego, las cuales, puesto que muchos se juntaron, no ovo persona alguna en toda aquella región que las supiesse ni acertasse a leer ni entendiesse ni penetrasse su significación, cosa dina de grande espanto y admiración.

Recuérdese que el recurso al nacimiento se había convertido en un tópico del *genus demonstrativum* o *epidicticum* de la vieja retórica, como recuerda

---

[28] En conjunto, se presenta con la rúbrica «Ynformaçión del teremoto que vino por Sevilla», en Pedro M. Cátedra, *La historiografía en verso en la época de los Reyes Católicos. Juan Barba y su Consolatoria de Castilla* (Salamanca: Universidad de Salamanca, 1989), pp. 185-187. Sobre ello hemos tratado Teresa Jiménez Calvente y yo mismo en «Entre edenismo y *emulatio* clásica: el mito de la Edad de Oro en la España de los Reyes Católicos», *op. cit.*, pp. 127-130.

[29] En este caso, tal vez el fenómeno le sirva a Bernáldez como mal presagio, dado el triste final de don Juan, en 1497 en Salamanca, y dado que el autor cerró esta crónica en 1513. Para el texto, me sirvo del tomo LXX de la BAE.

Nebrija en su *Artis rhetoricae compendiosa coaptatio ex Aristotele, Cicerone et Quintiliano* (Alcalá de Henares, 1515): «Illa quoque interim ex eo quod ante ipsum fui tempore trahentur quae responsis vel auguriis futuram claritatem promisserunt».[30]

Por supuesto, estos fenómenos sobrenaturales acontecen también para anunciar la muerte del santo, de acuerdo con el paradigma de Cristo en el monte Calvario. Así, el inminente deceso de san Ambrosio, se anuncia y se sublima por medio de la estrella que se colocó exactamente sobre su cuerpo. Lo mismo aconteció en el tránsito de santo Tomás de Aquino, de acuerdo con Pedro de la Vega (II, 72r),[31] quien nos dice que le apareció «una estrella a manera de cometa que demostrava ser la muerte del sancto doctor cerca, porque muriendo desapareció la estrella». En el caso de san Albano mártir, su muerte, acaecida en los años del terrible Diocleciano, se acompañó de otros prodigios semejantes, mientras la de santa Ágata o Águeda fue precedida por un terremoto, de acuerdo con un modelo mucho más común, pues lo tenemos también en la muerte de santa Emerenciana ante el sepulcro de santa Inés, con un fuerte terremoto y numerosos rayos que mataron a varios de los gentiles allí presentes; o en la decapitación de san Julián y sus compañeros, con un terremoto que destruyó los ídolos paganos y rayos que acabaron con muchísimos gentiles. A la muerte de san Juan Crisóstomo (*c.* 344-407), Constantinopla recibió el castigo que merecía en forma de un pedrisco tan fuerte que la destruyó casi por completo.[32] En todo, en todo, los elementos están decididamente con los santos, aunque sean tan amables como el suave manto de nieve que cubrió y protegió el cadáver expuesto de santa Eulalia de Barcelona para que no se lo comiesen las alimañas (Pedro de la Vega, II, 64v). En este orden de cosas, también existe un *non plus ultra*, que encuentro en leyendas como la del santuario de Tentudía (Calera de León, Badajoz), fundado para recordar la ayuda dispensada por la Virgen al parar el sol en el cielo para que Pelayo Pérez Correas, maestre de la Orden de Santiago y hombre de confianza de Fernando III el

---

[30] Puede leerse ahora en la traducción de Luis Alburquerque, en Miguel Ángel Garrido Gallardo, comp., *Retóricas españolas del siglo XVI escritas en latín* (Madrid: Consejo Superior de Investigación Científica/Fundación Hernando de Larramendi, 2003).

[31] La ficha bibliográfica completa es la siguiente: *La vida de Nuestro Señor Jesuchristo y de su sanctíssima Madre y de los otros sanctos, según la orden de sus fiestas. Por frai Pedro de la Vega, de la Orden de San Hieronimo. Ahora de nuevo corregido y emmendado por el muy magnífico y muy reverendo señor doctor Gonçalo Millán, y añadido de algunas vidas de sanctos que no se han impresso en otros Flos sanctorum*, Sevilla: Juan Gutiérrez, 1572.

[32] En este punto, Pedro de Ribadeneira extrema el celo como historiador y ofrece las varias versiones que sobre el caso ofrecen las fuentes de que parte (*Flos*, I, pp. 257-258).

Santo, concluyese victorioso su batalla contra los moros. La ayuda del cielo le vino cuando se la solicitó al grito de «Santa María, detén tu día».[33]

En términos generales, prodigios como los señalados, y sobre todo el maligno cometa, eran tenidos por augurios de la peor clase, como advertencia de alguna gran desgracia, de catástrofes o de la muerte de personajes de especial relevancia.[34] Por supuesto, cabe también lo contrario: que el cielo se alegre al producirse el deceso del personaje de vida virtuosa, aunque el ejemplo que puedo aportar es una simple imagen literaria (se me ocurren muchas más visiones plásticas de ese optimismo en el tránsito del santo de la tierra al cielo):[35]

Estando en estas razones,	Teresita se finaba.
Las campanas de los cielos	de alegría se tocaban.
¡Válgame Nuestra Señora!	¡Válgame la soberana!

Por eso, la estrella que señala el nacimiento de Cristo y es anuncio de grandes noticias marca en ocasiones el lugar en que se halla el cuerpo del santo tras su martirio, como leemos en la vida de san Anastasio mártir; así, los fieles cristianos dieron fácilmente con su cuerpo, único que había sido respetado por los perros hambrientos (ya se ha hablado sobre el poder del santo, vivo o muerto, sobre las alimañas). Por cierto, para apuntalar la ficha del toque a gloria de las campanas celestiales, es preciso recordar que el folklore abunda en testimonios de campanas que tocan solas a muerto, como se desprende de los varios recogidos por ese gran investigador que es José Manuel Pedrosa. El material, aún inédito, remite frecuentemente a Aragón.[36]

El nacimiento del santo, como el de tantos personajes de la ficción literaria, se siente como algo excepcional y milagroso, pues a menudo acontece justo en el último momento posible, cuando la esterilidad de sus padres parece segura,

---

[33] Este prodigio se repite en otras leyendas extremeñas, como las de Casar de Cáceres y Arroyo de la Luz, como recuerda José María Domínguez Moreno, «La 'encamisá', significado y origen de una fiesta extremeña», *Revista de Folklore*, 43 (1984), pp. 17-22.

[34] Hay una rica dimensión folclórica para este fenómeno que se plasma en un sinfín de obras literarias españolas e internacionales, como en la *Chanson de Roland*, *Tirano Banderas*, *King Lear* o *Cien años de soledad*.

[35] José Manuel Pedrosa, «Del *Himno a Démeter* pseudo-homérico al romance de *La nodriza del infante*: mito, balada y literatura», *Historia, reescritura y pervivencia del romancero. Estudios en memoria de Amelia García-Valdecasas* (Valencia: Universitat de València, 2000), pp. 157-185.

[36] Ficha suya es ésta de Jerónimo López de Ayala y del Hierro, vizconde de Palazuelos, *Las campanas de Velilla: disquisición histórica acerca de esta tradición aragonesa* (Madrid: Fernando Fe, 1886).

de la misma manera que en la historia veterotestamentaria de Abraham y Sara, padres de Isaac; la neotestamentaria de san Zacarías y santa Isabel, padres de san Juan Bautista (ella, además de vieja, era estéril, como dice san Lucas, I, 5 y ss.); o la apócrifa de san Joaquín y santa Ana, padres de la Virgen María (sus nombres sólo constan en los Evangelios Apócrifos, pues están en el Evangelio de la Natividad de María, en el de Pseudo-Mateo y en el Protoevangelio de Santiago). A este respecto, hay vidas que se ocupan de resaltar este motivo concreto, como la de san Alejo;[37] idéntico motivo da comienzo a la de san Julián, obispo de Cuenca; a la de san Alberto, confesor; a la de san Estanislao, obispo y mártir; a la de san Juan de Ortega (a cuya tumba, en la localidad burgalesa que lleva su nombre, acudían antaño las mujeres casadas y deseosas de descendencia); a la de san Remigio de Reims (437-c. 530), cuyo providencial nacimiento permitió convertir a Clodoveo y la nación de los francos al cristianismo; o a la de san Pedro Nolasco, único, por cierto, de todos los santos que gozó al nacer de uno de los atributos de Cristo, como relata Pedro de Ribadeneira, ya que «vinieron los pobres de la comarca a festejar el nacimiento traídos de una fuerza celestial, como al nacer Cristo» (*Flos*, I, p. 306). No faltan tampoco cuentos, como el de *La Bella Durmiente* o novelas, como ese libro de caballerías de escasa difusión que fue el *Policisne de Boecia* (1602), que parten de la carencia de un hijo o de una hija que herede el reino.

Ellos y ellas, santos y santas, suelen ser hijos únicos de buena familia (los príncipes y princesas, de hecho, abundan en el santoral, al igual que los reyes, a los que ya se ha prestado alguna atención), están adornados de virtudes infinitas desde muy temprana edad (tanto físicas como espirituales e intelectuales, en términos generales) y son la esperanza de sus padres, muchas veces frustrada por el camino escogido, que no es temporal ni material sino celestial y espiritual.[38] El colmo, a este respecto, lo encontramos en la leyenda de san Alejo,

---

[37] Así ocurre en todas las versiones que conozco de esta *vita*, desde el Medievo hasta la incorporada por Pedro de Ribadeneira a su *Flos*. Las primeras podemos seguirlas cómodamente en Carlos Alberto Vega, *La vida de San Alejo. Versiones castellanas* (Salamanca: Universidad de Salamanca, 1991).

[38] Pocos santos hay de oficio tan humilde como san Focas, hortelano, o san Juan de Dios, simple pastor. Recordemos que este oficio era el inferior de todos de acuerdo con la *Rota Vergilii*; sin embargo, de menor estima en la época en que vivió gozaba el oficio de peón cantero, que aceptó para alimentar a la familia de un desterrado portugués. Entre las santas de humilde linaje, sobresale una de las grandes del santoral: santa Catalina de Siena. Por su parte, modelo de santidad había para las simples criadas, como vemos Raffaella Sarti, «Zita, serva e santa. Un modello da imitare?», en Giulia Barone, Marina Caffiero y Francesco Sforza Barcellona, eds., *Modelli di santità e modelli di comportamento* (Torino: Rosenberg & Sellier, 1994), pp. 307-320. Ahí se apunta, y es idea en la que incide Aragüés, en posibles maneras de predicación *ad statos*.

cuyo peculiar camino de santidad supone dolor y tristeza infinita, a lo largo de muchos años y en circunstancias especialmente duras, para los suyos: para sus padres y para su esposa, a quien deja perfectamente inmaculada.[39] Ni siquiera merece la pena recordar, por ser tan conocido el dato, que el folklore, la novela medieval y la narrativa de todos los tiempos abundan en esa misma circunstancia. Venga ahora un último y necesario recordatorio: también los hijos nacidos por mediación o bajo la protección del Maligno abren los ojos a la vida entre rayos y centellas. El paradigma nos lo ofrece el terrible Anticristo, omnipresente en la Baja Edad Media; en la ficción literaria, contamos con el héroe que da nombre a la novela de *Roberto el Diablo*, obra sobre la que volveré más adelante.[40]

---

[39] De buscar otros casos famosos en que se frustran las expectativas de los padres al abandonar el hijo una senda particularmente provechosa y lucrativa, hay que referirse a Ovidio, san Agustín, Dante y Petrarca, que siguieron su propio camino y dejaron el *cursus honorum* más común.

[40] Un sinfín de datos de interés ofrece José Guadalajara Medina en sus múltiples investigaciones sobre la materia, con una referencia básica en *Las profecías del Anticristo en la Edad Media* (Madrid: Gredos, 1996); más reciente, y complementario del anterior, es *El Anticristo en la literatura medieval* (Madrid: Laberinto, 2004).

7.

LA NIÑEZ DEL SANTO Y EL TÓPICO *PUER/SENEX*

Los niños con virtudes extraordinarias vienen al mundo con marcas que revelan la gracia que los adorna, caso éste de Cirongilio de Tracia; lo mismo le sucede a Florambel de Lucea en la novela que lleva su nombre (1532) y que escribiera Francisco Enciso Zárate, que se refiere a una señal congénita: una pequeña violeta roja en el brazo izquierdo del paladín, que justificará su sobrenombre de *Caballero de la Flor Bermeja*.[1] Ya sabemos que estas marcas son fundamentales para hacer posible el reencuentro y posterior reconocimiento o anagnórisis en la novela de caballerías, en la novela bizantina o en la *novela* (vale decir en el relato breve, aunque respeto el metalenguaje preciso de la amplia época que me interesa, pero aviso al lector con la cursiva); lo más revelador, a ese respecto, es que también la literatura hagiográfica apele a tales argucias literarias por su innegable eficacia. A ello volveré de inmediato, aunque ahora prosigo con la materia con nuevas referencias a los grandes hombres de virtud manifiesta gracias a alguna marca o prodigio en la niñez.[2]

---

[1] En el *Quijote*, por el contrario, el héroe manchego carece de tales marcas, como también está falto de un pasado que justifique su presente, a diferencia del paradigma heroico (y hagiográfico, según estamos viendo). Este hecho paródico lo ha puesto de relieve Juan Bautista Avalle-Arce en «El nacimiento de un héroe», en *Don Quijote como forma de vida* (Madrid: Castalia, 1976), pp. 60-97.

[2] Remito de nuevo al libro, ya citado, de Paloma Gracia, *Las señales del destino heroico*, *op. cit.*, y a dos trabajos de François Delpech, «Du héros marqué au signe du prophète: Esquisse pour l'archéologie d'un motif chevaleresque», *Bulletin Hispanique*, 92 (1990), pp. 237-257; «Les marques de naissance: phisiognomonie, signature magique et carisme souverain», en *Les corps dans la société espagnole des XVIᵉ et XVIIᵉ siècles* (Paris: Sorbonne, 1990), pp. 27-49. De Aragüés, cuyo *Fructus sanctorum* aborda la materia en el Discurso XXXV («De infancia», *op. cit.*, pp. 769-784) me viene la ficha de Anna Benvenuti Papi y Elena Giannarelli, eds., *Bambini santi. Rappresentazioni dell'infanzia e modelli agiografici* (Torino: Rosenberg & Sellier, 1991).

Caso famoso es el de Platón (pues parte de Cicerón en *De divinatione*, 36),[3] en cuya boca las abejas hicieron un panal de miel para revelar su especial facundia; idéntico motivo, esta vez en forma de abejas que derraman cera o miel en la boca, aparece en el testimonio que Pausanias (9, 23, 2) y otros *auctores* dejaron de Píndaro (acaso el motivo se explique tan sólo por ser la abeja una imagen especialmente grata para este poeta lírico, quien a menudo la comparó con el oficio poético)[4] y, lo que más importa, en la de san Ambrosio. En este caso, el motivo es de tal importancia que el panal es, sin duda, la primera de todas las claves iconográficas del santo, a quien los apicultores consideran su patrono y protector. La *Legenda aurea* es la responsable de la difusión de este episodio de su *vita*, que seguramente deriva del hecho de que san Ambrosio tiene un nombre parlante, aunque para ello se haya pasado de la dulce ambrosía a una miel igualmente dulce. Otras fuentes, que calan más hondo en el tiempo, justifican la imagen ambrosiana por medio de la comparación que el obispo de Milán hizo de la Iglesia con una colmena y de los fieles con las abejas. Por su magisterio como predicador, la anécdota del panal en la boca aparece de nuevo en san Juan Crisóstomo, que tiene también en la abeja su principal clave iconográfica; del mismo modo, está vinculada a san Pedro Nolasco. Al respecto, no puede ser más valiosa la cita de Pedro de Ribadeneira:

> Criaba Theodora a sus pechos a su hijo, aunque la assistía como ama una muger virtuosa del lugar. Esta dexó un día al niño en la cuna en lo más ardiente de el verano, a la hora de siesta; y viniendo un enxambre de avejas, y cercando con blando susurro la cabeza de el santo niño, se sentó en su manecilla y labró en ella un pequeño panal. El enxambre de abexas que vino a la boca de Platón y de san Ambrosio denotaba la eloqüencia y sabiduría de el Filósofo y Doctor sapientíssimo, y el que vino a la mano de el niño Nolasco mostraba que havía de tener en sus manos semejante eloqüencia a la que tuvieron aquellos en su boca, predicando y enseñando a muchos, como se cumplió bien después en el resto de su vida (*Flos*, I, p. 296).

A Pedro de Ribaneneira tampoco se le escapa el ejemplo señero del obispo de Milán al repetirse el signo del santo elocuente en la vida de santo Domingo de Guzmán: «También se dice que, estando en la cuna, se vio un enjambre de abejas que volaban sobre su boca, como se escribe de san Ambrosio, para denotar la dulzura de sus palabras» (*Flos*, II, p. 425). Por supuesto, el signica-

---

[3]   «At Platoni cum in cunis parvulo dormienti apes in labellis consedissent, responsum est singolari illum suavitate orationis fore: ita futura eloquente provisa in infante est».

[4]   Como recuerda Celia Rueda González, «Imágenes del quehacer poético en los poemas de Píndaro y Baquílides», *Cuadernos de Filología Clásica: Estudios griegos e indoeuropeos*, 13 (2003), pp. 115-163 [128-129, n. 62.

tivo detalle se recoge de nuevo en su biografía del santo, la última en aparecer por cuanto su fiesta cae el 7 de diciembre (*Flos*, III, p. 565). Sobre la vigencia de esta marca hagiográfica, es suficientemente elocuente el caso de santa Rita de Cascia o Casia (1377-1447); y lo es porque su *vita* no sólo repite el motivo sino porque las abejas blancas se adhieren a su culto hasta el día de hoy. Cuando lactante, ellas hicieron un panal en su boca, de acuerdo con el patrón que ya conocemos; doscientos años más tarde, volvieron al monasterio de Cascia, para quedarse, junto a su cuerpo incorrupto, entre Semana Santa y el día de su fiesta (22 de mayo); por fin, a día de hoy, los peregrinos comprueban los muchos orificios con que cuentan las paredes del monasterio, que, en una prolongación del milagro, siguen siendo un magnífico refugio para abejas.[5]

De inmediato, aportaré una ficha adicional, relativa a la nutrición de Aquiles, cuidada por el Centauro Quirón, y a ella añadiré otras que muestran la importancia que tiene que una mujer virtuosa, a ser posible la propia madre, amamante al santo y a otros personajes excepcionales. Ahora, conviene traer al presente el resumen que sobre la primera leyenda, la de Platón, nos ofrece Pedro Díaz de Toledo en su traducción del *Fedón*, donde este intelectual de la corte del primer Marqués de Santillana acierta cuando remite al *De dictis factisque memorabilibus libri novem* de Valerio Máximo (el dato, concretamente, está en el libro I, capítulo VI):

> E bien se mostró en su nasçimiento quién avía de ser aqueste philósopho Plato, que segund escrive Valerio en el libro primero en el título de las pronosticaçiones que seyendo niño Plato estando en la cuna las abejas vinieron a fazer panal de miel en su boca, de lo qual todos los sabios prenosticaron que aquel niño havía de ser muy suave e dulce en su fabla.

En fin, sin salir del universo de la hagiografía, hay que recordar las muchas fichas que acerca de las abejas reúne el *Index* de Tubach y, en particular, aquel motivo (núm. 2662), verdaderamente extendido en leyendas hagiográficas, de la mujer que esconde la hostia en el interior de un árbol y que, pasado un año, vuelve al lugar y encuentra que las abejas han fabricado a su alrededor un altar de miel. Este carácter virtuoso de la abeja sale también a relucir en otras tantas fichas y con diversos propósitos, sin olvidar el tópico del escritor que, como la abeja, recolecta aromas de distintas flores o lecturas previas.[6] Así lo encon-

---

[5]   El recordatorio alusivo a santa Rita de Cascia, ausente de nuestros *flores* áureos, se lo debo a Antonio Cortijo. La fama de esta santa y su extendido culto son un fenómeno moderno, al convertirse en patrona de las causas perdidas.

[6]   La abeja, como clave en la poética o creación artística, constituye el tema del bello trabajo de María Rosa Lida de Malkiel, «La abeja: historia de un motivo poético», *Romance Philology*, 17 (1963-1964), pp. 75-86.

tramos manifiesto en el interior de la vida de san Francisco de Sales (1567-
1622) añadida a la magna obra de Pedro de Ribadeneira: «De esta manera,
como solícita abeja recogía flores de muchos sabios para labrar el panal de su
dulcíssima sabiduría» (*Flos*, I, p. 274). La poética del escritor cristiano ha de
moverse de acuerdo con un criterio selectivo, según repiten infinitos autores
desde los Padres de la Iglesia; en ese sentido, la abeja es nuevamente la maes-
tra que enseña a llevar a cabo una cosecha moral del tipo de la propuesta. Con
respecto a san Ramón Nonato dice Pedro de Ribadeneira:

> Tenía natural inclinación a las letras, y en las primeras que aprendió mostró la pru-
> dencia de la abeja, que elige entre las flores para labrar su panal; y cogiendo las
> saludables, dexa las nocivas, porque entre los poetas y autores profanos huía de los
> obscenos por no encontrar entre las flores de su eloqüencia algún áspid que infi-
> cionasse su pureza (*Flos*, II, p. 600).

Por extensión, al lector le corresponde también proceder como la abeja, al
seleccionar primorosamente las lecturas que han de marcar su vida; de ese
modo, se cierra el ciclo que lleva de la vida del santo a la vida del lector, como
ha señalado atinadamente José Aragüés.[7]

En resumidas cuentas, la existencia toda del santo hombre debe imitar a las
abejas, como dice de nuevo Pedro de Ribadeneira en el capítulo que dedica a
san Juan Damasceno: «Él se bolvió luego a su nido para vivir en su corcho,
como abeja solícita y cuidadosa, y labrar panales de miel y cera con que la
Santa Iglesia se havía de sustentar y alumbrar» (*Flos*, II, p. 38).[8] Aún guarda el
jesuita un caso más en que se apoya en el ejemplo de la abeja, el de santa María
de Cervellón o santa María del Socorro (siglo XIII), fundadora de la orden de
las religiosas de la Merced. De esta santa catalana destaca su precocidad, en
línea con el tópico *puer/senex*, en el que más adelante recalaremos; luego incide en su condición de ser una santa lectora, formada precisamente en un consumo desaforado de las *vitae sanctorum*, que santa María degustaba en la siempre provechosa soledad. En ese lugar, es donde recurre a la siempre laboriosa
abeja, pues, al igual que ella, es animal que se alimenta de las flores, equiva-
lentes aquí, como nunca, a las colecciones de relatos hagiográficos:

---

[7]   Véase el capítulo «*Ars compilandi exempla*. La escritura ejemplar», en «*Deus concio-
       nator*». *Mundo predicado y retórica del «exemplum» en los Siglos de Oro*
       (Amsterdam/Atlanta: Rodopi, 1999), pp. 273-295.
[8]   La abeja aparece en muchas otras ocasiones en el santoral, como las abejillas blancas,
       «nunca vistas» en palabras de Pedro de Ribadeneira (*Flos*, II, p. 183), que encontraron
       en el sepulcro del burgalés san Juan de Ortega, o como las abejas del merovingio san
       Medardo, que defendían su panal de quien no fuese sino el propio santo.

Queríale el Señor hablar a lo íntimo de su corazón; y para esso, según su estilo, la llamaba a una retirada y espiritual soledad. Empezó a darse con toda aplicación a la lección de libros santos. Leía quantos podía haver a las manos, pero gustaba singularmente de leer y admirar las vidas de los santos. Encendíase con una emulación santa y generosa en varios deseos de la imitación de aquellas obras que leía; y passando a la execución desde el deseo, no observaba virtud ni acción proporcionada con su estado o con su persona que no tratasse de emprenderla y de copiarla dentro de sí, chupando e incorporando en sí misma como cuidadosa abeja lo más precioso y escogido de cada flor (*Flos*, III, p. 95).

Otros habían caído ya en la cuenta del juego que podía dar tan modesto ser. Pienso en el enciclopedista Tomás de Cantimpré (1201-1272), autor del *Apiarium* o *Bonum universale de apibus*, obra alegórico-moral formada por 350 *exempla* que gozó de sucesivas ediciones a lo largo de los siglos. Con la abeja, no obstante, no cubrimos el motivo sino sólo en parte, ya que conozco al menos un ejemplo de signo negativo, con la hormiga como animal de referencia. Se trata de la leyenda del célebre rey Midas, tal como la narra Cicerón y, tras él, Valerio Máximo (I, 6, 3);[9] de ellos, la recogen numerosos autores, entre ellos fray Antonio de Guevara, a quien aquí cito (*Relox de príncipes*, III, 32):

Midas, antiquíssimo rey de Frigia, fue en su persona príncipe muy vicioso y en su governación fue hombre muy tyrano, el qual no se contentava con tyranizar a sus tierras proprias, mas aun traˇa cossarios por la mar y ladrones por la tierra para robar las tierras agenas. Fue este Midas muy conoscido en todos los reynos de Oriente, a que osó dezirle un thebano amigo suyo: «Hágote, saber, ¡o! rey Midas, que todos los de tu reyno te aborrescen y todos los reynos de Asia te temen, y esto no por lo mucho que puedes, sino por las mañas y trayciones de que usas, por cuya ocasión todos los estraños y todos los tuyos tienen hecho voto a los dioses de jamás reˇr mientra tú fueres vivo, ni de jamás llorar después que fueres muerto». Plutharco, en el libro de su Política, dize que, quando este rey Midas nasció, unas hormigas llevavan trigo a la cuna y metíanlo al niño en la boca; y, si el ama se lo quería sacar, apartava el niño la boca y no dexava sacar grano della. Espantados todos de aquella novedad, preguntaron al oráculo que qué significava aquel prodigio, el qual respondió que aquel niño sería muy rico, y junto con esto sería muy avaro, y esto era lo que significavan las hormigas henchirle la boca de trigo y después él no querer dar ni sólo un grano. Y assí acontesció, en que el rey Midas fue muy rico y muy avaro; porque jamás supo dar cosa, sino que se la avían de tomar por fuerça o se la avían de hurtar con cautela.[10]

---

9   «Fiunt certae divinationum coniecturae a peritis. Midae illi Phrygi, cum puer esset, dormienti formicae in os tritici grana congesserunt. Divitissumum fore praedictum est; quod evenit», en el ya citado *De divinatione*, 36.

10 Cito a través de la magnífica edición de Emilio Blanco (s. l.: ABL Editor/Conferencia de Ministros Provinciales de España, 1994), pp. 853-854. En nota, recuerda que la costumbre

En definitiva, el héroe novelesco, el héroe épico y muchos de nuestros santos lo son desde la cuna o antes incluso de nacer (santo Domingo de Guzmán lo era ya desde el vientre de su madre), un planteamiento que, en el caso de las leyendas hagiográficas, obliga a dejar de lado —a silenciar, en definitiva— el problema de la predestinación y el libre albedrío, fundamental como bien sabemos a lo largo del Medievo tardío y, especialmente, en los años de la Reforma y la Contrarreforma (como que fue, de hecho, uno de los puntos básicos del programa arrojado por el Concilio de Trento frente al predeterminismo calvinista). Por supuesto, la ortodoxia tenía tácitamente maneras de sacar provecho de los modelos de vida de las *vitae sanctorum* sin adentrarse por terrenos inhóspitos; para ello, no había nada mejor que incorporar el extendido y seminal concepto de la divina providencia, que se cuela en no pocos relatos. Como quiera que sea, medie el designio divino o sólo el amor que el narrador siente por su protagonista o protagonistas, que impone un manejo de signo providencialista, éste es un nuevo punto de encuentro entre la épica, la novela, la hagiografía y la literatura más dispersa y diversa. Sin embargo, tampoco puedo olvidarme de aquellas *vitae* articuladas a partir del principio de redención tras la caída, un patrón básico en los *miracula Virginis Mariae* (pongo por caso dos bien conocidos en toda Europa: el «Milagro de la abadesa preñada» y el «Milagro de Teófilo») y patente en la vida de san Bricio, de acuerdo con el exordio de Pedro de Ribadeneira:

> Muchos comienzan bien y acaban mal, y otros hay que, haviendo dexado el buen camino que comienzan, declinan de la virtud; y después, conociendo su culpa, y alumbrados con la luz del cielo, buelven al camino derecho y, aunque con trabajo, llegan a puerto de salud. Esto vemos en san Bricio, obispo de Turs, cuya vida queremos brevemente aquí escrivir (*Flos*, III, p. 394).

Por supuesto, este asunto, verdaderamente seminal dentro de la fe cristiana, cobró especial importancia en la reacción contrarreformista. Se trataba de plantar cara al principio luterano de la salvación por la fe, que no deja de ser una gracia que Dios otorga a sus hijos más queridos. De ahí a mantener el principio de la predestinación hay un solo paso, que la ortodoxia católica recordó una y otra vez, tanto en los tratados religiosos como en una literatura que hizo del tema una idea directriz verdaderamente recurrente. Pinceladas continuas encontramos, por ejemplo, en el *Persiles* cervantino; pero hubo obras también que hicieron de la pugna entre predestinación y libre albedrío su misma esencia,

---

de acercarse a la cuna para descubrir las futuras inclinaciones del niño se indica en Cicerón, *De finibus* (V, 20, 55).

como *El esclavo del diablo* de Mira de Amescua, que tiene como trasfondo la vida de san Gil de Santarem (muerto en 1265), o dos obras de Tirso de Molina, *El mayor desengaño*, en que da cuenta de la conversión del cartujo san Bruno, y *El condenado por desconfiado*, que incorpora varias escenas con disputas teológicas sobre el particular.

Una circunstancia común a las leyendas heroicas, romancescas y religiosas, aunque no estrictamente a las vidas de santos, es la de un nacimiento problemático, con un doble paradigma religioso: el del nacimiento de Moisés y su abandono en las aguas y, sobre todo, el de Jesucristo, entre su alumbramiento en un modesto pesebre de Belén y la partida con el fin de evitar la matanza de Herodes. Igualmente problemático —y paradójico de nuevo, dada la grandeza del personaje en el universo laico— es el nacimiento de Virgilio, venido al mundo en una zanja en medio del campo, de acuerdo con la narración de Suetonio. En el universo romancesco, los casos en que el joven debe remontar situaciones de peligro extremo desde la propia cuna son infinitos, con situaciones en que la novela de aventuras, la novela de caballerías y la novela corta a la italiana (pongo por caso las extraordinarias muestras que del género brinda Cervantes) saben sacar partido de tales motivos, con matrimonios secretos, abandonos forzados del recién nacido y marcas (atributos físicos, como lunares y pliegues en la piel, o adornos, a manera de medallas y otras joyas) que permiten el posterior reconocimiento. En el orbe novelesco, basta con el paradigma del niño Amadís en el caso del *roman* y el de varias *Novelas ejemplares* cervantinas (particularmente por ser fruto de una violación, *La señora Cornelia* y *La ilustre fregona*) en el de la *novella* o relato breve; en el heroico-novelesco, el nacimiento de don Pelayo es una muestra estupenda del patrón a que me refiero, con el matrimonio secreto de Favila y Luz y el abandono del niño en un arca y envuelto en ricos paños, tal como se narra en la *Crónica sarracina* de Pedro del Corral. En el universo hagiográfico, el reencuentro y reconocimiento son igualmente fundamentales, con dos modelos básicos: el de san Eustaquio y el de san Alejo.

Por supuesto, en tales casos se pone de manifiesto que la voluntad o la naturaleza del hombre logra sobreponerse a cualquier obstáculo; así, Josafat conocerá el sufrimiento humano y encontrará su camino en la fe cristiana aunque su padre lo tenga protegido de todo contacto con el dolor del mundo así como de las malas influencias; al mismo tiempo, su madurez será rápida y dará en una muestra del tópico del *puer/senex* al que atenderé de inmediato. Del mismo modo, Perceval encontrará su propio camino como caballero frente al deseo de su madre, la Dama Viuda, quien por largo tiempo había logrado ocultarle a su hijo la existencia de la caballería y sus atributos por haber perdido a su esposo en el combate. La determinación de Perceval por tomar las armas y buscar aventuras está a punto de matar de dolor a su madre, lo que repite un patrón que encontramos en no pocas vidas de santos, mártires o confesores (división tradicional, recordémoslo, que depende de que la *vita* incluya o no efusión de sangre del santo para dar testimonio de fe cristiana), con casos extremos como el de la conocida y añosísima *passio* de santa Perpetua y santa Felicidad (la primera de las cuales no se enternece ni con las lágrimas de su padre ni con la inminente orfandad de su pequeño hijo, al que amamanta en la cárcel en una escena verdaderamente patética) en el primer grupo y el de la igualmente difundida (y señalada antes precisamente por este motivo) vida de san Alejo en el segundo (con la tragedia que, para sus padres y esposa, supone su peculiar manera de llegar a la santidad).

Como se verá, no son ésos los únicos casos en que la persecución de su particular norte espiritual por parte de los santos está en el origen de sufrimientos infinitos para sus familiares, particularmente para sus progenitores. El folklore nos enseña que la voluntad paterna nunca consigue imponerse al destino, por maravilloso o por terrible que éste sea: en sentido positivo, nos sirven los relatos hagiográficos recién citados; en el negativo, bastan tres ejemplos tan conocidos como el de Aquiles, que sucumbió a pesar de los esfuerzos de Tetis; el de la leyenda de la Bella Durmiente, donde el poder del Bien (el de las tres hadas madrinas) no logró conjurar el del Mal (el del hada malvada); o el cuento del hijo del rey Alcarez y los cinco sabios que predijeron su muerte en el *Libro de Buen Amor* (este cuento, plasmado de distintas maneras y en diversos lugares, está presente antes, por ejemplo, en la *Vita Merlini* de Geoffrey of Monmouth). El del destino cumplido es, de hecho, uno de los motores básicos de la leyenda a lo largo de los tiempos, desde las primitivas teogonías hasta el presente.

Ni el santo puede hacer otra que tender a la santidad, ni el caballero nada que no sea seguir el camino de la aventura militar y amorosa del *roman*; del mismo modo, distintos héroes de la épica francesa son incapaces de desarrollar tareas serviles y sólo encuentran su camino cuando descubren su condición de *milites viri*, como bien demostrara Lucia Simpson Shen en su tesis doctoral.[11] En España, la leyenda de un Cid bastardo nacido de un parto gemelar es un ejemplo estupendo de la fuerza o llamada de la sangre: mientras su medio-hermano, pues sólo lo es de madre, sigue los impulsos de la sangre paterna y, por ello, siente inclinación por las rústicas labores, en Rodrigo la sangre de Diego Laínez, que lo ha engendrado en su encuentro amoroso con una villana, aflora cuando es sólo un niño y lo conduce, inevitablemente, hacia las armas y las empresas militares.[12] Aún debo añadir una ficha que han olvidado cuantos han

---

[11]   *The Old-French «enfances» Epics and their Audience* (Philadelphia: University of Pennsylvania, 1982).

[12]   Véase mi artículo «El romancero cidiano y la poética del romancero», en Carlos Alvar, Fernando Gómez Redondo y Georges Martin, eds., *El Cid: de la materia épica a las*

trabajado con esta leyenda cidiana, aparentemente segundona y marginal, cuando es justamente al contrario, pues por esa vía la figura del Cid-bastardo resulta ser un calco, en su nacimiento, de Hércules, espejo de héroes. Así es, ya que Hércules guarda idéntica relación con su medio-hermano gemelo, Ificles: la madre de ambos, Alcmena, engendró a Hércules en su relación con Zeus; y a Ificles al yacer, un día después, con Anfitrión, su marido legítimo. La conducta de los hermanos desde el primero de los trabajos se atiene igualmente al patrón señalado: cuando Hera arroja las serpientes a su cuna, Ificles se echa a llorar, pero el temperamento de Hércules lo induce a ahogarlas con sus propias manos.

Circunstancias parecidas encontramos en los libros de caballerías. De ejemplo, me sirve el *Baldo*, allá donde narra la infancia del héroe, que crece al cuidado del aldeano Mandonio y junto al hijo de éste, Zambelo. El anónimo traductor y refundidor español cuenta respecto de ambos: «Pero tenían muy diversas inclinaciones: que Baldo no se inclinava sino a cosas altas, mas Zambelo a cosas baxas como las de su padre».[13] De acuerdo con un patrón novelesco que hunde sus raíces en la profundidad de este universo legendario, la virtud de la niña de noble linaje aflora también de continuo, aun cuando crezca en el más duro de los medios. Reveladores son, a este respecto, dos ejemplos cervantinos: Constanza en *La ilustre fregona* y Preciosa en *La gitanilla*. Cervantes puso especial atención a la hora de resaltar este hecho en las dos novelas.

Vengamos ya, sin más dilación, a una aproximación inicial al tópico *puer/senex*. El primero entre todos los ejemplos de inteligencia excepcional a temprana edad es el de Cristo, con el episodio bíblico de la derrota de los sabios en el templo o con la prueba apócrifa de la elección adecuada entre los tres regalos que le ofrecen los Reyes Magos, que cuajó en una derivación marginal de la leyenda de la Epifanía de enorme importancia para nosotros por acabar plasmándose en el *Auto de los Reyes Magos*.[14] A su lado, hay que situar a varios santos y a unos cuantos personajes —unos históricos y otros puramente novelescos o legendarios— que se aplican a ese mismo modelo, con Alejandro Magno al frente de todos ellos, ya que desde los primeros días de su

---

crónicas caballerescas, op. cit., pp. 325-338; en él, quedo en deuda absoluta con Samuel G. Armistead por un artículo de 1988 posteriormente revisado, «Dos tradiciones épicas sobre el nacimiento del Cid», en su libro *La tradición épica de las «Mocedades de Rodrigo»* (Salamanca: Universidad de Salamanca, 2000), pp. 17-30.

[13] Cito a través de la edición del impreso sevillano de 1542 por Folke Gernert (Madrid: Centro de Estudios Cervantinos, 2002), p. 20.

[14] Sobre el asunto, escribe Franco Cardini, *Los Reyes Magos* (Barcelona: Península, 2001), pp. 64-65.

vida era capaz de escoger las nodrizas adecuadas para no verse afectado por la leche de una mala mujer:[15]

> El infante Alexandre, luego en su niñez,
> empeçó a mostrar que serié de grant prez:
> nunca quiso mamar leche de mugier rafez,
> si non fue de linaje o de grant gentilez.[16]

Idéntico motivo encuentro en la leyenda de san Nicolás (comúnmente conocido como san Nicolás de Bari por cuanto esta ciudad proclamó en 1087 que conservaba sus preciadas reliquias), cuya virtud era tan grande que, cuando era sólo un niño de pecho, hacía penitencia los miércoles y los viernes, días en los que no probaba la leche materna.[17] El motivo aparece en las principales vulgatas, latinas y vernáculas, de su vida, como la de Pedro de la Vega (II, 7), que transforma el motivo ligeramente: «y no mamava sino una sola vez en los miércoles y viernes»; en los mismos términos se expresa Pedro de Ribadeneira (*Flos*, III, p. 553). Esta precocidad en la virtud vuelve a aparecer, de idéntica manera, en la vida de san Juan de Mata, fundador de los trinitarios, sobre cuya lactancia nos dice Pedro de Ribadeneira:

> Nació víspera de san Juan Bautista, y por esso le llamaron Juan en el bautismo; y fue Juan en las asperezas y penitencia, que se adelantó no sólo a las culpas, mas también a la razón, porque luego, en naciendo, empezó a ayunar quatro días en la semana: lunes, miércoles, viernes y sábado, no queriendo en estos días tomar el pecho más que una vez (*Flos*, III, p. 444).

Un lustro antes, el *Fructus sanctorum* de Alonso de Villegas había dedicado atención al asunto en tres de sus discursos (núms. I, VIII y XXXV): «De

---

[15]   Véase Juan Manuel Cacho Blecua, «*Nunca quiso mamar lech de mugier rafez*. (Notas sobre lactancia. Del *Libro de Alexandre* a don Juan Manuel», en Vicente Beltrán, ed., *Actas del I Congreso de la Asociación Hispánica de Literatura Medieval, Santiago de Compostela, 2 al 6 de diciembre de 1985* (Barcelona: PPU, 1988), pp. 209-224. En este trabajo atiende, entre otros motivos, a la leyenda de un Alejandro semidiós, nacido de la relación del dios egipcio Nectanebo, que poseyó a Olimpia bajo la apariencia de un dragón.

[16]   Para las fuentes del pasaje, Juan Casas Rigall, por cuya edición cito, resume: «La fuente básica es el *Roman d'Alexandre* [...] Los detalles se completan probablemente con las glosas del manuscrito de Gautier manejado por el poeta (Morros 2002: 66-70)», en *Libro de Alexandre* (Madrid: Castalia, 2007), p. 131.

[17]   La escena es recogida en un crucero de marfil del siglo XII del Victoria and Albert Museum británico, donde también se custodia una magnífica vidriera de 1520-1525 que narra la vida del santo y sus milagros.

abstinencia» (*op. cit.*, pp. 18-42), «Del ayuno» (*ibid.*, pp. 180-196) y «De infancia» (*ibid.*, pp. 769-784). En el primero, se alude al paradigma de san Nicolás. El segundo de esos discursos atiende de nuevo a san Nicolás, a cuyo ejemplo une los de Sismio, obispo taunense, y Estéfano, obispo de Constantinopla; de éste, además, se dice que comenzó a ayunar desde el vientre de su propia madre; por otra parte, se refiere el ayuno con que los habitantes de Nínive, niños de pecho y bestias incluidos, superaron la inminente destrucción de su ciudad por haber despertado la ira de Dios, como les había comunicado Jonás el profeta; por lo demás, se repiten los tres ejemplos citados en el discurso previo. Finalmente, el tercer discurso, donde ofrece estupendas muestras del tópico *puer/senex*, habla de san Bernardino de Siena (1380-1444), que de muy pequeño guardaba parte de su propia comida para dársela a los pobres.

Desde la perspectiva opuesta (en atención al sustento frente al ayuno), nada hay tan importante como el cuidado en la alimentación del hombre virtuoso desde la primera infancia. Esto es lo que se percibe en estampas tan tempranas como la del Centauro Quirón, al cuidado del niño Aquiles, al que criaba con carne de leones, jabalíes y osos, para desarrollar su fuerza; al que daba también grandes cantidades de miel para conferirle dulzura en su palabra y en sus razones. Claro está que esta ficha completa las aportadas arriba sobre el motivo del panal en la boca del sabio y del santo elocuente. La ingesta de alimentos por parte de santos y héroes será controlada al máximo en las obras que transmiten sus proezas, pues su *virtus* depende en gran medida de este importantísimo factor o, más bien, tiene en él un reflejo automático; por ello, el único alimento del que pueden abusar es de naturaleza espiritual, en una lograda metáfora que no se le escapó a Curtius y que resulta hiperabundante —esto es lo que de nuevo se le escapa al erudito alemán— en la literatura religiosa, moral y didáctica.[18]

Acaso la cima de la morigeración en la comida la alcanzó un santo a quien conocemos bien por su capacidad para causar asombro, para acumular récords por su espíritu de sacrificio: san Simón el Estilita. De las comidas de los héroes épicos y novelescos nunca se nos dice nada; a lo sumo, se nos informa de las circunstancias que acompañan ciertas comidas extraordinarias, esto es, de los banquetes cortesanos en los que los caballeros disfrutan de momos, entremeses y bailes; en los que, con no poca frecuencia, hay algo más que una pincelada del boato con que el artista literario engalana tales narraciones. Este dato, bien conocido, explica varias alusiones de don Quijote al ayuno (como el

---

[18] «Metáforas de alimentos», *Literatura europea y Edad Media latina* (México: Fondo de Cultura Económica, 1955), pp. 198-201.

relativo a los encantados, en el episodio de la Cueva de Montesinos (II, XXIII), de los que dice el hidalgo que ni comen ni tienen «escrementos mayores»), particularmente aquel famoso comentario del hidalgo manchego sobre la parca comida del caballero andante, que justifica su propia frugalidad y morigeración (I, X):

> —¡Qué mal lo entiendes! —respondió don Quijote—. Hágote saber, Sancho, que es honra de los caballeros andantes no comer en un mes; y, ya que coman, sea de aquello que hallaren más a mano; y esto se te hiciera cierto si hubieras leído tantas historias como yo; que, aunque han sido muchas, en todas ellas no he hallado hecha relación de que los caballeros andantes comiesen, si no era acaso y en algunos suntuosos banquetes que les hacían, y los demás días se los pasaban en flores. Y, aunque se deja entender que no podían pasar sin comer y sin hacer todos los otros menesteres naturales, porque, en efeto, eran hombres como nosotros, hase de entender también que, andando lo más del tiempo de su vida por las florestas y despoblados, y sin cocinero, que su más ordinaria comida sería de viandas rústicas, tales como las que tú ahora me ofreces. Así que, Sancho amigo, no te congoje lo que a mí me da gusto. Ni querrás tú hacer mundo nuevo, ni sacar la caballería andante de sus quicios.
> —Perdóneme vuestra merced —dijo Sancho—; que, como yo no sé leer ni escrebir, como otra vez he dicho, no sé ni he caído en las reglas de la profesión caballeresca; y, de aquí adelante, yo proveeré las alforjas de todo género de fruta seca para vuestra merced, que es caballero, y para mí las proveeré, pues no lo soy, de otras cosas volátiles y de más sustancia.
> —No digo yo, Sancho —replicó don Quijote—, que sea forzoso a los caballeros andantes no comer otra cosa sino esas frutas que dices, sino que su más ordinario sustento debía de ser dellas, y de algunas yerbas que hallaban por los campos, que ellos conocían y yo también conozco.

Conviene profundizar algo más en el tópico del *puer/senex* en la hagiografía y cerca de sus contornos. Así, junto a la leyenda de Alejandro Magno, hemos de colocar otra verdaderamente singular, la de Apolonio de Tiana, según la narración de Filóstrato, ya que en ella este sabio neopitagórico se presenta con atributos más propios de un santo que de otra categoría axiológica; entre sus galas espirituales, destacan dos en especial: su sólida formación y su infinita prudencia en plena niñez. Ya en el ámbito hagiográfico, hay un caso de lo más interesante: el de san Macario, a quien todos conocían como «el mozo viejo», aunque la etiqueta se la colgasen no tanto por su inteligencia como por el hecho de aventajar, simple novicio como era él, a todos cuantos monjes procuraban ganar el cielo con sus actos y oraciones; en ese sentido descolló también san Julián, futuro obispo de Cuenca (muerto en 1208), pues, antes de aprender las Siete Artes Liberales y la Teología (nada menos que en el mítico Estudio General de Palencia), ya había mostrado la grandeza de su espíritu ayunando tres días a la semana. Otro sabio, con magisterio absoluto en las ciencias divinas y humanas desde la infancia, fue san Olegario, obispo de Barcelona (1059-1137). En fin, caso singular es el del citado san Benito de Nursia, ya que, tras ver que sus compañeros se daban a travesuras y placeres, determinó abandonar los estudios para entregarse enteramente a Dios.

El tópico, en su forma regular, se halla en la leyenda de san Pancracio (que padeció tormento y fue finalmente asesinado a la edad de catorce años), extendida gracias a Jacobo de Vorágine, y en la exitosa leyenda española de san Pelayo (joven mártir que tiene su correspondencia femenina en santa Columba de Córdoba, de enorme fama por toda Europa gracias nada menos que a la labor de la monja Roswitha de Gardesheim),[19] que en palabras de Pedro de Ribadeneira: «Velaba en oración, leía libros santos; sus pláticas eran de cosas de virtud y agenas de parlerías, risa y dissolución; y, en fin, no parecía niño sino viejo en el sesso y la madurez» (*Flos*, II, p. 265); con parecidas palabras, se refiere a la niñez de san Lorenzo Justiniano (1381-1455), de quien dice que era «muy lindo y gracioso, y de tanto sesso que parecía viejo en la tierna edad» (*Flos*, I, p. 126); a san Mauro Abad, «que, siendo de tan tierna edad, parecía viejo en el sesso y madurez, y en la oración y penitencia, antiguo y perfecto religioso» (*Flos*, I, p. 155); a san Basilio Magno o de Cesarea, «que en su tierna edad parecía viejo en el sesso» (*Flos*, II, p. 213); a san Felipe Benicio, de quien afirma que «la modestia y gravedad de sus acciones y palabras eran de más años de los que tenía» (*Flos*, II, p. 531); a san Nicolás, que «parecía viejo en el seso, discreción y mesura» (*Flos*, III, p. 553) (más adelante veremos cómo guardaba ayuno en edad lactante); y san Martiniano, quien «siendo mozo en la edad, era viejo en el seso y madurez» (*Flos*, I, p. 370).

Por su parte, entre los santos interpolados en el *Flos* de Ribadeneira, está san Remberto, a quien san Anscario vio venir junto a otros niños: «un tanto apartado de ellos iva san Remberto, el qual, aunque niño como los demás en los años, en la modestia y gravedad de sus acciones parecía varón» (*Flos*, I, pp. 322 y ss.). Tras los diversos prodigios que anunciaron la santidad del *nasciturus* y los que lo señalaron desde la cuna, Pedro de Ribadeneira dice de santo Domingo de Guzmán en su niñez que «en aquella edad parecía viejo en la mesura, y cano y maduro en el juicio» (*Flos*, II, p. 425); casi lo mismo dice de san Malaquías: «parecía en la tierna edad viejo, porque siendo muchacho abo-

---

[19] Para los santos de los viejos pasionarios peninsulares, véase Manuel C. Díaz y Díaz, «Passionnaires, légendiers et compilations hagiographiques dans le haut Moyen Âge espagnol», en *Hagiographie, Cultures et Sociétés..., op. cit.*, pp. 49-57; para la vida de Pelayo en particular, véase la edición de este mismo erudito en «La pasión de San Pelayo y su difusión», *Anuario de Estudios Medievales*, 6 (1969), pp. 97-116.

rrecía las travessuras propias de aquella edad, no solamente por su buena inclinación, sino también, y principalmente, por la unción del Espíritu Santo, que le havía ya escogido para sí» (*Flos*, III, p. 333); por fin, de la infancia del cartujo san Hugón o Hugo de Grenoble (1053-1132), se llega a decir que «en los tiernos años parecía viejo en el sesso» (Pedro de Ribadeneira, III, p. 418). De san Egidio, dice Fernán Pérez de Guzmán en uno de sus *Loores de santos*:

> Tan claro e tan elegante
> fue su engenio sotil
> que, de la hedad pueril
> su defecto non obstante,
> o llegó o passó avante
> de los presentes doctores,
> loando los sabidores,
> tanto estudioso infante.[20]

Muy parecida es la estampa que de san Benito (en la que se conoce como *Vita Benedicti*) nos ofrece el libro II de los *Dialogi* de san Gregorio el Grande, donde se dice de él que tenía un *cor senile*, por lo que no le costaba nada huir de cualquier manera de placer y despreciar las asechanzas del mundo (por eso, Pedro de Ribadeneira, que basa su semblanza en dicha obra, dice aquello de «y siendo de pocos años en la edad, parecía viejo en la modestia y gravedad», *Flos*, I, p. 517). En éste y en los casos previos, la discreción y sabiduría extrema en la infancia son virtudes innatas que anuncian la futura santidad; hay, no obstante, algún ejemplo en que ambas nacen con la gracia de la fe, como en la conversión del niño Celso, hijo del terrible Marciano, que mandó ajusticiar a san Julián. Decidido a morir junto a él, no hicieron mella en Celso ni los ruegos, luego tornados amenazas, de su padre ni el llanto de su madre. A ellos —en testimonio de Pedro de Ribadeneira (*Flos*, I, p. 134)— respondió el pequeño «como varón sapientíssimo, como mozo en los años y viejo en el sesso, y sobre todo como el que estaba ya vestido y adornado de la luz del cielo y de la virtud de Dios».

Ajenos al tópico que me interesa son aquellos modelos, como el de san Bernardo en la *Vita prima* de Guillaume de Saint-Thierry, en que un niño pequeño e inocente es capaz de percibir su santidad; o el de san Ambrosio, cuando un niño gritó que él y no otro debía ocupar la silla episcopal milanesa. En tales casos, la relación que ha de establecerse es distinta por completo y obliga a mirar en la dirección contraria: hacia esas otras estampas, como las de

---

[20]   Cito de nuevo por la edición de Maguire y Severin, «Fernán Pérez de Guzmán's *Loores de santos...*», *op. cit.*, pp. 163-164.

san Francisco de Asís, en que los animales advierten el poder sobrenatural de un individuo casi al instante. Por otra parte, tampoco olvidemos que la excepcional precocidad de los santos no es otra cosa, muchas veces, que el resultado de la labor formadora de algún pariente o mentor, como recuerda Ángeles García de la Borbolla García de Paredes:

> Este último rasgo se manifestará principalmente durante sus primeros años, en los que el santo recibe una educación esmerada, ya fuese por parte de sus progenitores, como san Martino, san Atilán o san Isidoro; de manos de un pariente próximo, normalmente un tío que ocupa un cargo eclesiástico de cierto rango, como Pedro González o santo Domingo de Guzmán; o de un maestro, como santa Oria o san Millán, y que suele continuar en un ambiente monástico, como santo Domingo de Silos o san Ildefonso.[21]

Esa formación puede comenzar desde la lactancia, gracias al celo puesto por los progenitores a la hora de escoger a la nodriza o bien por la determinación que una madre de vida ejemplar pone en amamantar a un hijo llamado a ser santo. Esto es lo que hizo Aleth, madre de san Bernardo de Claraval, a quien apartó de las amas de cría para darle lo mejor de sí misma a través de su propia leche; esto fue lo que hicieron las madres de dos reyes, hermanas entrambas: Blanca, madre del francés san Luis, y Berenguela, madre del español san Fernando; con respecto a este último, Pedro de Ribadeneira dice: «Parece que mamó el niño con la leche las virtudes de su santa madre» (*Flos*, II, p. 162). Son varias las *vitae* que destacan la voluntad decidida de una madre por prescindir de cualquier nodriza, como Teodora, madre de san Pedro Nolasco (1206-1252), o la madre de san Pedro Armengol (*c*. 1234-1304). Esta última, en palabras de uno de los continuadores de Pedro de Ribadeneira, «le dio con el alimento virtudes [...] y para que desde luego fuesse, como ella, devoto de María Santíssima, sin pecado concebida, le repetía al pecho su dulcíssimo nombre» (*Flos*, I, p. 634).

En realidad, es la misma razón que inducirá años después a un teórico como Antonio de Nebrija, en su *De liberis educandis*, a aconsejar que sean las propias madres las que amamanten a sus hijos, pues las nodrizas, de baja condición y de cultura muy pobre, pueden corromperlos en esa fase determinante para la formación del niño. En este punto, Nebrija está siguiendo a los grandes teóricos de la Antigüedad, particularmente a Quintiliano, *Institutio oratoria* (I, 1), allí donde arranca categóricamente: «Ante omnia ne sit vitiosus sermo

---

[21]   *La «praesentia» y la «virtus»: la imagen y la función del santo a partir de la hagiografía castellano-leonesa del siglo XIII* (Santo Domingo de Silos: Abadía de Silos, 2002), p. 119.

nutricibus», lo que le lleva a incidir en la necesidad de escoger amas de cría bien habladas. Por supuesto, todo ello se entiende mejor si se considera, además, la creencia, documentable desde la Antigüedad hasta hoy, en la capacidad impregnadora de la leche tomada en la primera infancia (para el Medievo, remito una vez más al artículo de Juan Manuel Cacho Blecua que citaba algo más arriba). Ahora se entienden mejor alusiones tan lacónicas y cargadas de sentido como la que hace Pedro de Ribadeneira a la lactancia de san Vicente Ferrer: «Criole a sus pechos su misma madre con gran cuidado» (*Flos*, I, p. 568).

Desde ahí en adelante, el camino hacia la santidad sigue una ruta doble, con el estudio y la oración como estímulos básicos, aunque el énfasis sobre ambos ingredientes —particularmente, el primero de ellos, claro está— varíe extraordinariamente según el caso. Estamos, de hecho, ante una tradición, la cristiana, que nunca igualó, a diferencia de la judía, oración con estudio; por ello, los Sabios Doctores de la Iglesia forman una especie de club cerrado en el que no se admiten prosélitos; por ello, también, hay una larga tradición cristiana que antepone de manera conspicua la oración a la lectura provechosa y edificante, considerada ésta tan sólo como una especie de estímulo o de acicate, y nada más que eso. En las *vitae*, la entrega al estudio por parte del santo es, no obstante, motivo relativamente frecuente, aunque se emplea para enfatizar las virtudes del personaje desde la infancia, abundando en el tópico del *puer/senex*, como tendremos ocasión de ver algo más adelante. En su perfección, el santo es sabio desde la niñez, por estudio (*ars*) o por gracia innata de signo divino (*natura*, pues, a su modo): la estela de este último patrón llega fortalecida por la propia infancia de Jesús; por lo que al primero se refiere, los modelos son múltiples, en clave religiosa y laica, con el todopoderoso referente de Alejandro Magno (su legendaria figura ha de leerse en paralelo con muchas páginas de los *flores sanctorum*). Basta recordar el largo pasaje alusivo a la formación del futuro emperador al inicio del *Libro de Alexandre*, desde la estrofa 16, que dice:

> El padre, de siet' años, metiólo a leer;
> diol maestros honrados, de sen e de saber,
> los mejores que pudo en Greçia escoger,
> quel' en las siete artes sopiessen enponer.

Al respecto, vale recordar la anteposición de la primera, la oración, a la lectura y el estudio en el universo de la *devotio moderna*, en una obra triunfante en el Medievo tardío y en el temprano Renacimiento (y desde ahí en adelante sin interrupción) como es la *Imitatio Christi* de Thomas a Kempis (*c*. 1380-

1471). Eso es, en concreto, lo que postula el capítulo XXVI del libro III; por su parte, en el capítulo XLIII de ese mismo libro, se desprecia abiertamente el saber laico, por fatuo y huero. Con ello, este exitosísimo tratado no hacía más que coincidir en abstracto (aspecto éste, el de las coincidencias entre el tratado moral y las *vitae sanctorum*, sobre el que habré de volver más abajo) con los ideales transmitidos por las vidas de santos, en las que el patrón del santo-sabio supone tan sólo una pincelada en las primeras líneas de algunas *vitae*;[22] en las que tampoco se pretende animar al estudio permanente de las Sagradas Escrituras, a pesar de que la labor del intelectual supone un sacrificio de especial dureza, semejante al que padecieron algunos de los santos, en el yermo, en el cenobio o en la celda, y con el cálamo en la mano. Como digo, en esa veneración absoluta por el libro y la palabra escrita, percibimos el abismo que a veces separa a la cultura cristiana de la tradición rabínica.

El culto a la inteligencia es fundamental en el mundo judío y halla su quintaesencia, en las juderías tradicionales, en fórmulas como la que pasa por casar al estudiante de la Ley con la hija del rico, por procurar la protección del intelectual con un mentor o mecenas de la misma u otra familia distinta, o por respetar a ultranza el principio de la *auctoritas* del sabio o del maestro, vale decir, el principado del sabio o catedrocracia. Todavía los judíos ultraortodoxos tienen reservadas al sabio algunas de sus muchas *berajot* («bendiciones») universales, que alcanzan también a los *goyim* («gentiles»), pues el sabio es merecedor de todo elogio y del máximo respeto con independencia de su Ley. ¿Hay algo de todo esto en la literatura occidental? La respuesta no puede ser más que afirmativa, aunque de nuevo nos obliga a salir de los límites de la hagiografía y a ampliar nuestro radio de acción. Una prospección en pos de materiales nos lleva, en definitiva, a establecer nuevos puntos de contacto entre universos próximos, entre modelos afines aunque claramente diferenciados en la mayoría de los casos: los que perfilan las figuras del santo y el sabio. De manera infusa, el santón es capaz de traspasar los límites de la percepción y el entendimiento humanos en casi todas las culturas del orbe; por ello, el hombre de vida ejemplar y el sabio se confunden en el hinduismo, el budismo, el sintoísmo o en las tres religiones del Libro, por no hablar del conocimiento profundo que procedería por dos caminos diferentes, los de Dionisos y Apolo, según Platón en su *Fedro*.

---

[22] Excepciones hay, como las de los Doctores de la Iglesia, con estampas como la de san Basilio Magno cuando, camino de Jerusalén y en compañía de Eubulo, epató a un discípulo del filósofo Libanio (con quien también se formó san Juan Crisóstomo) al declararle unos versos homéricos de especial dificultad.

114 *Claves hagiográficas de la literatura española*

Precisamente, aquí me importa la tercera de las cuatro vías para el conocimiento que se apunta en este escrito platónico, la poética, ya que el poeta-sabio, el artista visionario, es considerado un ser superior y la suya es tenida como una forma de percepción (una *manía*, o locura, de acuerdo con el término griego original) de carácter divino. Así, no es de extrañar que el sabio y el santo atraigan como imán, en vida o tras su muerte; de esta manera, se entiende también el tópico del desplazamiento desde lejanas tierras para conocer a un ser excepcional, como vemos en un sinfín de vidas de santos eremitas (como san Pablo de Tebas o Protoeremita, santa María Egipciaca, san Hilario o el exótico Simón el Estilita, antes y después de subir a la pilastra, pues tan extremosas y espectaculares fueron sus acciones para ganarse el cielo), de santos cenobitas (como san Bernardo de Claraval, de acuerdo con la *Vita prima* de Guillaume de Saint-Thierry) y de otros santos fundadores (por venir al terreno intermedio, vale poner el ejemplo de los cartujos, en su voluntad de hacer compatibles la vida en comunidad y la vida en soledad, con san Bruno y sus seis compañeros al frente de todos ellos, y como la primera cartuja de Grenoble, «La Grande Chartreuse», funcionando a modo de imán); así acontece también en las biografías de escritores de la estatura de un Tito Livio, de un Petrarca o de nuestro primer Marqués de Santillana, por no seguir hasta el presente.[23] Idéntico magnetismo ejerce, como bien sabemos, la corte artúrica sobre los caballeros que a ella acuden en la obra de Chrétien de Troyes, desde *Érec et Énide* hasta *Perceval*.

---

[23] Para esas tres precisas anécdotas, léase mi *España y la Italia de los humanistas. Primeros ecos* (Madrid: Gredos, 1994), pp. 142-143.

8.

Un camino de perfección

Otro tanto puede decirse del culto de las reliquias de los santos y de los lugares que las custodian, que cuentan con un ejemplo de ejemplos en Santiago de Compostela; a ese respecto, hay que recordar la búsqueda obsesiva de reliquias sagradas por indicación de san Ambrosio (gracias a ella, así se dio con los restos de san Celso, san Nazario, san Gervasio y san Protasio) o por san Eloy (fue él quien, en el siglo VII, recuperó el cuerpo incorrupto de san Quintino o Quintín de Vermand, santo éste de cronología difusa, aunque se sitúa al inicio del siglo III); tengamos presente también la veneración en diversos momentos históricos de restos supuestamente pertenecientes a algunos santos,[1] o bien los excesos originados por la veneración de cuerpos y reliquias de santos que recoge Johan Huizinga en su *opus magnum*.[2] Ese culto apasionado por las reliquias animó un lucrativo negocio más ilegal que legal;[3] al mismo tiempo, la obsesión por los restos de los santos derivó en peleas entre ciudades para determinar dónde estaba realmente el cuerpo sagrado o en qué lugar se custodiaban sus principales restos, caso éste de san Vicente de Zaragoza, cuyo cuerpo estaría —de acuerdo con diversas reivindicaciones más o menos fun-

---

[1]   Tal vez el colmo sea el hallazgo en 1802 del supuesto cadáver de santa Filomena en las catacumbas de Roma, lo que dio en un culto y en una larga relación de sucesos taumatúrgicos que duraron hasta 1960, año en que el culto fue suprimido.; no obstante, su supresión fue el resultado de arduas disputas, en las que participaron las autoridades eclesiásticas y numerosos eruditos. A decir verdad, santa Filomena nunca llegó a los altares, aunque su culto había sido autorizado por Gregorio XVI en 1835 y fue creciendo a pasos de gigante durante las décadas siguientes.

[2]   Concretamente, en los capítulos 11 y ss. de *El otoño de la Edad Media*, obra a la que volveré de inmediato para referirme a la veneración que en aquella época despertaban los cuerpos incorruptos.

[3]   Véase Patrick Geary, *Furta Sacra: Thefts of Relics in the Central Middle Ages* (Princeton: Princeton University Press, 1978).

damentadas— en las catedrales de Valencia, Le Mans, Marsella, Lisboa, París y, por supuesto, Zaragoza.[4] En absoluto podía considerarse baladí el hecho de poseer las reliquias de un santo, tanto por razones de prestigio (las grandes ciudades habían engendrado grandes santos o los habían acogido tras su muerte, algo sobre lo que volveré más adelante) como también por los beneficios derivados de sus poderes taumatúrgicos, que podían alcanzar a cualquier devoto (lo que potenciaba la afluencia de público y constituía un magnífico negocio) si es que no a la ciudad entera (como santa Ágata o Águeda, protectora de Catania cada vez que el Etna entraba en erupción). En las historias particulares de ciudades, pronto se reservó un espacio para santos, mártires y confesores, con alusión expresa a la presencia de posibles reliquias.

En un intento por proteger tales reliquias, éstas viajaron de una a otra parte, con casos tan llamativos como el de santa Leocadia de Toledo, cuyos restos salieron de esa ciudad en el siglo XI para volver a ella en 1587, tras pasar por Oviedo (para alejarlas de los musulmanes) y Flandes (por razones que los antiguos historiadores de la Iglesia no alcanzan a determinar). Idéntico sentimiento despertaron los restos de algunos grandes escritores, lo que ha permitido escribir páginas apasionantes en referencia a la búsqueda de los posibles enterramientos y los restos de Virgilio o Tito Livio en el pasado,[5] y hasta —pongo por caso— la persecución estéril del cadáver de uno de los grandes genios de la pintura española en fecha muy reciente. En esa misma línea, hay que ubicar la veneración de los *disiecta membra* de alguno de aquellos héroes que gozaron en algún momento de consideración de santos, o casi, como es el caso de nuestro Cid español, cuyos restos se hallan dispersos en un total de catorce lugares (con lo que se demuestra que la veneración religiosa que se sintió por este héroe épico no se limitó sólo al monasterio de San Pedro de Cardeña).[6]

A la incorruptibilidad de los santos me referiré de inmediato, pero antes quiero poner el énfasis que merece en el motivo del encuentro (voluntario, como los recordados previamente, o fortuito, como en otros tantos casos), con el correspondiente reconocimiento o anagnórisis, un ingrediente que moldea las *vitae* en términos novelescos y que de seguro ejerció un poderoso influjo (pues no le vino sólo de la vieja y linajuda novela bizantina) sobre la ficción

---

4   Por cierto, ese culto fue posible, como veremos enseguida, porque su cuerpo, por designio divino, fue devuelto por las aguas del mar a una playa para que los cristianos lo recogiesen y venerasen.

5   Como recuerdo de nuevo en mi libro, *España y la Italia de los humanistas...*, *op. cit.*, pp. 250-252.

6   La simple traslación del cuerpo del Cid (la primera desde Valencia en torno a 1102) se documenta en otras tantas vidas heroicas, desde el Medievo hasta nuestros años; por ello, no es en puridad un motivo que remita automáticamente a modelos hagiográficos.

narrativa entre los años del Medievo y los del Barroco; para ello, no encuentro nada mejor que una referencia que tomo del libro de mi buen amigo Duncan Robertson:

> *Anagnorisis*, the familiar keystone of romance narrative design, is redefined in such instances, in accordance with Christian moral teaching. «Christian recognition», as we might call it, is what occurs between Sts. Anthony and Paul, between Mary the Egyptian and Zosimas, and between other saintly couples in this literature. It is a constitutive feature of the hagiographic romance genre.[7]

Antes de retomar el hilo conductor que me guía en esta sección, deseo apostillar que la anagnórisis, de manera mucho más universal si cabe, es uno de los resortes básicos de la literatura moral cristiana y que, en el interior de las vidas de santos, se utiliza en muchas más circunstancias y lugares; de hecho, también se apela a ella no sólo en el caso de encuentro entre personas: se da también cuando los santos u otros personajes (por lo común, gracias a las prédicas o el ejemplo de los santos) abandonan las tinieblas y descubren la verdad de la fe cristiana. Justo ahora, tras esta breve pero necesaria apostilla, retomo la materia.

A veces, excepcionalmente, en el nacimiento del santo pesa una marca negativa, un baldón, que habrá de superar con sus obras,[8] motivo éste que cuenta con un claro trasunto novelesco en la leyenda de Roberto el Diablo; en ella, se ofrece también rotundo el uso del tópico del *puer/senex* (por la fuerza, la inteligencia y la facundia de su héroe), aunque el vigor del tierno infante provenga del Hades y sólo le sirva para hacer el mal. La constitución de esta obra obliga a pensar que su autor tuvo la mente puesta en el patrón hagiográfico, en la carrera inicial del personaje hacia el infierno, así como en su arrepentimiento y conversión finales, rematados por su viaje purificador a Roma. Se trata del patrón básico de la leyenda de san Pablo, por acudir al ejemplo más famoso, aunque aparece también en otras tradiciones hagiográficas tan afamadas como la de san Eustaquio o como la de san Procopio, en las versiones que arrancan de Eusebio, autor al que la Iglesia otorga su confianza plena en ésta y tantas otras ocasiones.

---

[7]   *The Medieval Saint's Lives...*, *op. cit.*, p. 242.
[8]   En las leyendas heroicas, este caso es el de Bernardo del Carpio, como también, en ciertas ramas de la literatura cidiana, es el de propio Rodrigo Díaz, según nos han recordado Colin Smith, «On the Bastardy of the Literary Cid», en Victoriano Roncero y Ana Menéndez Collera, eds., *«Nunca fue pena mayor». Estudios de Literatura Española en Homenaje a Brian Dutton* (Cuenca: Universidad de Castilla-La Mancha, 1996), pp. 645-654, y Samuel G. Armistead, en el artículo citado más arriba sobre la leyenda del Cid bastardo, «Dos tradiciones épicas sobre el nacimiento del Cid», en *La tradición épica...*, *op. cit.*

En su *Historia Hierosolimitana abbreviata*, Jacques de Vitry aplica igualmente el modelo de Saulo a la vida de Fulques, algo esperable en tanto en
cuanto este santo atravesó idéntico proceso de conversión; ése es también el
mismo cambio que llevará a que un personaje artúrico, Evalach, rey de Sarraz,
tome el nombre de Mordraín tras recibir el bautismo. No obstante, la unión de
esa condición divina y demoníaca al mismo tiempo, que le sirve sólo para
hacer el bien, es gracia distintiva de Merlín el mago, cuya leyenda (recogida en
un largo número de testimonios por España y por toda Europa, como la *Estoria
de Merlín* manuscrita del Cuatrocientos español) ofrece un nuevo ejemplo del
tópico del *puer/senex*, al hacer de abogado defensor de su madre, acusada de
prostituta, con tan sólo dieciocho meses; además, a tan temprana edad, Merlín
posee ya el don de la profecía.[9]

Aún deseo darle una nueva vuelta al motivo del viaje purificador en la
leyenda de Roberto el Diablo. Entre otros vínculos que se me ocurren, uno es
que su *iter*, con destino último en la Ciudad Eterna, es el mismo que se constituye en clave de la vida del benedictino san Lesmes o san Adelelmo, según la
vita compuesta por Rodolfo, monje de San Juan de Burgos, a finales del siglo
XI o inicios de la centuria siguiente.[10] Cuando el destino es Tierra Santa, los
modelos aumentan y dirigen nuestra mirada hacia el periplo mediterráneo de
santa María Egipciaca o al viaje de santa Paula y su hija santa Eustoquia. En
último término, por vía hagiográfica o por vía novelesca, damos inevitablemente en Cervantes y su *Persiles y Segismunda*, con la peregrinación purifica-
dora de los dos protagonistas desde Islandia (la lejana Thule virgiliana) para
casarse ante el papa; en ese detalle del argumento, Cervantes parece reforzar
de nuevo los vínculos con la hagiografía al aproximarse a la leyenda de
Guillermo de Inglaterra, basada a su vez en la vida de san Eustaquio; de hecho,
en la popular *Chrónica del rey Guillermo de Inglaterra* (a la que me referiré de
nuevo algo más tarde), como en el lejano *Guillaume d'Angleterre* (recordemos
que el texto se le atribuye a Chrétien de Troyes), el protagonista parte al exilio
por mandato divino, aunque acompañado en todo momento por su mujer

---

[9]   Elena del Río Parra, en *Una era de monstruos. Representaciones de lo deforme en el
        Siglo de Oro español* (Madrid/Frankfurt am Main: Iberoamericana/Vervuert Verlag,
        2003), se ocupa de casos semejantes extraídos de las galerías de monstruos y seres
        asombrosos del Barroco, como el de una niña sevillana de ocho años que también pose-
        ía esa potencia profética, propia de los santos, de los ungidos por la gracia divina.

[10]   Vitalino Valcárcel Martínez, «La *Vita Adelelmi* del monje Rodulfo», en *San Lesmes en
        su tiempo. Simposio organizado por la Facultad de Teología y la Parroquia de San
        Lesmes, con el patrocinio del Excmo. Ayuntamiento de Burgos, en el IX Centenario de
        la muerte del Patrono de la Ciudad (1097-1997)* (Burgos: Facultad de Teología/
        Aldecoa, 1997), pp. 107-123.

embarazada, que sufre así los mismos trabajos que su esposo, ya que el camino hacia el matrimonio cristiano es duro (caso de la obra cervantina), pero la senda que ahí comienza no es menos ardua (caso de la popular *Chrónica*).

Lo cierto es que Guillermo y su esposa escogen voluntariamente el exilio y la aventura a modo de durísima prueba, cuya superación valdrá mucho por sí sola, ya que al final no les deparará más ventaja tangible que la de su regreso, junto a sus hijos gemelos, a la misma situación de la que partían. En esta superación de pruebas por parte del héroe y del santo —autoimpuestas, además, en el caso de la leyenda de san Eustaquio y en las *vitae* a ella asociadas— la hagiografía comparte uno de sus rasgos básicos con el *roman* y, por supuesto, con el arte épico de todos los tiempos, que potencia la figura del *self-made man*, que obtiene recompensas en el terreno militar y en el civil, pues no es raro que él (como en tantas novelas de caballerías) o algún heredero (en el caso del Cid, según recuerdan los últimos versos del *Cantar*) se corone rey. En general, santos y héroes acaban triunfando sobre adversidades y enemigos de cualquier tipo; algunos de aquellos, no obstante, siguen exactamente el *cursus honorum* indicado, con verdaderos paradigmas, como el ya citado de Eustaquio o el de otras leyendas tan célebres como la de san Julián el Hospitalario, que se hace guerrero en su huida para evitar su trágico destino.

Por cierto, antes de salir del asunto que ahora me ocupa, deseo indicar que hay otro detalle del *Persiles* que no debemos pasar por alto y es el hecho de que la primera parte discurra por las frías tierras del Norte, casi de seguro por la atracción ejercida por la *Historia de gentibus septentrionalibus* de Olao Magno; pero Cervantes acaso sintió también el estímulo de aquellas leyendas hagiográficas ambientadas en esa inhóspita zona o el de aquellas otras que tienen en las tierras de Irlanda su paisaje de fondo, caso éste de aquel viajero conocido con el nombre de Brandán, que más tarde sería célebre santo.[11] Irlanda, aparte, cuenta con su temprano santoral, con nombres como los de san Cuthberto (hijo, según cierta leyenda rechazada por los autores más respetados, del rey irlandés Muriahdach y que luego acabaría siendo patrón de Durham) y santa Colomba de Cornwall. De todos modos, si he de escoger un relato hagiográfico boreal por su capacidad para estimular la imaginación del último Cervantes, me quedo, sin lugar a duda, con el de san Canuto de Dinamarca; de

---

[11]   Por cierto, ya Richard P. Kinkade se sorprendió ante el potencial narrativo y novelesco de la leyenda de san Brandán y de la leyenda de san Amaro, que tanto le debe. Al respecto, véase su trabajo «La evidencia para los antiguos *immrama* irlandeses en la literatura medieval española», en *Actas del V Congreso Internacional de Hispanistas* (Bordeaux: Instituto de Estudios Ibéricos e Iberoamericanos/Universidad de Bordeaux III, 1977), vol. II, pp. 511-525.

hecho, en las aventuras del príncipe danés, que ha de competir con sus hermanos para ceñirse la corona y conservar el reino, la envidia y la traición actúan de modo muy parecido al de varios capítulos del *Persiles*, particularmente en la espléndida versión de Pedro de Ribadeneira (*Flos*, I, pp. 192-196). En breve volveré sobre estos enclaves septentrionales, y sobre otros próximos igualmente húmedos y fríos, que sirven de trasfondo a las vidas de ciertos santos; por ahora, basta decir que las *vitae* citadas y la ficción cervantina se apoyan en una metáfora mantenida: la que asocia unas tierras oscuras con una penumbra de orden espiritual, y las enfrenta a la luz meridional de las cristianísimas España y Roma.[12]

En la leyenda hagiográfica y la novela de aventuras caballerescas, encontramos otro elemento común, que se da justamente en momentos críticos: la adquisición de una nueva personalidad. Esto sucede cuando el caballero derrota a uno de sus semejantes o cuando vence a un monstruo; esto acontece también cuando el santo, otrora pecador contumaz, recibe la luz de la fe cristiana. Transformaciones tan radicales como éstas se manifiestan por lo común con la adquisición de un nuevo nombre, lo que siempre acontece al cristianarse (un acto en que unas veces se confirma, y otras no, el nombre civil).[13] Ese motivo caballeresco es característico del *roman courtois* artúrico; por supuesto, también lo es de las novelas medievales que de él derivan, con ejemplos como el

---

[12]   La figura no es en absoluto rebuscada sino que la encontramos en los flores a poco que se busca. Así, en la vida de san Bonifacio, apóstol de Alemania, Pedro de Ribadeneira (*Flos*, II, p. 188) dice lo siguiente: «Mientras que san Bonifacio se ocupaba en estos exercicios y como un sol alumbraba aquellas partes obscuras y caliginosas de la gentilidad [...]».

[13]   La imposición de nombre al entrar en una comunidad religiosa es un ingrediente casi universal, con unas raíces antropológicas muy profundas Al cambio de nombre se ha atendido en el ámbito del hispanismo, como vemos en Augustin Redondo, «Parodia, lenguaje y verdad en el *Quijote*: el episodio del yelmo de Mambrino (I:21 y I:44-45)», en *Otra manera de leer* el *«Quijote»:historia, tradiciones culturales y literatura* Parodia, lenguaje y verdad en el *Quijote*: el episodio del yelmo de Mambrino (Madrid: Castalia, 1998, 2ª ed.), pp. 477-484 y 479-480; y en Maurice Molho, «Le nom: le personnage», en *Le personage en question: actes du IVᵉ Colloque du S.E.L., Toulouse, 1-3 décembre 1983* (Toulouse: Université de Toulouse-Le Mirail, 1984), pp. 85-92. Los expertos en cultura clásica han dedicado al asunto trabajos como el de Suzanne Gély, ed., *Sens et pouvoirs de la nomination dans les cultures hellénique et romaine: actes du colloque de Montpellier, 23-24 mai 1987* (Montpellier: Université Paul Valéry-Montpellier III, 1988). En fin, abundan estudios antropológicos como el de Anne-Marie Christin, ed., *El nombre propio: su escritura y significado a través de la historia en diferentes culturas* (Barcelona: Gedisa, 2001 [orig. fr., 1998]), o el de Guy Brunet, Pierre Darlu y Gianni Zei, eds., *Le patronyme. Histoire, anthropologie, société. Actes du Colloque* (Paris: Centre National de Recherche Scientifique, 2001).

muy conocido de los sucesivos cambios de nombre de Amadís, antes llamado *Doncel del Mar*, luego *Beltenebros* y más tarde *Caballero de la Verde Espada* o bien *Caballero del Enano*. Por esa línea, se llega a los libros de caballerías quinientistas, para los que me serviré de un simple botón de muestra: la novela de Melchor de Ortega que lleva título de *Felixmarte de Hircania* (1556), en la que Felixmarte es conocido primero como *Doncel del Aventura* y, tras su crisis ante Claribea, con el nombre de *Caballero de la Triste Guirnalda*; por su parte, Florasán pasa a llamarse *Caballero del Socorro* tras caer enamorado. Al final, alcanzamos tanto al *Quijote* de 1605 como al de 1615, con los sobrenombres que toma el héroe en dos momentos diferentes: el de *Caballero de la Triste Figura* y el de *Caballero de los Leones*.

Las vidas de santos ofrecen exactamente eso mismo en casos como el recién citado de san Procopio, que tenía nombre de Neanias antes de la aparición de Jesucristo (recuérdese que la conversión y el cambio de nombre aparecen en versiones tardías de la leyenda, no en la versión de Eusebio); el del persa Magudad, quien, fascinado por el *lignum crucis* y bautizado, tomó el nombre de Anastasio y llegaría a santo; o los más conocidos de Simón, que recibe el nombre de *Cephas* o de Pedro, apóstol y primer papa, y de los hermanos Santiago y Juan, hijos del Zebedeo y de Salomé, a quienes Cristo llamó *Boanerges*, vale decir, «Hijos del Trueno». Todas las glosas antiguas insisten en lo adecuado del sobrenombre en el caso de Santiago el Mayor, dada su condición de santo guerrero y de benefactor de España en su lucha contra la morisma. El paso de Saulo a Pablo es mucho más suave; de hecho, ambos se ofrecen como dos nombres válidos en el Nuevo Testamento, que sin embargo va oscilando paulatinamente del primero al segundo. La influencia onomasiológica —llamémosla así— de la *vita* sobre el *roman courtois* alcanza a más, pues creo que de ella derivan los característicos nombres parlantes de éste. Algunos de tales nombres ya los hemos visto; otros aún saldrán a nuestro paso en lo que resta. Sobre ellos, probablemente se cimentó una significativa nómina novelesca, con paradigmas tales como el nombre de Tristán, llamado así por haber perdido a su padre poco antes de su alumbramiento y por morir su madre en el propio parto; y, por supuesto, el nombre del español Amadís o Amadas, espejo de leales amadores.[14]

De vuelta a la leyenda de Roberto el Diablo, cabe añadir que el final, común a tantas y tantas vidas de santos, corresponde a la estancia con un ermitaño sabio y puro que le impone una durísima penitencia, propia del más abnegado de los santos (la anécdota del fiero perro al que arrebataba sin problema su comida

---

[14]   Sobre el asunto, véase Maurice Molho, «Le nom: le personnage», en *Le personage en question* (Toulouse: Université, 1984) pp. 85-92.

equivale a la de aquellos santos capaces de domeñar a fieras y vestiglos). El remate de la obra nos ofrece al santo-guerrero que derrota a los enemigos del emperador de Roma en beneficio de toda la cristiandad. Al final, sólo un milagro revelará la personalidad de Roberto y sus triunfos militares, lo que lleva al más feliz de los remates por medio de la boda con la hija del emperador.

Arriba, vimos cómo la gracia del santo se manifiesta muchas veces *ante partum*; allí, adelanté también que una de las virtudes hagiográficas más comunes es la de predecir la muerte, propia o ajena, aunque la cosa no queda ahí. La muerte, en el santoral, puede producirse sin aviso, aunque con frecuencia el santo, ayudado por el cielo, ejerza algún tipo de control sobre ella; así, en los *Acta martirum*, los héroes cristianos desesperan a quienes los torturan, incapaces como se ven de arrancarles un simple lamento y de arrebatarles la vida. Su final llega sólo cuando lo permite el cielo y el santo ha dado cumplidas pruebas de que posee una gracia divina. Este patrón, extraordinariamente común en las *vitae*, convive con otro más: el del santo que tiene noticia exacta del momento en que se producirá su muerte. Así ocurre, por ejemplo, en las leyendas de san Pablo, san Alejo, san Gil o Egidio, san Humberto o Huberto, san Honorato, santa Brígida de Escocia, santa Eufrosina o en la de una santa holandesa de la Edad Media tardía de nombre Liduvina, patrona de los enfermos crónicos. Esto mismo se dice de un personaje laico tan especial como Alfonso X el Sabio, quien habría recibido la visita de un ángel cuando estaba a punto de morir para procurar el arrepentimiento de sus pecados y para facilitar su salvación (así se narra en la *Crónica de 1344*); mucho menos extraña el aviso de una muerte inminente en el caso del rey Guillermo de Inglaterra y su esposa, toda vez que su leyenda encuentra el modelo primordial del que partir en la vida de san Eustaquio, como he indicado algo más arriba.

Este beneficio, ya lo hemos visto, alcanza al mismo Cid en la derivación que la leyenda primitiva experimentó al adentrarse por los caminos del romancero; del mismo modo, otro héroe épico, el conde Fernán González, obtiene idéntica gracia en la tardía *Vida rimada* que sobre su gesta compuso fray Gonzalo de Arredondo, prior del Monasterio de San Pedro de Arlanza, enclave estrechamente vinculado a la vida del héroe castellano:

> Ya el Conde muy cansado
> de las armas y pelear,
> ya del todo quebrantado,
> ya del todo muy cargado,
> Dios le quiere así llevar.
>
> Lloran con grand pasión
> los sus nobles castellanos;

tienen en sí turbación,
dalos él consolación
a Dios alçando sus manos.

Ora el Conde muy ferviente,
sus manos a Dios alçando;
viene el ángel reluziente,
con cara muy plaziente,
grandes bienes le narrando:

«Avé gozo y alegría,»
—él diziendo— «Conde honrado,
que presto será aquel día
en que, yo siendo tu guía,
con Dios serás colocado.»[15]

Estas circunstancias de todo punto extraordinarias no lo parecían tanto entonces como nos lo parecen hoy, a pesar de que en los últimos años la Iglesia de
Roma (particularmente, durante el papado de Juan Pablo II) ha venido a potenciar algunos aspectos taumatúrgicos relegados o silenciados durante décadas.
Las apariciones y los milagros, en verdad, eran moneda de uso común en el
Medievo, una época que sentía vivir entre toda suerte de *mirabilia*, prodigios y
manifestaciones teratológicas y taumatúrgicas, que aún continuarán apasionando
al hombre del Renacimiento y del Barroco;[16] a ese respecto, Occidente sólo
comenzará a distanciarse de esos asuntos y de la literatura que los transmiten, y
ello sólo de manera paulatina, al madurar el temprano racionalismo que arranca
de la segunda mitad del siglo XVI (por lo que coincide en el tiempo con los años
en que los jesuitas bolandistas comenzaron su esforzada tarea con las *vitae sanctorum*), lo que sucederá definitivamente una vez entrados en el siglo XVIII.[17] Así

---

[15]   Cito, como arriba, por la edición de Mercedes Vaquero, en la que introduzco cambios
      menores; por cierto, de nuevo comprobamos cómo es innecesario apelar a la *devotio
      moderna* para explicar tales rasgos, como ella hace en su citado artículo «La Devotio
      Moderna y la poesía del siglo XV: elementos hagiográficos en la *Vida rimada de Fernán
      González*», *op. cit.*, p. 112.

[16]   Para el Renacimiento, contamos ahora con el reciente y estupendo libro de María José
      Vega Ramos, *Los libros de prodigios en el Renacimiento* (Madrid: Fundación Santander
      Central Hispano/Centro para la Edición de los Clásicos, 2002); para el Barroco, es fun-
      damental el libro, ya citado, de Elena del Río Parra, *Una era de monstruos.
      Representaciones de lo deforme en el Siglo de Oro, op. cit.*

[17]   En la centuria previa, la literatura de fenómenos extraordinarios resulta apabullante por
      su riqueza, como puede verse en Gonzalo Gil González, *Catálogo de pliegos sueltos de
      temática prodigiosa (siglo XVII)* (Madrid: Gonzalo Gil, 2001).

las cosas, puede decirse que, en la amplia cronología en la que nos estamos moviendo dentro del presente estudio, nadie se extrañaba por los fenómenos de tipo aparentemente sobrenatural o ante prodigios difícilmente explicables.

Por esos años, el milagro era algo que, sin caer en la exageración, bien podríamos calificar de común o cotidiano, como nos indican interesadamente las vidas de los santos al proponer la visita a los santuarios respectivos. Sin necesidad de buscar ejemplos más distantes, basta escuchar a Berceo cuando, al referirse a los actos taumatúrgicos *post mortem* de san Millán o Emiliano y san Domingo de Silos, los tilda de *cutianos* o diarios. De hecho, beneficios de la naturaleza de los que acabo de indicar (como es la merced de recibir el aviso de una muerte inminente) se prometen a los creyentes en algunos devocionarios, como el custodiado en la colección de Cortes de la Real Academia de la Historia, estudiado por mí hace años.[18] En tales casos, es a la Virgen María a la que se atribuye ese poder extraordinario; de ese modo, ella es quien avisa directamente al santo en leyendas como la de san Andrés Corsini. El favor, no obstante, se logra muchas veces gracias a la intercesión de un santo, como leemos en la vida de santa Bárbara, extendida por toda Europa gracias a Jacobo de Vorágine y potenciada siglos más tarde gracias a Ribadeneira; en esa leyenda, la santa logró que María acudiese en ayuda de un tal Entico para salvarlo de las llamas y evitar que muriese sin recibir los Sacramentos, aunque la prórroga que le dio alcanzaba sólo a la mañana siguiente, por lo que el motivo, en este caso, es una mezcla de aplazamiento y emplazamiento. Al final, la Virgen desempeña el papel que comúnmente le corresponde: el de intermediaria o intercesora, pues sólo Dios (en cualquiera de sus tres personas) obra virtudes, como le constaba al público de aquellos siglos a través del género de los *miracula Virginis Mariae*, en latín o en romance. Ahora bien, a pesar de su función, que a lo sumo cabe tildar de vicaria o delegada, el auxilio de la Virgen era (y aún es hoy en el mundo católico) el que más frecuente recababan los cristianos, dado el carácter generoso y especialmente sensible de la Madre ante los pecados de sus hijos. Concretamente, la fe en el todopoderoso nombre de María fue ganando fuerza, particularmente gracias a la apología mariana de la Contrarreforma; por ello, se entiende que Pedro de Ribadeneira, en varios lugares de su obra, afirme que el de María es nombre mucho más fuerte que el de Jesús y recomiendo su invocación a cuantos pretenden alcanzar algún beneficio.

---

18 Me refiero a las páginas que dedico a la taumaturgia mariana en Carlos Alvar y Ángel Gómez Moreno, *La poesía épica y de clerecía medievales* (Madrid: Taurus, Historia Crítica de la Literatura Hispánica, 2, 1988), pp. 105-106. Para la presencia de este motivo en las *vitae* altomedievales, véase Ariel Guiance, «De Prudencio al siglo XII: el tema de la profecía en la literatura hagiográfica castellana», *Temas medievales*, 10 (2000-2001), pp. 47-68.

Atendamos al don de la profecía y véamos qué santos fueron célebres por predecir la muerte propia o ajena con exactitud, tras sólidos modelos cristianos (comenzando por el propio Cristo en san Mateo, 16, 21) y paganos (la sacerdotisa troyana Casandra, a quien, por la maldición de Apolo, nadie creía). La nómina es verdaderamente extensa, pues se trata de una de las pruebas de santidad; no obstante, las *vitae* ponen especial énfasis en casos como el de san Vicente Ferrer, cuya potencia profética iba mucho más allá de determinar un deceso inminente. Más comunes, sin embargo, son casos como el de santa Lutgardis, que tuvo el don de la profecía y anunció a muchos la proximidad de su muerte; por ello, no es de extrañar que la Virgen y san Juan Bautista le anunciasen a la propia santa la inminencia de su marcha de este mundo quince días antes de que se produjese. La misma gracia, la de recibir el aviso de la hora de su muerte, la alcanzaron del cielo san Sabbas, Sabas o Sabás, de Capadocia, también conocido por su oficio de Abad de Palestina (Pedro de la Vega, II, 7v, aunque nada se dice al respecto en el *Flos* de Pedro de Ribadeneira); santa Beatriz de Silva, la monja portuguesa que fundó la Orden Concepcionista en 1484, a quien la Virgen comunicó su muerte con diez días de antelación (Pedro de la Vega, II, 14); san Lorenzo Justiniano (Pedro de Ribadeneira, I, pp. 128-129), que también era capaz de leer los pensamientos ocultos, potencia que en otros tiempos se conocía con el nombre de «discreción de espíritu»; san Cirilo, obispo de Jerusalén, que profetizó la inminente destrucción del templo de los judíos (Pedro de Ribadeneira, I, p. 506); o san Antonio Abad, que supo que Dios le llamaba cuando ya había alcanzado los ciento cinco años (Pedro de la Vega, II, 35r); con la misma edad y del mismo modo tuvo constancia de su paso a la otra vida san Teodosio Cenobiarca (Pedro de Ribadeneira, I, p. 143); en fin, antes de parar mi relación, deseo recordar a san Pedro Mártir de Verona, cuya *vita* pone especial énfasis en el don de la profecía que le sirvió para conocer la inminencia de su propio deceso (Pedro de Ribadeneira, I, p. 647).

El motivo, no obstante, no tiene esa única dimensión sino que se presenta de manera diversa y alcanza por igual a leyendas de distinta naturaleza;[19] en ese sentido, puede llegar a formulaciones tan atractivas como la de la vida del emperador san Enrique, que pasó seis años intentando desentrañar el emplazamiento de san Uvolfango desde su sepulcro, al pedirle que reparase en las dos palabras que en su

---

[19] Sobre el asunto, hemos escrito José Manuel Pedrosa y quien suscribe en «Del sentimiento trágico en *El Romancero* (a propósito de algunos romances de emplazados)», en María Teresa Navarro, John J. Nitti y María Nieves Sánchez, eds., *Textos medievales y renacentistas de la Romania. Jornadas del Seminario Internacional en Homenaje a la Profesora María Teresa Herrera. Madrid, Universidad Nacional de Educación a Distancia, 25 y 26 de junio de 1999* (New York: Hispanic Seminary of Medieval Studies, 2002), pp. 37-46.

interior había escritas: «*Post sex*». ¿Qué quería decir aquello? Lo primero que entendió es que había de morir en seis días, por lo que dispuso todo para afrontar ese trance debidamente preparado. Transcurrido ese plazo, nada ocurrió, lo que llevó a deducir que, en realidad, los seis días eran seis años, como finalmente se comprobó. Ahora bien, el suceso derivado del citado aviso era en realidad de signo positivo, pues justamente a los seis años Uvolfango fue escogido por emperador.

El emplazamiento a morir, como aviso o como puro castigo, se cuela en diversas leyendas, como la de san Silvestre papa, que anunció tan trágico final para el adelantado Tarquinio por sus infinitos crímenes (Pedro de la Vega, I, 32r); la de san Fulgencio, que anunció la muerte del tirano Trasimundo (Pedro de Ribadeneira, I, p. 83); santa Martina, que vaticinó una terrible muerte para el emperador Alejandro, que se cumplió nada más morir ella (Pedro de Ribadeneira, I, p. 98); o la de san Basilio, capaz de convertir a un médico judío que le pronosticó que no viviría más allá de la puesta de sol, afirmación que san Basilio refutó al anunciar que, más bien, moriría al día siguiente (Pedro de la Vega, II, 26v-27r). Este motivo, la gracia que permite indicar con exactitud cuándo acontecerá la muerte de alguien o la muerte propia, muestra la enorme proximidad entre la literatura taumatúrgica de signo religioso y aquella otra que es de naturaleza puramente novelesca. En este otro linaje literario a que me refiero, basta recordar la capacidad profética de Urganda la Desconocida, que alcanza a determinar la muerte inminente de buena parte de los personajes dibujados por Garci Rodríguez de Montalvo en *Las sergas de Esplandián*. Sin salir del universo hagiográfico, la profecía divina tiene su mayor exceso en una leyenda que abunda en materiales ficticios y que se caracteriza por su talante novelesco, la de san Jorge, ya que en ella es Cristo mismo quien le anuncia al santo que tres veces morirá en apariencia, ya que también resucitará tres veces, y que sólo la cuarta será la definitiva y lo llevará a compartir con él la vida eterna. Los tormentos que infligen a san Jorge para provocarle cada una de esas muertes caen dentro de los mayores excesos del género de la *passio*.

La leyenda de san Julián el Hospitalario, recogida en la francesa *Vie de saint Julien*, ofrece un vaticinio trágico y fantástico, más propio de los cuentos folklóricos y las ficciones romancescas, como es el que un ciervo al que estaba dando caza prediga que, andado el tiempo, matará a su padre y a su madre, lo que acaba ocurriendo. Este motivo lo hallamos infiltrado en el folklore, acaso por vía paralela a la de esta subyugante leyenda hagiográfica, aunque más seguramente arrastrado por ella de manera directa: pienso, en concreto, en la leyenda de Teodosio de Goñi, en la localidad navarra de Aralar.[20] En este

---

[20] De acuerdo con esta leyenda, Teodosio, al volver de combatir al moro, tropezó con el demonio, que le dijo que su mujer, Constanza de Butrón, estaba acostada con otro en su

patrón legendario, la superación de la maldición, una vez transformado el vaticio en cruda realidad, implica un duro proceso purgativo que repite el patrón antropológico de los doce trabajos de Hércules, por los que el héroe o semidiós hubo de pasar tras dar muerte a sus hijos. Por supuesto, el motivo está calcado también de un modelo añosísimo, como se desprende de su presencia en la leyenda de Edipo, que se enreda en otras tantas ocasiones con la materia hagiográfica, como vemos en una de las leyendas de Judas Iscariote.[21] Y es que, al igual que esta figura maldita ha sido reivindicada dada su función, imprescindible de todo punto para que Cristo redimiese a los hombres con su tormento y muerte (esta idea ha reaparecido en varios momentos históricos tras la temprana apología de Judas por la secta de los cainitas y, sobre todo, por el escándalo montado por los valedores del *Evangelio perdido de Judas*, frente al silencio, para ellos culpable, de Roma), existe una derivación de la leyenda que envilece a Judas al ligarlo a la maldición de Edipo, ya que, al igual que el personaje mitológico, habría sido abandonado al nacer para escapar a un terrible vaticinio; luego, Judas vuelve por los mismos pasos de Edipo al matar a su padre y desposarse con su madre. No es de extrañar que esta leyenda de Judas, de corte especialmente truculento, adquiriera una notable relevancia al colarse, con indicación de su carácter apócrifo, dentro de muchos de los *flores*, más concretamente en la vida de san Matías. Por su brevedad, merece la pena traerla al presente en su integridad:

Y es agora de ver aquí primero el nascimiento y linage de Judas, y cómo mató a su padre y vendió a Nuestro Redemptor, e hizo otros muchos grandes males. Y según se lee en una historia apócripha, el padre de Judas era de Hierusalem y avía

---

palacio de Ollo. Ciego de ira, cabalgó raudo y mato a sus padres, que eran quienes, por indicación de su buena mujer, descansaban en el lecho. Las primeras noticias de esta leyenda, que se ambienta en los inicios de la ocupación musulmana y habría llevado a la fundación de la iglesia de San Miguel in Excelsis por parte del citado Teodosio, una vez superada su penitencia, están en la *Crónica de los Reyes de Navarra* (1534) escrita por mosén Diego Ramírez de Abalos de la Piscina. Para todo ello, véase José Miguel Barandiaran, *«Mitología del Pueblo Vasco», Euskaldunak. La etnia vasca* (San Sebastián: Etor, 1984), vol. VI, p. 252.

[21] Tan fantástica *amplificatio* de la leyenda de Judas la abordó Vladimir Propp en su célebre *Edipo a la luz del folklore* (Madrid: Fundamentos, 1980). Para el tema edípico, y su presencia en el *Libro de Apolonio*, véase Isabel Lozano-Renieblas, *Novelas de aventuras medievales. Género y traducción en la Edad Media hispánica* (Kassel: Reichenberger, 2003), pp. 49-66. Aragüés me indica que el padre Félix Cabasés publicará en breve una edición de la leyenda de «Los cuatro coronados», presenta en la *Leyenda de los santos* de 1520-1521; en ella, según se me dice, hay un nuevo caso de doble incesto. Por supuesto, el relato nada tiene que ver con la *vita* de los santos militares recordados el 8 de noviembre.

nombre Simón, del tribu de Dam, o según dize sant Hierónimo, del tribu de Isacar, el qual casó con una muger que avía nombre Ciborea. Y como concibiesse de su marido, soñó una noche que avía de parir un hijo tan peccador que avía de ser causa del perdimiento de toda su gente. Y como relatasse este sueño a su marido, acordaron después que la muger parió de no criar el hijo por este temor; y no lo queriendo matar, con sus manos mesmas lo echaron en el mar, metido dentro en una arca; y las ondas echaron el arca en una isla que era llamada Escarioth, de la qual se dize que después Judas fue llamado de Escarioth. Y como la reina de aquella tierra acaso se anduviesse recreando por la ribera de la mar, vio venir el arca por las aguas y mandola tomar y abrir. Y como hallassen dentro un niño bivo, sospiró la reina porque no tenía hijo, y mandolo criar y tomolo en lugar de hijo, assí como si divinalmente le fuera por Dios dado. Y después de algún tiempo, concibió la reina de su marido y parió un hijo. Y Judas, viéndose ya desechado, mató al hijo legítimo por embidia. Y temiendo, vínose huyendo para Hierusalem y púsose con Pilato. Y estando en Hierusalem mató a su padre, no lo sabiendo, sobre unas mançanas que tomara del huerto de su padre, de Simón. E queriendo Pilato emendar este caso y satisfazer a la muger del defuncto, diole a Judas su hijo por marido porque el padre y la madre de Judas no creían que su hijo era bivo, mas que peresciera quando lo echaron en el mar. Y como Judas estuviesse casado con su madre Ciborea, sin lo saber él ni ella, un día sospiró ella con gran dolor, y preguntole Judas qué aía, la qual le dixo: «Lloro mi desventura porque yo parí un hijo, el qual eché en el mar por temor que uve que por él se avía de perder nuestro linage, según lo entendí por un sueño que vi; y perdí después a mi marido, y agora Pilato, añadiendo dolor a mi dolor, hame hecho por fuerça casar contigo». Y como Judas oyó estas cosas que su madre dezía, acordose de lo que oyera a los que lo criaron y, arrepintiéndose destos males, llegose, por consejo de su madre, al salvador, viéndolo tan benigno para que lo perdonasse, y demandole perdón. Estas cosas que de suso son escriptas de Judas son tomadas de la historia appócripha susodicha, las quales, si son de admitir o no, quede al juizio del prudente lector (Pedro de la Vega, II, 67r y ss.).

Dejemos de lado algunos engarces concretos de esa leyenda particular, como el sueño premonitorio (de carácter casi universal), el abandono del niño maldito (aquí justo al nacer, al igual que Moisés, aunque en ocasiones sea abandonado años más tarde, de acuerdo con el patrón de José) o el fratricidio del hermano legítimo (a la manera del cuco, que quiere para sí todo el espacio y toda la comida que puedan aportarle sus padres adoptivos), que por sí solos serían merecedores de no chica glosa. Centrémonos en un detalle muy concreto, el cumplimiento del terrible pronóstico, porque obliga a relacionar estas tres leyendas, clásica una y hagiográficas las otras dos, con otras de diferente signo; a ese respecto, las relaciones se establecen a veces entre códigos mitológicos diversos y hasta geográfica y culturalmente lejanos; otras, en cambio, nos vemos obligados a contrastar las leyendas en paralelo, por motivos de orden cultural y cronológico; más abundante, sin duda, es la literatura posterior que apela al motivo del parricidio. Por su manifiesta importancia cuando se trabaja con el asunto, hay que prestar especial atención al universo del *roman courtois*, tanto en su cuna francesa como en su proyección española; en el primer caso, es obligado el recuerdo de *La mort le roi Artur*, obra en la que Mordred, el hijo maldito engendrado de manera incestuosa, da la muerte a Arturo, su padre; en el segundo, hay que apelar al *Amadís* primitivo o medieval, ya que antes de la vulgata de Garci Rodríguez de Montalvo el héroe mataba a su padre político, Lisuarte, para a la postre caer a manos de su propio hijo, Esplandián.[22]

Volvamos por un instante al importante recurso al vaticinio, ya que con esas formas de prolepsis, tanto las vidas de santos como las novelas de caballerías consiguen crear suspense y dar unidad a la obra. Veámoslo ahora desde otra perspectiva, ya que muchas veces son los hombres de vida santa los que anuncian la muerte en plazo cierto de algún personaje de malas obras, como vemos en el cuento titulado «La muerte diabólica del rey Teodorico» inserto en el *Libro de los ejemplos por a.b.c.* de Clemente Sánchez de Vercial: «Yo pensaba, e verdaderamente es así, que tú eres home del diablo, e que él es tu señor, e te llevará hoy vivo de entre los homes, e si esto non fuere verdad, quiero luego morir». El origen está, en principio, en una simple maldición, como en uno de los relatos incorporados por Chaucer a *The Canterbury Tales* (concretamente, el del recaudador de impuestos); sin embargo, en los testimonios que he logrado reunir, se convierte en algo mucho más terrible y morboso. Así resuelto, el motivo del emplazamiento a morir hermana claramente tales relatos hagiográficos con no pocas historias transmitidas en muchos cuentos, novelas y romances.[23]

Por cierto, fuera de los santos mártires, la longevidad es una característica común entre los confesores o anacoretas, como vemos en la leyenda de san Pablo Protoeremita, que vivió nada menos que ciento trece años, y la de su discípulo san Antonio, que alcanzó los ciento cinco, en línea con los patriarcas del Antiguo Testamento. San Epifanio murió también a una edad muy avanzada, pues llegó a los ciento quince años; en ese sentido, no obstante, lo más sorprendente es que de un santo medieval como san Romualdo, con una *vita* compuesta a poco de morir, se diga (lo leemos concretamente en Pedro de

---

[22] Para todos estos detalles, es fundamental apelar al libro de Juan Bautista Avalle-Arce, *Amadís de Gaula: el primitivo y el de Montalvo* (México: Fondo de Cultura Económica, 1990).

[23] Como ya he indicado, se trata de un asunto que ha merecido mi atención al atender al romancero cidiano.

Ribadeneira, I, p. 350) que vivió ciento veinte años. Sobre este santo, fundador de la orden de los camaldulenses, y su modelo de santidad volveré al final del presente volumen.[24] En el *roman*, por su parte, una vida tan dilatada como ésa es característica de los sabios y de los personajes imbuidos de alguna gracia, con el doble paradigma de Merlín y el Rey Pescador. Pero no sólo sabios y reyes llegan a prolongar su vejez por tanto tiempo; de hecho, el *roman* está igualmente plagado de caballeros longevos, en el conjunto de la tradición artúrica y en el *Amadís* español.[25] En esta última obra, raro es el héroe que muere antes del libro 21 y por debajo de los cien años. Tras la muerte, una señal de santidad, en algunos casos, es la incorruptibilidad del cuerpo, que anima las bellas letras y el imaginario de toda época, con ejemplos recogidos por Johan Huizinga en su *opus magnum* o algún otro tan célebre como el del cuento de Blancanieves; tampoco faltan casos históricos, algunos tan próximos a nosotros como el de Eva Perón, que ha derivado en un auténtico culto en Argentina. Como digo, esta virtud permite confeccionar una lista de notable extensión, para alcanzar a canonizaciones tan recientes como la de santa Ángela de la Cruz, cuyo cuerpo incorrupto fue llevado en procesión por las calles de Sevilla en la primavera de 2003. En este sentido, apenas media distancia alguna entre la obsesión por la búsqueda del cuerpo de santa Eulalia o el de santa Dimpna y el tesón que algunos intelectuales pusieron en buscar los restos de los grandes escritores clásicos.[26]

Incluso hay nuevos encuentros entre el folklore y la hagiografía en las leyendas de la Bella Durmiente y los Siete Santos Durmientes, quienes, de acuerdo con un relato del siglo VI, despertaron a los ciento setenta y siete años (otras versiones prefieren redondear y dicen que estuvieron durmiendo durante dos siglos completos), ya que se comenzaron su sueño durante las persecuciones de Decio y despertaron en tiempos de Teodosio II; con todo, no faltan explicaciones supuestamente racionalistas acerca de estos curiosos personajes, pues según algunos eruditos (como el mismo Ribadeneira) los siete estaban muertos en realidad, aunque su cuerpo se había conservado incorrupto.[27] A

---

[24] Huelga añadir que Ribadeneira se deja arrastrar por un rasgo de santidad que, en el caso de san Romualdo, se repite desde la biografía primera, escrita nada menos que por san Pedro Damián. Las modernas investigaciones llevan a unas fechas más lógicas, pues habría nacido hacia 950 y murió, con toda seguridad, en 1027.

[25] Este dato ha sido puesto de relieve por John J. O'Connor, *«Amadis de Gaule» and Its Influence on Elizabethan Literature* (New Brunswick: Rutgers University Press, 1970), p. 124.

[26] Como me he encargado de recordar en *España y la Italia de los humanistas...*, *op. cit.*, pp. 242-258.

[27] Respecto de éstos, contamos con la reciente investigación de Salvatore Martorana, *La «Passio Sanctorum Septem Dormientium».Tratta dal Codice 2 della Biblioteca*

veces, el hallazgo del cuerpo (ahora sí, ya cadáver) se produce cuando las aguas se retiran para mostrarlo, como sucede en la leyenda de san Clemente papa, con un túmulo funerario que, según la leyenda, se haría evidente todos los años al retirarse las aguas del mar Negro; otro tanto puede decirse de la leyenda de la portuguesa santa Irene (cuyo nombre estaría supuestamente en el origen de Santarén, en una derivación etimológica harto sospechosa, sobre todo cuando se dice alegremente que el topónimo es de origen mozárabe), en la que es el río Tajo el que muestra el cuerpo en un sepulcro de mármol labrado por los ángeles; por fin, por voluntad divina, el cuerpo de san Vicente de Zaragoza fue sacado de las sumidades marinas y llevado a una playa para que los fieles pudiesen venerarlo. Acerca de este motivo, hay que recordar que, desde Moisés en adelante, son muchos los personajes sagrados capaces de controlar los flujos de agua o de beneficiarse de su movimiento de esta manera.

Comunale di Noto (Catania: Centro di studi sull' antico cristianesimo, 1998); para el ámbito español, con especial atención a la cultura musulmana medieval, véase el capítulo «Los Siete Durmientes de Éfeso», en Julia Hernández Juberías, *La Península imaginaria. Mitos y leyendas sobre Al-Andalus* (Madrid: Consejo Superior Investigación Científica, 1996), pp. 121-161. El mito de la Bella Durmiente cuenta con una reciente aproximación de Carolina Fernández Rodríguez, *La bella durmiente a través de la historia* (Oviedo: Universidad de Oviedo/Servicio de Publicaciones, 1998). Hay otras *vitae* en que se despierta tras un sueño de años, como es el caso a que atiende José Ramón López de los Mozos, «Las leyendas navarras del *pajarito* y de *San Virila* en la provincia de Guadalajara», *Cuadernos de Etnología y Etnografía de Navarra*, 75 (2000), pp. 143-146.

9.

EN TODO MOMENTO, LA PUJANZA DE LA NOVELA

Como vemos, la *vita*, que tiene una constitución novelesca en origen o bien deriva hacia el ámbito de lo maravilloso por una propensión que cabe tildar de connatural al género (por ello, los estudiosos de la hagiografía, al remontarse a los orígenes de estos relatos, han venido hablando con toda naturalidad de novelas hagiográficas o erótico-hagiográficas), hubo de influir sobre la ficción novelesca de las más diversas maneras. Es más, incluso uno de esos relatos puede servir de apoyo a todo un *roman*, según vemos en la génesis y desarrollo del *Libro del cavallero Zifar*, que no se comprende adecuadamente sin apelar a la popular leyenda del Rey Guillelme o Guillermo, que no es otra que la del caballero Plácidas y, en definitiva, remite a la tantas veces mentada leyenda de san Eustaquio, con sus novelescas separaciones y reencuentros familiares, y con la correspondiente anagnórisis (a esta leyenda y a sus derivaciones europeas atenderé con más detalle de inmediato).

Del mismo modo, el *roman* o *romance* artúrico en prosa no se entiende si no se presta atención a influjos diversos de leyendas religiosas en un sentido de notable amplitud: eso es lo que acontece en conjunto con la *Vulgata*, con la potenciación de la hermandad de los caballeros alrededor de la Mesa Redonda (trasunto obvio de la disposición de Jesús y sus discípulos en la mesa durante la última cena), con la busca del Grial (a partir del conocido y críptico motivo del *Perceval* de Chrétien de Troyes), con la presencia de la lanza de Longinos (desde esa misma fuente)[1] y con la incorporación de la figura de José de

---

[1]   Desde luego, el siglo XI fue decisivo para potenciar la leyenda de Longinos gracias al hallazgo de la que pronto se tuvo por su lanza; en el siglo XIII, ganó aún más peso gracias a la importancia que le confiere la *Legenda aurea*, en que se relatan las virtudes de la sangre de Cristo que impregnó la lanza y curó los ojos enfermos de quien más tarde sería san Longinos. Para todo ello, aún es fundamental el viejo trabajo de Rose Peebles, *The Legend of Longinus in Ecclesiastical Tradition and in English Literature and its Connection with the Grail* (Thesis/Bryn Mawr College Monographs, 9; Baltimore: J. H. Furst Company, 1911).

Arimatea (en la evolución del *roman* artúrico), que se independizará y dará en narraciones exentas, tras el primitivo relato de William of Malmesbury, según el cual el de Arimatea habría portado el Grial a Francia e Inglaterra durante su campaña evangelizadora por la Galia junto a san Felipe Apóstol.[2] Motivos como la resolución de pruebas por vía taumatúrgica, dada la gracia especial que del santo pasa al héroe, explican también influjos en sentido opuesto. Consideremos esta posibilidad en casos como el de la vida de san Benito de Nursia, que descubrió que sus monjes trataban de matarlo porque no soportaban la dura regla que les había impuesto. En su leyenda se dice que al santo le bastó hacer la señal de la cruz sobre la copa para que ésta estallase. Pues bien, el conjunto de la anécdota puede remitir a un doble universo referencial: a una taumaturgia que se percibe nítida desde el Antiguo Testamento y sería potenciada por la literatura cristiana apócrifa; y a una *roman courtois* que incluye pruebas de esta misma naturaleza. Por cierto, por esta vía el mundo cristiano muestra su total superioridad respecto del mundo pagano, ya que sus dos grandes baluartes (que tanto pesan, además, sobre el dibujo de héroes y santos), Alejandro en la vida (una vida novelada en la literatura que de él nos habla) y Hércules en la ficción (una ficción que se transforma en leyenda histórica, para hablarnos de la fundación de Francia y aun de la de España), murieron, precisamente, al no superar la prueba y beber el veneno preparado por sus enemigos y administrado por personas de su total confianza.[3]

Incluso la fascinante figura del Rey Pescador, fruto de la imaginación del último Chrétien de Troyes, nos lleva de inmediato a plantear otros tantos vínculos hagiográficos (aunque, en realidad, presente unas raíces más profundas y dispersas, como la creencia en la capacidad de rejuvenecer el cuerpo y recuperar la salud que tienen un rey o una reina al bañarse en sangre joven), como la del Rey Abgar de Edessa, conocida gracias a la *Historia Ecclesiastica* de Eusebio. Se trata de la leyenda de un rey que vivió en la época de Cristo, a

---

[2] La figura de José de Arimatea tiene un espacio menor en el Nuevo Testamento, pero experimentó un formidable crecimiento en uno de los Evangelios Apócrifos: el de Nicodemo; no obstante, su fortuna en Gran Bretaña, Francia y en toda Europa se basa en la obra de William of Malmesbury, en su defensa de la prioridad de la abadía de Glastonbury (supuestamente fundada por José de Arimatea) respecto de la más conocida de Westminster. Por otra parte, la reivindicación de la presencia de ese santo en las Islas Británicas conseguía convertirlas en la primera entre todas las tierras cristianas en todo Occidente.

[3] La leyenda del Macedonio es mucho más compleja a este respecto, ya que, al referirse a su muerte, habla unas veces de veneno y otras de fiebre (los historiadores han añadido posteriormente otras causas naturales). En conjunto, conviene revisar el caso en Antonio Guzmán Guerra y Francisco Javier Gómez Espelosín, *Alejandro Magno: de la historia al mito* (Madrid: Alianza, 1997), pp. 182-185.

quien pidió por medio de una carta que le devolviese la perdida salud, lo que le fue concedido; no obstante, a su palacio no acudió Cristo en persona, pues ya había ascendido a los cielos, sino que, con ese fin, envió a un intermediario, que parte de la tradición conoce con el nombre de Addai.[4] Ya sea a través de un apóstol (esto es, de un enviado), de un escrito divino (como la carta de Cristo a Abgar, venerada en la Iglesia Oriental) o del propio cáliz, habrá otros tantos reyes enfermos que lograrán recuperar su perdida salud de manera semejante.

¿Les damos la vuelta a los datos? Procedamos así por un instante y recordemos que los entrecruces de leyendas por los que me estoy interesando se producen *ab ovo*; por ello, en ese complejo universo en el que coinciden y se fusionan de continuo la ficción y la realidad, la novela y la historia, no es de extrañar que las primeras referencias al rey Arturo aparezcan en tres obras hagiográficas del siglo XI como son la *Vita Sancti Cadoci*, la *Vita Sancti Carantoci* y la *Vita Sancti Paterni* o que, entre las alusiones más madrugadoras al universo artúrico, una se cuele nada menos que en los *Miracula Sanctae Mariae Laudunnensis*, de mediados del siglo XII. Por lo que atañe a la inserción de tales materiales en las crónicas del Medievo, se trata de un hecho tan común, natural y extendido (en la historiografía española y europea en su conjunto) que apenas si precisa de algún tipo de comentario. La omnipresencia de la materia de Bretaña en este universo literario permite afirmar que, fuera de su difusión en forma exenta o de puro *roman*, los libros de historia fueron los vehículos por excelencia de este universo novelesco.

Los motivos hagiográficos se multiplican —como estamos viendo y aún iremos viendo en las páginas próximas— en unas obras en las que el culto cristiano lo impregna todo y en las que los caballeros se dejan aconsejar por ermitaños (ahí están el Rey Ermitaño, que explica a Perceval el enigma del Grial, o bien el Tirante de la primera parte de la obra, que es aconsejado por el ermitaño, otrora caballero, Guillem de Varoic) o reciben la ayuda de algún ermitaño (caso de Jaufré, el célebre personaje novelesco, a la hora de luchar contra un terrible gigante, o caso también de varios de los personajes de las *Sergas de Esplandián* de Garci Rodríguez de Montalvo). Al final, muchos de tales caballeros, llegados a la vejez, se retiran a una ermita tras una vida de aventuras,

---

[4]   La carta caída desde el cielo sirve también para revelar la personalidad de un santo tras su muerte, como recuerda José Manuel Pedrosa en nota erudita y plagada de referencias bibliográficas a su artículo «Del *Himno a Démeter* pseudo-homérico al romance de *La nodriza del infante*: mito, balada y literatura», *Historia, reescritura y pervivencia del romancero..., op. cit.*, n. 5. Me interesa en especial que esta creencia se muestre viva por testimonios de Brasil y hasta del País Vasco.

costumbre ésta que aún se recoge en el *Tirant* de Joanot Martorell, gracias al personaje del ermitaño Guillem de Varoic, otrora campeón de campeones y ahora consejero del joven Tirante. También hay quien así lo pretende sin conseguirlo, como Guarino Mezquino, que abandona la vida de aventuras, hace una larga peregrinación y se dispone a marchar a la soledad del desierto, aunque la muerte le llegue antes. Ese abandono de la vida civil por los rigores de la vida eremítica cuenta con un poderoso patrón (al ser la suya una leyenda archiconocida), aunque sui generis: el de Josafat, que deja la corona tras convertir a todo su reino, y marcha al encuentro con Barlaam, para morir a su lado con tan sólo veinticinco años.

La figura del ermitaño que aconseja al caballero que pretende enderezar su vida se cuela incluso en el romancero gracias al *Romance de la penitencia del rey don Rodrigo*. Se trata del momento posterior a la derrota en que un pastor dirige al monarca hasta el lugar «donde estaba un ermitaño que hacía muy santa vida»; ahí, el último rey godo gana el cielo al aceptar la sentencia divina, como tantos y tantos santos arrepentidos. Don Rodrigo yace en una tumba con una culebra que no tarda en hacer justicia, en un final que, al tirar por el camino de lo truculento, poco o nada tiene que ver con una posible redención del personaje: «cómeme ya por la parte que todo lo merecía: / por donde fue el principio de la mi muy gran desdicha». La narrativa idealizante del siglo XVI no abandonará sino al contrario tan atractiva figura, como vemos en ejemplos como el de la novelita *Luzmán cautivo*, de Jerónimo de Contreras, incorporada a su exitosa *Selva de aventuras* (1588 y siguientes), en la que tanto pesa el modelo de la novela bizantina; aquí, el protagonista toma en un momento el hábito de ermitaño enamorado, como antes Amadís y luego don Quijote; aquí, se nos narran las desventuras de los amantes Herediano y Porcia, que acabaron sus días retirándose al ardiente desierto, al igual que los santos padres del yermo.

Ese doble universo, novelesco y hagiográfico, pesa lo suyo sobre la ficción cervantina; por ello, era inevitable que el *Persiles*, novela cristiana donde las haya (en un sentido que Juan Bautista Avalle-Arce fue el primero en explicarnos en su breve, pero en su momento revolucionario, prólogo a la obra),[5] ofrezca un camino salvífico para el malvado Rutilio, dispuesto a purgar sus pecados previos en una isla solitaria y en hábito de eremita (capítulo XXI del Segundo Libro: «A todos hizo señales de besar los pies Rutilio, y todos le abrazaron, y los más dellos lloraron de ver la santa resolución del nuevo ermitaño»). Como ermitaño aparece también el francés Renato en el capítulo XIX del Segundo

---

[5]   Aunque ya había defendido esta idea en otros lugares, la divulgó en su edición de la obra (Madrid: Castalia, 1970).

Libro del *Persiles*, titulado, de manero harto reveladora, «Cuenta Renato la ocasión que tuvo para irse a la isla de las Ermitas». La hagiografía le daba, aquí también, la pauta a Cervantes,[6] y con toda claridad, con un san Gregorio al que más adelante atenderé y, sobre todo, con san Martiniano, que, nada seguro en su celda por acosarlo en ella una mujer libertina, huyó precisamente a una isla; sus desventuras, con todo, tampoco acabaron en tan perdido lugar, pues el demonio le envió una bella náufraga, de la que el santo escapó arrojándose al mar, pues prefería morir a pecar (luego, ella se quedará voluntariamente allí, purgando sus pecados y haciendo vida de anacoreta). La historia de san Martiniano ni tan siquiera se cierra en ese punto, ya que dos delfines acudieron a salvarlo, con lo que su leyenda entronca con otras bien conocidas en el mundo antiguo: la del poeta y músico Arión, arrojado al mar por unos piratas y salvado por uno de estos animales, según cuentan Platón (*República*, V, 453) y Heródoto (*Historias*, 123-124);[7] o la del niño Telémaco, hijo de Ulises, que fue rescatado por un delfín cuando cayó al mar por accidente, por lo que decoró su escudo con una imagen del animal, según la leyenda difundida por Plutarco en *Sobre la inteligencia de los animales*.[8] Desde ahí y hasta su muerte, resta añadir que san Martiniano vivió como un peregrino permanente, pues hizo voto de no pasar dos noches en un mismo lugar.

De vuelta por un instante a la novela de caballerías posterior a Chrétien de Troyes, hay que añadir que, en los fértiles dominios de ese género, se aprovecha la mínima ocasión para reforzar los engarces con la fe cristiana, como

---

[6] A lo que estoy señalando se anticipa, con su inteligencia y tino, Aurora Egido, al analizar los patrones eremíticos de obras como el *Fructus sanctorum* en «Poesía y peregrinación en el *Persiles*», en Antonio Bernat, ed., *Actas del III Congreso Internacional de la Asociación de Cervantistas* (Palma de Mallorca: Universitat de les Illes Balears, 1999), pp. 13-41.

[7] Tras ellos, la anécdota se hizo famosísima, al repetirla otros muchos clásicos y recogerla los autores de los siglos que aquí interesan. En el *Baldo* español, se recogen de esta manera, en el comentario o moralidad del capítulo XLV (edición de Folke Gernert, *op. cit.*, p. 168): «Cuenta esta historia o fábula Ovidio, en el libro de sus *Fastos*, Heródoto Halicarnaseo, según dize Aulo Gelio en el libro XVI, y el mayor de los Plinios, en el libro nono de su *Natural Historia*, donde dize esto de los delfines, y Solino, en el ca. XVII, aunque fue desagradescido a Plinio la humanidad d'estos delfines, que otra cosa nos demuestran y nos dan en cara».

[8] La idea de que a los delfines acuden a salvar a las personas que caen al agua está muy extendida y ha dejado testimonios literarios como el libro de Anne McCaffrey, *The Dolphins of Pern* (New York: Ballantine Books, 1994), obra en la que su héroe, Readis, fue recogido del agua por uno de estos animales. A veces, este motivo se plasma de manera legendaria, como en la reciente salvación de Elián, el niño balsero cubano que navegaba con su madre con destino a Florida, en la que supuestamente habrían intervenido de nuevo los delfines.

acontece en el caso del rey Gurgarant del *Perlesvaus*, obra en la que se añade un motivo complementario al cáliz y la lanza del primitivo *Perceval*: nada menos que la espada con que fue decapitado san Juan Bautista. A veces, el motivo no se plasma en clave religiosa, aunque en su origen lo sea, como acontece con esas naves maravillosas que transportan por igual a héroes y a reliquias. De ellas nos ocuparemos más adelante.

Las fronteras entre géneros se difuminan o desaparecen por completo en muchos casos, algo que acontece cuando un libro de caballerías, el *Lisuarte de Grecia* (1525) de Feliciano de Silva, incorpora una verdadera *ars bene moriendi*, puesta en boca de Florisando, un ermitaño más de los muchos que pueblan ese universo literario. El *memento mori* se cuela también de rondón en el entremés cortesano del Castillo del Universo en el *Amadís de Grecia* (1530) de Feliciano de Silva, que incorpora la figura de una muerte triunfante, equipada con su arco y flechas (como en la *Danza de la muerte* castellana, con su «frecha cruel traspassante» o como en la mayoría de las muestras plásticas de la muerte todopoderosa y democrática entre el Medievo tardío y el temprano Renacimiento), que porta en la mano la invención siguiente:

> Nadie no tome sobervia
> con gozar su señorío,
> pues que en la fin todo es mío.

También puede ocurrir —también ocurre de hecho, vale decir— que una de estas novelas llegue a introducir una vida de santo íntegra, como sucede en el caso del anónimo *Arderique* (1517) al narrar el hallazgo del cuerpo incorrupto de san Paulicio. La hermandad, como vemos, se revela en un sinfín de detalles para los que muchas veces sospechamos estímulos literarios concretos y directos, aunque en realidad haya casos incontables en los que el panorama se revela difuso en extremo. Por ejemplo, al inicio de este capítulo he hecho referencia al paradigma neotestamentario verdaderamente diáfano, con Cristo y sus doce apóstoles, que el lector de todos los tiempos percibe en la corte de Camelot, con Arturo y sus caballeros (doce, concretamente, en alguno de los textos conocidos); se trata, obviamente, del mismo origen que cabe establecer respecto de los Doce Pares de Carlomagno, a los que tan importante papel corresponde desempeñar en la gesta rolandiana y a los que la épica castellana tenía reservado un espacio privilegiado al vincularlos a las proezas del Cid más joven (dentro de las *Mocedades de Rodrigo*).

A este respecto, me parece altamente convincente que la constitución de todas esas sociedades acaudilladas y que la unión a través de todas esas formas de *brotherhood* se expliquen apelando a argumentos antropológicos que cubren un espectro mucho más amplio, ya que comprenden tanto la hagiografía (con una muestra estupenda en la vida de san Bernardo de Claraval y los treinta compañeros y familiares que lo acompañaron al cenobio de Citeaux, según relata Guillaume de Saint-Thierry, testigo de los hechos del santo y biógrafo), como el cuento folklórico (valga como simple testigo en este universo el ejemplo de *Los músicos improvisados*, también conocido como *Los cuatro músicos de Bremen*, aunque podrían aducirse algunas otras fichas en que el principio cumulativo afecta a la agrupación de los personajes que van incorporándose a la trama) o bien la leyenda de naturaleza poliforme (con ingredientes de raigambre cronística, novelesca y épica en la leyenda de Robin Hood o Robin de Locksley).

Hasta en la geografía, en la pura toponimia, encontramos coincidencias entre la novela y la vida de santo. Un espacio geográfico privilegiado en *vitae* y *romans* es el de las tierras de Irlanda, ya mencionada, y el de Escocia. Así, hay príncipes de Escocia en las más tempranas aventuras caballescas (como en la leyenda de *Tristán de Leonís*, o en la historiografía más próxima a la ficción literaria, a la manera de la *Gran conquista de Ultramar*) y en la ficción sentimental (así en el *Grisel y Mirabella* o en el *Triunfo de Amor* de Juan de Flores); por diversas vías, el motivo de la nobleza escocesa llegará, y no extraña en una aventura etiquetada como *septentrional*, al *Persiles* cervantino. En los límites entre *vita* y ficción literaria, o más concretamente allá donde se encuentran el relato hagiográfico y la *nouvelle* o narración ficticia breve, vuelve a aparecer ese referente geográfico. Pienso, concretamente, en Don Túngano o Tundalo, caballero escocés, que porta sobrenombre de *El Caballero de Hibernia*, y no olvidemos que Hibernia vale lo mismo que Escocia de acuerdo con Estrabón, aunque más propiamente en la geografía antigua el topónimo corresponda a Irlanda. Ésta es también tierra de referencia tanto en el mundo artúrico como en la novela medieval española en su conjunto.[9]

Hibernia es también la tierra de otra santa a la que ya he aludido: Dimpna. Del mismo modo, santa Brígida era la hija natural de un caballero escocés y una sirvienta de éste, mientras el padre de san Fiacro era nada menos que el rey de Escocia, de acuerdo con el *Mystère de saint Fiacre* francés: «La vie de monsieur sainct Fiacre, filz du roy d'Écosse [...]». Vale añadir que los escoceses (*Scoti*) fueron a menudo relacionados, por su nombre, con los escitas (*Scytae*),

---

[9] Hibernia es Irlanda en el tradicional trabajo de Charles Plummer, ed., *Vitae Sanctorum Hiberniae* (Oxford: Clarendon Press, 1910), donde se reúne una nómina de treinta y dos santos. Véase ahora Richard Sharpe, *Medieval Irish Saints' Lives. An Introduction to «Vitae Sanctorum Hiberniae»* (Oxford: Clarendon Press, 1991). Hibernia corresponde también a Irlanda en los *flores* que he revisado para la presente ocasión.

aunque su fiereza era mayor si cabe, pues aparecen dibujados como caníbales (así aún en la *Epithetorum opus* de Ravisio Textor); por otra parte, no tenían mujeres propias, por lo que su promiscuidad era absoluta, a la manera de los torpes animales. El punto de partida para tal percepción se encuentra ya claramente expuesto en Estrabón. Como puede comprobarse, los datos brindados por las fuentes eruditas son básicos para entender hasta qué punto se marcaba el contraste entre la *gens* y el santo en tales casos; sin embargo, hay que recordar que, desde el siglo VII en adelante, los *Scoti peregrini* eran los hombres cultos por excelencia. En fin, añádase una última e interesante ficha que pretende mostrar los posibles nexos geográficos entre la aventura romancesca y la aventura hagiográfica; en ese sentido, leyendas había que invitaban a tender la mirada hacia Oriente, por las lejanas tierras a las que santo Tomás, supuestamente, habría llevado el credo cristiano, las mismas en las que al final, también supuestamente, descansaban sus huesos. De ese modo, gracias a santo Tomás, el cristianismo permitía seguir idéntica ruta a la abierta, en el siglo IV a. C., por Alejandro Magno, cuya figura fascinó al lector europeo, en especial en los años que van del Medievo tardío al temprano Renacimiento.

A veces, el texto romancesco o novelesco se mueve entre la *vita* hagiográfica y el *miraculum* mariano, con casos extremos como esa prefiguración de Fausto que tenemos en Teófilo y su prolongación literaria en historias como la de *Roberto el Diablo*, nacido de una mujer estéril que ofrece al Maligno el hijo que desea engendrar; por supuesto, la superación de esa maldición ofrecerá nuevos puntos de encuentro con la literatura religiosa a la que aquí dedico mis energías. Por cierto, el llanto inconsolable de aquellos santos que procuran el arrepentimiento por pecados especialmente graves ha despertado la imaginación de infinitos artistas literarios, aunque las lágrimas de sus héroes y heroínas se viertan en circunstancias diferentes, ya que las más de las veces son causa de las penas de los males del amor. Creo que aquí hubieron de encontrar patrones cercanos y poderosos aquellos escritores del pasado que se entregaron a la redacción de plantos, duelos y lamentaciones en línea con los *planctus* y los *threni* clásicos; de esa manera, reforzaban lo que podían aprender por vía puramente teórica en las preceptivas al uso.[10]

Las *vitae* muchas veces se inundan de lágrimas y lamentos de personajes próximos al santo, como la madre y la esposa de san Alejo, que hubieron de soportar la más cruel de las torturas, una manera de suplicio que no puede sino

---

[10] Aunque puedo multiplicar las citas *ad nauseam*, me basta con recordar el apoyo que tales materiales pudieron suponer para el lamento alfonsí en el capítulo 559 de la *Estoria de España* estudiado por Olga T. Impey, «'Del duello de los godos de Espanna': la retórica del llanto y su motivación», *Romance Quarterly*, 33 (1986), pp. 295-307.

tenerse por una muestra de sadismo espiritual especialmente agudo. El planto de Pleberio, por su parte, resulta ser una inversión de un patrón vital básico, el de Job, que se ofrece en varias vidas de santo y que tiene plasmación manifiesta en la de san Eustaquio. El poder del modelo de Job en la ficción europea medieval fue formidable gracias precisamente a la leyenda de Eustaquio,[11] que en la literatura de nuestra Edad Media dejó nada menos que tres textos derivados, como he indicado atrás: el *Libro del cavallero Zifar* (con una alusión explícita del propio héroe en su invocación a Dios: «así commo ayudeste los tus siervos bienaventurados Eustachio e Teospita, su muger, e sus fijos, Agapito e Teospito, plega a la tu misericordia de ayuntar a mí e a mi muger e a mis fijos, que somos derramados por semejante»), *El cavallero Pláçidas* y la *Estoria del rey Guillelme*.[12]

Entronquemos ahora ciertos episodios caballerescos con las vidas de santos y atinaremos. Por supuesto, en ocasiones la conexión es automática, como en la vida del bretón san Colledoc, vinculada a la leyenda y figura de Lancelot.[13] ¿De dónde toman ejemplo el *Amadís* y, por vía paródica, el *Quijote* si no es de las vidas de santos al colgar a sus héroes el leve hábito de los anacoretas? El hidalgo manchego en Sierra Morena remeda a Amadís, transformado ahora en Beltenebros tras el enfado de una Oriana, comida por los celos de Briolanja (su capítulo XLVIII se lee así: «De cómo don Galaor, Florestán y Agrajes se fueron en busca de Amadís, y de cómo Amadís, dexadas las armas y mudado el nombre, se retraxo con un buen viejo en una hermita a la vida solitaria»), en su penitencia enamorada en la Peña Pobre:

> Eso es —dijo don Quijote— cuando no pueden más, o cuando están enamorados; y es tan verdad esto que ha habido caballero que se ha estado sobre una peña, al sol y a la sombra, y a las inclemencias del cielo, dos años, sin que lo supiese su señora. Y uno déstos fue Amadís, cuando, llamándose Beltenebros, se alojó en la Peña Pobre, ni sé si ocho años o ocho meses, que no estoy muy bien en la cuenta: basta que él estuvo allí haciendo penitencia, por no sé qué sinsabor que le hizo la señora

---

[11]	Como demostró Alexander H. Krappe, «La leggenda di S. Eustachio», *Nuovi Studi Medievali*, 3 (1926-1927), pp. 223-258.

[12]	Un estudio atinado del asunto ofrece Nieves Baranda, ed., *Chrónica del rey Guillermo de Inglaterra. Hagiografía, política y aventura medievales entre Francia y España* (Madrid/Frankfurt am Main: Iberoamericana/Vervuert Verlag, 1997). Acerca del *Zifar* y tales conexiones, véase también el capítulo IV («Aventura y hagiografía») del libro de Isabel Lozano-Renieblas, *Novelas de aventuras medievales..., op. cit.*, pp. 75-120.

[13]	Guy-Alexis Lobineau, en *Les vies des Saints de Bretagne et des personnes d'une éminente piété qui ont vécu dans la même province* (Rennes: Compagnie des imprimeurs-libraires, 1725), p. 25, dice que la vida de este santo se basa casi exclusivamente en la leyenda romancesca de Lancelot du Lac, adobada con su propia imaginación.

Oriana. Pero dejemos ya esto, Sancho, y acaba, antes que suceda otra desgracia al jumento, como a Rocinante (*Quijote* de 1605, cap. XV).

No obstante, la parodia del ermitaño del *roman* llega al extremo en el caso de un Montesinos vestido con ese hábito y puesto al servicio de Durandarte, de acuerdo con la visión que el hidalgo tuvo en su descenso a la profunda sima (*Quijote* de 1615, cap. XXIII). Ya que Antonio Cortijo ha dedicado páginas atinadas a este asunto, dejo mi alusión en eso y en nada más.[14]

No salgamos aún de esta materia, pues hay varios aspectos relativos a las vidas de los santos que considero medulares para el desarrollo de la ficción literaria antes y después del Medievo. Gracias a la familiaridad del lector con la hagiografía y la taumaturgia cristiana, cabía forzar el recurso a la verosimilitud hasta llevarla al límite de lo admisible. Este fundamental aspecto, silenciado en la formidable monografía de Edward Riley,[15] recibe ahora, al menos, una certera pincelada de Rogelio Miñana, cuyo estudio atiende también al resto de los casos considerados por la crítica, como Juan de Jáuregui, María de Zayas, Alonso de Castillo Solórzano y otros tantos.[16] Hay, por ello, momentos en que la escritura hagiográfica está pesando claramente sobre Cervantes, aunque el dato se le haya escapado comúnmente a la crítica más avisada, según acabo de decir. Así, coincido con Edwin Williamson cuando recuerda cómo Cervantes apela al cielo para justificar el encuentro fortuito entre Dorotea, don Fernando, Luscinda y Cardenio, con el propósito de desenmarañar las historias cruzadas del *Quijote* de 1605;[17] no obstante, esa ficha necesita apuntalarse con una referencia adicional a las vidas de santos, ya que en ellas la providencia divina cuida de los virtuosos de idéntica manera a la del narrador en la ficción en clave idealizante, al modo de Cervantes y sus contemporáneos. Contrástese, por ejemplo, el citado episodio del *Quijote* con la leyenda de san Eustaquio, que tantas claves aporta por medio de sus separaciones, sus reencuentros y su anagnórisis, y comprobaremos hasta qué punto esa fórmula entraba dentro de lo literariamente aceptable.

---

[14] «La cueva de Montesinos y la presencia de 'Durandarte' en los Siglos de Oro», en Carmen Hsu, ed., *Cervantes y su mundo* (Kassel: Reichenberger, en prensa).

[15] Me refiero, claro está, a *Teoría de la novela en Cervantes* (1962) (Madrid: Taurus, 1966), un clásico del mejor cervantismo.

[16] En el capítulo «¿Milagro o industria?: Cervantes y la novela corta frente a la maravilla», de su libro *La verosimilitud en el Siglo de Oro: Cervantes y la novela corta* (Newark: Juan de la Cuesta, 2002), pp. 157-169.

[17] «Romance and Realism in the Interpolated Stories of the *Quijote*», *Cervantes*, 2 (1982), pp. 43-67.

Una reflexión que se puede aplicar no sólo a Dorotea en hábito de pastora sino a varias de las heroínas del género pastoril es la de que, en tan humilde traje, parece un simple reflejo de las santas entregadas a los rigores del yermo, como vemos en aquellas tablas, grabados y esculturas en que se nos ofrece a una santa María Egipciaca penitente casi idéntica a la heroína novelesca; reparemos también en esa magnífica escultura de santa María Magdalena que, con tan riguroso hábito y con una belleza que en ningún punto se realza con curvas femeninas, nos sorprende en el Museo del Prado de Madrid. Particularmente, Dorotea está vinculada a la naturaleza y al mundo rural desde su propio nombre, que es el de una bella y joven santa que murió durante las persecuciones de Diocleciano y que, en la iconografía que de ella tenemos, aparece representada con una cesta de flores. Son las flores celestiales que, sarcásticamente, pedía un abogado, de nombre Teófilo, a santa Dorotea cuando ésta iba a dar testimonio de fe; son las rosas y manzanas de las que, al punto y para su asombro, le hizo entrega un niño, en un milagro tan bello como poético.[18] Además, al igual que la Dorotea del *Quijote* y otras heroínas de la novela pastoril, una de las santas más conocidas en todo Occidente, santa Margarita de Antioquía, se ocultó durante largo tiempo en el campo y con hábito de pastora, con el propósito de escapar del acoso de los hombres, un acoso que continuó al ser descubierta por el gobernador de Antioquía. Como vemos, al explicar un episodio como éste, no basta con referirse a los libros de pastores o a los interludios pastoriles de los libros de aventuras peregrinas (pienso en *Los amores de Clareo y Florisea y los trabajos de la sin ventura Isea* de Alonso Núñez de Reinoso, de 1552) o los libros de caballerías (tengo en mente, en particular, el *Olivante de Laura* de Antonio de Torquemada, de 1564). Cervantes, como siempre ocurre, estaba bien informado.

Añadamos una ficha más: Dorotea es tan hermosa como *discreta* (calificativo éste machaconamente cervantino), al igual que un largo número de santas (santa Eugenia y tantas otras) sobre las que volveremos algo más abajo y al igual que las vírgenes prudentes que esperaron al esposo con la lámpara llena de aceite, según narra la célebre parábola de san Mateo (25, 1-13). Menos extraña que, al dibujar a la cristianísima Isabela de *La española inglesa*, Cervantes resalte su discreción extrema, que, en primera instancia, le sirve para evitar que tanto ella como sus padres adoptivos acaben en la cárcel por ser católicos en Inglaterra. La niña Isabela dice, no obstante, que, para ocultar lo que debe, no obrará simplemente como discreta sino que, de seguro, recibirá el auxilio del cielo que tanto se precisa en ocasiones extremas:

---

[18] El relato es contado de parecida manera en todas las fuentes que he manejado; sin embargo, como en tantas otras ocasiones, Pedro de Ribadeneira le añade quilates (*Flos*, I, pp. 343-344).

No le dé pena alguna, señora mía, ese temor, que yo confío en el cielo que me ha de dar palabras en aquel instante, por su divina misericordia, que no sólo no os condenen, sino que redunden en provecho vuestro. [19]

La discreción de la santa es su herramienta primordial para esquivar el peligro del pecado; por el contrario, la joven que se deja enredar con palabras hábilmente trabadas está abocada al desastre. Melibea es el ejemplo de esto último, mientras su antítesis se halla en santa Ágata o Águeda, entregada por Quinciano (y de nuevo me quedo con la versión tardía de Pedro de Ribadeneira, conocedor a buen seguro de la obra de Fernando de Rojas) a «una vieja sagaz llamada Afrodisia» para que se la ablandase; pero nada es capaz de lograr la acordadora de amores, y es que nada podría conseguir de ella, blindada como estaba por la discreción:

Afrodisia, bien entiendo tus mañas y las razones con que piensas persuadirme que yo dexe a mi Christo y deshonre a mi linage y venda mi virginidad; mas no pienses que tienes tanta eloqüencia ni tanto artificio en tus palabras que yo me dexe vencer de ellas (*Flos*, I, p. 325).

La santa defiende su integridad a toda costa y, entre otras armas defensivas, apela, por lo común, a su discreción. Esta virtud le permite, por ejemplo, engañar a todos con la sana intención de dilatar el plazo de una boda no deseada, al haber dado previamente a Jesús la palabra de ser su esposa; pero, sobre todo, la discreción de la santa cuaja en una mezcla de valentía y facundia, que le sirve para defender su libre elección, para buscar maneras de amansar a su pretendiente y hasta para tirar de las orejas a unos padres que no han tenido en cuenta su gusto y su interés. Escenas como ésas hay muchas en las *vitae*, aunque, puestos a destacar alguna, me decanto por la de santa Maxelende, en tanto en cuanto respeta plenamente el citado patrón. A sus padres, «les afeó lo que havían hecho sin darle parte, siendo ya de edad para conocer lo que le convenía»; a Harduino, que esperaba desposarla, y a todos los asistentes a la boda les dio una nueva dosis de la misma medicina: «ella habló de tal manera y con tal resolución a todos los que a las fiestas de las bodas se havían juntado que luego entendieron que perdían tiempo y que aquella doncella antes perdería la vida que su virginidad» (ambas citas proceden de Pedro de Ribadeneira, III, p. 396). Entonces, ¿a quién puede extrañar una estampa como la de Marcela defendiendo su libertad en la *Primera parte* del *Quijote*, capítulos XII-XIV?, ¿o como la de María en el *Persiles*, a la que atenderé de inmediato? El linaje de la segunda, que responde al patrón de la heroína cristiana, queda claro del todo;

---

[19] En su edición, *Novelas ejemplares, II* (Madrid: Castalia, 1982), p. 53.

el de Marcela se antoja mucho más complejo, aunque creo prudente considerar una doble progenie: la propia de tantas santas, en su denodada defensa de su particular ideario y manera de vivir, y la de la casta Diana, que deja toda una estela desde la Antigüedad hasta el *terminus ad quem* que me he impuesto en el presente libro.[20]

De vuelta al hábito del santo, deseo añadir que los santos que tienen su largo cabello o su poblada barba por todo traje (a santa María Egipciaca y, por extensión, a santa María Magdalena,[21] se unen san Macario Romano o san Onofre) son a veces el equivalente de un caballero o una mujer salvaje y de otros seres afines que poblarán las artes plásticas y la literatura del Medievo tardío y el Renacimiento.[22] Por lo que atañe a las mujeres barbudas,[23] de nuevo la literatura tiene su apoyo en la hagiografía, con la difundida y ficticia santa Vilgeforte de Portugal, también conocida (entre otros tantos nombres) como santa Librada, capaz de resolver los problemas más diversos, de librar de todo apuro y de quitar cualquier aflicción.

No es ésa, no obstante, la única manera posible de *aemulatio*, dejado el duro desierto de los santos anacoretas y confesores de las *vitae patrum* e instalados en la suave Arcadia. En realidad, no es en absoluto inaudito que Dorotea y otras heroínas de la novela pastoril apuesten por una vida próxima a la de las santas del yermo; en realidad, lo que hacen estos personajes de la ficción novelesca del Barroco es aceptar un modelo de vida que las aleja del mundanal ruido, que las aparta de los torpes placeres corporales y que las lleva por un camino salvífico. Caso aparte, y por ello ni siquiera merece más que un comentario de pasada, es el de la novela pastoril a lo divino, un exceso literario al que la crítica ha dedicado poco más que una cita rápida o algún duro varapalo, de la que sólo se salvan *Los pastores de Belén* (1612) del genial Lope

---

[20] Mi propuesta debe considerarse, por tanto, como necesario complemento al clásico trabajo de Arturo Marasso, *Cervantes, la invención del «Quijote»* (Buenos Aires: Hachette, 1954, 2ª ed.), p. 88. Marcela es refractaria al sometimiento y docilidad característicos de la mujer, como antes la desamorada Gelasia en *La Galatea* (IV, 325), personaje que anticipa a Marcela; del mismo modo, el intento de suicidio de Galercio abre vía al suicidio consumado de Crisóstomo.

[21] La santa —y es ella, no hay duda, por el recipiente o pomo de perfume que la acompaña— aparece con su caballero por traje único en cuadros como el de Giovan Pietro Rizzoli, de inicios del siglo XVI, que podemos ver en la catedral de Burgos.

[22] Sobre el asunto, en toda su amplitud, es básico, por su exhaustividad, Santiago López-Ríos Moreno, *Salvajes y razas monstruosas en la Literatura Castellana Medieval* (Madrid: Fundación Universitaria Española, 1999).

[23] Véase el interesante trabajo de Jacobo Sanz Hermida, «Una vieja barbuda que se dice Celestina: Notas acerca de la primera caracterización de Celestina», *Celestinesca*, 18 (1994), pp. 17-33.

de Vega. Otro tanto sucede, hora es ya de decirlo en el interior de este capítulo, con las vueltas a lo divino de nuestra ficción caballeresca. Lo excesivo del experimento no procede sólo de una simple impresión del lector moderno sino de las censuras estéticas y morales de una larga nómina de escritores de la propia época en que ese subgénero estuvo activo.[24]

De quedarnos con estas últimas (aquéllas ya las conocemos, gracias sobre todo a Cervantes y al libro de Edward Riley, recién citado), vale decir que era peor el remedio que la enfermedad: si los libros de caballerías abundaban en contenidos nada recomendables para el lector, su vuelta a lo divino no lograba superar ese problema sino que, al contrario, abundaba en él por medio de la pura aberración y daba en un híbrido de fábrica poco compleja, de acuerdo con lo que hasta ahora se ha ido exponiendo. A la luz de las referencias agavilladas en este libro, a las que aún uniré unas cuantas, resta sólo concluir que, si a los libros de caballerías a lo divino sólo les esperaban el *Index librorum prohibitorum* y la chanza generalizada, el conjunto de la ficción caballeresca se vio afectado por una crítica global que no logró mitigar un ápice su fuerte y continua impregnación por parte de las vidas de santos. Si alguien hubiese aducido este argumento en su defensa, habría sucedido justamente lo contrario.

Que don Quijote haga suyo el ideal de los viejos caballeros andantes del Medievo es sinónimo de locura;[25] por el contrario, que alguien pretenda seguir la senda de los virtuosos, en su existencia morigerada, o la de los santos y las santas eremitas, en su vida de privaciones, es muestra de aceptación del más riguroso y elevado entre todos los patrones vitales entre el Medievo y el Barroco, por no aventurarme fuera de los límites cronológicos del título de este trabajo. Los libros de caballerías despertaron la imaginación de un genial escritor y le ayudaron a perfilar la figura de su loco y excepcional personaje; por su parte, las vidas de santos se mostraban mucho más poderosas al aportar, por igual, patrones literarios y patrones vitales. El camino, además, era muy cómodo, como afirma Ribadeneira en el prólogo de su obra, ya que con las *vitae sanctorum* se pasa, inevitable e imperceptiblemente, de la búsqueda del placer provechoso y hasta de la simple eutrapelia a la persecución de metas mucho más elevadas:

Pero no ha sido el menor motivo para llevar adelante esta empresa el acordarme que nuestro bienaventurado padre san Ignacio, padre y fundador de nuestra mínima

---

[24] Es de esperar que vea pronto la luz el estudio y catálogo de Emma Herrán de libros de caballerías a lo divino, dirigida por un experto hagiógrafo como es Fernando Baños.

[25] Hombres de carne y hueso al fin y al cabo, como tantas veces recordara Martín de Riquer en trabajos como su clásico *Caballeros andantes españoles* (Madrid: Espasa-Calpe, 1967).

Compañía de Jesús (a cuyos pechos, por particular misericordia del Señor, yo me crié), siendo soldado y sumido en la vanidad del mundo, abrió los ojos del alma y se convirtió a Dios por leer las vidas de los santos, aunque al principio las leía más por entretenimiento que por devoción.

En el cotejo de modelos que acabo de realizar, queda claro que el patrón que interesa es el de los santos del yermo, el de aquel puñado de escogidos que, para imitar a Cristo y hacerse merecedores de él, persiguieron una vida de pobreza y privaciones, en línea con la *devotio moderna* europea o con el marianismo franciscano español. A este respecto, me parece que la operación llevada a cabo por Keith Whinnom en uno de sus trabajos no resuelve por completo el dilema en torno al origen de una forma de espiritualidad común a la *Vita Christi* de fray Íñigo de Mendoza, a las *Coplas* de fray Ambrosio Montesino o a la *Passión trobada* de Diego de San Pedro.[26] Creo que, en buena medida, la respuesta se halla en las vidas de santos, en la que abunda tal fermento; del mismo modo, en ellas hay que perseguir (aunque en ningún caso se me ocurre rechazar la influencia de Thomas a Kempis y de Jean Gerson sobre nuestra literatura en el tardío Cuatrocientos) unos ideales de espiritualidad que sirvieron también al trazar la semblanza de unos personajes perfectos desde una óptica moral, ya se trate de potestades eclesiásticas (valga el ejemplo del cardenal Cisneros, padre de una magna reforma espiritual o siembra mística, como dijera Pedro Sainz Rodríguez tiempo atrás), reyes y nobles (con los Reyes Católicos siempre por delante, como hemos puesto de manifiesto Teresa Jiménez Calvente y yo mismo en un artículo arriba citado)[27] o unos héroes del pasado ahora nuevamente reivindicados (con la figura de Fernán González, estudiada desde esta óptica concreta en el artículo de Mercedes Vaquero que citaba antes).[28]

Ni siquiera basta con la literatura de que aquí me ocupo: en realidad, son muchos los escritos que rezuman gotas de esa nueva religiosidad, como las nuevas *artes bene moriendi*; como aquellos autores antiguos ahora recién recuperados, del tipo de san Juan Clímaco, con su *Escala espiritual* (*c.* 579-649); o como la nueva literatura espiritual, valedora de la contemplación, de la oración y del apartamiento decidido de las asechanzas y los peligros del mundo.

---

[26] «The Supposed Sources of Inspiration of Spanish Fifteenth-Century Narrative Religious Verse», *Symposium*, 17 (1963), pp. 268-293.
[27] «Entre edenismo y *emulatio* clásica: el mito de la Edad de Oro en la España de los Reyes Católicos», *Silva...*, *op. cit.*
[28] «La Devotio Moderna y la poesía del siglo XV: elementos hagiográficos en la *Vida rimada de Fernán González*», en Jane E. Connolly, Alan Deyermond y Brian Dutton, eds., *Saints and their Authors...*, *op. cit.*, *passim*.

La nómina de estos últimos es larga y nos obliga a partir de autores tan tempranos como fray Antonio Canals (*c.* 1352-*c.* 1417), el autor de la *Escala de contemplació*, contemporáneo del gran reformista Geert Groote (1340-1384), padre de la *devotio moderna* e impulsor del movimiento de los *Fratres Communis Vitae*. Como vemos, el panorama es mucho más intrincado y resulta más complejo de lo que los especialistas de nuestro ámbito suponen; en ese medio, el patetismo y, en ocasiones, el tremendismo resultan ser marcas características que lograrán impregnar buena parte de nuestra literatura y de nuestro arte, con una penetración que percibimos *in crescendo* camino del Barroco; en fin, en un ambiente como el descrito adivinamos la influencia de las vidas de santos en muchas de sus estampas, en infinitos momentos y en el conjunto de su ideario.

10.

ESTAMPAS DE LA SANTIDAD FEMENINA

Continuemos con la hagiografía femenina (cuyas *vitae* pueden aparecer exentas, con el orden del santoral o todas agrupadas, en razón de su sexo), que presenta aspectos de especial interés, como lectura específica para mujeres o para el consumo de todo tipo de público.[1] Las santas de notable belleza alimentaron la imaginación del hombre del pasado, que revistió a sus heroínas de algunas de sus grandes virtudes.[2] Entre el *roman* y la *novella* se cuelan reinas y damas virtuosas (como la *Santa emperadriz que ovo en Roma*),[3] capaces de

---

[1]   Las reflexiones de Aragüés sobre el particular son valiosísimas, al mostrar cómo niños y féminas, menos dados a la virtud que el varón, ofrecen modelos especialmente valiosos de virtud (*a maioribus ad minora*). Como ya se dice en Quintiliano ser virtuoso es mucho más meritorio en la mujer (*admirabilior in foemina quam in viro virtus*). Este modo de argumentar constituye una técnica compleja que Erasmo desmenuzó en varias de sus obras y que Aragüés recoge y expone en el capítulo VI («*Ars dilatandi exempla. Teorías sobre la dilatación narrativa del exemplum*») de «*Deus concionator*»…, *op. cit.*, pp. 249-272; véanse ahora, además, sus artículos «*Modi locupletandi exempla. Progymnasmata* y teorías sobre la dilatación narrativa del *exemplum*», *Evphrosyne. Revista de Filologia Clássica*, 25 (1997), pp. 415-434; «La muger gentil y el varón cristiano. Un eco erasmiano en Fray Luis de Granada», en Túa Blesa *et al.*, eds., *Actas del IX Simposio de la Sociedad Española de Literatura General y Comparada* (Zaragoza: Sociedad Española de Literatura General y Comparada, 1994), vol. I (*La mujer: elogio y vituperio*), pp. 37-47; y «Fronteras de la imitación hagiográfica (I): una retórica de la diferencia», en I. Arellano/M. Vitse, *Modelos de vida en la España del Siglo de Oro. II: El sabio y el santo* (Madrid/Frankfurt am Main: Iberoamericana/Vervuert, 2007).

[2]   Por supuesto, ni siquiera las santas han escapado a las modas académicas, como se desprende del título siguiente: *Donne sante, sante donne. Esperienza religiosa e storia dei genere* (Torino: Rosenberg & Sellier, 1996).

[3]   Este relato ha sido considerado desde la óptica que aquí interesa por Leonardo Romero Tobar, «*Fermoso cuento de una enperatriz que ovo en Roma*: entre hagiografía y relato caballeresco», en *Formas breves del relato (Coloquio. Febrero de 1985)* (Zaragoza/Madrid: Secretariado de Publicaciones de la Universidad de Zaragoza/Casa

perder su juventud y de renunciar a todo tipo de placeres al tiempo que aguardan al esposo o al novio ausentes, con observancia de la más rigurosa de las existencias, un motivo que enlaza con algunos de los grandes ciclos, como vemos en la vida de santa Isabel de Hungría (1207-1231), cuya espera se justifica por partir el marido hacia las Cruzadas, de las que finalmente nunca regresaría. Se trata, claro está, de una actualización del mito de Penélope, que resucita una y otra vez en la literatura occidental y que engalana un poema español de especial belleza: el *Romance de las señas del marido*. Sabedores del proceso de exaltación y santificación, ya en sus propios años, de Isabel la Católica, no extrañará que sea precisamente la castidad —y nada importa en este caso su condición de esposa y madre— la virtud destacada por muchos escritores, que simbólicamente asocian a Isabel con el árbol de la palma, como a tantas santas y tantos santos mártires (no en balde, nos referimos a la palma de la santidad)[4] que defendieron su honestidad hasta la muerte;[5] y, por cierto, la defendieron por igual como solteras y como casadas, rechazando a cualquier otro hombre que no fuese su esposo (con paradigma primario en una mujer pagana, la casta Lucrecia) o, en el colmo de la castidad, al esposo mismo. A este último patrón, el de la castidad o, mucho más estrictamente, el de la virginidad preservada en el matrimonio le dedicaremos la atención que merece algo más adelante.

---

de Velázquez, 1986), pp. 7-18. Ese universo de relaciones debe extenderse al ms. h-I-13, como demostraron poco antes John R. Maier y Thomas D. Spaccarelli en el artículo a que tantos elogios he dedicado algo más arriba.

[4] Sorprendentemente, no hallo este valor en el *DRAE*, aunque sí en el siempre certero *Diccionario de uso del español* de María Moliner (Madrid: Gredos, 1998, 2ª ed.). No se olvide que este atributo no sólo fue de carácter genérico sino que sirvió para identificar a algunos santos en especial, como a san Pablo de Tebas o Protoeremita.

[5] En el siglo XVI, el comentario del doctor Andrés Laguna a su *Dioscórides* aún nos recuerda otra virtud de la palma: el hecho de ser al reino vegetal lo que la tórtola al animal: «Las palmas hembras no produzen jamas su fructo si no tienen cerca de sí el macho, y si acaso se le cortan o él de sí mesmo se muere, para siempre quedan estériles, y siéndole enojosa la vida poco a poco se van secando; el qual exemplo si tuviessen delante los ojos continuamente las biudas, no tratarían de nuevas bodas mientras duran los responsos y las exequias de sus velados, como lo hazen algunas dellas, que entierran a sus maridos oy y se casan mañana» (Amberes: Juan Lacio, 1555), p. 97. Considerados estos datos, se conseguirá arrojar luz adicional sobre aquella estampa de san Simeón el Estilita (primero de todos los santos que se entregaron al duro sacrificio de pasar la vida sobre una elevada columna) cuando tuvo durante tres días por único traje un taparrabos hecho con hojas de palma vueltas hacia dentro, que le infligieron no pocas heridas en el cuerpo. Véase el tradicional estudio de Hippolyte Delehaye, *Les saints stylites* (Bruxelles: Societé de Bollandistes, 1923).

Por cierto, ya que nuestra memoria da inevitablemente en el *Romance de Fontefrida*, conviene complementar las fichas previas con otra más, esta vez correspondiente a santa Liduvina, acaso la más morbosa de todas cuantas he leído, pues se trata de una joven bella que pidió al cielo enfermedad y deformaciones de su cuerpo para alejarse más fácilmente del pecado y hacerse merecedora de la gloria eterna. En esta *vita*, me interesa aquel momento en que, para mostrar hasta qué punto se está alejando de todo placer, Liduvina sólo bebe agua sucia, en una estampa muy próxima a la de la tórtola que despreciaba el agua clara y la bebía turbia en *Fontefrida*. ¿Se trata acaso de un influjo directo de la *vita* sobre ese romance?[6] ¿El motivo se justifica por medio de un antepasado común? ¿Se trata de una simple coincidencia? Hoy por hoy, no tengo respuesta tajante al respecto ni tampoco la encuentro en la crítica previa, aunque la sola exposición del dilema me parece de lo más interesante.[7]

Lo único que puedo añadir al respecto es que la enfermedad o la muerte sirven en otros muchos casos para evitar el pecado, como en la vida de santa Petronila, hija de san Pedro apóstol; a ella, como indica Pedro de Ribadeneira, la pérdida de la salud le supuso un seguro para su alma: «Fue Petronila de extremada hermosura y gracia. Para que no se desvaneciesse con ella, y con la flor de su edad perdiesse el fruto de la virtud, diole Nuestro señor una enfermedad larga y trabajosa» (*Flos*, II, p. 178). En otros casos, como bien digo, es la muerte (la del propio santo o la de alguien a su cuidado) la que asegura que alguien bendito de Dios fallezca en estado de gracia, como veremos luego; no obstante, adelanto que el *Fructus sanctorum* de Alonso de Villegas pone ejemplos de esta índole en los siguientes discursos: X («De castidad», pp. 205-274), XX («De continencia», pp. 460-475), XXV («De enfermedad», pp. 549-569), XXX («De fidelidad de casados», pp. 671-685), XLVI («De luxuria», pp. 1012-1036), LV («De mujeres», pp. 1315-1335), LXIX («De resistir al demonio», pp. 1671-1706) y LXXVII («De vergüenza», pp. 1810-1824).

En definitiva, santa Ludivina muestra poseer la misma entereza que llevó a otras santas a rechazar ciertas propuestas sexuales o un matrimonio que habrían salvado su vida, como santa Febronia, bella mujer de Mesopotamia que prefirió el martirio y la muerte a apostatar y casarse con el sobrino del prefecto; como santa Susana, que arrastró consigo a la muerte a su padre y dos tíos por rechazar al poderoso Maximiano; o como santa Margarita (el suyo es básicamente un cuento en el que no falta ni tan siquiera el diablo en forma de dragón,

---

6   Esta *vita* fue tan célebre que incluso la transmitió Thomas a Kempis.
7   Las marcas hagiográficas se demuestran en el conjunto del ejemplo 44 de *El Conde Lucanor*, en que los vasallos del conde Rodrigo el Franco le muestran su lealtad bebiendo el agua en la que previamente habían lavado sus heridas de leproso.

como se había sospechado desde antes de los bolandistas), que fue acosada por
otro prefecto que, al final despechado, acabaría por mandarla al martirio a
causa de su confesión. Por su parte, santa Ágata resistió un ofrecimiento de
idéntico tenor, como otras tantas cristianas devotas y santas y como alguna
mujer pagana de conducta ejemplar, con el paradigma de Lucrecia la casta,
aunque esta última ya estuviese casada. La santidad y la limpieza de espíritu se
ponen especialmente de relieve cuando, además, se sufren resignadamente las
acusaciones más infames, como sucede por igual en las vidas de muchas santas y en las aventuras de varias heroínas romancescas, como ha señalado
recientemente César Domínguez.[8]

El santoral está plagado de jóvenes, discretas y bellas que rechazaron un
matrimonio conveniente para preservar la joya de la castidad; a este respecto,
el patrón primordial es el de la santa Tecla, personaje de existencia dudosa (de
hecho, salió del santoral en 1969) y que, de acuerdo con su difundida leyenda,
fue arrastrada a la limpieza de cuerpo y alma por las prédicas de san Pablo,[9]
modelo éste repetido en tantas y tantas *vitae*, como santa Bárbara, santa Úrsula,
santa Brígida, santa Macrina la Joven o santa Eufrosina. Esta idea será característica del tridentinismo, ya que, de acuerdo con los estatutos del Sacrosanto
Concilio, quien ose anteponer el matrimonio al celibato será anatemizado.
¿Acaso no nos suena familiar tan tajante declaración de principios? La respuesta no puede ser sino afirmativa, toda vez que esa idea se defiende en el
cuento del portugués enamorado del *Persiles* cervantino (I, 10): «Maria opti-
mam partem elegit» (en que se calcan la idea y las palabras de san Lucas, 10,
42). Llamativa por su materia como pocas y como pocas también sospechosa
de ser pura ficción literaria es la leyenda, en su evolución tardía, de san
Cipriano y santa Justina, en la que el mago Cipriano, a pesar de apelar a todas
sus artes, fracasó en su objeto de enamorar a Justina; por el contrario, la joven

---

[8] En un trabajo sobre el que volveré de nuevo, «'De aquel pecado que le acusaban a falsedat'. Reinas injustamente acusadas en los libros de caballerías (Ysonberta, Florençia,
la santa Enperatrís y Sevilla)», en Rafael Beltrán, ed., *Literatura de caballerías y orígenes de la novela, op. cit.*, pp. 159-180.

[9] El programa, acompañado de los correspondientes resúmenes, del Medieval Hispanic
Research Seminar, Fourteenth Colloquium, 27-28 June 2002, celebrado en la Universidad
de Londres, incluye una ponencia de Andrew M. Beresford bajo el título «St. Thecla of
Iconium and the Politics of Female Empowerment», cuyo resumen afirma (y no deja de
sorprenderme) lo siguiente: «This paper will analyse the cult of St. Thecla in relation to
medieval Spain, and will attempt to show, on the basis of the scant literary evidence that
has survived, how her cult was deliberately and consciously suppressed by a male-domi-
nated Church eager to ensure that the more controversial aspects of her life and ministry
would cease to provide a source of inspiration for medieval women». Mucho más me interesa la revisión de textos como las *Cobles fetes en laor de la beneyta senta Tecla*.

logró sacarlo de la profunda melancolía en que había caído y lo llevó a la fe de Cristo, de la que ambos dieron testimonio con su vida. Por supuesto, tampoco falta lo que se antoja el colmo: el rechazo a consumar el matrimonio con idéntico propósito, a la manera de santa Osita o santa Justa.

En el siglo XV, en una riquísima literatura que fluctúa entre los elogios y las pullas a las mujeres, la casta Lucrecia tendrá la compañía de no pocas vírgenes y damas virtuosas, en glosas y comentarios o en monografías dedicadas a la materia, como las bien conocidas de Álvaro de Luna, Diego de Valera o Martín de Córdoba, quienes verdaderamente tenían mucho donde escoger, desde la leyenda de santa Úrsula y las once mil vírgenes que la acompañaron en adelante. La presencia de este material hagiográfico femenino ha sido señalado ya por Billy Bussell Thompson, quien nos recuerda, junto a su uso en el *Libro de virtuosas e claras mugeres* de Álvaro de Luna o en el *Tratado en defenssa de virtuossas mugeres* de Diego de Valera, su presencia de las vidas de santa Inés, santa Tecla, santa Pelagia, santa Soternes, santa Brígida y santa Mónica en el *Jardín de nobles donzellas* de Martín de Córdoba.[10]

La defensa de las mujeres ejemplares se constituyó en una de las características básicas del género sentimental, como sentenció Keith Whinnom y han repetido después los estudiosos que mejor conocen esa familia literaria; por ello, las santas pueden aducirse como modelos de conducta en obras como la *Cárcel de Amor*, según ha indicado Thompson en ese mismo trabajo, aunque eso no es todo. Incluso puede llegarse a una defensa a ultranza de la castidad que resulta ciertamente sorprendente dada la materia amorosa que anima estos relatos, como sucede en la *Repetición de amores* de Luis de Lucena;[11] de ahí que no extrañe que Fernando Gómez Redondo haya resaltado éste que él tiene por rasgo paródico en la poética de esa obra.[12] Por supuesto, esa peculiaridad tiene explicación en la literatura de su época, en términos de forma y contenido: al lado de los modelos sentimentales, hispánicos y foráneos, hay que poner la literatura moral, con sus tratados y con sus escritos misóginos; por añadidura, para completar el panorama, hemos de contar con otras obras de distinto linaje literario en las que se sublima la castidad femenina y en las que se alaba a cuantas féminas defendieron su virtud a toda costa.

---

[10] «'Plumbei cordis, oris ferrei': la recepción de la teología de Jacobus a Voragine y su *Legenda aurea* en la Península», en Jane E. Connolly, Alan Deyermond y Brian Dutton, eds., *Saints and their Authors...*, *op. cit.*, pp. 97-106 (102-103).

[11] Lo leemos ya desde el largo exordio, en Miguel M. García-Bermejo, ed., en Pedro Cátedra *et al.*, *Tratados de amor en el entorno de «Celestina» (Siglos XV-XVI)* (Madrid: Sociedad Estatal España Nuevo Milenio, 2001), pp. 99-103.

[12] «Lucena, *Repetición de amores*: sentido y estructura», en Victoriano Roncero y Ana Menéndez Collera, eds., *'Nunca fue pena mayor'...*, *op. cit.*, pp. 293-304.

Por esta vía, podemos proceder en línea recta hasta alcanzar a uno de los autores básicos para la ficción sentimental: me refiero a Ovidio, aunque esta vez no por sus *Heroidas* sino por las *Metamorfosis*; aquí, de hecho, se ofrecen magníficas estampas de mujeres que defendieron su virginidad como si de heroínas cristianas se tratase. Como muestra, vale un único y revelador ejemplo: la historia de Procne y Filomena, incorporada al libro VI de esa obra, en que Tereo corta la lengua a su cuñada, Filomena, para que no pueda contar a nadie que la ha violado; de ese modo, la joven pasa por la misma tortura de tantos santos y santas y, en esa peculiar mutilación, coincide con modelos como el del francés Léger o Leodegario (el de la primitiva *Vie de saint Léger*, del siglo XI), quien por virtud divina continuó predicando y pudo convertir a su verdugo y a la plebe que asistía a tan horrendo espectáculo. En esa defensa de la pureza de cuerpo y espíritu, Lucena se anticipa a los planteamientos comúnmente aceptados en la narrativa quinientista, donde el valor de la castidad es tal que ni siquiera es asunto que quepa discutir; para llegar a ese punto, no obstante, pasarán muchas cosas, entre ellas que el universo de las artes literarias europeas acabará por impregnarse por completo de un neoplatonismo que tiene una doble dimensión, igualmente poderosa, estética y filosófica.

La santa-niña es, antes de nada, casta; con ella, se revive continuamente uno de los principales mitos universales, el de la virginidad y la pureza, que cuenta con los paradigmas básicos de Diana y la Virgen María, sin necesidad de apelar a toda una larga serie de mitos asiáticos de idéntico contenido. Una de las principales características de esta joven virtuosa es su ingenio o discreción, valor femenino poseído como pocas por santa Catalina de Alejandría, la adolescente que, con sólo dieciocho años, logró derrotar a cincuenta sabios gracias a su inteligencia y facundia y que prefirió la muerte antes que casarse con el emperador (por ello, es tenida por patrona de los teólogos y pensadores cristianos de todos los tiempos). En una manifestación rotunda de matrimonio místico, hiperabundante en las vidas de santos, Catalina sólo aceptaba casarse con Cristo. No veamos en ello ninguna manera de soberbia, pues ese matrimonio es de naturaleza extraordinaria y puede beneficiar a infinitas mujeres: a todas cuantas lo deseean, de hecho. Caso bien distinto es el de la fémina soberbia —esta vez sí— y loca que rechaza el matrimonio humano al tener la seguridad de que habrá de ser ella quien conciba al Mesías. Por supuesto, me refiero a la Sibila Casandra, objeto de burla para Gil Vicente en su célebre auto.

Reflejo de mujeres de talento, discreción y verbo fácil nos ofrece la literatura laica con una Serezade o con *La Donzella Teodor*. Por supuesto, la sabiduría de estas niñas es, lógicamente, infusa y no el resultado de años y años de estudio, imposibles en su caso; por el contrario, en la madurez, la sabiduría del santo es en parte gracia divina y en parte fruto de su tesón en el estudio. A nadie le extrañe el hecho de que sólo el varón sea santo y sabio en la vejez, ya que la mujer demasiado leída y formada en exceso ha merecido burlas y más burlas hasta bien entrado el siglo xx.[13] Y no se trata sólo del hecho de que las mujeres se den a aquellas lecturas —novelas y poesía amatoria— que las arrastran hacia locos devaneos; lo que molesta en la mujer es el hecho de leer en sí mismo, aunque lo que se lea no sea otra cosa que obras de devoción o incluso Sagradas Escrituras, como podemos comprobar en un magnífico ejemplo aducido hace años por el maestro Eugenio Asensio, correspondiente a la obra titulada *Las excelencias de la fe*:

> Toda la teología especulativa y moral está escripta por zifras en las epístolas de sant Pablo. Y el sentido literal dellas —quánto más el espiritual— es muy dificultoso a los sabios: quánto más a la señora beata y a la mugercilla que se olvida de la rueca por presumir de leer en sant Pablo. Ángeles santos, ved tal tempestad: ¿qué tiene que ver mugercilla, por más santa que sea, con las Epístolas de sant Pablo? ¿Y qué tiene que entender religioso ni clérigo en tener escuela con mugercillas de liciones de sant Pablo? [...] Quexas tiene agora Dios [...] de los obispos y perlados que dan favor a las hembras peligrosas, que tengan oficios de doctoras de los mysterios de las Escripturas.[14]

Por ello, las *vitae*, en línea con el conjunto de las bellas letras, se limitan a destacar la discreción como virtud. Sólo excepcionalmente, cabe apostillar, apuestan por una erudición femenina que, en la literatura áurea, daría en burlas rotundas o en estampas bufas. Es conveniente que la mujer no alardee de sus conocimientos, como nos recuerda Lope de Vega en *La dama boba* (1613); de otro modo, la impresión que dejará puede compendiarse en el nombre de cierta fémina de una novela dialogada de Alonso Jerónimo de Salas Barbadillo: *La sabia Flora Malsabidilla* (1621). Así las cosas, el santoral sólo alcanza a formular paradigmas femeninos como el aludido en el caso de Teresa de Cepeda, la santa doctora de Ávila,[15] quien, por cierto, con la más clara de las inteligen-

---

[13] No considero en absoluto casual, sino malintencionado, que una doncella endemoniada a la que curó san Norberto, fundador de los premonstratenses, diese las siguientes muestras de estar poseída por el Maligno (Pedro de Ribadeneira, II, p. 192): «Entre otros, le traxeron una doncella que era atormentada ya havía un año del demonio, el qual por boca de ella recitó el libro de los Cantares de Salomón, y le intepretó primero en latín y después en tudesco».

[14] En su clásico trabajo «El erasmismo y las corrientes espirituales», publicado en la *Revista de Filología Española* en 1952 y recientemente transformado en un bello librito, *El erasmismo y las corrientes espirituales afines. Conversos, franciscanos, italianizantes*, con algunas adiciones y notas del autor y carta prólogo de Marcel Bataillon (Salamanca: Seminario de Estudios Medievales y Renacentistas, 2000).

[15] Primera santa doctora de la Iglesia; la segunda así nombrada es santa Catalina de Siena.

cias, nunca buscó sorprender por su erudición o por una prosa elaborada; por el contrario, sabía que sólo podría conseguir lo que pretendía cultivando la sencillez y la modestia como ideales de estilo.[16] Por ello también, el santoral, a lo sumo, se despacha con declaraciones lisas, aunque categóricas, como la que Pedro de Ribadeneira cuelga de la *vita* de santa Susana mártir: «bien enseñada en letras humanas» (*Flos*, II, p. 466). Y sólo hasta ahí cabe llegar.

Allí donde la literatura medieval transforma el *puer* del tópico *puer/senex* en una *puella*, cabe pensar en el posible influjo de tales modelos hagiográficos antes que en ningún otro tipo de estímulos. Creo que éste es el principal camino que hay que seguir, aunque mis queridos y sabios amigos Pedro M. Cátedra y Bienvenido Morros se refieran a las doncellas sabias en general y citen en concreto el texto de *La Doncella Teodor* cuando anotan el pasaje de la *niña de nuef años* al inicio de su edición del *Cantar de mio Cid*.[17] Además, es conveniente recordar que la cronología invita a prestar especial atención a los textos hagiográficos, ya que la redacción primera de la *Donzella* se fecha (aunque la data sea insegura) en torno a 1250, muchos años después de la composición del poema épico. Por ese mismo camino, llegamos a la sabia doncella del *Libro del cavallero Zifar*, a la que su padre pregunta: «¿Ay estudio e maestro para mostrar e aprender estas cosas en algunt logar?»; y a quien ella contesta: «En los monesterios». Dejo de lado una diatriba apasionante sobre las mujeres y la cultura (aunque algo se haya dicho ya de ello), en la que se llega a afirmaciones como la de Juan Rodríguez del Padrón en su *Triunfo de las donas*: «Commo quiera que el agudeza de las mugeres muestra que, si en tales estudios e doctrinas fuesen enseñadas, aprenderían dello mucho más que vosotros, y esto bien puede ser».

Es precisamente en este universo, en el de las santas que se veneran no sólo por su entereza cristiana, donde los estudiosos han encontrado mayores dosis legendarias o literarias, según nos apetezca etiquetarlas. Con tales materiales han tropezado tanto quienes trabajan con un enfoque laico (antropólogos, fol-

---

[16]   Así nos lo ha enseñado Víctor García de la Concha, «*Sermo humilis*, coloquialismo y rusticidad en el lenguaje literario teresiano», *Monte Carmelo,* 92 (1984), pp. 251-286, donde desarrolla ideas apuntadas en *El arte literario de santa Teresa* (Barcelona: Ariel, 1978).

[17]   *Poema de mio Cid* (Barcelona: Planeta, 1984), p. 10. Por cierto, me sorprende mucho que la nota adicional que precisaba el pasaje se le haya escapado al ojo de Alberto Montaner en su monumental edición (Barcelona: Crítica, 1993), pp. 399-400, que a lo sumo alcanza a recordar la carga simbólica del número nueve, en línea con Edmund de Chasca. La crítica aún busca respuesta a la presencia de esta figura al inicio del *Cantar de mio Cid* por otras vías distintas, como se ve en «¿Por qué una 'niña de nuef años'?: la edad de razón y la razón del poeta del CMC», *La Corónica*, 31 (2002), pp. 5-18.

kloristas, historiadores y filólogos) como quienes lo hacen desde una perspectiva histórico-religiosa (con los sabios bolandistas a la cabeza): ahí tenemos la ya citada Catalina de Alejandría, cuya leyenda, una de las más conocidas en el Medievo a lo largo de toda la Romania, rezuma por doquier elementos puramente legendarios hasta el instante de su muerte, decapitada tras el tormento fallido de la rueda, con sus heridas manando leche en lugar de sangre. Idéntica carga ficticia se revela en la leyenda de santa Eulalia de Mérida, que aparece ya en san Jerónimo y acabó derivando en una versión puramente romancesca, que nos la presenta como una niña tan santa como sabia, con edad de doce o trece años (Pedro de Ribadeneira se detiene en los catorce años en su semblanza de la otra Eulalia, la santa de Barcelona, *Flos*, I, pp. 368-369, y habla de doce en la de Mérida, *Flos*, III, p. 586), según una parte de la tradición, o de nueve años, según algún otro testimonio, que coincide así plenamente con el *Cantar de mio cid*; de hecho, creo altamente probable que nuestro poema épico se haya inspirado en esta precisa fuente. El patrón seguirá activo, como es norma en hagiografía, según se desprende de la vida de santa Clara de Montefalco (1268-1308), iluminada a la edad de cuatro años, o de santa Catalina de Siena (1347-1380), que tuvo su visión inicial a los seis años. Justo entonces, ocurrió lo que nos cuenta Pedro de Ribadeneira: «Desde este tiempo pareció haverse mudado de niña que era en muger anciana, y de sesso y prudencia» (*Flos*, I, p. 648). A los siete años, edad de tránsito de acuerdo con la Iglesia, hizo voto de virginidad.

La edad de nueve años continuará siendo, no obstante, crítica en lo que atañe a la llamada a la santidad, como en la vida de santa Rosa de Viterbo, que tomó a esa edad el hábito de terciaria franciscana, y en la de san Justo de Beauvais, el niño que declaró su fe y fue decapitado a esa edad durante la persecución de Diocleciano;[18] por esos mismos tiempos, fueron decapitados los santos hermanos Justo y Pastor, el primero de siete años y el segundo de nueve; lo mismo acontece en la moderna vida de san Juan Bosco (1815-1888), cuya biografía recuerda que a los nueve años tuvo la visión que le animaba a ganar fieles para el cristianismo. Por supuesto, tampoco faltan casos, sino al contrario, en que el camino de la santidad femenina se toma en la edad crítica, ya reseñada, de los siete años, por lo que la consagración a Dios de santa Genoveva de París (siglo VI), la de santa Eufrasia (*c.* 380-410 *a quo*) o la de santa Brígida de Suecia (1302-1373) no son más que dos buenos ejemplos.

---

[18] Con la cabeza cortada, continuó hablando, aunque no se desplazó de un lugar para otro, como la mayoría de los santos cefalóforos vistos arriba; no obstante, es tenido, con razón, por el primer santo cefalóforo de que se tiene noticia, de acuerdo con el *Dictionnaire d'histoire et de géographie ecclésiastiques* (Paris: Letouzey et Ané, 2002-2003), vol. XXVIII; en esta fuente, además, se resuelven las dudas relativas a la cronología del santo situándolo en el siglo IX.

Esta última es la edad más frecuente en las fichas hagiográficas, como en san Cesáreo de Arles (470 o 471-543), quien a los siete años repartió su ropa entre los pobres (Pedro de Ribadeneira, II, p. 549), y en santo Domingo de Guzmán, que comenzó entonces su entrenamiento para la vida de penitencia (Pedro de Ribadeneira, II, p. 425); siglos después, la llamada a la santidad se producía comúnmente a esa edad, como en el caso del santo niño Domingo Savio (1842-1857). Por su parte, san Luis Gonzaga (1568-1591) hizo voto de castidad con ocho años, mientras diez tenía, en fin, el niño san Pelayo cuando dio testimonio de su fe.[19] Concluyamos añadiendo que, asociado al culto de santa Eulalia de Mérida —nuestra *niña de nuef años* hagiográfica—, tenemos, en fin, a santa Eulalia de Barcelona, que resulta ser sólo una clara duplicación de aquella otra niña tocada por la gracia de Dios. Por cierto, el de Eulalia es, como rápidamente se cae en la cuenta, un nombre parlante, «la bien hablada o razonada», con lo que se nos indica de inmediato que se trata de una de las jóvenes santas y discretas de las que me estoy ocupando; por ello, su figura es algo así como la quintaesencia del tópico del *puer/senex*.

Tengamos en cuenta que el solo hecho de percibir la luz de la fe a tan temprana edad —esa misma fe que a otros les dio el don del conocimiento de las lenguas sin haberlas estudiado— llevaría a apelar al citado tópico, con lo que habríamos de incluir los nombres de otros santos y santas, como el de santa Inés (en griego, Agnes, «pura» o «casta», lo que constituye una nueva muestra de nombre parlante, aunque el *agnus* latino es también el cordero con que a menudo se la representa), que dio con su propia vida testimonio de fe cristiana con sólo trece años de edad. A tan joven edad, Inés resistió las amenazas del adelantado romano, que pretendía curar el mal de amores de su hijo entregándosela por esposa, y se consagró a Dios, con lo que dio ejemplo al futuro monacato femenino; en su caso, además, se refuerza el tópico *puer/senex*: «Era niña en la edad de los años, mas su ánima era doctada de madureza y de vejez muy venerable. Era muy moça en el cuerpo, mas muy vieja en el seso» (Pedro de la Vega, II, 38v).[20]

De todos modos, de acuerdo con las vidas de santos, ésa es una edad fundamental para llevar los pasos de uno o de una por el camino de la salvación o por el de la perdición, como vemos también en la leyenda de santa María Egipciaca, que escapó de su casa con doce años para darse a la mala vida (en

---

[19] En la vida de la Virgen narrada por el Evangelio Apócrifo de Pseudo-Mateo, María habría alcanzado la madurez necesaria para alabar a Dios de continuo con tan sólo tres años; en la leyenda de san Juan Bautista, era aún un niñito cuando marchó al desierto como primer anacoreta cristiano.

[20] El *Fructus sanctorum* de Alonso de Villegas recoge otros ejemplos en su discurso XXXV («De infancia», pp. 769-784).

varias ramas de la leyenda, además de prostituta, aparece como actriz, al igual que otras mujeres perdidas, como la célebre emperatriz Teodora) que sólo abandonó cuando se acercaba a los treinta. La leyenda de esta santa parte de la versión de san Sofronio y se apoya en el texto latino de Pablo Diácono (siglo VIII); de ahí en adelante, su difusión será sencillamente extraordinaria, en latín y diversas lenguas vernáculas, en prosa y verso, y por supuesto en las principales colecciones de *vitae*, enciclopedias y grandes obras de referencia.

Un caso especial es de los niños de pecho tocados ya por la gracia divina, pues pueden caer tanto dentro de la órbita que acabo de describir como en otra trazada algo antes: la de los espíritus más simples, poseídos tanto por los animales como por los recién nacidos, ya que unos y otros son capaces de percibir la presencia de un ser excepcional o de reaccionar rectamente en defensa de la fe verdadera. ¿A cuál de los dos patrones responde la leyenda de san Quirico, que rechazó las caricias de prefecto romano que llevaba a su madre, santa Julita, a la muerte? ¿A cuál, también, la de santo Tomás de Aquino, en aquella anécdota sobre su más temprana niñez, cuando recogió del suelo una hoja de papel que tenía la leyenda *Ave, María*, que nadie pudo quitarle de la mano? (Pedro de la Vega, II, 71 r; Pedro de Ribadeneira, I, p. 416). En este caso, creo que la condición de sabio doctor de la Iglesia del Aquinate obliga a considerar esa estampa como una muestra indudable del tópico *puer/senex*; en casos como el de san Quirico, no obstante, la cosa no está tan clara.

Retomo ahora un asunto que recién acabo de abordar y precisa al menos de un comentario raudo: el de las santas pecadoras, que despiertan otro tipo de aficiones, no pocas veces morbosas. Las dos grandes figuras del grupo están entre las santas más conocidas: la primera es la bíblica María Magdalena;[21] la segunda, la ya mentada María Egipciaca, que en realidad es la principal de todas las santas pecadoras, ya que el camino hacia el cielo (vale decir, el pasaje en barco a Tierra Santa) hubo de pagarlo con su propio cuerpo. Hay una tercera que añadir a estas dos, de prestar atención a la vulgata de su leyenda, fraguada en fecha tan temprana como es el siglo V: santa Pelagia, que vio la luz de la fe, a pesar de que era una bailarina de vida depravada. Por lo que respecta a la Egipciaca, cabe añadir que la Edad Media encontró un maravilloso contraste respecto de su leyenda en el viaje que llevó a los Santos Lugares a su célebre contemporánea, la monja Egeria (siglo IV), autora del *Itinerarium*. El Medievo también sacó todo el provecho posible de la figura de María Egipciaca, tanto en su

---

[21] Cuya leyenda es tan diversa que o bien se la representa predicando en Provenza o casada con el apóstol san Juan y con una dimensión hispánica apuntada por John K. Walsh y Billy Bussell Thompson, *The Myth of the Magdalen in Early Spanish Literature* (New York: Lorenzo Clemente, 1986).

juventud como en su vejez, cuando la santa, transformada por el rigor del desierto, pasó a ser todo lo contrario de lo que había sido y se transformó en una especie de bruja horrorosa con un cabello blanco, largo y suelto, que tapaba en buena medida sus carnes.

Hay otras pecadoras menos conocidas en nuestros días, aunque famosísimas entonces, con la citada santa Pelagia en cabeza de todas ellas. Pelagia es la prostituta que se redime al vivir entre hombres de religión, haciéndose pasar por uno de ellos. A su leyenda volveré de inmediato; antes, no obstante, he de completar la relación de santas pecadoras con santa Inés de Venosa, que cambió drásticamente de vida al pasar de meretriz a abadesa benedictina. Por su lado, la de santa Thais o Tais es la leyenda de una mujer fatal que se arrepiente, se convierte y se entrega a la penitencia en un convento; con todo, es probable que esta leyenda sea sólo una simple recreación de otra relativa a una concubina de Alejandro Magno así llamada, lo que supone un nuevo y magnífico entrecruce entre materiales legendarios de diferente orden. No se acaba aquí la nómina de las prostitutas que transformaron su vida con el don de la fe, aunque las citadas son sin duda las más conocidas.

Comúnmente, las santas de este grupo se representan con el cabello suelto, incluso tras darse a rigores extremos, como siempre supone la vida eremítica en el desierto. En muchas ocasiones, el pelo tiene como función primera la de cubrir la totalidad de su cuerpo al espectador en imágenes y tallas. A este respecto, es altamente revelador que, cuando santa Inés fue enviada a la mancebía por el adelantado romano que había querido darla a su hijo por esposa, sus cabellos se soltaron y sirvieron precisamente para cubrirla: «E luego que sancta Inés fue desnuda, se le soltaron los cabellos de la cabeça y la cubrieron por la gracia divinal en tal manera que mejor que de vestiduras fue dellos cubierta» (Pedro de la Vega, II, 39r). Según entiendo, tales estampas alimentaron la célebre leyenda de lady Godiva (siglo XI), cuya desnudez, cuando paseaba a caballo por las calles de Coventry, tapó con su larga y hermosa cabellera.[22]

La santa logra su palma de las más diversas maneras y de acuerdo con distintos modelos. Un caso singular es el de las jóvenes encerradas en una torre, como santa Bárbara (con presencia en la literatura vernácula desde la *Vie de sainte Barbe*, un poema en cuaderna vía francesa del siglo XIII, hasta alcanzar

---

[22] Sobre el carácter legendario del relato, me basta con cierto comentario del equipo de la BBC cuando se halló el que aparenta ser su rostro en una vasija del siglo XIV: «Regrettably, though, the story of Lady Godiva's ride is almost certainly a myth. The earliest written record of it comes from one Roger of Wendover more than a century after Godiva's death. This medieval scribe is renowned for his exaggeration and politically biased embellishment; more a collector of stories and legends than genuine historian» (*BBC News. Newsmaker*, 24-VIII-2001).

a la compilación de Ribadeneira), a quien su padre habría guardado en ese lugar inexpugnable con el propósito decidido de preservar su virtud. Hace bien poco, amasé un largo número de referencias con el propósito de releer el pasaje de *La Celestina* correspondiente al suicidio de Melibea desde la torre de su casa; por ello, aquí limitaré las referencias a aquellas que me interesan de manera especial.[23] Así por ejemplo en una novela sentimental de gran difusión, *Grisel y Mirabella*, ésta, Mirabella, es encerrada por su padre, como nos cuenta Juan de Flores, «en un lugar muy secreto que ningún barón ver la pudiesse por ser su vista muy peligrosa» con la intención de evitar que perezcan sus caballeros en combates y riñas para obtener el amor de su hija. Feliciano de Silva, en su *Amadís de Grecia*, presenta una situación a poco idéntica, ya que nos cuenta cómo el sultán de Niquea encerró a su hija, llamada también Niquea, en otra torre con idéntico propósito: «porque su hermosura era tanta que tenía pensado que ninguna la podría ver que no muriesse o enloqueciesse». De continuar en el imperio de los libros de caballerías, tenemos a la Griana del *Palmerín de Oliva* (1511), encerrada en una torre por su padre al no aceptar el matrimonio que tenía dispuesto para ella; o el de la Finea del *Primaleón*, puesta en idéntico lugar por su padre para vencer la maldición que acabaría con su vida si veía a cualquier hombre antes de cumplir veinte años, lo que al final ocurrió (y a nadie se le habrá escapado la conexión con cuentos como el de *La Bella Durmiente*).

Puestos a calar hondo, podemos hacerlo gracias al mito clásico de Dánae, encerrada en una torre por su padre, Acrisio, para impedir el vaticinio según el cual el hijo que de ella naciera lo mataría pasado el tiempo. Por supuesto, si atendiésemos a otras tantas *vitae* más o menos relacionadas con las que nos ocupan, daríamos al final en las santas emparedadas voluntariamente, lo que nos llevaría de inmediato a las visiones de la niña Oria recogidas por Berceo en su *Vida de santa Oria*, una obra que ha sido recientemente estudiada por Anthony Lappin.[24] Del ejemplo extraído de uno de los libros quinientistas, el *Amadís de Grecia*, me interesa mucho cierto guiño incestuoso en las palabras

---

[23]   «La torre de Pleberio y la ciudad de *La Celestina* (un mosaico de intertextualidades artístico-literarias... y algo más)», en Ignacio Arellano y Jesús M. Usunáriz, eds., *El mundo social y cultural de «La Celestina»* (Madrid/Frankfurt am Main: Iberoamericana/Vervuert Verlag, 2003), pp. 211-236. Por cierto, una interesante referencia que me permito añadir tras haberme referido a santa Pelagia es la de Pelagia de Antioquía, que cuenta con fiesta independiente el 9 de junio y tiene alusiones tan tempranas como las de san Ambrosio; pues bien, hay que recordar que esta joven murió arrojándose al mar desde la ventana de su casa para preservar su castidad cuando la acosaban unos soldados.

[24]   Su edición y traducción han visto la luz en Oxford: University of Oxford, 2000.

del sultán de Niquea: «¡O, mi fija Niquea, cuán bien andante ha de ser aquel que de ti mereciere gozar! Pluguiera a los dioses que si yo no fuera tu padre, que con solas armas y cavallo me fizieran de ti merced, y yo la tuviera a más que en señor del señorío que tengo». Con esta escueta declaración, la obra establece nuevas relaciones con la literatura hagiográfica y con la ficción narrativa.

En defensa de esta opinión, conviene traer al presente el hecho de que, en algunas derivaciones de la leyenda de santa Bárbara, el padre encierra a la joven para vencer la resistencia que le opone a sus proposiciones incestuosas. A este respecto, hay que recordar el juego que da el incesto entre padre e hija (unas veces se trata de una hija única, mientras otras es la hija menor de un total de tres), tanto en la mitología, con la leyenda ovidiana de Mirra y su hijo Adonis; como en la literatura popular, según se desprende del *Romance de Delgadina*; o en las fantasías romancescas, con ejemplo en el nacimiento incestuoso del traidor Mordret en la evolución de la leyenda artúrica (en la que es hijo de Arturo y de su hermana Morcadés) o en el del Endriago en el *Amadís de Gaula* (al fin y al cabo, se trata de un ejemplo de raza monstruosa, entre las que tan comunes son las aberraciones de tipo sexual). Muy parecida es la leyenda de otra santa, que en esencia resulta ser la simple plasmación por vía hagiográfica de un motivo folklórico: me refiero a la princesa irlandesa Dimpna, encerrada en un castillo, perseguida y finalmente asesinada, a los quince años, por su padre, locamente enamorado de ella.

En conjunto, estas *vitae* encuentran clara correspondencia en el famoso cuento folklórico que conocemos con el título genérico de *Piel de asno*, bien conocido a través de la versión de Charles Perrault.[25] De buscar nuevos puntos de encuentro entre todas estas tradiciones, tengo para mí que la mejor de todas las muestras que se me ocurren es, con diferencia, la fascinante leyenda —pues pronto pasó de ser obra de un genial poeta a ser mito colectivo de toda una generación— de *The Lady of Shalott*, el poema de Alfred Tennyson (escrito en 1832 y revisado en profundidad en 1842 para incorporarlo a sus *Poems*) que inspiró a una buena parte del Prerrafaelismo y del que brindo aquí uno de sus más célebres momentos:

> She left the web, she left the loom,
> she made three paces through the room,
> she saw the water-lily bloom,
> she saw the helmet and the plume,

---

[25] Véase Antti Aarne y Stith Thompson, *The Types of the Folktale: A Classification and Bibliography* (Helsinki: Suomalainen Tiedeakatemia, F. F. Communications núm. 184, 1981), tipo 510B.

she looked down to Camelot.
Out flew the web and floated wide,
the mirror crack'd from side to side:
«The curse is come upon me», cried
the Lady of Shalott.

Como muestra del hechizo que ejerció sobre este grupo de artistas, sólo recordaré que contamos con espléndidos cuadros de la joven encantada y encerrada en la torre de una fantástica isla, en Elizabeth Siddal, William Holman Hunt, Dante Gabriel Rosetti, John Everett Millais, William Maw Egley o John William Waterhouse, aunque la relación es mucho más extensa;[26] de los citados, me quedo sin duda con la última de las obras de Hunt, titulada lacónicamente *The Lady of Shalott*, y con la tardía revisión (pues lleva fecha de 1915) de tan fascinante figura por Waterhouse en *«I am Half Sick of Shadows» said the Lady of Shalott*. Unos recogen el momento en que la bella cautiva cumple la terrible condena de contemplar la realidad a través de un espejo; otros, la llegada de Lancelot, el liberador; otros, por fin, el momento en que la gran heroína de los prerrafaelistas rompe la maldición, se fuga o muere. Volvamos por un instante a la imagen más extendida de la joven encerrada en la torre por voluntad paterna, de signo abiertamente incestuoso. Por la senda de la creación individual o desde el rico venero de la tradición popular, los ejemplos posteriores que puedo aportar no son pocos, aunque ahora me basta con uno verdaderamente estupendo: un poema de Luis Alberto de Cuenca que revela una impregnación literaria múltiple, entre patrones clásicos, medievales y modernos. Se trata de *Amour fou*:

Los reyes se enamoran de sus hijas más jóvenes.
Lo deciden un día, mientras los cortesanos
discuten sobre el rito de alguna ceremonia
que se olvidó y que debe regresar del olvido.
Los reyes se enamoran de sus hijas, las aman
con látigos de hielo, posesivos, feroces,
obscenos y terribles, agonizantes, locos.
Para que nadie pueda desposarlas, plantean
enigmas insolubles a cuantos pretendientes
aspiran a la mano de las princesas. Nunca
se vieron tantos príncipes degollados en vano.

---

[26] A esta figura se dedica la última sección, «Conclusion», de Jan Marsh, *Pre-Raphaelite Women: Images of Femininity in Pre-Raphaelite Art* (London: Weidenfeld & Nicolson, 1987), pp. 149-153.

> Los reyes se aniquilan con sus hijas más jóvenes,
> se rompen, se destrozan cada noche en la cama.
> De día, ellas se alejan en las naves del sueño
> y ellos dictan las leyes, solemnes y sombríos.[27]

Con este incesto padre-hija, las *vitae* no agotan en absoluto su incursión por terrenos escabrosos y truculentos. Para defender esta opinión, basta reforzarla con la leyenda de san Gregorio y con el rico ramaje hagiográfico de las santas travestidas.[28]

---

[27] Esta composición, que pone de relieve la cultura y buen gusto de ese poeta, ha sido recogida por mi amigo Ricardo Virtanen en *Hitos y señas (1966-1966). Antología crítica de poesía en castellano* (Madrid: Laberinto, 2001), p. 427.

[28] Cuando estoy a punto de cerrar este libro, mi amigo José Manuel Pedrosa me envía el original de su artículo «Mirra en su árbol, Delgadina en su torre, la mujer del pez en su pozo: el simbolismo *arriba/abajo* en los relatos de incesto», que aparecerá en la *Revista de Folklore*.

11.

EN LOS LÍMITES DE LA TRUCULENCIA

De todas las historias truculentas que se reúnen en las *vitae sanctorum*, no conozco otra que logre superar a la leyenda medieval francesa de san Gregorio, personaje éste que se identificó con el papa Gregorio Magno.[1] Esta *amplificatio*, producto de una pura deriva fantástica, está marcada por un doble incesto: primero el que desemboca en su nacimiento, fruto nada menos que de las relaciones entre dos hermanos (mellizos, para más inri); más tarde, es el futuro santo el que incurre en un nuevo incesto al casarse, sin saberlo, con su propia madre, que se convierte así en el personaje que une ambos pecados. En el argumento, pareciera que es el propio Maligno quien traza las líneas, quien vincula a Gregorio a unas funestas circunstancias de las que es incapaz de escapar, quien le cuelga, en definitiva, un estigma del que no hay manera humana de liberarse, al igual que en la leyenda de san Julián el Hospitalario, en la que se cumple el vaticinio de que Julián matará a su padre y su madre. Como vemos, además, ambas leyendas coinciden en que, de distinta manera, buscan modelo en la leyenda de Edipo.[2] Igualmente truculenta, por incorporar varios incestos

---

[1]   Los textos que la conservan han sido estudiados y editados por Hendrik Bastiaan Sol, *La vie du pape saint Grégoire. Huit versions françaises médiévales de la légende du Bon pécheur* (Amsterdam: Rodopi 1977); añádase también Brigitte Herlem-Prey, *Le Gregorius et la Vie de saint Grégoire* (Göppingen: Kümmerle Verlag, 1979 [Göppinger Arbeiten zur Germanistik, 331]). En España, basta decir que el relato fue bien conocido gracias a los *Gesta Romanorum* y que, entre otros lugares, podemos leerla como quinta patraña en *El patrañuelo* de Juan Timoneda.

[2]   Remito de nuevo al trabajo de Francisco Gutiérrez Carbajo, «La leyenda de Judas y sus variantes», en José Romera Castillo, Antonio Lorente y Ana María Freire, eds., *Ex Libris...*, *op. cit.*, particularmente las pp. 810-813. Como eco de la propuesta de Menéndez Pelayo y Menéndez Pidal, aquí se recuerda que este motivo está presente en la leyenda del abad don Juan de Montemayor, transmitida en pliegos de cordel, en la que se nos dice: «En tiempos deste dicho rey don Ramiro hera abad de Montemayor un noble omne fidalgo e de buena vida, que avía nombre don Johán. Yendo un día a maitines la

cruzados que envuelven al propio santo, es la leyenda de san Albano, fruto de la relación prohibida entre un padre (el príncipe Hisano de Hungría) y su hija; de nuevo como en la leyenda de san Gregorio, se casa, sin saberlo, con su propia madre.[3] Como en otras leyendas de nuestro interés, madre e hijo van a Roma, ante el mismísimo papa, para purgar su pecado. Ambos aceptan la dura penitencia que se les impone: vagar por montes y despoblados durante siete años, comiendo raíces y durmiendo en la dura tierra; sin embargo, al regresar a casa, Hisano y su madre vuelven a pecar, por lo que Albano mata a ambos, adhiriéndose ahora al patrón de san Julián el Hospitalario. Sólo la nueva y durísima penitencia, mantenida durante los siete años que aún vivirá, hará de Albano un nuevo santo.[4]

Por lo que respecta a la leyenda de san Gregorio, me interesa en especial el hecho de que su planteamiento difiera por completo de la mayoría de las vidas de santos,[5] en las que la providencia divina es capaz de llevar a sus personajes por el camino correcto en todo momento. Éste es el patrón fundamental, que alcanza su expresión más rotunda en la leyenda de san Eustaquio y su magnífico hilván bizantino. En cambio, en el caso que ahora me ocupa, ocurre lo contrario: todo lo puede un terrible *fatum*, sólo superado por la durísima penitencia de Gregorio, que pasa diecisiete años atado de pies y abandonado sobre una roca en una isla desierta; en esa nueva y sólida estampa penitente, su leyenda fuerza a tender la vista hacia otros mitos en los que un personaje expía sus culpas y pecados sobre una roca, a la manera de los clásicos Prometeo o Sísifo, o como el bíblico Sansón, que comparte con Gregorio un mismo ciclo constituido por un pecado inicial, una penitencia mantenida durante años y una reden-

---

noche de Navidad, falló un niño que yacía a la puerta de la iglesia echado. Este niño era fijo de dos hermanos, fecho en grand peccado. Como el abad lo vio, ovo dél grand piedad. Tomólo en sus braços e metiólo en la iglesia e fízolo bautizar e púsole nombre García». Puede que el dato refleje el conocimiento de la leyenda de san Gregorio en España, aunque el motivo es de carácter folklórico y va asociado a personajes marcados negativamente desde la cuna, como el propio Anticristo.

[3] Su padre adoptivo, dispuesto a casarlo, le pidió que escogiese entre varias posibles esposas. La tragedia es inevitable porque Albano cae enamorado al ver la cara de la que resultará ser su madre en un retrato.

[4] Las de san Julián, san Gregorio y san Albano son leyendas que deben ponerse en relación con otras ajenas al santoral, como la de Teodosio de Goñi, vista más arriba. Esto lo apunta ya el sabio Julio Caro Baroja, «La leyenda de don Teodosio de Goñi», *Príncipe de Viana*, 206 (1995) [Homenaje a Julio Caro Baroja], pp. 913-976. Véase también Demetrio E. Brisset Martín, «Imagen y símbolo en el personaje ritual del Judas», *Gazeta de Antropología*, 16 (2000), texto 16-06 (véase, particularmente, la n. 6).

[5] Algo de esto lo ha puesto antes de relieve Duncan Robertson, *The Medieval Saints' Lives...*, *op. cit.*, p. 241.

ción final. Hay otros ingredientes de la leyenda de san Gregorio para los que podemos rastrear distintas fuentes literarias o folklóricas, como por ejemplo el detalle de que la llave del cepo que ataba sus pies sea arrojada al mar y que, en el momento preciso, sea recuperada al encontrarla en el vientre del pez que la había tragado.[6] Si miramos hacia delante, en el *Persiles* cervantino encontramos una penitencia tan dura como la de san Gregorio: la que se impone Rutilio, en una isla desierta y con hábito de eremita, para purgar sus pecados. De ello, no obstante, ya hemos hablado.

Como vemos, la atracción prohibida por el sexo contrario, que no encuentra límites ni en el más sensacionalista de los incestos, entra perfectamente en los moldes de la hagiografía; sin embargo, los amores homosexuales sólo tienen cabida —y de una manera suficientemente tamizada, como cabría esperar— en la leyenda de san Pelayo, por cuanto se trata de una *vita* ligada a la invasión musulmana, con lo que se introduce el motivo del moro bujarrón.[7] El santo, lindo efebo por cierto, lo es precisamente por resistir las acometidas amorosas del moro, que implican al mismo tiempo la renuncia a la fe verdadera.[8] Por fin, la homosexualidad femenina en la hagiografía aparece sólo como un simple amago en la leyenda de santa Pelagia, lo que la hace merecedora de una consideración más detenida.[9]

El fenómeno obliga a un acercamiento más minucioso al menos desde dos vertientes: en primer lugar, la puramente literaria, por la que podemos llegar

[6] Sin necesidad de ampliar nuestras referencias a la ballena (Jonás, Luciano y su *Historia verdadera*, Simbad, Pinocchio..., de acuerdo con el tipo F 911.4 del *Index* de Thompson), basta aludir al célebre cuento de *El soldadito de plomo*. Para este universo literario, remito a José Fradejas Lebrero, *Novela corta del siglo XVI* (Barcelona: Plaza & Janés, 1985), vol. I, pp. 161-170, en que presenta el cuento «La ballena» de Cristóbal de Villalón.

[7] El motivo resulta especialmente grato a la literatura española, sobre todo en clave jocosa, como aún se comprueba en el procaz poemario de Félix María Samaniego que tituló *El jardín de Venus*, en una composición tan divertida —en la que uno de los personajes habla un italiano de lo más jocoso— como es «El piñón».

[8] Sobre la leyenda del niño san Pelayo, véase ahora Mark D. Jordan, «Saint Pelagius, Ephebe and Martyr», en Josiah Blackmore y Gregory S. Hutcheson, eds., *Queer Iberia. Sexualities, Cultures and Crossings from the Middle Ages to the Renaissance* (Durham: Duke University Press, 1999), pp. 23-47.

[9] El asunto no podía pasar desapercibido para la crítica al uso, particularmente en Norteamérica, como vemos en los recientes trabajos de Valerie R. Hotchkiss, *Clothes Make the Man: Female Cross Dressing in Medieval Europe* (New York: Garland, 2000), o Stephen J. Davis, «Crossed Texts, Crossed Sex: Intertextuality and Gender in Early Christian Legends of Holy Women Disguised as Men», *Journal of Early Christian Studies*, 10 (2002), pp. 1-36; véase también Fredérique Villemur, «Saintes et travesties», *Histoire, Femmes et Sociétés*, 10 (1999), pp. 54-89.

hasta las varias maneras de mujeres disfrazadas de varón, un motivo gratísimo a la literatura áurea española, como bien sabemos;[10] en segundo lugar, la científica, entre los tratados médicos y los de materia filosófico-moral. Desde este último enfoque, resultan interesantísimos los testimonios reunidos en el magnífico libro de Elena del Río Parra sobre la monstruosidad en el Barroco, donde vemos que, no pocas veces, el cambio de hábito no fue eso tan sólo.[11] En concreto, me interesa el hecho de que, de acuerdo con sus datos, tales metamorfosis sólo quepan en el paso de mujer a hombre, nunca al contrario, por ser éste el estado humano perfecto de acuerdo con el pensamiento neoaristotélico (véase en la cita siguiente la alusión al hecho de *mejorar sexo* al convertirse en varón); además, sorprende la naturalidad con que se aceptan unos casos que nos obligan a replantearnos el fenómeno de las santas travestidas, con Pelagia al frente.

A tal efecto, es magnífico el testimonio que esta investigadora toma de Juan Eusebio Nieremberg, en su *Curiosa y oculta filosofía. Primera y segunda parte de las maravillas de la naturaleza, examinadas en varias cuestiones naturales. Contienen historias muy notables. Averíguanse secretos y problemas de la naturaleza con filosofía nueva (...) Obra muy útil no sólo para los curiosos, sino para doctos escrituarios, filósofos y médicos* (Madrid: Imprenta Real, 1643):

> Lucinio Murciano escribió que él conoció a uno llamado Ariscón que antes se decía Arescusa, que fue mujer y se casó con un hombre; después barbó en varón y se casó con otra mujer. Pontano dice de una mujer de un pescador, después de catorce años casada, que se tornó varón; y, lo que es sobre todo crédito, el mismo autor asevera de una mujer, después que parió un hijo, que trocó sexo. No ha muchos años que en Alcalá de Henares sucedió un caso más admirable de una mujer después de treinta años casada y parido también, y que mejoró sexo. A otra monja de Alcalá poco ha que la nacieron partes viriles.

---

[10]   Influjo directo parece el que la leyenda ejerce sobre la patraña primera de *El patrañuelo* de Juan Timoneda, en que Pantana, tras un loco devaneo, es burlada: «Y viéndose sola, sabiendo que en la cumbre del monte había una ermita y necesidad de ermitaño para ella, cortose de la saya que llevaba un hábito mal cortado y peor cosido, y llamándose Fray Guillermo, se puso en ella» (edición de Federico Ruiz Morcuende [Madrid: Espasa-Calpe, 1930], p. 13). Al motivo, todavía le saca partido doña Emilia Pardo Bazán en *La Borgoñona*, relato que la gallega basó en materiales recogidos cuando preparaba su biografía de san Francisco (1882).

[11]   Podemos leerlo en el capítulo «Cambios de sexo y formas de legitimidad», *Una era de monstruos. Representaciones de lo deforme en el Siglo de Oro español, op. cit.*

Más adelante, Elena del Río Parra aduce el testimonio de ese sorprendente libro que es *El ente dilucidado* de fray Antonio de Fuentelapeña, quien cita varios casos de monjas:[12] «una de las dichas monjas que se convirtieron en hombres (a cuatro religiosas hallo haber sucedido lo dicho: una en Úbeda, otra en Alcalá y dos en Madrid, según los autores citados arriba) se ordenó después sacerdote». Fijémonos en lo cerca que andamos del asunto que nos ocupa con el caso de Pelagia, aunque las implicaciones sean distintas a resultas de los diferentes planteamientos de esa leyenda hagiográfica, de un lado, y de la literatura fenomenológica del Renacimiento y del Barroco, del otro. En alguna ocasión, no obstante, lo que nos ofrecen los compendios hagiográficos y las misceláneas y demás repertorios de datos y noticias es exactamente lo mismo. Como botón de muestra, y porque me interesa mucho en este momento, invito a leer este pasaje del discurso LI («De milagros», pp. 1183-1216; la cita en pp. 1206-1207) del *Fructus sanctorum* de Alonso de Villegas, parecido a más no poder a otros semejantes de Pedro Mexía (1497-1551), por referirme al primero entre todos los cultivadores del género misceláneo en nuestro siglo XVI:

En el mismo lugar pone este autor por cosa miraculosa de algunas mugeres que se tornaron varones. Como un Aresconte Argivo, que primero fue muger y tuvo marido, y cansándose de llevar su condición, dio en ser varón y se salió con ello. Naciéronle barbas y se casó, començando a mandar en casa, no queriendo ser mandado. Dize también de otra donzella en la ciudad de Esmirna, en Asia, y de otra en Espoleto, ciudad de Italia, que se tornaron varones. Refiere a Plinio, que vido en África a Lucio Cosicio, en la ciudad de Tisdritano, que, siendo muger y casándose, el mismo día de sus bodas se halló varón. Dize assí mismo que en tiempo de don Fernando el Primero, rey de Nápoles, Ludovico Guarna Salernitano tuvo cinco hijas, de las cuales las dos mayores, llamadas Francisca y Carola, llegando a quinze años, començaron a ser varones, mudaron el hábito, y los nombres, en Carlos y Francisco. Y en el mismo tiempo afirma de otra, llamada Ebula, también en Nápoles, que estuvo cuatro años desposada, y el día de sus bodas se tornó varón, y por pleito sacó la dote que avía dado a su esposo, y llamóse Eubulo. También pone por milagro de un Jassón Fereo, que tenía una apostema en el pecho, y para sanar della avía gastado grande suma de dinero, y todo sin provecho. Viéndose vivir muriendo, quiso acabar de una vez. Entró en cierta batalla y púsose en lo más peligroso della. Diéronle una terrible herida cerca de la apostema, y con ella sanó. De modo que no pudo alcançar de los médicos por su dinero salud, y alcançóla de su enemigo. He dicho esto porque lo dize el autor alegado en su Primero Libro, en el *Discurso de Milagros*, aunque yo no lo juzgo por que lo sea, pues pudo suceder con fuerça natural todo lo dicho.

---

[12] En el capítulo «Galería de lo deforme: teratología y exhibición», *Una era de monstruos. Representaciones de lo deforme en el Siglo de Oro español*, *op. cit.*

Sin embargo, es otro el testimonio que más me importa: lo aporta Nieremberg y tampoco se le escapa a Elena del Río Parra; se trata, según compruebo, de la desviación en clave hagiográfica del viejo mito de Cenis, hija de Elatheo, que se transformó en varón y tomó nombre de Ceneo. Leámoslo sin más, pues resulta sabrosísima esta alusión a santa Paula de Ávila y santa Liberata o Librada, de la antigua Bacalgia, actual Bayona (Pontevedra):[13]

> Santa Paula, natural de Ávila, por librarse del furor de un caballero que desatinadamente la amaba, pidió a Dios la deformase, y al punto la salieron barbas. En semejante trance, santa Liberata o Vilgefortis, hija del rey de Portugal, impetró la misma disimulación; después fue crucificada por Cristo.

Aunque parezca mentira, el Martirologio Romano todavía recoge a Vilgefortis (Wilgefortis, Uncumber, Kümmernis, Livrade, Liberata o Librada, pues con todos estos nombres es conocida), con su fiesta correspondiente en el día 20 de julio, seguramente porque la leyenda tiene su origen nada menos que en san Gregorio Magno. Nieremberg, uno de los grandes especialistas en materia hagiográfica de todos los tiempos, había sido el continuador de la labor de Pedro de Ribadeneira, cuyo *Flos* revisó y amplió. El fruto de esa labor vio la luz en 1643 y continuó publicándose, con diferentes adiciones, supresiones y revisiones, hasta el final del siglo XVIII. La leyenda de santa Librada era, por tanto, bien conocida y había dejado huellas fuera del ámbito hagiográfico, aunque no muy lejos. Cuando escribo esto, pienso en esa magnífica *novella* cristiana (o *Persiles y Segismunda* en miniatura, como también se ha dicho) que es *La española inglesa*, una de las *Novelas ejemplares* (1613) de Miguel de Cervantes; de ella, ha dicho Juan Bautista Avalle-Arce con toda razón que «constituye la novela con el ambiente de más tupida espiritualidad de las doce que forman la colección».[14] Entre las múltiples pruebas que Ricaredo e Isabela han de pasar antes de casarse cristianamente, la principal es la superación de la deformación monstruosa de la bellísima joven tras ser envenenada por la madre del conde Arnesto, fatalmente enamorado de ella. Con esta fealdad recién adquirida, Isabela aleja cualquier peligro (de hecho, el conde Arnesto se esfuma literalmente de la narración), lo que constituye un calco innegable de la leyenda hagiográfica; al mismo tiempo, el motivo se constituye en una rotunda prueba de amor en clave cristiano-platónica, como nos cuenta Cervantes:

---

[13] Para santa Liberata, sigue resultando apasionante la lectura de Jean Gessler, *La Vierge Barbue: la légende de sainte Wilgeforte ou Ontcommer, la Vierge miraculeusement barbue. Notes bibliographiques, archéologiques et folkloriques* (Bruxelles: L'Édition Universelle, 1938).

[14] En su edición, *Novelas ejemplares, II, op. cit.*, p. 8.

Finalmente, Isabela no perdió la vida, que el quedar con ella la naturaleza lo comutó en dejarla sin cejas, pestañas y sin cabello, el rostro hinchado, la tez perdida, los cueros levantados y los ojos lagrimosos. Finalmente, quedó tan fea que, como hasta allí había parecido un milagro de hermosura, entonces parecía un monstruo de fealdad. Por mayor desgracia tenían los que la conocían haber quedado de aquella manera que si la hubiera muerto el veneno. Con todo esto, Ricaredo se la pidió a la reina, y le suplicó se la dejase llevar a su casa, porque el amor que la tenía pasaba del cuerpo al alma, y que si Isabela había perdido su belleza, no podía haber perdido sus infinitas virtudes.[15]

Próxima a ésta queda la leyenda de María Coronel, cuyo cuerpo incorrupto se expone cada 2 de diciembre en el sevillano Convento de santa Inés. Doña María era la viuda de Juan de la Cerda, a quien mandó matar el rey Pedro I el Cruel. Al monarca se le acusa también de haberla perseguido largo tiempo tras quedar prendado de su belleza. Ella consiguió escapar de él en varias ocasiones, aunque finalmente la encontró con hábitos de monja en el convento de santa Clara; para espantarlo, doña María decidió desfigurar su propia cara arrojando sobre ella el aceite hirviendo de una sartén. Al verla, el rey huyó despavorido; luego, tras reflexionar, se puso a su disposición y la ayudó a construir el convento que custodia su cadáver, en el que se ven perfectamente las cicatrices dejadas por el aceite. La leyenda es conocidísima en la ciudad de Sevilla, donde María Coronel es venerada a día de hoy como una auténtica santa.[16]

Un fenómeno permanente, importantísimo cuando hay que ocuparse de aquellas santas que cambiaron de hábito y hasta de sexo, es el de la formación o ampliación de una *vita* a partir de materiales diversos, entre los que no faltan los tomados de otros textos hagiográficos. El llamado *modelo de Pelagia* es, en este sentido, el de mayor éxito. La mujer en hábito de varón que oculta su personalidad en un cenobio para ganar el cielo está en santa Eugenia mártir, a la que encontramos nada menos que como prior en Egipto; en este caso, la acusación de mala conducta se descarta, al comprobarse su condición femenina antes de que la santa muera, a diferencia de lo que acontece con Pelagia y las demás santas de su grupo, ya que la feminidad de éstas es sólo conocida cuando se procede a limpiar y amortajar su cadáver (en la versión transmitida por Ribadeneira ni siquiera hay acusación sino que, al embalsamar su cuerpo, se descubre que el ermitaño Pelagio era una mujer). Santa Eufrosina entra disfrazada de hombre en un monasterio para escapar del matrimonio que le preparaba su padre y dedicar su vida a Cristo. Tanto ésta como la mayor parte de las

---

[15]   *Novelas ejemplares, I, op. cit.*, pp. 81-82.
[16]   Véase Anthony George Lo Ré, *La leyenda de doña María Coronel* (Valencia: Albatros Hispanófila, 1980).

leyendas del grupo, como las de santa Marina, santa Teodora, o santa Hildegunda (a quien también se conoce como fray José, el cisterciense) han resistido a duras penas los sucesivos acosos de los bolandistas, aunque el caso de Hildegunda sea distinto al estar documentadas tanto su estancia en el monasterio de Schönau como su muerte en 1118.

Por cierto, Marina y Liberata eran hermanas nacidas de un parto único de nueve hijos por el que su madre, Calsia, temió ser acusada de haber mantenido diversas relaciones adulterinas. Lo mismo leemos acerca de santa Quiteria, fruto de un parto múltiple del que nacieron nueve niñas; por ello, Calsia, su madre, se aprestó a matar a las nueve, en el futuro santas vírgenes, para que su esposo, el noble Lucio Catelio, no dudase de su honestidad. Si, a este respecto, la leyenda hagiográfica muestra puntos de encuentro con una leyenda heroica, la cidiana,[17] también podríamos buscárselos en la pura ficción novelesca, como acontece en el caso del personaje de Isomberta en *El Caballero del Cisne*, pues de ella nacen siete hijos en un solo parto; por ello, la condesa Ginesa comenta malévolamente acerca de tan formidable caso: «tengo que ninguna dueña que más parte de una criatura que se non puede salvar de adulterio».[18] A partir de tan magnífico material, y con apoyatura en una leyenda popular y en algunos escritos médicos, que se ocupan de los partos múltiples, comprobamos cómo lo que nos ofrece ese par de *vitae* peninsulares es en realidad una compleja y fascinante novela de aventuras. La guinda, de nuevo, la aporta Alonso de Villegas en su *Fructus sanctorum*, que hacelas veces de miscelánea y abre las puertas a todo tipo de noticias, aunque poco tengan de hagiográficas y exhalen un tufillo romancesco. En tan formidable reservorio, leemos, con modificaciones que apenas si ocultan su común identidad (como que Isomberta sea aquí Isomberto), la misma novela (así las denomina a veces tan genial compilador) o noticia:

Isemberto, conde de Altorf, fue casado con Irmentrude. La cual, como viesse un día cierta muger pobre, que de un parto avía parido tres hijos, juzgó della que era adúltera, teniendo por impossible que fuessen de su marido. La cual, ordenándolo Dios por castigo de su mal juizio, dentro de un año parió de un parto doze hijos. Quedó afligida, pareciéndole que se podía dudar de su honestidad, y por acortar juizios mandó a una muger que la sirvió en el parto que dexasse uno dellos, y los demás, embueltos en un paño, los echasse en cierto río que estava algo distante de su pala-

---

[17] Para este motivo folklórico y para su influjo en la derivación de la leyenda cidiana, véanse los artículos arriba citados de Colin Smith y, sobre todo, el de Samuel G. Armistead.

[18] Véase César Domínguez, «'De aquel pecado que le acusaban a falsedat'...», *op. cit.,* p. 172.

cio. Obedeció la muger, y llevando los infantes al río, encontró con ella el conde, que avía estado ausente, y preguntóle qué llevava tan encubierto. Ella respondió que eran güelfos (el cual nombre en su lengua es lo mismo que en la nuestra perros), y que por ser feos los iva a echar a mal. El conde dixo que los quería ver, que alguno podía ser bueno para caça. Estrañávase de mostrarlos la muger, mas haziéndole fuerça, descubrió lo que llevava y declaró todo el caso. El conde le mandó que dissimulasse el hecho y mandó criar sus hijos, y al sexto año, estando todos vivos, los hizo traer a su palacio, y juntándolos con el otro que allí se criava, todos parecieron hermanos. Declaró el conde el secreto, y teniéndolos por hijos, quiso que se llamassen Güelfos, como los avía llamado la muger que iva a dar la muerte a los onze, y no Condes de Altorf. Es de Atratino Gebulo, y refiérelo el *Teatro de la Vida Humana* expurgado.

La más exquisita de las derivaciones del modelo de Pelagia es la que ofrece la *Vie de saint Jean Bouche d'or et la vie de sainte Dieudonnée sa mère* (su leyenda cuenta con varios textos que la transmiten en vernáculo entre los siglos XIII y XV, particularmente en la vecina Francia, aunque luego sería acogida por todos los *flores* de cierta extensión), cuya primera parte nos presenta a la madre convertida en monje. Tras morir y conocerse su verdadera identidad, es su hijo Juan Boca de Oro o Juan Crisóstomo quien muestra su santidad al ser acusado, nada menos que por la misma princesa, de ser el culpable de haberla dejado preñada. Al final, su destierro en el desierto sólo acaba cuando la joven reconoce que ha mentido. El motivo del hombre acosado o acusado por la mujer libidinosa, presente en ésta y en varias de las *vitae* previas (y podría añadir todavía la de san José de Calasanz, perseguido por una bella mujer cuando era estudiante universitario),[19] nos lleva desde la Biblia, con la leyenda de José y Putifar, o desde la mitología clásica, con la leyenda de Fedra e Hipólito, hasta el marco del *Sendebar*, en el que la madrastra vierte idéntica acusación contra el hijastro que acaba de rechazar su propuesta amorosa.[20]

Hay, por fin, otra senda que conduce hasta Cervantes, en su *Quijote* y en el *Persiles*. Sin salir de los relatos hagiográficos, el tema de la joven preñada que acusa al santo o a la santa que se encubre tras un disfraz masculino y soporta con paciencia la imputación lo hallamos en el recién mentado modelo de santa Pelagia (en particular, en la leyenda de santa Eugenia, que oculta su condición femenina bajo el nombre de monje Eugenio, junto a los santos Proto y

---

[19] La anécdota se recoge en todas las biografías de este santo, por chicas que sean. Tampoco falta, por supuesto, en Pedro de Ribadeneira (*Flos*, II, p. 553), quien habla de una «señora principal» de la ciudad de Valencia y compara su caso al de Putifar.

[20] Las referencias a la leyenda se multiplican en los editores de la célebre colección de cuentos de los años mozos del futuro Alfonso X.

Jacinto);[21] no obstante, el motivo está igualmente presente en otras *vitae*, como la del británico san Cuthberto (siglo VII) o la de san Gil, aunque acaba por colarse en varios de los relatos de la citada *Vie des pères*. Entre todas las vitae que se acogen al patrón de santa Pelagia, ya he destacado la de santa Teodora de Alejandría, que muestra ciertos rasgos de lo más original; entre ellos, llama la atención que Teodora sea una casada ejemplar que, acosada por un apuesto y meloso joven, pecó una vez. Al no poder sufrir su traición a Dios y a su esposo, Teodora decide entrar en un monasterio disfrazada de hombre; luego, vendrá la acusación de una moza, que, tras intentar convencer a quien tenía por bello monje para solazarse con ella, acaba acostándose con otro hombre. Al sentirse preñada, la moza dice que Teodoro es responsable de su estado; a la imputación, la que no es sino Teodora calla, y acepta el castigo del abad del monasterio, que le manda tomar al niño y criarlo. Sólo tras su muerte, cuando el niño ya ha cumplido siete años, se comprueba la calumnia al ver que realmente es una mujer. Esta sabrosa historia cuajó en una pieza teatral (una comedia de santos, claro está) debida primordialmente a Agustín Moreto (acaso Cáncer y Matos Fragoso añadieran también algunas gotas): *La adúltera penitente.*[22]

El rechazo de la moza prendada de un joven apuesto y la venganza que ésta urde al implicarlo en un robo que no ha cometido son los ingredientes básicos del milagro más recordado de santo Domingo de la Calzada; aquél en que el joven se salva, a pesar de haber sido ahorcado, y es declarado inocente cuando el gallo y la gallina (que hoy vemos enjaulados en la catedral de la localidad riojana que lleva su nombre) que el corregidor se disponía a comer resucitan y proclaman su inocencia.[23] Frente a tanta pasividad, no deja de sorprender que

---

[21] A diferencia de lo que ocurre con Pelagio o Teodora de Alejandría, de la que enseguida daré cuenta, el bello abad Eugenio (en realidad, santa Eugenia) tuvo a bien desmentir a la acusadora, Melancia, descubriendo sorpresivamente su condición femenina, con lo que también se produjo la anagnórisis paterna. Merece la pena leer a Pedro de Ribadeneira: «Diciendo esto, rasgó el hábito que tenía: descubrió sus pechos, y vieron cómo era muger; y quedaron todos espantados, Melancia confusa y el prefecto admirado. Y haviendo conocido que aquella era Eugenia, su hija, y sabida la historia de todo lo que havía hecho, y alumbrado del rayo de la divina luz, se convirtió a la fe de Jesucristo él y toda su familia» (*Flos*, III, p. 30).

[22] Sobre esta comedia, véase ahora Carlos Mata Induráin, «*La adúltera penitente,* comedia hagiográfica de Cáncer, Moreto y Matos Fragoso», en Marc Vitse, ed., *Homenaje a Henri Guerreiro, .op. cit.*, pp. 827-846.

[23] Véase ahora Javier Pérez Escohotado, coord., *Literatura y milagro en Santo Domingo de la Calzada. Jornadas «El milagro del gallo y la gallina, patrimonio cultural» (Santo Domingo de la Calzada, 3 y 4 de diciembre de 2001)* (Logroño: Gobierno de la Rioja/Instituto de Estudios Riojanos, 2002).

san Edmundo (*c.* 1180-1240) resolviese el acaso de una manera tan expeditiva como nos cuenta Pedro de Ribadeneira: «Mandola un día venir a su estudio, como quien la quería contentar, y haviéndola hecho desnudar, la dio tantos y tan crudos azotes que la pobre moza se compungió, y conoció su culpa y se enmendó de ella» (*Flos*, III, p. 416). Aún deseo añadir una última ficha más relacionada de algún modo con todos estos casos, relativa esta vez a la mujer pérfida que causa la muerte de un santo, que tiene su paradigma en la Salomé neotestamentaria, responsable de la decapitación de san Juan Bautista al pedirle a Herodes la cabeza como presente; pues bien, el motivo es recuperado de alguna manera por la ficción literaria, como vemos en un libro de caballerías ya citado, el *Primaleón* (1512). Eso es lo que encuentro en la historia de la bella Gridonia, que hace votos de no casarse con otro caballero sino con aquel que le aporte como arras la cabeza del héroe, lo que, entre otras desgracias, le costará la vida a su primo Perequín de Duaces, del que estaba profundamente enamorada. Al final, no obstante, ella y Primaleón acaban haciendo las paces y acordando amores: los de uno con el otro. Dada esta breve puntada, se impone retornar a la materia.

Como acabo de indicar, no puede extrañarnos que ninguna de las *vitae* conocidas ose apelar a la situación inversa a la del *modelo de Pelagia*: la de un varón que gane el cielo viviendo entre toquinegradas por sentirse mejor entre ellas. Evidentemente, ni el Medievo ni los siglos posteriores concedieron un margen, por mínimo que fuese, a la inserción del hermafrodita, por cuanto caía automáticamente en el plano de la depravación moral y se le vinculaba con el pecado nefando. A lo sumo, sólo tenemos a un san Equicio abad, que fue castrado por mano de ángeles dentro de un sueño; de ese modo, pudo liberarse de toda concupiscencia y llegó a ser, al mismo tiempo, prior de hombres y de mujeres.[24] La literatura laica nos regala con un magnífico caso en línea con la leyenda de Pelagia, si bien se produce justamente en el sentido opuesto, en el *Libro de Alexandre*. En la obra, cuando se busca a Aquiles para marchar contra Troya, el héroe se halla oculto en un convento, aunque al final es localizado por Ulises gracias a la querencia que aquél demuestra por las armas y a su desinterés por los adornos. Aquí, el *Libro de Alexandre* actualiza la leyenda de Aquiles, «Pirra», llamado de ese modo por sus rubios cabellos y por pasar por ser una bella niña en su infancia y en su juventud. Esa búsqueda del héroe que

---

[24] El sexo es la gran rémora en el camino hacia la verdadera morada; por ello, no es de extrañar que, tras su resurrección por intercesión de la Virgen, el romero de Santiago del milagro berceano, en línea con su patrón latino, quede emasculado por completo hasta el día de su muerte definitiva y que tan sólo se le haya dejado un agujerillo (el célebre *forado* berceano) para verter aguas.

puede salvar a una nación, que tiene como vemos raíces tan profundas que aparece en el relato homérico, la encontramos de nuevo en la vida de san Eustaquio, en la que Trajano busca afanosamente, hasta encontrarlo, a su otrora invicto capitán.

Pinceladas del motivo de la mujer en traje de varón, gratísimo a la literatura en general (y, como es bien sabido, muy particularmente a la novela áurea, tras su presencia, más bien escasa, en la ficción narrativa del Medievo, con ejemplos contados en *Le roman de Silence* francés o en el *Tirant* catalán, que nos regala con una Carmesina así ataviada), los rastreamos en otras vidas, como la de santa Natalia, que logró colarse en la cárcel al tomar apariencia de hombre (de niño, más concretamente, según diversas fuentes), con intención de animar a su marido, san Adrián, y al resto de los cristianos que iban a ser martirizados. Sobre esto, no obstante, ya sabemos bastante,[25] por lo que no parece conveniente detenerse más en el asunto, aunque basta decir que hasta llegar al disfraz de varón de las mujeres cervantinas hay que contar con no pocos jalones, tanto hagiográficos, como caballerescos (añádanse, por ejemplo, la Blancaflor de *Arderique*, la Florinda del *Platir* o la Florismundi de *Bencimarte de Lusitania*, por no aportar más que un puñado de nuevas fichas) y novelescos en general. Aparte quedan noticias, no poco curiosas, sobre casos reales, como el de la ya citada madre Catalina de Cardona, cuyo biógrafo da a conocer unas circunstancias que, a estas alturas, poco pueden sorprendernos. En tan preciosa biografía, la joven parte con un ermitaño en ropa de franciscano:

> Y como la madre vio la voluntad de Rui Gómez que no era hacer este espital, determinós muy de vera para dejar el mundo y desasirse d'él y buscar a Cristo, vida y gloria de nuestras ánimas. Y así estaba dando traza y manera de cómo irse de la casa del mismo Rui Gómez a un yermo, en parte muy ascondida para no ser conocida ni hallada de nadie. Y así vino un día en casa de Rui Gómez un ermitaño de

---

[25] Y sabremos mucho más, gracias a un libro de aparición inminente de José Manuel Pedrosa en que aborda ésta entre otras materias. Me interesan, sobre todo, fichas como la que aporta del *Floreto de anécdotas y noticias diversas que recopiló un fraile dominico residente en Sevilla a mediados del siglo XVII* (el pasaje se halla en la edición de Francisco Javier Sánchez Cantón, publicada en *Memoria Histórico Español*, 48 [1948], p. 106, n. 127), en que la viuda tiene idéntica disposición que la de las antiguas heroínas cristianas: «Juliana de los Cobos, natural de Úbeda, abiendo un soldado muerto a su marido, vistióse en hábito de hombre y fue en busca del matador, y hallóle en Granada y matóle. De allí, se fue al campo de Italia, donde sirvió en el mesmo hábito de soldado, y algunas vezes a cavallo, hallándose en todos los peligros que se ofreçían, biviendo bien y sin ser conocida por muger. Vino a Barcelona, donde estava el Emperador, a pedirle merçedes por le aber servido en la guerra, y mandóle dar doze mil maravedís por cada año de por vida».

San Juan de Alcalá, el cual se llama el padre Piña, y así la madre Catelina le habló en secreto y le dijo de cómo se quería ir a una soledad y yermo, y así se concertaron de cómo y cuándo sería la ida y qué noche sería. Se concertaron en cabo de tres días, hasta que el hábito estuviese cosido, y así la madre Catelina le dio dineros, diciendo: «Les toma para va [*sic*], y compra paño pardo, tanto que me abaste para hacerme hábito y capa y capilla de la manera de san Francisco de Paula, y hágales cortar y coser luego». Y así estando cosido vino el padre Piña y le dijo cómo ya estaba cosido y aparejado, y la madre le dijo: «Venga tal noche, que tengo hallada una ventana muy baja por donde fácilmente puedo abajarme sin que nadie me vean [*sic*] ni nos oigan». Y así la madre, antes que saliese de la ventana, se vistióel hábito para parecer fraile si alguno los hubiera contrado por las calles de Madril; y así caminaron toda aquella noche, porque hacía buena luna. Y por el camino, el padre Piña le cortó los cabellos, porque el padre Piña era muy temeroso y gran siervo de Dios. Y por esto, la madre Catelina se confió dél.[26]

---

[26]   Antonio Cortijo y Adelaida Cortijo, «Vida de la madre Catalina de Cardona por fray Juan de la Miseria: un texto hagiográfico desconocido del siglo XVI (Bancroft Library, UCB, Hernan Núñez Collection, vol. 143)», *Dicenda,* 21 (2003), p. 31.

12.

PÍOS, CASTOS Y FUERTES

La preservación de la castidad se destaca mucho menos en el caso de los hombres, aunque la vida de Cristo presenta pasajes relacionados con su *sex-appeal* (potenciados en los Evangelios Apócrifos y, sobre todo, en el culto posterior)[1] y aunque éste sea uno de los valores reivindicados con mayor fuerza por la vieja novela bizantina, en la que tanto pesa el neoplatonismo,[2] como también por muchas de las novelas de caballerías medievales. En aquéllas y en estas últimas, los personajes castos son capaces de superar verdaderas ordalías, pruebas puramente taumatúrgicas, gracias a su constancia amorosa. En la bizantina, contamos con dos ejemplos rotundos gracias a Heliodoro y a Aquiles Tacio, maestros indiscutibles en ese género; en la caballeresca, el paradigma lo ofrece la Oriana triunfante del tocado de Macandón, cuyas flores vuelven a la vida con sólo colocárselo en la cabeza (*Amadís*, II, 56); idéntica naturaleza tienen las dos pruebas finales del *Amadís*: el Arco de los Leales Amadores y la Cámara Defendida.[3]

---

[1]   Véase Hugo O. Bizzarri y Carlos N. Sainz de la Maza, «La 'Carta de Léntulo al senado de Roma': fortuna de un retrato de Cristo en la Baja Edad Media castellana», *Rilce*, 10 (1994), pp. 43-58; en paralelo, Aragüés me recuerda la presencia de esta epístola en la *Leyenda de los santos*; en el retrato, destaca la proporción en el rostro y los miembros; por otra parte, se impone la frase final: «De gran beldad entre los hijos de los hombres».

[2]   Lo que, como bien sabemos, abrió paso a lecturas en clave alegórica y hasta lecturas a lo divino, caso éste de las *Etiópicas* de Heliodoro y del género en su conjunto, como ahora puede verse en Ilaria Ramelli, *I romanzi antichi e il Cristianesimo: contesto e contatti* (Madrid: Signifer Libros, 2001).

[3]   En conjunto, véase el estupendo panorama de Paloma Gracia, «El 'arco de los leales amadores', a propósito de algunas ordalías literarias», *Revista de Literatura Medieval*, 3 (1991), pp. 95-115. La fidelidad y la castidad, valores fundamentales del *Amadís*, atrajeron poderosamente a Cervantes al trazar el *Quijote*, como explica claramente Bienvenido Morros, «Amadís y don Quijote», *Criticón*, 91 (2004), pp. 41-65.

Del mismo modo, Arderique, en la novela que lleva su nombre, está cerca de perder su virginidad por culpa de una mala doncella, aunque su ímpetu se amaina en el último momento por intervención divina. La importancia de mantenerse puro es extraordinaria en este universo de ficción, ya que sólo un héroe inmaculado (y bello, como en la novela bizantina y en muchos relatos hagiográficos, como veremos de inmediato, en línea con el ideal de la Grecia clásica, en que lo bello y lo bueno, *kalós kai agazós*, resultan inseparables, hasta el punto de que en Platón constituyen un solo concepto) es capaz de cumplir con ciertos designios divinos, como ocurre en el caso de Galaad o Galaz, hijo de Lanzarote y Amite, quien acabará por desentrañar el misterio del Grial (por cierto, como en algunas de las vidas de santos arriba consideradas, su pureza tiene el correlato de su belleza de cuerpo y de su perfecta figura, en palabras de *La Quete*); del mismo modo, la espiritualidad de Perceval está en el origen de que sea el primer caballero que contemple el Grial y consiga el Cerco de Oro, que no es otra cosa que la corona de espinas de Jesucristo.

Las vidas de santos llegan al extremo en la defensa de la virginidad y la pureza de cuerpo dentro del matrimonio, tras el ejemplo de san José y la Virgen María. Los casos en que este patrón se repite son muchos, como en la *vita* de santa Cecilia, según relato de Víctor de Vita expandido por medio de la *Legenda aurea* y transformado en el «cuento de la segunda monja» por Geoffrey Chaucer en *The Canterbury Tales*.[4] Idéntica es la anécdota que anima la leyenda de los santos Crisanto y Daría, patrona del pueblo riojano de Cenicero; o la de san Julián, mártir, y santa Basilisa, cuyo caso constituye un verdadero arquetipo (téngase en cuenta, además, que son santos de primera hornada, ya que la pasión del marido se data en el año 309). El extremo de perfección se logra cuando la pareja no consuma el matrimonio y decide observar la castidad a ultranza, como acontece en la leyenda de los santos Injurioso y Escolástica, recogida por Gregorio de Tours en su *Historia Francorum* (la historia de ambos fue incorporada luego por los bolandistas a sus *Acta Sanctorum*, 6 de mayo, 38-39); el motivo es también de importancia primordial en la leyenda de san Paulino de Nola (353-431) y su mujer Terasia, y en la de san Eduardo, rey de Inglaterra, y santa Edita, que a menudo se presentan como hermanos porque, aunque casados, vivieron como tales.

---

4   Ciertamente, la leyenda de santa Cecilia es tardía, pues no aparece en las fuentes hagiográficas primitivas y sólo se documenta en el siglo V; no obstante, el culto a esta santa fue sólido desde fecha muy temprana y la traslación de sus reliquias está documentada a inicios del siglo IX. Su sepultura se abrió en 1599 y permitió contemplar un cuerpo incorrupto que pronto se desintegró al entrar en contacto con el aire y la luz.

La preservación de la virtud de la castidad en el matrimonio está también en los casos, ya citados, de santa Osita y santa Justa, como también en el de san Malco, casado a la fuerza con otra cautiva como él, aunque era hombre de religión y, por ende, había de permanecer célibe. Modelo singular es el del santo varón que marcha de casa dejando perfectamente inmaculada a la esposa, que se da precisamente en las leyendas de san Alejo y san Fiacro, esta última exitosísima en Francia durante el siglo XV; en ella, se narra cómo Fiacro abandonó a sus padres y su esposa para darse a la vida eremítica. Los emperadores san Enrique (primero de este nombre) y santa Cunegunda acordaron vivir como hermanos, según dice la tradición y como recogen todos los *flores* (véase, por ejemplo, Pedro de Ribadeneira, I, p. 506); lo mismo acordaron santa Catalina de Suecia y Edgardo, su esposo (Pedro de Ribadeneira, I, p. 526). El colmo, no obstante, lo tenemos en la vida de san Juan el Limosnero, patriarca de Alejandría (556-619), quien, obediente a sus padres, se desposó, tuvo hijos y sólo se sintió libre y feliz al morir su esposa, porque a partir de ese momento podía dedicarse a Cristo (de auténtica liberación nos habla Pedro de Ribadeneira, I, pp. 218-224).

¿Dónde radica el origen o causa de tamaño sacrificio? Sin duda alguna, como ya he dicho, en el ejemplo que ofrece la Sagrada Familia con la castidad de José y María, que otros hicieron suya por imitación. Las palabras que al asunto dedica Pedro de Ribadeneira recogen varios de los casos mentados, aunque añaden alguno más de especial nombradía:

> Mas nuestro Joseph fue virgen y tuvo una pureza más angélica que humana, como convenía que la tuviesse el que era esposo y guarda de aquella Virgen, que es flor de todas las vírgenes y más limpia que las estrellas y el sol. Porque si ha havido algunos casados tan puros y castos, que han vivido en el matrimonio como si no lo fueran, guardando su entereza y virginidad, como santa Cecilia con su esposo Valeriano, Pulqueria emperatriz con el emperador Marciano, santa Cunegunda con el emperador Enrique, Editna o Edgida con san Eduardo, rey de Inglaterra (y destos exemplos están llenas las historias ecclesiásticas), con más razón y fundamento enseñan los santos doctores que este santo patriarca guardó perpetuamente la virginidad, con tanta perfección como si no fuera hombre sino ángel venido del cielo (*Flos*, I, p. 511).

Atendamos aún, por un instante, a la belleza de los santos, no sólo a la de las santas, pues en ellas es un valor que cabe etiquetar de común desde los años de los primeros mártires. Las páginas del santoral ofrecen casos de jovencitos santos y bellos, que cuentan con el modelo del Absalón veterotestamentario. La belleza, en la mayoría de los casos, es un atributo más en la juventud del santo y tiene como correlato la belleza del espíritu, como en los casos de san

Pancracio y san Pantaleón, quienes, al igual que tantas santas bellas, lograron conmover, respectivamente, a sus verdugos y al público que asistía a su tormento (si, al retratarlo, Pedro de Ribadeneira se refiere, II, p. 376, a su «muy gentil disposición», luego cuenta cómo la plebe, al verlo en la arena, «tenía gran lástima de ver a un mancebo de tan lindo parecer»). En otros muchos casos, en la belleza está la raíz de todos los problemas, de acuerdo con cierto patrón de las *vitae martirum*. Son, de hecho, muchísimas las santas perseguidas al dar calabazas a algún noble gentil; sin embargo, sólo hay un relato hagiográfico en que es al varón a quien le ocurre precisamente eso: el del ya citado niño Pelayo, que despertó el apetito sexual de un rey moro bujarrón.

Por otro lado, la buena disposición física es un rasgo que se destaca donde menos cabría esperarlo, como en la *Vita prima*, biografía de san Bernardo de Claraval compuesta por Guillaume de Saint-Thierry (recuérdese que él compuso el primer libro, pero la *Vita* tuvo después sus continuadores, que la llevaron a término); ahí, se pone especial énfasis en la belleza corporal del santo, que hallaba correspondencia en su hermosura espiritual.[5] La buena planta del personaje es motivo que aparece en algunas otras *vitae*, como la de san Cristóbal, quien en palabras de Pedro de Ribadeneira era «hombre de gentil disposición, alta y grande estatura, y por esto atraía a sí los ojos de los que le miraban» (*Flos*, II, p. 374); otro tanto dice sobre san Tiburcio, «de lindo aspecto y suave condición» (*Flos*, II, p. 465); sobre san Luis de Tolosa, afirma que «era hermoso sobremanera, y más en el alma que en el cuerpo» (*Flos*, II, p. 503); también en la vida que el jesuita nos ofrece de san Vicente Ferrer se dice: «Era san Vicente muy agraciado y de gentil disposición, y no menos honesto y puro en sus costumbres» (*Flos*, I, p. 570); en fin, de san Wenceslao, rey de Bohemia y mártir, comenta: «Era Wenceslao de muy lindo y grave aspecto, virgen toda su vida, templado en la comida y bebida, devotíssimo sobremanera» (*Flos*, III, p. 133). El colmo lo supone que la belleza del santo salga a relucir precisamente al exhumar su cuerpo, como sucedió al hallar Eusebia el de san Quintino o Quintín de Vermand, «incorrupto, hermoso y bello», en palabras de Pedro de Ribadeneira (*Flos*, III, p. 315), o cuando lo reencontró san Eloy, «hermoso, fresco y oloroso» (*Flos*, III, p. 316).

Otras veces, las *vitae* no añaden adjetivos, pero se refieren al éxito que el santo tiene con dueñas y doncellas, lo que deriva en un acoso puntual o permanente; si hubiese que escoger uno entre los muchos acosados a que he aludido antes, me quedo con el inglés san Edmundo, ya que sus desventuras al ser perseguido por las féminas no terminaron con el caso citado, en que él mismo

---

[5]   A Pedro de Ribadeneira no se le podía escapar tan sabroso comentario, que recoge de la manera siguiente: «Era de muy linda disposición y rara hermosura» (*Flos*, II, p. 508).

pasó a la acción y azotó a la joven rijosa. Ahora bien, cuando se habla de la belleza del santo sin más, se revela la vieja creencia —fundamental en la cultura griega clásica, como ya se ha dicho— de que belleza y bondad viajan juntas, lo que explica la leyenda griega de la bella Friné (que animó la paleta de una larga nómina de pintores del siglo XIX, que se esforzaron en plasmar la belleza extrema de quien fuera musa de Praxíteles) o el célebre refrán «La cara es el espejo del alma», que tiene correspondencias en diversas lenguas y culturas (como vemos en el dicho *Imago animi vultus* del *De oratore* de Cicerón).

Comprobado este extremo, a nadie le puede extrañar que muchos varones de la ficción literaria (tanto la medieval como la renacentista, y en prácticamente todos los géneros novelescos) sean extremadamente hermosos y que, en algunos casos, sólo haga falta un mínimo disfraz para confundirlos con mujeres.[6] El motivo se cuela en una de las más famosas novelas sentimentales: nada menos que en el *Arnalte y Lucenda* (1491) de Diego de San Pedro, donde es el mismo protagonista quien así se muestra. Entre los héroes de las novelas de caballerías, sobresale Amadís de Grecia, gracias a una memorable estampa en la que aparece vestido en traje de doncella por indicación del rey Gradamarte. No es ésta, con todo, la única ocasión en que Feliciano de Silva apostó por este motivo, pues a él recurrió de nuevo en la Tercera Parte de su *Florisel de Niquea* (1546), en la que es Agesilao quien toma disfraz de doncella y adopta el nombre de Daraida, lo que da en momentos no poco escabrosos en su relación con su amada Diana. De aquí al *Quijote* hay, como en tantas ocasiones, un solo paso; de ese modo, en el capítulo LXIII de la Segunda Parte, la morisca Ana Félix convence fácilmente al rey de Argel, peligrosísimo bujarrón para cualquier bello mancebo que le caiga cerca, de que Gaspar Gregorio es en realidad otra mujer:

> Estando conmigo en estas pláticas, le llegaron a decir cómo venía conmigo uno de los más gallardos y hermosos mancebos que se podía imaginar. Luego entendí que lo decían por don Gaspar Gregorio, cuya belleza se deja atrás las mayores que encarecer se pueden. Turbéme, considerando el peligro que don Gregorio corría, porque entre aquellos bárbaros turcos en más se tiene y estima un mochacho o mancebo hermoso que una mujer, por bellísima que sea. Mandó luego el rey que se le trujesen allí delante para verle, y preguntóme si era verdad lo que de aquel mozo le decían. Entonces yo, casi como prevenida del cielo, le dije que sí era; pero que le hacía saber

---

[6]   Sobre este asunto, verdaderamente importante, sólo conozco una brevísima nota de Ana María Morales relativa al *roman*: «'El más hermoso caballero del mundo': un acercamiento al héroe artúrico», Aurelio González, Lillian von der Walde y Concepción Company, eds., *Palabra e imagen en la Edad Media (Actas de las IV Jornadas Medievales)* (México: Universidad Nacional Autónoma de México, 1995), pp. 406-417.

que no era varón, sino mujer como yo, y que le suplicaba me la dejase ir a vestir en su natural traje, para que de todo en todo mostrase su belleza y con menos empacho pareciese ante su presencia.[7]

Recordemos que esta misma estampa la ofrece Cervantes en *La gran sultana*. La beldad masculina es, no obstante, mucho más común en el universo de la novela bizantina, desde la Antigüedad hasta el Barroco; como muestra rotunda de que es así como digo, me quedo con el retrato del Periandro-Persiles cervantino, transformado de ese modo en «la más gallarda y hermosa mujer que hasta entonces los ojos humanos habían visto».[8]

El varón, tanto el santo como algunos héroes épicos y novelescos, cuenta con potencias o virtudes taumatúrgicas características, en particular cuando se trata de un *miles vir*. Como vimos atrás, el Cid ayuda a atravesar el vado de Cascajares a un leproso que resulta ser san Lázaro, a quien antes de subirlo a lomos de su caballo cubre con su capa. Ya he puesto de relieve el aparente influjo que sobre el texto castellano parece estar ejerciendo una célebre estampa hagiográfica: la de la partición de la capa con un pobre, que al final se revela Cristo, en la leyenda de san Martín de Tours compuesta por su discípulo, Sulpicio Severo, luego también santo. Ahora conviene añadir que, en otro momento de la *Vita Martini*, se introduce un nuevo punto de encuentro con la historia cidiana: el abrazo y el beso del santo a un leproso, del que todos se apartan, a la entrada de París; a ello hay que añadir que la superación del rechazo provocado por tan terrible enfermedad forma parte de las *vitae* de varios santos, como san Francisco de Asís (quien, ya sabemos, actuó de forma parecida a san Martín al cambiar sus ropas con un pobre en Roma, al igual que hizo san Ignacio de Loyola tras su paso por el monasterio de Montserrat, o san Juan Calibita [420-450] antes de regresar como un pordiosero a la casa paterna, donde vivió sin saberse quién era, a la manera de san Alejo), y de algunos aspirantes a la santidad, como el beato Damián de Molokai.

Por lo que acabo de afirmar, cabe añadir que tiene mucho de hagiográfica la lealtad que demuestran los tres caballeros del conde Rodrigo el Franco en el cuento 44 del *Libro del Conde Lucanor*, que beben el agua con que le curan sus heridas de leproso para demostrarle que no les provoca repugnancia. Retengamos el dato para cuando, más adelante, leamos cómo santa Catalina de Siena hizo otro tanto al beber del agua pútrida con que había lavado el pecho

---

[7]   Cito por la edición de Florencio Sevilla y Antonio Rey Hazas (Madrid: Centro de Estudios Cervantinos, 1993), pp. 1040-1041.

[8]   Con los datos previos, se complementa el sólido trabajo de Antonio Cruz Casado, «Periandro/Persiles: Las raíces clásicas del personaje y la aportación de Cervantes», *Cervantes: Bulletin of the Cervantes Society of America*, 15 (1995), pp. 60-69.

cancerado de cierta mujer enferma. Por supuesto, en el caso de la obra de don Juan Manuel, tenemos pistas adicionales sobre la naturaleza de este cuento; de hecho, se nos pone sobre aviso al indicársenos que la enfermedad le había venido a don Rodrigo por puro castigo divino:

> Sennor conde —dixo Patronio—, el conde don Rodrigo el Franco fue casado con una duenna, fija de don Gil García de Çagra, e fue muy buena duenna. Et el conde su marido assacól falso testimonio, et ella, quexándose desto, fizo su oraçión a Dios que, si ella era culpada, que Dios mostrasse su miraglo en ella, et si el conde le assacara falso testimonio, que lo mostrasse en él. Luego que la oraçión fue acabada, por el miraglo de Dios engafesçió el conde su marido et ella partiose dél.[9]

Además, me permito adjuntar una nueva ficha del mayor interés que me ayuda a captar el trazado que su anónimo autor hizo del Rodrigo de las *Mocedades*: la de san Julián el Hospitalario,[10] ya que la penitencia de este santo tras cometer el parricidio que le había pronosticado un ciervo fue la de ayudar a los viajeros a cruzar un río con una fuerte corriente. Más adelante, y por medio de una visión celestial que le sobreviene tras ayudar a pasar el río precisamente a un leproso, se le comunica que ya ha sido perdonado. Por vía directa, y con base antropológica más que literaria, habría que conectar la vida de este santo con la leyenda de Hércules, obligado a superar los doce trabajos tras dar muerte a sus propios hijos. De otra parte, el Cid, con pátina de santo, san Martín y san Julián, y junto a ellos Santiago, san Cristóbal y la propia Virgen María, poseen la misma función de ayudar a los caminantes, en una función taumatúrgica que no acaba en la época de nuestro interés sino que ha dejado abundantes muestras tanto en el folklore como en la cultura urbana. A este respecto, basta recordar las recientes investigaciones de José Manuel Pedrosa sobre las leyendas urbanas que ha rastreado entre la juventud de nuestros días.[11]

En la *vita* de san Julián el Hospitalario, la ayuda a un pordiosero leproso acontece cuando Julián recibe su llamada de ayuda dentro de un sueño; al final, el pobre resulta ser un emisario divino que le anuncia el ansiado perdón de sus pecados y le avisa de su muerte inminente, en una nueva muestra de emplaza-

---

[9]   Cito por la edición de Reinaldo Ayerbe-Chaux (Madrid: Alhambra, 1983), p. 396.

[10] Aunque contaba con esta ficha desde 1994, en que comencé a trabajar en el presente libro, de nuevo se me ha adelantado en darla a conocer mi sabio amigo Alberto Montaner, en su artículo citado, «Rodrigo y el gafo», *op. cit.*, pp. 126-127.

[11] En uno de sus estudios y en los materiales recogidos en José Manuel Pedrosa y Sebastián Moratalla, *La ciudad oral. Literatura tradicional urbana del sur de Madrid. Teoría, métodos, textos* (Madrid: Comunidad de Madrid, Consejería de Educación, 2002), con ejemplos en pp. 91-93.

miento positivo. Aún aparecerá otro leproso más, esta vez desnudo y muerto de frío, un gafo o malato que al final resulta ser Cristo en persona (en el *Index* de Tubach, este motivo es el núm. 985: *Christ as leper*). En esta ocasión, la mujer de san Julián consigue una victoria aún mayor, pues logra superar el sentimiento de repugnancia y se acuesta con el leproso para devolverle a su cuerpo el calor perdido. Otro santo hay, y bien conocido gracias a Jacobo de Vorágine, que desde su puesto en la soledad de un vado, ayudaba a pasar el río a los viajeros: el mentado san Cristóbal. De la sabrosa historia según la cual subió a sus hombros a un niño que resultó ser Jesús (de ahí su nombre griego, Christóforos, vale decir «portador de Cristo»), hay un sinfín de testimonios en todo el arte occidental, aunque su estampa no se ha de confundir con la forma básica de la prefiguración bíblica, en la que un Nuevo Testamento, en forma de infante, viaja en los hombros del Viejo Testamento, un hombre maduro de larga barba.[12] Héroes como el Cid de las *Mocedades de Rodrigo*, ungidos por alguna gracia divina, son frecuentes en las leyendas de carácter fundacional, como la de la ermita de san Antolín, a la que atenderé de inmediato, o la del convento benedictino de san Zoilo, en Carrión de los Condes (con don Gómez Díaz y doña Teresa, condes de la localidad, cuya leyenda incorpora el motivo del paso del río sobre una capa tendida, que estaría en el origen del puente que mandaron construir sobre el Carrión).

Por cierto, el dibujo del personaje del Cid como una suma de *sapientia et fortitudo* (a diferencia de la épica francesa, en que la sagacidad es de Oliveros y la fortaleza de Roldán, de acuerdo con la célebre *laisse* 87 de la *Chanson*: «Rollant est proz e Oliver est sage») muestra un nuevo punto de encuentro entre su leyenda, de signo heroico, y aquellas otras leyendas hagiográficas que destacan tales virtudes, como acontece en la vida de san Teodoro el Capitán. Conocemos a santos especializados en ayudar a los héroes, como Santiago, que acorrió a Ramiro II, o san Millán, que vino en auxilio del conde Fernán González, en cierta batalla acontecida cerca de Toro, de acuerdo con la leyenda plasmada en la *Vida de san Millán* berceana. Otro santo principal que, con el tiempo, ayudaría al ejército supuestamente bendito de Dios es san Lorenzo, a quien los españoles atribuyeron la victoria sobre las tropas francesas en la

---

[12] Sobre los cruces y entrecruces que justifican esta célebre estampa de san Cristobalón, me basta el certero comentario de Pedro de Ribadeneira: «Comúnmente se pinta san Christóval con el Niño Jesús en el hombro, como que le passa un río, y no hallo qué fundamento tenga pintarle assí sino es por un símbolo de que san Christóval passó las muchas olas de tormentos y trabajos con la gran fortaleza que de dio el Señor. El ponerle en lugares altos debe ser por la gracia que Nuestro Señor le concedió contra las tempestades de granizo y trueno, como queda dicho» (*Flos*, II, p. 375).

Batalla de San Quintín (1557), a cuyo recuerdo dedicó Felipe II el monasterio que lleva el nombre del mártir romano del siglo III.

A ratos, y en vida, los santos tomaron las armas en defensa de su fe, como sucede en los casos paralelos de santo Domingo de Guzmán y san Pedro Nolasco, quienes, enviados providencialmente por Dios (según diría luego san Antonio María Claret, 1807-1870) y con la espada en la mano, ayudaron a Simón de Monfort en su lucha contra los albigenses, infligiéndoles numerosas bajas en la célebre batalla de Muret (1213); en ella, pereció Pedro II de Aragón, valedor de los cátaros. De todos modos, la Iglesia española pronto defendió la idea del patrocinio de la Virgen María en España, en la idea de que ella fue siempre su protectora y la clave de la derrota de sus enemigos; como muestra, podemos citar de nuevo a Pedro de Ribadeneira, que hace larga relación de las victorias debidas a María tras una aseveración categórica:

No contando ahora las victorias que otros príncipes christianos han conseguido de los infieles por el favor y patrocinio de María (que si se pretenden referir en particular no basta un libro entero, y si se quieren decir en una palabra, se ha de afirmar que todas las han alcanzado por el favor de María), diremos solamente algunas de las más celebradas que ha conseguido España por el patrocinio de María Santíssima, no tanto refiriendo quanto apuntando, ni para enseñar lo que nadie ignora, sino para acordar al agradecimiento lo que todos saben (*Flos*, III, p. 400).

Esta virtud militar puede desarrollarla cualquier santo *post mortem*, con independencia de su personalidad y de su ocupación en vida; entre otras muchas, como muestra de ello escojo la leyenda de san Andrés Corsini, que acudió milagrosamente a salvar el ejército del papa Eugenio IV frente al Duque de Milán. Aquello aconteció en 1440, sesenta y siete años después de la muerte del obispo carmelita. Según una leyenda milanesa que cabe datar en el Quattrocento, san Ambrosio había obrado en sentido contrario en 1338, al salir en defensa de Milán frente al emperador Luis de Baviera; en esta ocasión, su milagrosa aparición montado sobre un caballo parece ser una simple repetición de la conocidísima iconografía de Santiago Apóstol. Otro tanto hizo san Hilario, cuando acudió en ayuda del rey francés Clodoveo. Hay también santos que, procedentes del ámbito de la milicia, fueron potenciando sus virtudes heroicas, a la manera de san Jorge, tribuno de Diocleciano de acuerdo con la tradición. Su leyenda es precisamente de ésas que al evolucionar cargaron las tintas sobre la vertiente militar; por ello, los cruzados vieron en él a un santo matamoros, como el Santiago de los españoles, y le atribuyeron, entre otras victorias, la toma de Antioquía en 1098. Esas virtudes militares (y recordemos que arriba ya hablamos de los santos-guerreros) están en san Adrián, que forma pareja indisoluble con su mujer santa Natalia, como ya hemos visto, y en san

Martín de Tours, antes de convertirse en el obispo-ermitaño; tampoco olvidemos a san Demetrio, a san Canuto de Dinamarca, a san Procopio o al ya mentado san Eustaquio.

Un caso excepcional es el de los santos estrategas, a la manera del san Vitores español, capaz de liberar la villa de Cerezo de Río Tirón gracias a un engaño documentado nada menos que en los *Stratagemata* de Frontino (III, 15, 5).[13] Hay otras *vitae* en las que esta obra deja su marca clara (para el caso que expongo a continuación, la fuente está en II, 4, 3), como en la leyenda de san Germán de Auxerre, tal como la narra su fuente principal, ya citada: el *De vita Germani* de Constancio de Lyón. Aquí se da cuenta de la manera en que el obispo de Antisidoro (hoy Auxerre) consiguió engañar a los invasores sajones y pictos al hacerles creer que se enfrentaban a un gran ejército de britanos, al hacerles gritar tres veces «¡Aleluya!» (por lo que en Gran Bretaña el episodio se recuerda como «Alleluia Victory») dentro de un desfiladero, que multiplicó extraordinariamente el sonido de aquellas pocas voces.[14] Por supuesto, la leyenda tiene su correlato español en el Tambor del Bruc o Timbaler del Bruc, durante la invasión napoleónica, recordado en un episodio que antaño nos enseñaban a todos los niños de España (el del coraje de Manresa e Igualada, y especialmente el del niño Isidro Clussa, frente al invasor francés, en la jornada del 5 de junio de 1808). Estoy seguro de que una rebusca más concienzuda arrojaría un rico saldo, toda vez que, sin ir más lejos, vuelvo a encontrar el motivo al final de *Beau Geste*, exitosa novela que Percival Christopher Wren escribió en 1924 y que fue a parar al cine, por vez primera, en 1929 y, la segunda, en 1939 (en este caso, con una nómina de lujo, pues nada menos que Ray Milland, Gary Cooper y Robert Preston dan vida a los hermanos Geste, mientras Susan Hayward debutaba interpretando a Isobel Rivers). Pues bien, al final de la obra, tras la muerte de Beau, sus hermanos John y Digby, junto a otros dos legionarios, logran espantar a cientos de tuaregs empleando la misma treta: aquí son sólo tres los que disparan, pero Digby, tocando su corneta y aprove-

---

[13] Véase, a este respecto, mi trabajo «Frontino medieval, una vez más», *Revista de Filología Española*, 70 (1990), pp. 167-171. Téngase también en cuenta mi reciente edición de Diego Guillén de Ávila, *Los quatro libros de Sexto Julio Frontino, cónsul romano, de los enxemplos, consejos e avisos de la guerra* (Madrid: Ministerio de Defensa, 2005), pp. 121-122; el segundo ejemplo lo leemos en las pp. 91-92.

[14] El episodio, ocurrido el año 430 en el lugar llamado Maes Garmon, situado a una milla de Mold (País de Gales), pertenece propiamente al folklore de la zona y forma parte de sus atracciones turística. El milagro, sin embargo, no es recogido por Pedro de Ribadeneira (*Flos*, II, pp. 413-416). El texto de Constancio lo he leído en la traducción de Thomas Noble y Thomas Head, en *Soldiers of Christ: Saints' Lives from Late Antiquity and the Early Middle Ages* (University Park: Pennsylvania State University Press, 1994), pp. 75-106

chando la ventaja acústica del terreno, consigue crear la impresión de que les ataca todo un ejército. En la huida, un tuareg dispara y mata a Digby, que cae rodando duna abajo en la que con justicia cabe calificar de escena mítica.[15]

En ese mismo universo de referencia, tenemos a san Jaime o Santiago de Nisibe (siglo IV), que con sus oraciones protegió la ciudad que le da nombre (hoy situada en Irak) y de la que era obispo. Esa página de su vida recuerda que sus rezos lograron recomponer los muros que las tropas persas, dispuestas a asaltar la ciudad, habían derruido la jornada previa. La cosa no quedó ahí, ya que su discípulo san Efrén, también llamado de Nisibe, le rogó que conjurase el peligro de una vez por todas; para ello, rezó de nuevo y consiguió que, milagrosamente, apareciese una espesa nube de moscas, que atacó de inmediato a los elefantes del ejército persa (y recordemos ahora lo dicho sobre la atracción que el santo ejerce sobre todo el reino animal, desde las grandes fieras hasta los pequeños insectos). Los animales, enloquecidos, arremetieron contra sus propias filas, diezmándolas y poniéndolas en fuga. Así ganó san Jaime de Nisibe los galones de santo estratega.

Este paso de la contemplación a la acción a veces es mucho más fuerte y supone la deriva del patrón del *homo pius* a un nuevo modelo, el del *vir fortis*. Esto, por ejemplo, es lo que le ocurrió en concreto al conquense Antón Martín (1500-1553), primer seguidor de san Juan de Dios; y es que Antón Martín, que fue matón antes que persona pía, aparece como un santo forzudo (aunque en realidad nunca fue canonizado) en toda una serie de leyendas burgalesas en las que sus proezas parecen haberse entrecruzado con las de otro personaje de fama: el capitán Alonso de Céspedes (1518-1569), gran héroe de Flandes, quien por su fuerza y valor mereció el sobrenombre de «el Alcides castellano» (había nacido en Ciudad Real).[16] No menos sorprendente es el hecho de que una leyenda clásica cuaje por vía recta en otra de tipo hagiográfico, como sucede en el ya citado patrón de san Casiano (cabe hablar de patrón, cuando el motivo principal es compartido por varias *vitae*), con un maestro sacrificado

---

[15] No es ésta, sin embargo, la primera ocasión en que Wren me sorprende con sus lecturas; de hecho, la escena de los legionarios muertos colocados en las troneras del fuerte para espantar a los enemigos está en Frontino. Al respecto, véase mi edición de *Los quatro libros de Sexto Julio Frontino...*, *op. cit.*, p. 71 (correspondiente a *Strategematon*, I, 5, 22).

[16] Véase de nuevo, a este respecto, el libro de José Manuel Pedrosa, César Javier Palacios y Elías Rubio Marcos, *Héroes, santos...*, *op. cit.*, pp. 208-213. Para la figura de Céspedes, véase: *http://www.ciudad-real.es/personajes/alonsodecespedes.php*. De todos modos, queda dicho que la transformación radical en la vida pecadora de Antón Martín, «rufián de la casa pública y valiente de los temerones de Granada» favoreció esa contaminación entre ambas leyendas.

por los *stili* de sus discípulos, anécdota ésta que aparece previamente recogida en *Ab urbe condita* (5, 27, 9) de Tito Livio, allí donde habla de la muerte de Furio Camillo.[17] No obstante, recordemos que la leyenda de ese santo, según la recoge Prudencio en un himno de *Peristephanon*, IX, exhala un tufillo de lo más sospechoso; ciertamente, este primer testimonio parte de la explicación que, durante su visita a Imola, le dio un sacristán acerca del cuadro en el que, supuestamente, se recogía el martirio de san Casiano, acaecido allá por los primeros años del siglo IV.

Las adherencias ajenas a las vidas de santos ofrecen una cronología muy diversa, pero el intento de depurar tales relatos se les debe, en primer lugar, a los reformistas del siglo XV (con el famoso Jean Gerson, el celebre *doctor christianissimus*, como paladín de la causa) y del siglo XVI (especialmente a Erasmo y sus seguidores), que pusieron en cuarentena leyendas como las que se compendian dentro del arca de Santo Toribio de Liébana, donde no faltan ni siquiera plumas de los varios arcángeles y hasta redomas con leche de la Virgen María.[18] A este respecto, cabe recordar que iglesias y cenobios compitieron por hacerse con el mayor número posible de tales reliquias y llegaron a reunir colecciones como la del monasterio riojano de Cañas, a que he aludido más arriba. Este curioso afán coleccionista fue en aumento desde la época de las Cruzadas, causa principal de la llegada de cantidades ingentes de supuestos restos sagrados y de reliquias de la más diversa naturaleza.

El panorama que presentaba Europa llevó a los reformistas del siglo XVI a caer en la cuenta de que, con todos los fragmentos conocidos del *Lignum Crucis* desde su descubrimiento por santa Elena en Tierra Santa en el año 326 (el primero de todos esos fragmentos fue el que obtuvo santa Radegunda de manos del emperador Justiniano II, que inspiró a Venancio Fortunato a la hora de escribir el *Vexilla regis*, su bello poema en celebración del misterio de Cristo triunfante en la Cruz), se podía reconstruir un bosque no chico; o que las muelas de santa Apolonia eran tantas como las que podrían haber tenido todas las

---

[17] Y no es el único parecido que ha encontrado la crítica para este texto hagiográfico, ya que el maestro puede ser un senador muerto de ese mismo modo, «graphis confossum», por orden de Calígula, según Suetonio (IV, 28).

[18] Las dos versiones castellanas son ahora conocidas gracias a las ediciones de John K. Walsh y Billy Bussell Thompson, *La leyenda medieval de Santo Toribio y su arca sancta (con una edición del texto en el Ms. 780 de la Biblioteca Nacional* (New York: Lorenzo Clemente, 1987); y a Carlos Fernández González, «Vida y dichos de Santo Toribio de Liébana conservados en el monasterio que lleva su nombre», *Dicenda. Cuadernos de Filología Hispánica*, 17 (1999), pp. 29-40; como ejemplo vivo de esta tendencia que se proyecta mucho más allá de la Edad Media, conviene echar un vistazo a *El Tesoro de las Reliquias..., op. cit.*

santas mártires juntas (por cierto, la versión que ofrece Pedro de Ribadeneira de su *vita* es sorprendentemente corta, dada la importancia que en el Medievo tuvo la santa). Al final, era inevitable que las autoridades eclesiásticas dirimiesen los pleitos entre cenobios por la posesión de una reliquia y que, desde el siglo XVII —a pesar de la reivindicación de su veneración y culto por parte del Concilio de Trento—, éstas se acompañasen de un documento de validación conocido como la *auténtica*.

A partir de este mismo siglo, serán los bolandistas quienes lleven a cabo una revisión sistemática y científica de las vidas de santos para filtrarlas y liberarlas de materiales de dicha índole o, ante la evidencia, para proceder a eliminarlas del santoral. A lo largo del presente trabajo he aludido a muchas de estas leyendas hagiográficas que o bien no han formado nunca parte del santoral romano o bien han salido de él en algún momento tras recibir unas acometidas que se deben, por lo común, a los jesuitas bolandistas. Han sido muchos los casos singulares (por el carácter excepcional de su motivo o motivos) aducidos a lo largo de las páginas previas, aunque también hemos visto unos cuantos patrones recurrentes, que permiten agavillar a los santos en grupos de la importancia de los santos cefalóforos o de las santas travestidas; otros patrones afectan a un menor número de leyendas, aunque no por ello son de menor interés, como el recién visto de san Casiano.

He dedicado varios capítulos a revisar los rasgos coincidentes entre la figura del santo y la del héroe, una operación que, ya de antemano, consideraba de bajo riesgo, seguro como estaba de que había de arrojar un saldo de notable riqueza. En realidad, lo único que podría afectar al desarrollo de este trabajo sería la pobreza en los datos o la escasa relevancia de los que lograse agavillar; ahora bien, antes de darme a su redacción, más que barruntaba, tenía certeza de que el saldo derivado de mis pesquisas había de ser enteramente satisfactorio. Creo que lo visto hasta aquí permite concluir que las cosas son como las imaginaba; no obstante, los más exigentes y difíciles de convencer aún encontrarán otros tantos argumentos adicionales en lo que falta. Espero, eso sí, que, a estas alturas, coincidan conmigo en que el hermanamiento entre hagiografía y ficción narrativa no es en absoluto forzado, ya que no sólo se deriva del cotejo que estoy llevando a cabo sino de las propias declaraciones de los escritores. A ese respecto, resulta altamente revelador este pasaje del prólogo del anónimo compilador del que Aragüés ha bautizado como *Flos sanctorum renacentista*, editado por vez primera por las imprentas zaragozanas de Jorge Cocci en 1516. Leámoslo, pues no tiene desperdicio:

Pues si te deleytan los hechos maravillosos e por la mayor parte fingidos de los esforçados cavalleros que, puestos en las batallas, no supieron bolver las espaldas, lee en este libro y verás los triunfos muy gloriosos de los apóstoles [...]. Si sientes tu coraçón inclinado a la lección de los que en este mundo amaron, e por guardarse la fe se offrescieron de su voluntad a la muerte, hazte familiar a este libro, y verás que en tal manera el amor dulce de Jesuchristo ocupó el coraçón de las santas vírgines, que muchas dellas a los doze y treze años perdieron con alegre voluntad esta vida temporal por guardar su fe y virginidad al esposo celestial. Si los acaescimientos diversos de la fortuna que sobre muchos vinieron te comueven unas vezes a sentimiento de piadad, otras te despiertan a alegría, y en esto pareçe que tu ánima rescibe recreación, ocúpate en esta escriptura santa, en la qual no hallarás historia en que no concurran estas dos cosas.[19]

Aún podría aducir otros testimonios semejantes y hasta incidir en la idea de que eran muchos los moralistas que, desde el Medievo tardío, buscaban sucedáneos válidos —por contener revulsivos semejantes— para un público lector de cualquier edad y condición, particularmente para los más jóvenes y menos formados, colgados por completo de la ficción literaria caballeresca o sentimental.[20] Creo que los grandes santorales venían, precisamente, a colmar esa laguna, pues el panorama del libro impreso o manuscrito confirma que no faltaban títulos idóneos para satisfacer el apetito de otros sectores, tanto laicos como religiosos. Como quiera que sea, queda claro que la «Epístola prohemial» del *Flos* zaragozano apuntala las ideas y los datos que he ofrecido a lo largo de las páginas previas; con todo, aún me falta un largo trecho para alcanzar el final del recorrido que me he marcado. Espero que la paciencia del lector que imagino a este libro aún resista hasta el jalón último, pues aguardan noticias de innegable interés y hasta alguna que otra sorpresa. Además, y es el último tópico que me resta por usar, en todo momento me regiré por una brevedad y concisión que se perciben en lo magro del presente volumen, en contraste con lo ambicioso de su título.

---

[19] Lo tomo del valioso artículo de José Aragüés Aldaz, «Para el estudio del *Flos sanctorum renacentista* (I)», *op. cit.,* a quien nuevamente doy las gracias por su generosidad al hacerme llegar sus investigaciones antes de ver la luz.

[20] Queda claro que para ello no servían otras fórmulas, como la de ciertos clásicos, a la manera del *De dictis factisque memorabilibus libri novem,* frente al deseo que su anónimo traductor manifiesta al prologar una versión castellana que parte de la catalana de Antoni Canals. Éste y otros muchos datos de interés, algunos de ellos desconocidos, se reúnen en un trabajo mío que corresponde a una vieja ponencia y que dejé sin publicar: «Los libros de caballerías: entre lectores y detractores». En un futuro que espero no muy lejano daré este material a la estampa.

13.

Viajes y obstáculos: hagiografía y novela

Permítaseme atender ahora a una leyenda en concreto, correspondiente esta vez a un santo nacional; con ella, iré pasando revista a unos cuantos ingredientes comunes a un largo número de *vitae*. Me refiero a la leyenda de san Antolín mártir, patrón de Palencia.[1] A grandes rasgos, hay que recordar que, dentro del santoral, este san Antolín lo es de Apamea o Pamiers y que su vida se encuentra en una de las fuentes principales: el *Martirologio Geronimiano*,[2] donde leemos que era un picapedrero natural de Siria y que vivió en la época del emperador Constantino. Cristiano entregado a su fe, fue un iconoclasta, enemigo y destructor de ídolos; con dicha conducta, se granjeó innumerables enemigos y propició su asesinato y el posterior desmembramiento de su cuerpo, dato éste que procede de la fuente que brinda datos más precisos y fiables: el *Sinassario Armeno*. Sus restos se enterraron en una caverna, sobre la que el obispo mandó alzar una basílica, de la que hay una primera mención del año 518. Con todo, mucho más interesa la presencia y traslación de las reliquias de este santo por tierras de Europa, en Francia y en España.

En tierras de Francia, hay culto a san Antolín en Saint-Antonin du Rouerge (Tarn-et-Garonne), en la zona de Noble-Val, documentado desde comienzos del siglo IX. En esa localidad, existía un monasterio que poseía la cabeza y parte del cuerpo. A este respecto, cabe incidir en el dato de que san Antolín no es uno de tantos santos decapitados en vida —cefalóforos o no— sino que cae en la categoría de aquellos otros (muchísimos, a decir verdad) que fueron des-

---

[1] El resumen de todo lo que se ha dicho sobre este personaje lo encontramos en el *Dictionnaire d'histoire et de géographie ecclésiastiques* (Paris: Letouzey et Ané, 1924), vol. III, cols. 849-851, o la *Bibliotheca Sanctorum* (Roma: Istituto Giovanni XXIII nella Pontificia Università lateranense, 1962), vol. II, cols. 79-81.

[2] Para esta fuente de información, remito a la versión actualizada en 1985 del libro de Jacques Dubois, *Les Martyrologes du Moyen Âge latin* (Turnhout: Brepols [Typologie des sources du Moyen Âge occidental, 26], 1978).

membrados *post mortem*, aunque no con la intención de venerar sus restos (caso éste de san Tito) sino con la de infligir a su cuerpo un último castigo.[3] Su traslación es fabulosa de todo punto, ya que se dice que sus restos los habría traído una nave milagrosa guiada por los ángeles. No se nos escape que éste, el de la nave que lleva al santo vivo o muerto, es uno de los motivos más recurrentes en hagiografía y que, sin necesidad de otras rebuscas (que arrojarían fichas menos conocidas, como la de san Gumaro confesor), aparece ligado nada menos que a la leyenda del patrón de España, Santiago Apóstol (recordemos que la fiesta de la traslación de su cuerpo, con toda su carga romancesca, se celebra el 30 de diciembre), y a la del legendario primer ministro de Cristo en Provenza, que de acuerdo con una aquilatada tradición habría sido el san Lázaro del Nuevo Testamento, llevado a Marsella junto a sus hermanas por una nave sin remos ni timón. La tardía leyenda de san Andrés apóstol nos lo sitúa también en Francia, en tierras de Burgundia, hasta donde lo habría llevado una nave milagrosa para liberar a otro apóstol, san Mateo (Pedro de la Vega, II, 1v). Por otra parte, la ciudad de Santander tomaría su nombre de san Emeterio, por haber llegado milagrosamente su cabeza, junto a la de su hermano san Celedonio (ambos habían sido degollados hacia el 300 en Calahorra), en una barca movida por los designios de Dios.[4] Acerca de este motivo, aún añadiré alguna ficha más en su momento.

Esa nave tenía ya una enorme importancia en la mitología clásica, que nos ofrece muestras tan importantes como la llegada de la imagen de Hércules a Eritrea según el relato de Pausanias (VII, 5, 5-8). Además, como bien sabemos, la presencia del motivo de la barca encantada no se limita a la mitología y la hagiografía sino que acabó por apoderarse del universo literario del *roman*; por esa razón, el vehículo maravilloso lo encontramos tanto en algunas ramas de la leyenda de Tristán, tras luchar con el gigante Morholt, como en las continuaciones de la leyenda artúrica, según percibimos en el caso de Raguidel, compañero de Galván, y como se comprueba en el mejor de los ejemplos: el del Arturo moribundo transportado a Avalón. En fin, tampoco nos olvidemos de la nave de Salomón que porta la espada de David, que más tarde llevará el cuerpo muerto de la hermana de Galaad y a éste, a Bohort y a Perceval, en *La búsqueda del Santo Grial*. Ahora bien, *vitae* y novelas apelan a las naos no sólo por su función como singular vehículo fúnebre: también recurren a ellas para

---

[3] Sobre los excesos derivados del culto a las reliquias y de los múltiples casos documentados de mutilación del cuerpo de los santos tras su muerte por parte de sus devotos da cumplida cuenta Johan Huizinga en su *opus magnum*.

[4] Esas cabezas son las reliquias más preciadas de la Catedral de Santander, ciudad que, al igual que Calahorra, tiene a san Emeterio por patrón (esta última pone a su lado a san Celedonio, su hermano).

transportar a algún lugar lejano a sus respectivos protagonistas en una o varias aventuras.

Caso singular es el de las huidas de san Alejo por vía marítima para ganar santidad, ingrediente éste que tengo por un desarrollo y, en cierto modo, una inversión, de la pujante novela griega de aventuras o novela bizantina (el nacimiento de la leyenda en Siria, en el siglo V, encaja claramente con esta propuesta). El patrón básico es el que ya aparece en el antepasado remoto (y lejano en otros sentidos, según la crítica especializada) de este antiguo género: el relato homérico que narra el retorno de Ulises a Ítaca, en el que el héroe encubre su personalidad durante el tiempo que le conviene. Idéntico es el motivo por el que san Gil marchó desde su Atenas natal (dato éste, el de su patria ateniense, que parece puramente literario y que entró vigoroso en su leyenda a partir del siglo X) a tierra de Francia, donde llevó la más dura de las vidas como eremita. Vista la rancia estirpe de este motivo, no cuesta nada detectarlo en diversos textos vernáculos que lo comparten con la vida de ese santo confesor, como el *Romance de las señas del marido*, también conocido por su primer verso, *Caballero de lejas tierras* (más arriba, he contrastado este poema con la vida de santa Isabel de Hungría);[5] con propósito muy distinto, como es demostrar la lascivia de toda mujer, incluida la de su propia madre, el regreso del hijo desfigurado e irreconocible es una de las claves del *Capítulo de Segundo Filósofo*. Por cierto, tampoco se olvide que la huida, que vamos a detectar de continuo en las *vitae*, es uno de los ingredientes básicos de la ficción narrativa; más en particular, se trata de uno de los resortes fundamentales del cuento folklórico, como ya señalara Vladimir Propp.[6]

Inversión se percibe igualmente en la leyenda de san Gil o Egidio, en la que la huida del lugar en que gozaba de fama de santo (y su humildad, como la de san Hilario, convertía este hecho en un verdadero tormento y lo compelía a marcharse a tierras donde nadie lo conociese) se hace por mar; de ese modo, su *vita* añade un motivo hagiográfico-novelesco y un nuevo milagro: una fuerte tormenta que sólo él logró superar con ayuda divina. San Gil o Egidio comparte esta virtud con otros santos, capaces de poner punto final a lo que, en otros tiempos, se conocía como «fortuna de mar», caso éste de san Nicolás. Pasados los años, este último será uno de esos santos especializados en socorrer a los navegantes por su potencia para controlar tales meteoros, según se

---

5   La crítica moderna pone en duda la raigambre homérica, por vía directa, de esta bellísima pieza, como recuerda bien Paloma Díaz-Mas, ed., *Romancero* (Barcelona: Crítica, 1994), pp. 287-289; de hecho, no queda sino aceptar que el motivo, plasmado en diferentes situaciones, tiene claras raíces folklóricas y que se entrecruza con distintos géneros, uno de ellos con la potencia generadora de las *vitae sanctorum*.
6   *Las raíces históricas del cuento* (Madrid: Fundamentos, 1974), pp. 307-309.

desprende del largo número de testimonios que así lo indican (en España, el más impresionante de todos es el retablo mayor de la iglesia de san Nicolás en Burgos, probablemente realizado por Simón y Francisco de Colonia en el paso del siglo XV al siglo XVI, con dos bellas escenas en las que aparece como patrono de los navegantes y apaciguador de tempestades, aunque la iconografía común lo representa junto a barcos y barcas, a pesar de que el santo tenía otras especialidades, como la de proteger a los niños y a los estudiantes); a su lado, los marineros y, sobre todo, los viajeros por vía marítima pusieron a tres figuras tan populares como santa Bárbara, san Elmo (más conocido como san Telmo, santo de patria castellana nacido y bautizado como Pedro González en la villa palentina de Frómista hacia 1190) o al propio Santiago, según veremos enseguida. Desde finales del siglo XIV, idéntica gracia tuvo la santa mercedaria María de Cervellón o María del Socorro. El santoral de los navegantes todavía continuó ampliándose en la Era Moderna, gracias a figuras como la de san Francisco de Paula, afamado precisamente por sus milagros marítimos, aunque de él se dice que ejercía control sobre todo tipo de seres, fuerzas y elementos: «El fuego, el aire, el mar, la tierra, la enfermedad, la muerte, los animales, los hombres y los demonios estaban sujetos a la voluntad de este santo y humilde varón» (Pedro de Ribadeneira, I, p. 562).

El motivo del viaje obliga a tender nuevos puentes con la ficción literaria de todos los tiempos. Por vía directísima, el género de la novela bizantina enlaza con *vitae* tan importantes como la de san Eustaquio o Plácidas, que es sobre todo una estupenda novela de aventuras, donde se nos narra la separación y posterior reencuentro del santo con su mujer y sus dos hijos, uno de ellos raptado por una leona.[7] Cáigase en la cuenta de que el niño Esplandián, hijo de Oriana y de Amadís, pasa por una experiencia idéntica al ser capturado por una leona, que acabará por convertirse en su compañera de fatigas; de ese modo, Esplandián al final vestirá colores más propios de santos que de héroes. Son muchas también las santas embarcadas con y sin destino fijo, aunque sin duda la más conocida es santa María Egipciaca, que pagó con su propio cuerpo el viaje a Tierra Santa, donde acabaría por purgar sus pecados y por ganar la corona de la santidad. Contamos incluso con un estupendo híbrido y es nada menos que Chaucer quien nos lo ofrece en el «Cuento del legista» de *The Canterbury Tales*; aquí, el genial autor inglés presenta a la hermosa Constanza, hija del emperador de Roma, sola y a bordo de una nao, en un primer abandono en el mar, y junto a su hijo, en una segunda ocasión. En su caso, queda claro que Chaucer atendió a varios patrones, aunque el hagiográfico sobresale entre ellos

---

[7] Acaso de esta misma leyenda procede la incorporación de idéntico motivo a la patraña trecena de *El patrañuelo* de Timoneda.

(los elementos característicos de una novela bizantina pueden proceder también de su lectura de diferentes leyendas hagiográficas, como acabamos de ver), pues este cuento es básicamente una de esas *vitae* por las que nos estamos interesando.

En un universo literario cercano, cabe decir que el motivo del viajero que regresa tras largos años fuera de casa (diecisiete, concretamente, en la leyenda de san Alejo) y que no es reconocido por los suyos lo tenemos presente en leyendas como la ya citada de Ulises, pero también constituye uno de los ingredientes fundamentales en la del José bíblico (que tuvo una difusión formidable en las culturas judía, cristiana y musulmana, que han dejado múltiples testimonios en España) y en tantas y tantas novelas antiguas y medievales; por supuesto, el hecho de guardar silencio hasta el final enlaza ese patrón hagiográfico con otras vidas de santos —con los casos extremos de Pelagia y de Alejo, que arrastran su secreto hasta la tumba— aunque también con no pocos relatos de diversa naturaleza. Por fin, en la vida de santa Osita y en la de san Patricio (que lo llevaron de su Bretaña natal a Irlanda, donde permaneció en cautiverio un total de seis años, aunque luego decidiría volver a la isla para predicar el Evangelio) se incluye el motivo del rapto por piratas, propio de la antigua novela bizantina y de los libros de aventuras peregrinas del Barroco. Una muestra extraordinaria de impregnación de este tipo de literatura y sus idilios romancescos sobre las vidas de santos es el san Galactión y santa Episteme, pues los padres del joven se llaman como los héroes de la célebre novela de Aquiles Tacio, *Leucipa y Clitofonte*, como recuerda certeramente Jesús Moya.[8]

Por supuesto, el viaje, y con él la aventura, tanto por tierra como por mar, y por parajes sorprendentes e inhóspitos, constituye uno de los principales atractivos de muchas de las vidas de los santos confesores, pues incluso las que pudieran tenerse por más estáticas incluyen en su *initium* un largo desplazamiento en busca del lugar más adecuado para su retiro. Huelga decir que el viaje sirve para salpimentar la mayoría de los géneros literarios a los que vengo atendiendo en este libro y que tienen particular importancia (y la enumeración implica una gradación ascendente) en el cuento, en la épica y en la novela. En el primero de los casos, los patrones desarrollados a partir de dicho motivo son tantos que incluso parece innecesaria su enumeración; basta, de hecho, apelar a la memoria para comprobar que el desplazamiento, a mayor o menor distancia, por un bosque cercano aunque lleno de peligros o a muchas leguas del hogar, se constituye en la circunstancia básica que anima el argumento primario o las ramas secundarias de la trama de *Garbancito*, *Los músicos de Bremen*, *Blancanieves* o *La Bella Durmiente*; por otro lado, un sinfín de cuentos y de

---

[8]   En *Las Máscaras del Santo...*, *op. cit.*, pp. 419-429.

relatos breves (*novellas* propiamente dichas) apelan a los motivos del viaje marítimo, de la pérdida o abandono en tierras ignotas y del retorno al hogar de acuerdo con el patrón añosísimo de las *vitae sanctorum* o de la novela bizantina. No vayamos muy lejos para buscar ejemplos, pues los tenemos en Boccaccio y su *Decamerón*, en *Il Novellino* de Masuccio Salernitano (colección de relatos que vio la luz, ya póstuma, en 1476) y en la patraña quincena de *El patrañuelo* español; por añadidura, se trata de un ingrediente básico de dos de las narraciones reunidas por Cervantes en sus *Novelas ejemplares*: son *La española inglesa* y *El amante liberal*.

Retornemos al motivo de la nave,[9] presente, en vida o tras su muerte, en la leyenda de varios santos: Santiago, ya muerto;[10] san Lázaro, santa Marta y santa María Magdalena, vivos, cuando una nao los llevó al puerto de Marsella y, desde allí, evangelizaron Provenza;[11] o en la leyenda de santa María Egipciaca, cuyo pasaje pagó con su propio cuerpo —ya he insistido en ello— para llegar hasta Tierra Santa; por supuesto, el barco es medio de transporte fundamental en algunas de las *vitae* más propiamente novelescas, como la de santa Úrsula y sus compañeras, que en número de once mil —y es que tantas fueron sus acompañantes en su viaje marítimo, de acuerdo con la *Legenda aurea*— encontraron la muerte a manos de los hunos en la ciudad de Colonia (su culto ha sido, básica y lógicamente, centroeuropeo y fue verdaderamente popular hasta la salida de Úrsula del santoral en 1969, aunque su presencia fue también importante en otras muchas zonas, como se demuestra por el hecho de que el monasterio de Cañas custodie hasta cinco de las cabezas de sus compañeras). En fin, como sabemos, un santo marino donde los haya es san Nicolás, cuya leyenda ha servido para cimentar algunas de las páginas previas y saldrá nuevamente a nuestro encuentro más adelante.

En el universo artúrico, el motivo se introduce precisamente —como ya hemos visto— cuando el modelo de Chrétien de Troyes se vuelve a lo divino para dar en la llamada *Vulgata*. Es evidente que la contaminación se produce a

---

[9] Sobre la dimensión simbólica de la nave en la cultura occidental desde el Noé veterotestamentario, véase Marie-Madeleine Davy, *Iniciación a la simbología románica* (1977) (Madrid: Akal, 1996), pp. 155-157.

[10] Por ello, Santiago será luego uno de los principales acorredores de navegantes, como se comprueba en el libro II del *Codex Calixtinus* y como puede leerse en la versión romance de esta obra, editada por Jane E. Connolly, *Los miraglos de Santiago (Biblioteca Nacional de Madrid MS 10252)* (Salamanca: Universidad de Salamanca, 1990).

[11] Para el caso que me ocupa, véase Victor Saxer, *Le culte de Marie Madeleine en Occident: des Origines à la fin du Moyen Âge* (Auxerre/Paris: Publications de la Société des Fouilles Archéologiques et des Monuments Historiques de l'Yonne/Clavreuil, 1959).

partir de la leyenda hagiográfica y en dirección a los textos novelescos, y no al contrario. Desde entonces, dicho motivo aparecerá en diversas novelas de caballerías (con páginas especialmente célebres, como las que leemos en el español *Renaldos de Montalbán*, cuyo periplo incorpora hasta un combate contra corsarios, a la manera bizantina), con un guiño último en el *Quijote* de 1615 (cap. XXIX), cuando el héroe y su escudero suben en la que aquél tiene por nave encantada, que es una simple barca de pescadores varada en el río Ebro; la aventura acaba, como sabemos, con don Quijote y Sancho en el agua y la barcaza destrozada contra una aceña. Tales préstamos nada pueden extrañar, toda vez que el hibridismo es un principio poético fundamental de la ficción literaria en su transición del Renacimiento al Barroco.[12] De vuelta a la leyenda de san Antolín, concluyamos afirmando que, igual que se tiene absoluta seguridad sobre el carácter legendario de su traslación marítima, en línea con otras leyendas hagiográficas, también estamos plenamente seguros de que las reliquias de san Antolín llegaron desde Siria a Francia y España.[13]

La llegada del santo, vivo o muerto, desde tierras lejanas es un hecho de importancia principal en el imaginario de los pueblos y tiene una naturaleza claramente folklórica. A este respecto, basta recordar que, incluso en aquellos relatos que parecen estáticos, se cuelan personajes desconocidos que llegan desde muy lejos, como acontece en cuentos tan extendidos como *El flautista de Hamelín*, *El enano saltarín* o *El traje nuevo del emperador* (recordemos que el argumento de este último cuento es el mismo de *El retablo de las maravillas* cervantino) por limitarme a los más conocidos, aunque la lista, antes como ahora, se antoja inagotable. Por lo que al viaje, al desplazamiento del héroe, en la épica y en la novela antiguas se refiere, sabemos que se trata de un ingre-

---

[12] Asumido este principio básico, nada cuesta entender que el hibridismo se constituya en herramienta primordial de análisis de la novela áurea, como ocurre en muchos de los trabajos que Florencio Sevilla y Antonio Rey han escrito sobre novela picaresca o sobre Cervantes. De sus múltiples trabajos, selecciono una muestra representativa del prólogo que el segundo investigador escribe para su *Picaresca femenina («La hija de Celestina», «La niña de los embustes», «Teresa de Manzanares»)* (Barcelona: Plaza & Janés, 1986), p. 39: «Probablemente, el rasgo que mejor defina la prosa novelesca del Siglo de Oro, desde un punto de vista genérico, sea su hibridismo. De continuo, vemos cómo evolucionan las formas novelescas de los siglos XVI y XVII mediante tanteos que funden, en diversas proporciones, hallazgos precedentes, a la búsqueda de nuevas fórmulas narrativas».

[13] En el caso concreto de la nave de san Antolín, contamos con el estudio de Camille Daux, «La barque légendaire de saint Antonin, apôtre et martyr de Pamiers», *Revue des questions historiques*, 67 (1900), pp. 402-456; la dimensión legendaria de la *vita* la revisaron convenientemente los bolandistas en su *Analecta Bollandiana*, 53 (1935), pp. 225-230.

diente básico, nuclear o seminal;[14] de desearlo, podemos seguir su evolución hasta alcanzar al Medievo, tanto en la poesía épica (con el viaje del Cid hacia el Levante español desde su salida de Burgos o el de Carlomagno de retorno a Francia tras retornar desde Zaragoza) como en el mundo de aventuras del *roman courtois*.

Son mayoría aplastante los héroes y mayoría notable los santos que van de camino por una u otra razón. Recuérdese que, precisamente, una de las imágenes literarias con más fortuna es la que iguala nuestra existencia a una peregrinación a lo largo de un *iter vitae*; por ello, no es extraordinaria su presencia en la hagiografía, con romeros y caminantes reales (en aquellos relatos ligados a las romerías a los principales centros de peregrinación de la Cristiandad, como Roma, Jerusalén, Santiago, Cantorbery, etc.) y alegóricos (basta con el magnífico ejemplo del prólogo berceano a los *Milagros de Nuestra Señora*); con pasos de altísimo riesgo en los que acecha el pecado o el mismísimo Maligno, o con visiones de escaleras ascendentes que conducen a menudo hasta el propio cielo, como en la leyenda de las santas Perpetua y Felicidad (en ella, los mártires ascienden por una escala flanqueada por espadas y garfios, en un sobrecogedor espectáculo en que ni tan siquiera falta un dragón).[15] Claro está que, a lo lejos, percibimos la escala de Jacob, en su ascenso directo hasta la gloria; no obstante, el motivo tiene una plasmación literaria de la mayor diversidad. Recordemos que una aventura novelesca verdaderamente común es la superación de un obstáculo a modo de paso, puente o escala de gran peligro, motivo éste que tampoco faltará en las *vitae*, articuladas en tantos momentos a modo de pura novela.

Hablar de hagiografía y de viajes hace obligado referirse a las traslaciones de reliquias; sin embargo, tampoco cabe olvidar la ruta —a veces misteriosa— seguida por otros objetos sagrados. En este sentido, basta citar el caso de un Grial itinerante en el imaginario colectivo y que acaso habría acabado en España. Piénsese en el Grial de la catedral de Valencia, que primero estuvo en el monasterio de San Juan de la Peña y luego en la capilla real de Zaragoza. Aunque no quepa certeza sobre una autenticidad defendida por no pocos, sólo cabe apostillar que éste es el único que aún podría pasar por auténtico, ya que

---

[14]   Basta referirse al capítulo «Los viajes de aventuras» de una obra tan justamente famosa como la de Carlos García Gual, *Los orígenes de la novela* (Madrid: Istmo, 1972), pp. 63-96.

[15]   Al asunto se han dedicado algunos trabajos fundamentales, como el de Jonathan Sumption, *Pilgrimage: An Image of Medieval Religion* (London: Faber & Faber, 1975), o el de Victor Turner y Edith Turner, *Image and Pilgrimage in Christian Culture: Anthropological Perspectives* (Oxford: Blackwell, 1978). Remito también, de nuevo, al artículo de Aurora Egido, «Poesía y peregrinación en el *Persiles*», *op. cit.*

los estudios arqueológicos sobre el celebérrimo cáliz de Antioquía mostraron hace mucho tiempo que se trata de una simple falsificación de época tardía.[16] Por supuesto, un influjo que se produce en ambas direcciones es el de la victoria sobre dragones y otros seres terribles, como ya apuntara John K. Walsh en uno de sus primeros trabajos sobre la hagiografía en sus relaciones con la literatura.[17] A ese respecto, las vidas de santos en general y la *Legenda aurea* en particular abundan en sierpes descomunales y vestiglos de horrible catadura; del mismo modo, a todos es absolutamente familiar la imagen de la Virgen pisoteando a un dragón o la del arcángel san Miguel dando muerte a esa misma bestia, que tienen correspondencia inmediata en los dragones-cocodrilos domeñados y disecados en iglesias de varios lugares.[18]

Entre todos los santos-guerreros que dieron muerte a tales monstruos, el único verdaderamente popular es san Jorge, quien antes de matar al dragón lo paseó como perro faldero, entre otros excesos ficticios; al respecto, nadie olvide que el carácter de pura novela que tiene la leyenda de este santo ya fue señalado por el maestro Delehaye; de todos modos, la impregnación novelesca de la supuesta biografía de san Jorge ya despertó el recelo de las autoridades eclesiásticas desde los mismos años en que comenzó a extenderse la primitiva versión griega, esto es, hacia finales del siglo v. El combate con el dragón, no obstante, aparece solamente en las versiones tardías de la leyenda y sólo logró difundirse gracias a su incorporación a la *Legenda aurea* de Jacobo de Vorágine, desde donde alcanzó al último rincón de Europa (en Ribadeneira, que sólo atiende a su condición de santo mártir, no aparece tan célebre episodio). Al lado de san Jorge, hemos de situar a otros santos como Teodoro el Capitán, que también cuenta en su haber con la victoria sobre un descomunal vestiglo con forma de dragón, al que dio muerte de la manera consabida: con su espada y a caballo. Idéntico poder tienen otros muchos santos, como san Felipe Apóstol o santa Marta, que comúnmente aparecen representados tras su victoria contra este terrible animal. Por fin, en arte religioso, el dragón, encadenado y sometido, se vincula a menudo a las imágenes de san Silvestre papa, ya que en su difundida leyenda derrotó a uno terrible a ruego del emperador

---

[16] Véase Juan Ángel Oñate Ojeda, *El Santo Grial: el Santo Cáliz de la Cena venerado en la Santa Iglesia Catedral Basílica Metropolitana de Valencia (España). Su historia, su culto y sus destinos* (Valencia: Tipografía Moderna 1952).

[17] «The Chivalric Dragon: Hagiographic Parallels in Early Spanish Romances», *Bulletin of Hispanic Studies*, 54 (1977), pp. 189-198.

[18] Como el cocodrilo de la madrileña Iglesia de san Ginés, escandalosamente desaparecido hace bien poco, o el de la Catedral de Sevilla, este último, conocido popularmente como «el lagarto».

Constantino y gracias a la ayuda de san Pedro, que se le apareció para decirle cómo había de proceder en el combate (Pedro de la Vega, I, 42v-43r).[19]

Ni que decir tiene que éste es, sin lugar a duda, uno de los motivos más gratos y permanentes en los cuentos folklóricos y en el *roman*, desde sus orígenes hasta los libros de caballerías quinientistas, con una estampa especialmente memorable en la literatura española gracias al combate de Amadís con el Endriago. Los ejemplos que puedo dar del dragón en el *roman* medieval y sus derivaciones (tanto en los libros de caballerías del Quinientos como en una larga serie de creaciones que llegan hasta el cine y el cómic de nuestros días) son tantos que no procede ni siquiera hacer una simple relación que permita recoger unos cuantos entre los muchos nombres de tales héroes liberadores; sin embargo, sí merece la pena mencionar aquellos casos en que los caballeros llegan al extremo de luchar directamente contra Satanás o contra algún diablo, a la manera de Galván en la novela anónima del siglo XIII titulada *L'Âtre périlleux*.[20]

En el capítulo previo y en el que ahora cierro, se reúne un material muy diverso que cabe englobar dentro de una categoría narrativa fundamental: la prueba, que, cuando se ofrece encadenada, marca una gradación hacia el final proyectado por el artista. Las pruebas, como digo, articulan el relato épico (en el *Cantar de mio Cid*, su superación supone reunir una mesnada, conquistar tierras y gentes, ganar dos espadas famosas en el combate, recuperar el amor real, reinstaurar la justicia en todos los órdenes y casar bien a sus dos hijas, tras el tropiezo de los Infantes de Carrión), el novelesco (y creo que huelga cualquier ejemplo, dada la omnipresencia de tales motivos al constituir una de sus claves poéticas fundamentales) o en los relatos hagiográficos (con la resistencia a dulces promesas y terribles amenazas, con la superación del martirio en sus más variadas formas o con la conversión de los paganos y pecadores más contumaces, empresa que los santos acometen en numerosas *vitae*). En los tres, la persecución de objetos codiciados hermana también el relato heroico (con la búsqueda del Vellocino), el novelesco (con la búsqueda del Grial, si es que no de la propia identidad y nombre del héroe, usurpados por un malvado, en el caso del recién citado *L'Âtre périlleux*) y las narraciones taumatúrgicas de tipo hagiográfico (que tienen como común denominador la búsqueda de Dios, para

---

[19]   Pedro de Ribadeneira da el dato de una manera aséptica, por ajena a su relato: «Suelen pintar a san Silvestre con un dragón atado a sus pies porque mató un dragón en Roma que inficionaba el aire y mataba con su resuello a mucha gente. Esto afirman muchos autores; entre ellos, Venancio Fortunato, obispo pictaviense, varón elocuente y poeta insigne, que floreció más ha de mil años, y Metafraste, Cedreno y otros griegos y latinos» (*Flos*, III, p. 665).

[20]   Véase la traducción de Victoria Cirlot, *El cementerio peligroso* (Madrid: Siruela, 1984).

lo que han de superar pruebas como las citadas).[21] El público de estas tres maneras de narración recibe pistas sobre lo cerca o lo lejos que está el héroe de alcanzar la meta anhelada; dichas pistas se ofrecen comúnmente a través de una gradación (por mayor proximidad física, por dificultad ascendente en las pruebas, por superioridad en el rango o por intensificación en los ingredientes de tipo taumatúrgico, entre otras tantas posibilidades).

---

[21] Valga como magnífico ejemplo el de la búsqueda de los *Moralia* de san Gregorio por parte del obispo Tajón en el capítulo 571 de la *Estoria de España*, un episodio que se resuelve por intercesión de los santos y al que ha atendido Fernando Gómez Redondo, «Formas hagiográficas en la *Estoria de España*», en Jane E. Connolly, Alan Deyermond y Brian Dutton, eds., *Saints and their Authors...*, *op. cit.*, pp. 63-64; por cierto, para la inserción de la materia hagiográfica en la historiografía alfonsí, contamos con varias investigaciones en torno a los dos responsables de su equipo, Rodrigo de Cerrato y Bernardo de Brihuega, a partir de las llevadas a cabo por Rodolfo Beer, «Los cinco libros que compiló Bernardo de Brihuega por orden del rey don Alfonso el Sabio», *Boletín de la Real Academia de la Historia*, 11 (1887), pp. 363-369. En cualquier caso, hoy nadie cree la afirmación que se vierte en la *Crónica breve de España desde Teodoredo (...) hasta Alfonso X*, conservada en El Escorial, según la cual el Rey Sabio «fizo romançar todas las vidas de los apóstoles e de los mártires e de los confesores e vírgines qu'él pudo aver e saber, e las enbió buscar por todos los monesterios e aun a Roma enbió por muchas d'estas escrituras».

14.

OBJETOS DE CULTO Y LUGARES SAGRADOS

Pero retomemos la senda que acabará con traer parte de las reliquias de san Antolín a España. Desde Pamiers, antiguamente llamada Pamia o Apamia, y quizás a comienzos del siglo VII según piensan los bolandistas, las reliquias habrían ido a Noble-Val; parte de ellas, a través de una ruta no del todo clara, habrían acabado en Palencia. Pasado el tiempo, en Francia se perdió la conciencia del traslado de san Antolín desde Siria; en torno a Pamiers, se fraguó la leyenda según la cual nuestro santo descendía de los reyes godos (reparemos en que héroes épicos, héroes novelescos y santos comparten un linaje preclaro, por lo común), habría sido el evangelizador de Toulouse y otras ciudades galas; y, en fin, habría muerto a manos de gentiles en la propia ciudad de Pamiers. Según algún estudioso, arrastrado por una mala lección de un códice del *Martirologio Geronimiano*, habría pruebas de esa personalidad europea de san Antolín, pues su martirio se habría llevado a cabo en Capua; con todo, frente al manuscrito de la *vita* (y aquí me permito ahorrar fichas eruditas) que lee «in partibus Campaniae», los testimonios principales tienen un «in partibus Apamiae», lo que nos lleva nuevamente a un san Antolín siríaco. En cualquier caso, el culto en Pamiers existe desde al menos el siglo X; del mismo modo, consta que, desde el siglo XIII, se sacaban los restos del santo en procesión. En ese lugar del sur de Francia, en la vertiente septentrional de los Pirineos, la fe popular ve todavía en san Antolín a un paisano y a un convecino; ante pruebas contrarias, en la comarca incluso se ha llegado a defender que se trata de dos santos distintos.

¿Desde cuándo se tiene noticia de la presencia de este santo en España? Es famoso aquel pasaje de la *Historia de rebus Hispaniae* de Rodrigo Jiménez de Rada en que se relata el hallazgo de la gruta de san Antolín, uno de los principales motivos en la literatura hagiográfica, correspondiente siempre a la parte última de las *vitae*, que dan a conocer el culto y los milagros *post mortem*. El hallazgo de la gruta, donde se oculta el cuerpo del santo o una simple imagen

(a este respecto, no procede marcar diferencia alguna entre literatura hagiográfica y mariana, ya que, en ocasiones, María se manifiesta corpóreamente,
mientras que otras veces sólo se muestra a través de una estatuilla), constituye
uno de los motivos más frecuentes en hagiografía; del mismo modo, la fundación de un santuario o una ermita o la determinación de un lugar de culto
siguen patrones idénticos, ya se trate de Cristo, de la Virgen o de cualquier
santo. Común a todos ellos es, como acabo de señalar, el hallazgo de una imagen; unos y otros comparten también la extendida anécdota de la traslación de
esa misma imagen, que queda milagrosamente detenida en el lugar apropiado
para establecer el culto.

Todos estos hallazgos y casos admirables son comunes a los distintos tipos
de relato que nos interesan; no obstante, el más frecuente es el motivo del
encuentro fortuito de una gruta en que se obran prodigios o el del hallazgo de
la tumba de algún hombre o mujer extraordinarios. Repasemos, antes de nada,
algunas fichas hagiográficas y comprobemos cómo tan famosa como la gruta
de san Antolín es la del francés san Amador, aquel legendario personaje que
habría hallado la santa iglesia de Nuestra Señora de Rocamadour, con un
supuesto enterramiento que alimentó la imaginación medieval y que llevó a
urdir una fascinante leyenda en la que el santo aparecía como esposo de la
Verónica y misionero en la Galia romana. No es de extrañar que así ocurriese,
pues allí donde se descubría una tumba misteriosa podían darse excesos de
todo tipo, caso éste de la citada santa Dimpna, cuya tumba presentaba restos
que podían ser lo mismo de hombre que de mujer. Por supuesto, el colmo lo
hallamos en el caso, también expuesto atrás, de los Siete Santos Durmientes,
que despertaron nada menos que a los trescientos años y pasaron su larguísimo
letargo en el lugar obligado: en una cueva. Permítaseme añadir que esta leyenda, sospechosa ya en el Medievo, fue transmitida, entre otras muchas fuentes,
por el propio Jacobo de Vorágine, que consiguió que fuese de conocimiento
general.

Encontrarse con el cuerpo de un santo suponía todo un cúmulo de hechos
admirables: desde el indicio que suponía percibir el olor de santidad hasta los
infinitos milagros que en el lugar se obraban; por eso, el túmulo del santo es
polo de atracción inmediato, como los del prohombre o padre de la patria
(Lenin, Mao e, incluso en plena dictadura franquista, Pablo Iglesias, en su
tumba del Cementerio Civil de Madrid). En su plasmación laica, el motivo
tiene también una dimensión artística y literaria manifiesta, al convertirse en
referencia permanente (como el Mausoleo de Halicarnaso, una de las Siete
Maravillas del Mundo Antiguo) o hacer las veces de imán para el peregrino,
atraído por el amor ejemplar de Ardanlier y Liessa, recordado en su túmulo
funerario. Este episodio de la ficción literaria sentimental, que leemos en el

Siervo libre de amor de Juan Rodríguez del Padrón, no puede resultar más revelador del engarce entre la hagiografía y la manera de relato que esa diminuta obra representa. Ahí, la tumba de la pareja atrae la visita admirada de los amantes de cualquier rincón del orbe, cautivados por un lugar donde «se encierran las dos rricas tumbas, y se abren por maravilla el primero de mayo, e a XXIIII y XXV de junio y jullyo, a las grandes compañas de los amadores que vienen de todas las naçiones a la grand perdonança que en los tales días les otorga el alto Cupido».[1]

Por supuesto, el motivo del hallazgo de la tumba o gruta de san Antolín al perseguir un jabalí (presente en numerosos textos tras la *Historia de rebus Hispaniae* de Rodrigo Jiménez de Rada, el Toledano, sin que falte tampoco en las *Mocedades de Rodrigo*, escritas en la diócesis de Palencia, como ya demostrara Alan D. Deyermond)[2] es claramente legendario, según se desprende de otros tantos relatos semejantes. Sin necesidad de salir de la piel de toro, leamos un célebre pasaje del *Poema de Fernán González* en que el Conde, en pos de un jabalí, encuentra la misma gruta por azar:

El Conde Ferrán Gonçalez,   cuerpo de buenas mañas,
cavalga en su cavallo,   apartóse de sus compañas;
pora yr vuscar el puerco   metióse por las montañas:
fallólo en un arroyo   cerca de Vasquebañas.

Acojiósele el puerco   a un fyero lugar,
do tenía su cueva   e do solía alvergar;
non se osó el puerco   en la cueva asegurar:
fuxó a una ermita,   metyóse tras el altar.

Era esa ermita   de vna piedra techada
porque de toda ella   non parescía nada;
tres monjes y vevían   vida fuerte laçrada:
San Pedro avía nonbre   esa casa sagrada.

Non pudo por la penna   el Conde aguijar,
sorrendo el cavallo   óvose de apear.
Por do se metió el puerco   metióse por ese lugar:
entró por la ermita,   llegó fasta el altar.

---

[1]   La importancia del pasaje no se le escapa a Antonio Cortijo, *La evolución genérica de la ficción sentimental...*, *op. cit.*, p. 84.

[2]   En *Epic Poetry and the Clergy: Studies on the «Mocedades de Rodrigo»* (London: Tamesis, 1969).

Quando vio don Fernando	tan onrado logar,
desanparó el puerco:	non lo quiso allí matar.
«Señor —dixo—, a quien temen	los vientos e la mar,
sy yo erré en esto,	dévesme perdonar.»[3]

Casi idéntico es el relato del Toledano, con la persecución del jabalí, el encuentro de la cripta de san Antolín y la posterior erección de la iglesia y protección de Palencia. Como decía arriba, de nuevo este motivo se repite en otras leyendas; sin embargo, la presencia de las reliquias de san Antolín en esta ciudad es incontrovertible. Es probable que el rey Sancho III el Mayor de Navarra las consiguiese de alguna comunidad monacal cercana. Frente a las leyendas populares de Francia, san Antolín nació fuera de Palencia; no obstante, no deja de ser curioso el hecho de que no haya faltado tampoco quien ha hecho del Antolín palentino un santo nacido en España, pero la razón del equívoco procede tan sólo de una lectura equivocada de la *Crónica de Pseudo-Dexter* que leemos en la *Patrologia latina* de Migne (vol. XXXI, col. 473). Mejor dicho, con san Antolín pasó como con tantos otros personajes relevantes, dada esa tendencia universal a apropiarse plenamente de santos, héroes y sabios para prestigiar o dar relumbre a una ciudad o una nación entera, en una tendencia que fue a más cuando comenzaron a soplar los nuevos aires del Humanismo europeo.

Otros cuerpos de santos son hallados del mismo modo, como san Mamés, que apareció también en el interior de una cueva.[4] Al respecto, no olvidemos en ningún momento que las cuevas, como las islas,[5] constituyen un espacio privilegiado para los *mirabilia* y lo son por distintas razones: porque en su interior se guarda el cuerpo o la imagen de un santo o bien una figura de María (con lo que vamos de la hagiografía a la mariología o, si se prefiere, de las *vitae sanctorum* a los *miracula Virginis Mariae*). Del mismo modo, en el pasado, la

---

[3] Cotejo las ediciones al uso de esta obra con el facsímil que adjunta John S. Geary a su *Historia del Conde Fernán González* (Madison: The Hispanic Seminary of Medieval Studies, 1987).

[4] Véase Fernando Baños Vallejo, «La *Istoria de Sant Mamés*: un ejemplo de ficción (Ms. 8 de la Biblioteca Menéndez Pelayo)», en Juan Paredes Núñez, ed., *Medievo y Literatura. Actas del V Congreso de la Asociación Hispánica de Literatura Medieval (Granada, 27 de septiembre-1 de octubre 1993)* (Granada: Universidad de Granada, 1995), pp. 301-309.

[5] La isla como espacio para todo tipo de portentos es motivo recurrente, como se desprende de las varias ponencias recogidas en Jean-Pierre Étienvre, ed., *Les utopies dans le monde hispanique* (Madrid: Casa de Velázquez, 1990). Más recientemente, Nicasio Salvador Miguel ha vuelto sobre el asunto, «Descripción de islas en textos castellanos medievales», *Cuadernos del CEMYR*, 3 (1995), pp. 41-58.

sacerdotisa de Apolo —la célebre Pitonisa— residía en el oráculo de Delfos, que era una profunda sima o gruta; en la mitología clásica, la cueva es también la guarida perfecta para monstruos como Polifemo, al igual que se trata del albergue idóneo para toda clase de fieras admirables. Por supuesto, ese imaginario está presente en las bellas letras y se extiende desde el Medievo hasta el Barroco con raíces verdaderamente profundas, aunque unas veces tengan su manifestación por vía culta y otras a través del folklore.

En el folklore, la cueva puede ocultar un rico tesoro, como vemos en tradiciones muy diversas y hasta en culturas lejanas y aisladas del torrente europeo;[6] también en el folklore, estos accidentes del terreno se asocian con antiguos escondrijos de bandoleros, guaridas para raptores y raptados, etc.[7] Por otra parte, sin tener en cuenta sus posibles raíces clásicas, folklóricas y caballerescas es imposible entender el descenso a la Cueva de Montesinos como uno de los episodios fundamentales del *Quijote*, cuya memoria pesa en varios momentos de la obra.[8] De quedarnos con el último de estos veneros, el caballeresco, hay que recordar que en una cueva puede esperar la mano que lo exhume el original manuscrito de una de estas obras, según leemos al comienzo de la IV parte de *Renaldos de Montalbán*, correspondiente nada menos que al célebre *Baldo* (1545), obra por cierto bien conocida por cualquier estudioso de la novela picaresca por incluir dos relatos autobiográficos: la «Vida de Falqueto» y la «Vida de Cíngar». En esta ficción, cinco sabios que se dirigían a Alejandría para indagar nuevas formas de preparar atriaca dieron con una isla y, en ella, con una cueva; en su interior, la estatua de un anciano varón portaba un rótulo: «Aquí yaze Merlino Cocayo, poeta mantuano»; mientras, con la

---

[6] En el caso español, este motivo ha sido estudiado magistralmente por José Manuel Pedrosa, quien ha prestado especial atención a tantos tesoros ocultos por los moros en cuevas en distintos puntos de España.

[7] De las muchas fichas que se me ocurren, remito a la voz correspondiente en Jean-Charles Seigneuret, ed., *Dictionary of Literary Themes and Motifs* (New York: Greenwood, 1988).

[8] Cabe entresacar algunos trabajos de notable interés relativos al mundo caballeresco en general y al *Quijote* en particular, como el de Juan Manuel Cacho Blecua, «La cueva en los libros de caballerías: la experiencia de los límites», en Pedro M. Piñero, ed., *Descensus ad Inferos. La aventura de Ultratumba de los héroes (De Homero a Goethe)* (Sevilla: Universidad de Sevilla, 1995), pp. 99-127; y el de H. J. Manzari, «Cave Legends and Cave Magic in Cervantes», en Edward H. Friedman *et al.*, eds., *A Society on Stage. Essays on Spanish Golden Drama* (Nueva Orleans: University Press of the South, 1998), pp. 133-144. Remito también a Aurora Egido, «Cervantes y las puertas del sueño. Sobre la tradición erasmista del ultramundo en el episodio de la cueva de Montesinos», en *Studia in honorem prof. Martín de Riquer* (Barcelona: Quaderns Crema, 1988), vol. III, pp. 305-341.

otra mano señalaba hacia un arca de hierro que iba titulada alrededor con la leyenda: «Aquí están los libros del poeta Merlino».[9] Otro ejemplo, entre varios posibles, es el de la Cueva de los Escondidos Secretos de *Febo el Troyano* (1576) de Esteban Corbera, que el Doncel del Febo, como en tantas narraciones marianas y hagiográficas, encuentra por azar durante una cacería.

Sólo ahora —tengo para mí— estamos en condiciones de comenzar a recapitular y arriesgar una serie de conclusiones relativas, antes de nada, a la propia esencia de las vidas de santos; de ese modo, puede afirmarse que, si fuésemos rigurosos con las *vitae sanctorum* y nos obsesionásemos con su veracidad o credibilidad, quedarían de inmediato fuera del santoral algunos de los grandes santos nacionales. La leyenda de san Jorge, patrón de Inglaterra, tal como la conocemos, es el resultado de la evolución del primitivo relato dado a conocer por san Jerónimo; en él, se perciben ya diversos elementos mitográficos de interés, como el propio nombre del santo, que tiene mucho de parlante, pues este mártir guerrero de Capadocia tiene el nombre de *Georgos*, esto es de quien vence o domeña la naturaleza; queda claro, así pues, que se trata de un verdadero santo civilizador, en línea con Hércules, Perseo y Apolo, con todo un rico universo de asociaciones por vía onomasiológica desde la Antigüedad. La adherencia de nuevos materiales y su rápida difusión tienen que ver con el culto del santo en las Islas Británicas y con la participación inglesa en las Cruzadas, momento clave en el culto a éste que, tradicionalmente, es considerado como santo-guerrero, aunque en su origen casi seguramente no lo era. Desde ese momento, la fama de san Jorge se expandió por toda Europa, para convertirse en patrón de naciones como la aragonesa.

Tampoco son mayores los fundamentos de saint Denis o san Dionisio parisino, figura entremezclada con la de san Dionisio Areopagita o, si se prefiere, con Pseudo-Dionisio; con ello, el culto a san Dionisio se disparó a partir del siglo IX. Al final, en la evolución de la leyenda, las tres figuras se convirtieron en una sola, un simple santo cefalóforo, como ya he indicado algo atrás (intelectual de referencia en el Prerrenacimiento del siglo XII, Pedro Abelardo estuvo a punto de ser excomulgado cuando se propuso deslindar estas figuras y defendió su idea de que el Areopagita no debía confundirse con el mártir parisino, capítulo éste de la historia intelectual de Occidente que se recoge en su *Historia calamitatum*).[10] Igual de endeble se revela santa Catalina, aunque

---

[9] Edición de Folke Gernert, *op. cit.*, p. 9.
[10] Las consecuencias no eran chicas, pues de separarlos se esfumaba un hecho que gustaba sobremanera: la cristianización de Francia nada menos que en tiempos del papa Clemente, esto es, en pleno siglo I. De ese modo, la cristiana Francia lo sería desde una fecha extraordinariamente temprana.

santa Juana de Arco no lo supiera y siguiese las instrucciones que la santa de la rueda le dio en su aparición (en sus visiones, también se le aparecieron otros tantos santos, como la igualmente legendaria santa Margarita, para pedirle que salvase Francia), que supuestamente le permitieron encontrar su espada enterrada en el santuario de Sainte Catherine de Fierbois (por supuesto, el hallazgo o consecución de la espada por vía maravillosa nos lleva a un buen número de asociaciones con la épica y, particularmente, con el *roman*).[11]

Bien conocida es la falta de solidez histórica de la figura del propio Santiago, patrón de España, como recordará todo lector del *opus magnum* de don Américo Castro, si es que no prefiere remontarse a la erudición histórico-filológica previa, en que la discusión en torno a la figura de Santiago deparó páginas célebres. Fue, no obstante, este estudioso quien desveló a cualquier lector español culto lo que los hagiógrafos ya conocían de sobra: las bases legendarias de la figura del santo y de su sepulcro compostelano y la fusión de las figuras de Santiago el Mayor y Santiago el Menor en el nacimiento de la seo compostelana.[12] En esa misma línea de trabajo, los estudiosos de la hagiografía creen que, a pesar del valioso testimonio de san Ambrosio y la opinión de otros eruditos de diversa época, san Lorenzo no murió sobre las brasas de una parrilla sino decapitado; del mismo modo, la bella santa Lucía nunca perdió los ojos sino que parece haber muerto de un golpe de espada en plena garganta (y considérese que se trata de un nuevo caso de nombre parlante, pues su étimo es *lux*; por esa misma razón, la vista queda al cuidado de san Agustín en los países de lengua alemana, ya que los ojos son *Augen* en dicha lengua). Los Tres Reyes Magos, en fin, son un desarrollo tardío y apócrifo del Evangelio de

---

[11] También echo en falta alguna ficha específica relativa al motivo, fundamental en la poesía heroica, de la obtención de la espada por parte del héroe en su impresionante edición del *Cantar de mio Cid* de Alberto Montaner, donde hay eso sí otros muchos detalles del máximo interés en el momento en que Rodrigo consigue hacerse con Colada (v. 1010) y con Tizona (v. 2426).

[12] Hay resumen de sus postulados teóricos en el capítulo IX de Américo Castro, *La realidad histórica de España* (1954) (México: Porrúa, 1980, 7ª ed.). Continuación natural de la obra del erudito granadino es el libro del siempre inteligente y original Francisco Márquez Villanueva, *Santiago: trayectoria de un mito* (Barcelona: Bellaterra, 2004). Magníficos complementos ofrecen también Nicasio Salvador Miguel, «Entre el mito, la historia y la literatura en la Edad Media: el caso de Santiago Guerrero», en José Ignacio de la Iglesia Duarte, coord., y José Luis Martín Rodríguez, dir., *Memoria, mito y realidad en la historia medieval. XIII Semana de Estudios Medievales (Nájera, del 29 de julio al 2 de agosto de 2002)* (Logroño: Gobierno de la Rioja/Instituto de Estudios Riojanos, 2003), pp. 215-232; y Luis Fernández Gallardo, «Santiago Matamoros en la historiografía hispana medieval: origen y desarrollo de un mito nacional», *Medievalismo*, 15 (2005), pp. 139-174.

san Mateo. ¿Cómo entender, entonces, su permanencia en el santoral y cómo interpretar las supuestas reliquias que de los tres se conservan en la catedral de Colonia, tras estar depositadas en Milán y aún antes en Constantinopla? (el dato era moneda de uso corriente en las grandes colecciones de *vitae*, como en Pedro de la Vega, I, 51v.). De nuevo, resulta formidable el peso ejercido por una tradición de carácter paneuropeo y con raíces tan sólidas como profundas.

Atendamos ahora, aunque por un breve instante, al culto de las Tres Marías, estable en amplias zonas de Europa, como en Provenza (allí habrían llegado, concretamente a Marsella, y habrían sido las responsables de la conversión de toda la región al cristianismo en fecha temprana); sin embargo, hoy sabemos que sus figuras son sólo el resultado de la suma de todo un cúmulo de leyendas alimentadas a lo largo de la Edad Media. En el presente, la Iglesia ha actuado prudentemente al permitir el culto local —con un mucho de laico e incluso de pagano— de santos expulsados del santoral antes o después de la gran criba de 1969, que dejó fuera del calendario a algunos de los más venerados en el Medievo, como santa Barbara, san Eustaquio o santa Catalina de Alejandría; del mismo modo, la furia bolandista del pasado ha ido cediendo paso a una aproximación preferentemente histórica y erudita a *vitae*, *acta*, *passiones* y *translationes* en el interior de la propia Iglesia Romana.

Por otra parte, aún nos sorprende comprobar cómo las vidas de santos nos llevan, insistentemente, al mundo pagano, con ejemplos tan rotundos como el de la leyenda de san Cosme y san Damián, hermanos gemelos, que remite de forma directa a Cástor y Pólux, los Dioscuros, hijos de Zeus. Estas dos figuras paganas tienen mucho que ver con nuestra materia por otros tantos motivos, como se desprende del hecho de que participasen, según se creía, muy activamente en diversas batallas dejándose caer del cielo; por esa ruta, el camino hacia la leyenda española de Santiago se encuentra expedito. Recordemos cómo el patrón de España, junto a san Millán de la Cogolla, acorrió a los cristianos contra los musulmanes, en un episodio puramente legendario que ocupa un lugar preeminente en la vida del santo riojano escrita por Berceo.[13] Con los Dioscuros, han sido asociados en ocasiones los mártires de Milán san Gervasio y san Protasio (siglo I), si bien es verdad que la autenticidad de esta pareja ha sido defendida con verdadero tesón por no pocos estudiosos, al ser san Ambrosio el responsable de la recuperación de sus reliquias (y nada más que con eso se cuenta, de hecho, y con los infinitos milagros obrados por los res-

---

[13] Sagazmente estudiado por Brian Dutton en su primera y fundamental edición de la obra de Berceo (London: Tamesis, 1967), que abrió camino al resto de la producción berceana y que más adelante sería remozada en profundidad por este erudito (en su segunda edición de 1984).

tos de ambos santos desde su hallazgo). El gusto por los mártires gemelos (éstos, además, lo habrían sido de sangre) se revela igualmente en la leyenda de san Marcos y Marceliano, cuyos restos fueron guardados primeramente en la iglesia romana de san Cosme y san Damián. A veces ocurre también que un nombre cristiano se encontró con otro pagano para dar, finalmente, en una suerte de transformación parcial, lo que ocurre en el caso de santa Fe, presente en el *Martirologium Hieronymianum*, pero pronto transformada al mezclarse su nombre con el de las otras dos virtudes teologales, Esperanza, Caridad, y con su supuesta madre, Sofía o Sabiduría.

Pongo fin a esta breve relación de supercherías hagiográficas, aunque a lo largo de las páginas previas he señalado otras muchas; no obstante, el conjunto de tales referencias no es más que una pequeña muestra de la abrumadora carga ficticia (en muchos casos, percibida desde la más temprana Edad Media) que, desde un enfoque puramente religioso, lastra las vidas de santos; se trata, en fin, de un muestreo limitado del riquísimo material literario, folklórico o antropológico que, desde otro enfoque —precisamente, el que he hecho mío para la presente ocasión— enriquece la hagiografía y convierte su estudio en una tarea tan provechosa como apasionante para todo historiador de la literatura.

15.

OMNIPRESENCIA DE LA LEYENDA HAGIOGRÁFICA

Traigamos al presente un ramillete de influencias literarias especialmente relevantes: unas las tengo por irrefutables de todo punto; otras, simplemente, por hipotéticas. La Melibea arrojada y decidida, que justifica su próximo deceso con una aquilatada *oratio*, es un trasunto de tantas y tantas jóvenes santas de la Antigüedad dispuestas a inmolarse para dar testimonio de su fe y de su entereza. Además, la vinculación de la joven a la torre nos remite, aunque sea por un camino con mil vueltas y revueltas, al modelo de santa Bárbara ya considerado en estas páginas.[1] Aún se me ocurre otro contacto más (y aún veremos varios otros) entre *La Celestina* y las vidas de los santos, que expondré a manera de pregunta: ¿acaso no influyó la entrada de Barlaam en el palacio de Josafat, bajo el disfraz de un vendedor ambulante que ofrece su mercancía, al dársenos a conocer la primera embajada de Celestina en casa de Melibea? De esa manera, Barlaam, en su difundida leyenda, logró burlar la vigilancia paterna, que le había permitido tener a Josafat celosamente protegido durante largos años, al igual que Pleberio había guardado con primor a su hija Melibea. Yo mismo he hurgado en este pasaje de la obra de Fernando de Rojas y he buscado otros posibles cimientos para ese momento clave, aunque olvidé mencionar esta posible fuente añadida.[2]

---

[1]   Remito de nuevo a mi artículo «La torre de Pleberio y la ciudad de *La Celestina*....», *op. cit.*

[2]   En mi artículo, escrito junto a Teresa Jiménez Calvente, «A vueltas con Celestina-bruja y el cordón de Melibea», en *Revista de Filología Española*, 75 (1995), pp. 85-104. Resulta innecesario repetir que se trata de una posible fuente añadida, de un estímulo secundario que se añade a otro u otros primarios. Sobre este principio creador he dejado caer algunas reflexiones ya maduras en el artículo «La torre de Pleberio y la ciudad de *La Celestina*...», *op. cit.*, recién citado. Por cierto, suponer que Fernando de Rojas conocía la literatura hagiográfica es lo correcto, no sólo porque sea lo lógico y esperable sino porque «El Flos Santorum en romance» es una de las entradas del inventario de

Los experimentos de esta índole (de bajo o nulo riesgo erudito en la mayoría de los casos) que podemos llevar a cabo son infinitos. Hay elementos en la literatura con origen tan diverso y disperso que sólo hacen recomendables los estudios de amplio espectro, esto es, de tipo antropológico; así sucede, por ejemplo, en el caso de las fuentes milagrosas, con unas aguas que obran virtudes. En literatura y en el arte en un sentido amplio, tales veneros unas veces tienen fama de acordar amores (la fuente de amor es uno de los motivos omnipresentes en la literatura occidental, con independencia de periodos y generaciones); otras, de desligarlos (la fuente de la maga Felicia en *Los siete libros de la Diana* de Jorge de Montemayor es sólo uno entre tantos casos); por fin, venidos al terreno de la taumaturgia hagiográfica, algunas fuentes poseen aguas capaces de sanar enfermos (una creencia aún viva en muchas partes que percibimos en devociones marianas tan poderosas como la de Lourdes o en otras de signo hagiográfico, como la bien conocida del santo madrileño del siglo XII, san Isidro).[3]

Abría este volumen con un hecho innegable: el de que la Biblia es el libro que más ha influido sobre la literatura occidental; sin embargo, quien me haya seguido habrá comprobado cómo otros textos de materia religiosa, los hagiográficos, ayudan a entender nuestra antigua literatura, al tiempo que revelan el modo en que ésta pudo influir sobre aquéllos, ya que la impregnación no tiene un único sentido o dirección. Un fenómeno tal se explica porque, en el pasado, a la penetración de las Sagradas Escrituras sólo cabía comparar la de la literatura mariana y, sobre todo, la de la literatura hagiográfica;[4] de hecho, son muchos los estudiosos que afirman, y les asiste toda la razón, que el segundo libro más leído, al llegar a la Baja Edad Media, fue la *Legenda aurea* de Jacobo de Vorágine.[5] Por eso, el panorama que sobre la obra ha escrito Sherry L.

---

sus libros, incorporado a su testamento de 1541 (dicho inventario ha sido revisado de nuevo por Víctor Infantes, «Los libros 'traýdos y viejos y algunos rotos' que tuvo el bachiller Fernando de Rojas, nombrado autor de la obra llamada *Celestina*», *Bulletin Hispanique*, 100 [1998], pp. 7-51 [14]).

[3]   En el caso del agua, su derivación taumatúrgica es casi inevitable, pues son infinitos los casos en que se asocia (en un río, fuente o surtidor concretos) a unas propiedades curativas más o menos sorprendentes y creíbles, con o sin vínculos religiosos.

[4]   El uso de las *vitae* a lo largo de todo el día se pone de relieve en Baudoin de Gaiffier, *Études critiques d'hagiographie et d'iconologie, op. cit.*; aquí, se incorpora una amplia sección de su tesis *L'hagiographie et son public au XIIe siècle*, donde se reúnen los datos que más me importan.

[5]   La difusión de la obra quedaba garantizada por su riquísima tradición textual, cuya revisión, siempre somera dada la magnitud del conjunto, fue acometida hace un tiempo por Barbara Fleith, «Le classement des quelque 1000 manuscrits de la *Legenda aurea* latine en vue de l'établissement d'une histoire de la tradition», en Brenda Dunn-Lardeau,

Reames se abre con una declaración de principios verdaderamente firme, que le lleva a afirmar con toda contundencia que la *Legenda aurea* «was not just a popular book in our sense; it was almost a cultural institution».[6] Idéntica afirmación cabe verter respecto de las colecciones renacentistas y barrocas tras comprobar su presencia en casi cualquier biblioteca anterior al siglo XIX, como se desprende de ciertas prospecciones previas. Así, la llevada a cabo por Javier Burgos Rincón con respecto a la Barcelona del siglo XVIII, le permite concluir que «los que aparecen en las bibliotecas de forma más obstinada son títulos tan famosos como los santorales *Flos sanctorum* de Alonso de Villegas y el de Ribadeneira; uno u otro, o los dos, no faltan en la mitad de las bibliotecas».[7]

La literatura hagiográfica conseguía, tal como hemos visto, un doble propósito con respecto a su público: edificar por medio de vidas ejemplares, deleitar con un esmerado uso del lenguaje y buscar la evasión propia de la ficción narrativa, con los efectos de sorpresa y admiración derivados de la presencia de *mirabilia*, ingredientes que las *vitae* ofrecen a su público desde las primeras comunidades cristianas hasta más allá del Medievo.[8] En todas ellas, tanto

---

dir., *«Legenda aurea»: sept siècles de diffusion. Actes du colloque international sur la «Legenda aurea»: texte latin et branches vernaculaires à l'Université du Quebec à Montréal, 11-12 mai 1983* (Montréal/Paris: Bellarmin-J. Vrin, 1986), pp. 19-24.

[6] *The Legenda aurea. A Reexamination of Its Paradoxical History, op. cit.,* p. 3. Este estudioso repite la noticia de Thomas Kaeppeli en su clásico libro *Scriptores Ordinis Praedicatorum medii aevi* (Roma: S. Sabinae, 1975), pp. 350-359, y acepta el número de unos 800 manuscritos del texto latino; a fecha de hoy, los incunabulistas han adjuntado nuevas fichas a las 156 ediciones incunables señaladas por Robert F. Seybolt, «Fifteenth-Century Editions of the *Legenda aurea*», *Speculum*, 21 (1946), pp. 327-338.

[7] *Imprenta y cultura del libro en la Barcelona del Setecientos (1680-1808)* (1993) (Barcelona: Publicacions de la Universitat Autònoma de Barcelona, 1995), p. 714. Al respecto, hay un buen resumen y repaso bibliográfico en Teófanes Egido, «Hagiografía y estereotipos de santidad contrarreformista (La manipulación de san Juan de la Cruz)», *op. cit.*, pp. 64-66.

[8] Desde el final del Medievo, cada vez son más frecuentes las voces de los que pretenden conjurar los peligros de la literatura pecaminosa, que capturan al lector no avisado, como indica el prefacio «El impressor al lector» del *Flos sanctorum* de fray Martín de Lilio (Alcalá de Henares: Andrés de Angulo, 1572): «Mayormente que los que se dan a la vana licion de los libros inútiles y mundanos y se engolosinan tanto en aquellas palabras afeitadas que no pueden apartarse de leerlas se hallan como coxos y inhábiles para las cosas del cielo» (a ij v). Por cierto, a pesar de lo que promete su título, es, básicamente, una *vita Christi*, a la que une unas pocas vidas de santos: san Esteban, san Juan Evangelista, santos Inocentes, san Tomás de Cantorbery y san Silvestre papa. Como señala Aragüés. «Para el estudio del *Flos Sanctorum Renacentista* (I)», *op. cit.*, la presencia de una *vita Christi* al inicio del *flos* es rasgo característico del género en España. En el punto de partida, hay que situar la citada Compilación A (traducción de la *Legenda aurea*), que en la biografía de Jesús incorpora materiales de Francesc Eiximenis; en la

en las *vitae* de los mártires como en las de los confesores, pesa sobremanera el heroísmo cristiano y resulta fascinante el recurso obligado a la taumaturgia. Su lectura será decisiva para cambiar los hábitos y el carácter del público, generación tras generación, ya se trate de lectores laicos o religiosos; a este respecto, el peso ejercido por la hagiografía en todos los hogares fue poderosísimo, entre las viejas *flores* y el moderno *Année Chrétienne* (*Les vies des Saints pour tous les jours de l'année*) o *Año cristiano* (que fue invadiendo los hogares europeos gracias a las ediciones de Nicolas Le Tourneux, a partir de la primera de 1685, remozada sucesivamente, y, sobre todo, tras la formidable labor del padre Jean Croiset, 1656-1738);[9] por su parte, la lectura de hagiografía en cenobios y seminarios, en solitario o durante las horas comunes, se documenta por doquier, en la literatura del pasado lejano o en estampas modernas. En este sentido, contamos con buenos ejemplos, ya sea en la ficción literaria, con un José María Gironella, al inicio de *Los cipreses creen en Dios*, que sitúa al protagonista en el seno de una familia cristiana y en un seminario; ya sea en la vida misma, con testimonios tan estupendos como el de Santiago Ramón y Cajal, cuando cuenta cómo, para alejarse del tedio, se inspiraba en las aventuras de los santos, que excitaban su imaginación y animaban su joven mano de artista plástico. Y lo hacían de modo muy parecido a la célebre anécdota de la infancia de santa Teresa de Jesús y su hermano Rodrigo:

De los asuntos guerreros pasaba al santoral. Pero cuando pintaba santos, prefería los de acción a los contemplativos; adoraba a los de caballería, entre los cuales, según adivinará fácilmente el lector, gozaba de todas mis simpatías el mío, es decir, Santiago apóstol, patrón de las Españas y guerrero de la morisma. Complacíame en representarlo tal como lo había contemplado en las estampas, o sea galopando intrépido sobre una parva de cadáveres de moros, la espada sangrienta en la diestra y el escudo en la siniestra. ¡Con qué piadoso esmero iluminaba yo el yelmo con un poco de gutagamba y pasaba una raya azul por la espada, y me detenía en las negras barbas, que me salían largas, borrascosas, cual suponía yo que debían ser las de los apóstoles![10]

---

versión impresa de la Compilación A, esto es en el *Flos Sanctorum Renacentista*, Eiximenis es sustituido por los apuntes de fray Ambrosio de Montesino.

9   Los que importan más son los 12 volúmenes (seis para los doce meses del año y seis más de homilías) editados en reiteradas ocasiones a lo largo del siglo XIX bajo el título: *Año cristiano y fastos del cristianismo: glorias, martirios, peregrinaciones, padecimientos, vida, virtudes y milagros de todos los santos del año que celebra la Iglesia, con todas las dominicanas, epístolas y evangelios de cada día.*

10   Lo cuenta en sus estupendas memorias, *Recuerdos de mi vida*, ed. de Juan Fernández Santarén (Barcelona: Crítica-Fundación Iberdrola, 2006), p. 135. Algo más adelante (p. 140) dice: «servíame de las anchas márgenes del Fleury, que se poblaban de garambainas, fantasías y muñecos, Alusivos unos al piadoso texto, otros harto irreverentes y profanos».

De esa convivencia diaria con el *Año cristiano*, queda, no obstante, un testimonio literario más rotundo y más reciente: el de Ana Rossetti en *Devocionario*,[11] delicioso libro de poemas en el que resuena nítida la voz materna, que va desgranando las hazañas de los santos en un característico hogar católico, el suyo propio, en la España de Posguerra. No aduciré ningún ejemplo por extenso, pues me basta con los títulos, verdaderamente elocuentes, que Rossetti va engastando en tan delicado poemario: «Martyrum omnium», «Bárbara, niña, presiente su martirio», «Santa Inés en agonía», «Lorenzo», «Esteban» o «Pasión y muerte de santo Tomé».[12] Tan sólo recogeré los versos finales de «Mayo», que resumen la fascinación ejercida sobre un público infantil por las *vitae* de Croiset y herederos:

> Nunca Poe, ni Bécquer, ni el mismo Lovecraft
> pudieron compararse a la voz de mi madre
> describiendo piadosa y minuciosamente
> castigos ejemplares y horrores deliciosos.

De la misma manera, las *vitae* influyeron sobre todo individuo, con independencia de su extracción social y de su formación. Los analfabetos contaban con el auxilio de las artes plásticas o podían beneficiarse de la lectura en común, tan característica de tiempos pasados; el lector culto, por su parte, se iniciaba en la hagiografía con la lectura de las grandes colecciones de un Jacobo de Vorágine, un Alonso de Villegas o un Pedro de Ribadeneira, y nunca se apartaba de ellas (aunque en algún raro caso lo desease vehementemente, su sedimentación le marcaba de por vida), por mucho que más adelante se interesase por la literatura laica. Por supuesto, las vidas de santos —de santos y de santas, permítaseme esta importante obviedad— influyeron por igual en hombres y mujeres.[13] Acerca de estas últimas, las lectoras, hay cierta observación

---

Se refiere al célebre *Catecismo histórico* del abate Claude Fleury (1640-1723), compendio de Historia Sagrada y catecismo con el que se formaron sucesivas generaciones de niños.

[11]   *Devocionario* (Madrid: Visor, 1986).

[12]   Y desde esta nota, otorgo la victoria a esa brillante investigadora e hipersensible lectora que es mi amiga Amelina Correa Ramón, al lanzarme estos bellos versos de Rossetti para vencer mi resistencia a la poesía contemporánea en más de sus tres cuartas partes.

[13]   Para el fenómeno de las jóvenes fascinadas por el modelo de las santas virtuosas, véase Catherine Sanok, «Reading Hagiographically: The Legend of Good Women and its Feminine Audience», *Exemplaria. A Journal of Theory in Medieval and Renaissance Studies*, 13 (2001), pp. 323-354; en ese sentido, es curiosísimo el uso de los santos y de las santas por las escritoras inglesas del siglo XIX, asunto éste estudiado en la tesis doctoral inédita de Susan Exberg Stiritz, *Victorian Hagiography and Feminine Self-Fashioning* (Washington University, 2001 [DAI DA3016275]).

de Duncan Robertson que me parece especialmente valiosa, allí donde contrasta la hagiografía latina y la vernácula en la Francia medieval y llega a la conclusión de que la mujer está omnipresente en esta última, como autora, lectora y como personaje:

> Whereas Latin hagiography is mainly about, by and for men who can read Latin, the extant French works place women in all the principal literary roles. They come to the fore as writers, readers and characters, as saints themselves and as the wives of saints. Clemence names herself, a woman writer; a Barking sister of hers translated the life of St. Edward the Confessor. Women readers are represented to us, heroically, by Christina of Markyate; it is in her copy of the St. Albans psalter that we find the *Vie de saint Alexis*. Women characters in Old French saints' lives form an impressive company: Catherine joins Eulalie, Fides, Margaret, Euphrosyne, Christine, Barbara, Mary of Egypt, Genevieve of Paris, Elizabeth of Hungary and many other saintly heroines; and let us not forget the wife of Alexis, named Lesigne; or King Edward the Confessor's queen, Edith; or King William's queen in the *Guillaume d'Angleterre* romance; or Theopista, the wife of Eustace; or the wife of Julian the Hospitaller (whom Flaubert set aside); and so through the thirteenth century and beyond.[14]

Me gustaría poner énfasis adicional y ampliar un punto el radio de acción de Robertson, para afirmar que idéntica comparación puede llevarse a cabo entre la hagiografía y la novela en el sentido siguiente: mientras la mayoría de las novelas atribuyen a la mujer un papel secundario y pasivo, en las vidas de las santas el protagonismo femenino resulta indiscutible. A este respecto, ni la formulación novelesca más feminista (como la de la novela sentimental española, en la que la regla que acabo de exponer debe matizarse) puede medir fuerzas con la hagiografía femenina, que pone ante los ojos del lector a verdaderas heroínas, caracterizadas como jóvenes de buena cuna (en una muestra de determinismo genético que hermana a santos y a miembros de los estamentos y clases privilegiados),[15] de radiante belleza, de fina inteligencia, y, ya sea desde el comienzo o bien tras pasar por el correspondiente proceso de conversión, de virtud ejemplar (como simple pero significativa muestra véanse las palabras que sobre santa Ágata o Águeda vierte Pedro de Ribadeneira, I, p.

---

[14] *The Medieval Saint's Lives...*, *op. cit.*, pp. 256-257.
[15] Importantísimo resulta comprobar que el dato histórico probado se amoldó a esta característica de la vida del santo incluso en la Era Moderna, como se desprende del caso de san Juan de la Cruz, cuyos orígenes humildísimos se transformaron en la noble cuna de que nos hablan sus biógrafos, que, en éste como en otros casos, silencian cualquier sospecha en cuanto a su condición de cristiano nuevo. De nuevo, remito a Teófanes Egido, «Hagiografía y estereotipos de santidad contrarreformista (La manipulación de san Juan de la Cruz)», *op. cit.*

324, con cuatro sobrecargados superlativos esdrújulos: «Era nobilíssima, riquíssima, hermosíssima y honestíssima»). Me atrevo incluso a contraponer, frente a ellas, a esas otras protagonistas del *roman*, que, desde la pasividad más absoluta, sólo participan de la aventura como el mismo lector: a través de la una lectura que las conduce, casi inevitablemente, a consumir muestras del mismo género, esto es, *romans* o novelas.

Así, frente a la estampa que nos ofrece el *Yvain*, con una jovencita de unos quince años que hace precisamente eso, leer un *roman* («[…] et lisoit / une pucele devant lui / en un romans, ne sai de cui», vv. 5357-5360),[16] tenemos a aquellas santas arrojadas que decidieron consagrar su propia vida al leer la de otro santo, a la manera de una santa Eulalia de Mérida movida por la pasión de san Tirso, que leía a diario para tenerla bien presente; a ese respecto, el colmo, como bien sabemos, está en la infancia de santa Teresa de Jesús, dispuesta a combatir contra el sarraceno tras leer no hagiografía sino puro *roman*. Eso último, el deseo de la pura acción militar, es lo excepcional, y lo es tanto en las *vitae* femeninas como en las masculinas; por el contrario, en todos los casos, la pasividad es sólo aparente o engañosa, ya que los santos (y ahora me interesan en particular las santas) buscan dar testimonio de su fe a través del sufrimiento, ya sea en la arena, en la rigurosa vida del cenobio o en matrimonios que son una verdadera cruz. Este último es el caso de santa Mónica, madre de san Agustín, que soportó resignadamente los golpes y reproches de su esposo. Convencida como estaba de que ésta no era mala manera de ganar el cielo, recomendaba a otras que aceptasen la suya como modelo de conducta, cristiana y, en definitiva, valiente. Con espejos de dueñas como éste, ¿cómo puede sorprender la segunda parte del cuento XXVII de *El Conde Lucanor*? Aunque el héroe castellano, en este apólogo, sólo esté sometiendo a prueba a las tres hijas de Pedro Ansúrez para ver a cuál de ellas toma por esposa, el ideario que transmite es claro: la estampa de su hija menor, discreta y abnegada, responde punto por punto a la de cierta heroína cristiana llamada Mónica, santa y madre de santo.

Indiscutiblemente, el paradigma de mujer fuerte lo tenemos en la Biblia y el santoral; de ahí, por pura impregnación, el patrón iría tomando fuerzas en el universo novelesco, lo que permite arrojar luz sobre los retratos femeninos que ofrece al público un autor como —lo pongo de nuevo por caso, y a nadie le puede extrañar— Cervantes. A lo que ni él ni ningún otro escritor, medieval o áureo, alcanza es a defender la figura de la mujer letrada, que no despierta sino burlas y críticas cuando su virtud en un plano intelectual va más allá de la simple discreción. Nada hay, como digo, comparable a una santa Marcela, viuda

---

romana (muerta en 410, en plena invasión de Roma por Alarico), experta en Sagradas Escrituras gracias a su inigualable maestro, pues se había formado nada menos que con san Jerónimo, de cuya correspondencia conservamos hasta dieciséis cartas. Por eso, ante la ausencia del Santo Doctor de la Iglesia, que a la sazón se hallaba en Jersusalén, fue ella la encargada de defender la ortodoxia frente a las desviaciones de Orígenes que estaban difundiendo por Roma Rufino y Melania. Claro está que a santa Marcela se le había anticipado la Virgen María, de acuerdo con una larga tradición que recala —inevitablemente, cabría decir— en Pedro de Ribadeneira, cuando nos cuenta lo que aprendió en el Templo: «Aprendió assimismo las letras hebreas, y leía a menudo, y con grande atención, las Divinas Escrituras, y las rumiaba y meditaba y entendía perfectamente, por su alto y delicado ingenio y por la luz soberana que el Señor la infundía» (*Flos*, III, p. 458).

Con un panorama tal, puede vislumbrarse en la lejanía que las novelescas *vitae* femeninas hubieron de resultar verdaderamente subyugantes para un público también femenino. Sólo responden a este mismo patrón aquellos relatos que encuentran en la hagiografía su modelo primero, como el *Fermoso cuento de una santa enperatriz que ovo en Roma* o bien la *Reina Sebilla*; a su lado, caen otras obras que ofrecen básicamente lo mismo, aunque desde vertientes tan distintas como la mitología (para atender, pongo por caso, a las amazonas o a otras figuras femeninas) o el folklore (para empaparse de historias feéricas, cuentos de brujas o relatos de mujeres que se transforman a la manera de Melusina). A la luz de estos hechos, es fácil comprender que a uno se le antoje atractiva en especial la consideración del universo femenino de esas épocas lejanas a través, precisamente, de las vidas de las santas.[17]

Ahora, retornemos al público en términos generales en la seguridad de que la penetración de la hagiografía fue formidable, a través de las artes plásticas (con una omnipresencia absoluta dentro y fuera de las iglesias) o de las literarias, en forma de libro abultado o de magro pliego suelto, y también gracias al cauce de la oralidad, en narraciones breves, apólogos, romances, canciones y hasta aleluyas. Situados en el tardío Medievo y tras adentrarnos en la Era Moderna, uno alcanza a concluir que, consideradas las lecturas edificantes más comunes, las obras hagiográficas brindaban espejos particulares de vida cristiana; en ellas, en efecto, se llevaba a cabo una especie de puesta en práctica de un ideal religioso que, con carácter general, se transmitía en unos manuales para guiar el espíritu tan gustados y leídos, generación tras generación, como la *Imitatio Christi* de Thomas a Kempis. En concreto, esta última obra está pla-

---

[17]   Desde el punto de vista del hombre, estos ejemplos tienen una doble pretensión, pragmática y estilística, puesta de relieve por Aragüés en la n. 1 de nuestra p. 148.

gada de admoniciones abstractas y universales en las que nunca se baja al detalle, como tampoco se aporta otro modelo que no sea el de Cristo, con una excepción: la de los Santos Padres del Desierto, citados en el capítulo XVIII de su libro I, aunque ni siquiera en esta ocasión llegue a desgranarse un solo nombre.[18]

Lo que aquí se propone es un código estricto que no puede parecerse más al que se extrae de las *vitae sanctorum*: con un rechazo militante de las trampas mundanas —del placer y de las riquezas, del poder y de los honores— y con la mirada puesta más en la gloria eterna que en el diario vivir, ya que en realidad se está preparando al individuo para bien morir apenas se han abierto los ojos al mundo. Como bien sabemos, por este lado, las *vitae sanctorum*, el *Kempis*, las *artes bene moriendi* y hasta una obra para la que significativamente se recuperó un viejo título, el *De contemptu mundi* de Jean Gerson (a quien debemos también su no menos célebre *Ars moriendi*), fueron caldeando el ambiente (con la ayuda de las artes plásticas del momento, por medio de xilografías, pinturas, relieves y esculturas) y llevaron a parte de la cristiandad por la ruta de esa espiritualidad ascética tan característica de la época a la que me vengo refiriendo a lo largo del presente libro. Pasado el tiempo de las *artes bene moriendi* y de la estética macabra del gótico tardío, fueron los *flores*, según entiendo, los que mantuvieron viva la llama hasta enlazar tales manifestaciones con las correspondientes al arte barroco. Como pequeña muestra, léase el siguiente pasaje, extraído de la entrada que a la Fiesta de Todos los Santos dedica Pedro de Ribadeneira, donde el jesuita recuerda por qué debemos tener la vista puesta en la otra vida y apartada de ésta:

> Otra manera es por los males que en esta vida padecemos, los quales y todos los otros que se pueden imaginar están desterrados de aquella bienaventurada y gloriosa eternidad. Las miserias y calamidades de esta vida frágil y mortal son tan grandes y tan sin cuento que ellas mismas nos predican la felicidad y la gloria de la otra que esperamos. La pobreza, la enfermedad, la tristeza, la infamia, la muerte, el dolor, los agravios, injusticias, peligros, desastres y finalmente el diluvio de desventuras y miserias que por todas partes nos cercan no son sino unos despertadores y como unas voces del cielo, que nos avisan que no es esta nuestra patria sino lugar de destierro, valle de lágrimas y cárcel obscura y penosa en que vivimos, o, por mejor decir, cada día morimos, hasta que lleguemos a aquella verdadera vida (*Flos*, III, p. 324).

---

[18] Aragüés, en el introito a «Fronteras de la imitación hagiográfica (I)...», *op. cit.*, recuerda el principio de la «escala ejemplar», de acuerdo con el cual los santos imitan a Cristo, mientras los lectores imitan a los santos.

Aún me permitiré llegar más lejos, para ir del cristianismo —y nadie se sorprenda— al judaísmo, que cuenta con sus héroes de la fe y con abundantes
martirologios. Como muestra de esta última literatura, me basta un título estupendo: *A History of the Marranos* (1974) de Cecil Roth.[19] Ahora bien, como
apoyatura a mi idea, me interesa más recordar las altas dosis de mesianismo
implícito en el credo de un judío preclaro, Karl Marx,[20] y me viene aún mejor,
una vez que se ha captado el concepto, incluir cierta cita del genial George
Steiner (a través de la traducción española de Catalina Martínez Muñoz):

> En su forma más pura, tal como se plasmó en algunos de los *kibbutzim* socialistas
> y comunistas del primer sionismo, no existe la propiedad privada. A cada cual
> según sus necesidades. Los niños son atendidos por toda la comunidad. Pero, aun-
> que atenúa tales absolutos, el marxismo exige una subversión total de las priorida-
> des de la intimidad, de la adquisición, del egoísmo. Debemos abstenernos de cuan-
> to sea superfluo, participar por igual, invertir los recursos, las ambiciones del yo en
> el anonimato de lo colectivo. En el núcleo de cualquier programa socialista o comu-
> nista consistente hay una mística del altruismo, de la maduración humana, hasta
> alcanzar la generosidad. Morir por los demás, como hace el héroe marxista en figu-
> raciones profanas del martirio religioso, resulta muy difícil (¿quién de los miem-
> bros de mi generación puede olvidar los episodios de sacrificio al final de *La con-
> dición humana* de Malraux?). Vivir para los demás es aún más difícil. Pero sólo si
> aprendemos a hacerlo, dice el marxismo, podremos construir el reino de la justicia,
> la ciudad del hombre —legítima heredera de aquella de un Dios muerto— en esta
> Tierra. Sólo entonces podremos construir Jerusalén en «nuestras verdes y amables
> tierras». La mañana mesiánica es roja.[21]

Siglos más tarde, todo será diferente: las vidas de los santos de la era
moderna (esto es, desde el siglo XVII en adelante), alejadas en parte del universo legendario que hemos venido viendo, atienden fundamentalmente a éxtasis y visiones; los milagros, prueba imprescindible para ganar los altares, serán

---

[19] Hay traducción al castellano, *Los judíos secretos. Historia de los marranos* (Madrid:
Altalena, 1979).
[20] Basta con apelar al magistral panorama del siempre deslumbrante Paul Johnson, *A
History of the Jews* (London: Weidenfeld and Nicolson, 1987), allí donde dice: «Like
Heine and everyone else, his motion of progress was profoundly influenced by Hegel,
but his sense of history as a positive and dynamic force in human society, governed by
iron laws, an atheist's Torah, es profoundly Jewish. His Communist millennium is
deeply rooted in Jewish apocalyptic and messianism» (p. 347).
[21] *Errata. El examen de una vida* (Madrid: Siruela, 1998 [orig. ingl. 1997]), p. 83. Jean
Delumeau, tras ocuparse del asunto en su citado *Historia del Paraíso*, aborda el asunto
de la pervivencia de los ideales edenistas en las más variadas ideologías cn *Que reste-t-
il de paradis?* (Paris: Fayard, 2000).

añadidos en fecha contemporánea a los sucesos por los testigos, si es que no tiempo después por aquellos biógrafos que pretenden la canonización de un determinado personaje de vida ejemplar. Esto es algo que ocurre con santos tardomedievales como san Vicente Ferrer, a quien sus biógrafos le fueron adjudicando un sinfín de conversiones milagrosas. El influjo permanente de la hagiografía sobre la literatura medieval, española y europea, exige con urgencia no simples calicatas de mayor o menor profundidad, no estudios y ediciones de tal o cual vida de un santo o de una santa; en realidad, de lo que estamos necesitados es de un libro de conjunto que rebusque entre materiales que quedan un tanto al margen del magnífico trabajo de Fernando Baños Vallejo y, sobre todo, que se adentre por los mismos derroteros que ha seguido Duncan Robertson en el caso de la literatura francesa.[22] Este investigador se queda en fecha temprana en exceso, en la frontera del 1200, porque la veta del país vecino es riquísima en textos vernáculos antes del siglo XIII; no obstante, a mí me parece mucho más conveniente ocuparse también de las postrimerías del Medievo y aun del Renacimiento y Barroco, dada su extraordinaria riqueza en materiales de esta índole y una vez comprobada la nítida huella que la hagiografía fue dejando en la literatura a lo largo de los siglos. Aquí, como ya he advertido, llego sólo hasta Cervantes, aunque el panorama, en los siglos venideros, se muestra igualmente halagüeño para el estudioso.

Aún habría podido abordar otros asuntos, como el de la religiosidad popular, y hasta me habría ocupado de los progresos en la cultura libraria por parte de los grupos sociales menos privilegiados, con aspectos tan interesantes como el considerado por Alberto Vecchi, en sus investigaciones sobre las xilografías y planchas de cobre que recogen las imágenes de los santos.[23] Del mismo modo, podría haber llevado a cabo prospecciones afines al tema de que me ocupo, como puede ser el culto de los santos y sus trasuntos en clave paródica. Por ahí, habría dado antes o después con la desviación que nos ofrece el *Lancelot* con la veneración de unos cabellos sueltos encontrados en el peine de Ginebra por parte del enamorado caballero; al final, habríamos de recalar, necesariamente, en esa otra religión, disparatada y de nueva planta, que es la del cordón de Melibea por parte de Calisto, que merece una puntada (al tiempo que acotación teatral) especialmente cómica de Celestina:

[22] El libro de Robertson se ha citado (y elogiado debidamente) en varias ocasiones; el aludido de Fernando Baños Vallejo es *Las vidas de santos en la literatura medieval española* (Madrid: Laberinto, 2003).
[23] *Il culto delle immagini nelle stampe popolari* (Firenze: Leo S. Olschki, 1968).

Cal.- Quanto dixeres, señora, te quiero creer, pues tal joya como ésta me truxiste. ¡O mi gloria y ceñidero de aquella angélica cintura! Yo te veo y no lo creo. ¡O cordón, cordón! ¿Fuísteme tú enemigo? Dilo cierto. Si lo fuiste, yo te perdono, que de los buenos es propio las culpas perdonar. No lo creo: que, si fueras contrario, no vinieras tan presto a mi poder, salvo si vienes a disculparte. ¡Conjúrote me respondas, por la virtud del gran poder que aquella señora sobre mí tiene!

Cel.- Cessa ya, señor, esse devanear: que a mí tienes cansada de escucharte y al cordón roto de tratarlo.

Por supuesto, de llegar a ese punto concreto, habría sido obligada la cita de otra formidable parodia de la materia hagiográfica, una obra tan madrugadora como la *Garcineida* o *Tractatus de reliquiis preciosorum martirum Albini atque Rufini*,[24] compuesta en 1099, en la que la burla se lleva a cabo, más concretamente, a partir del género de las *translationes*. Y es que pocas cosas hay que resulten tan cómicas como los falsos santos, como sabían muy bien Geoffrey Chaucer y otros tantos autores medievales. Ésta es la misma veta literaria que supieron explotar también otros grandes artistas de todos los tiempos, como el mismo Cervantes en *Rinconete y Cortadillo*, al dibujar aquella vieja devota que acude a la casa de Monipodio, o aquella otra anciana, «gran rezadora» con que nos regala el *Buscón* de Quevedo en sus primeras páginas. Antes, la falsa devoción había caracterizado, como tantas otras pinceladas certeras de Fernando de Rojas, a Celestina. Sigámosle el juego a la vieja, aunque sólo sea por un instante; de ser así, y durante el tiempo que dure la ficción, su casa no será el pozo de perdición por todos conocido sino un lugar para el recogimiento de mujeres devotas, una suerte de *sisterhood* precenobita que el lector de los *flores sanctorum* conocía bien gracias a ejemplos como el de santa Melania (383-439), con su comunidad de vírgenes consagradas de la ciudad de Jerusalén. Por supuesto, cualquier lector familiarizado con las *vitae* —prácticamente todos cuantos se daban regularmente a la lectura de libros— tenía presente tales posibles inversiones al leer los parlamentos de Celestina.

---

[24] Obra estudiada brillantemente por María Rosa Lida, «La *Garcieneida* de García de Toledo», *Nueva Revista de Filología Hispánica*, 7 (1953), pp. 246-258, y escrutada por Francisco Rico en su madrugador y revelador trabajo «Las letras latinas del siglo XII en Galicia, León y Castilla», *Ábaco. Estudios sobre literatura española*, 2 (Madrid: Castalia, 1969), pp. 11-91. La *Garcineida* es sorprendente por otras muchas razones, como bien se colige por el importante trabajo de Alejandro Higashi, «Horacio lírico y el *Tractatus de reliquiis preciosorum martirum Albini atque Rufini* o *Garcineida*», *Nueva Revista de Filología Hispánica*, 49 (2001), pp. 493-504.

16.

IMPREGNACIÓN HAGIOGRÁFICA Y NARRATIVIDAD

No nos quedemos en este punto, pues tengo para mí que las *vitae sanctorum* fueron igualmente determinantes en el desarrollo del estilo de los autores medievales y áureos (y téngase en cuenta, que de no tener establecida una frontera cronológica en este libro, podría extender mi afirmación a los siglos posteriores, como ya he apuntado), en términos de poética general y de creación literaria individual. Peter Dronke recordaba lo mucho que la Edad Media aprendió con el consumo directo de la literatura, y particularmente con escritos de materia religiosa, sin necesidad de acudir a las preceptivas.[1] ¿Acaso podía ser de otro modo? Tengamos en cuenta que, en los orígenes del género hagiográfico, contamos con una figura tan formidable como san Jerónimo, discípulo nada menos que del gramático Donato y, por ende, heredero de la sabiduría retórica de Cicerón. Recordemos aquella anécdota de su *vita* según la cual el santo se vio condenado por ser un ciceroniano contumaz, aunque sólo lo fuese en un sueño verdaderamente revelador —eso sí— de los ideales del nuevo sabio cristiano; de hecho, la decisión declarada de apartarse de Cicerón para entregarse al estudio de las Sagradas Escrituras, de ser cierta, no fue tan decidida como para no dejar rastros por doquier en el conjunto de su obra. Por otra parte, la labor acometida desde ese momento no puede ser más formidable a ojos de la intelectualidad occidental, como helenista y como hebraísta y, por ende, como ejemplo primero del ideal del *homo trilinguis*, con magisterio absoluto —dada su vasta cultura y su dominio de la gramática y la retórica— en las tres lenguas sagradas. No es extraño, por lo tanto, que a nuestros ojos san Jerónimo sea el primero —¡y de qué talla!— entre todos los filólogos cristianos.

---

[1] *La invidivualidad poética en la Edad Media* (Madrid: Alhambra, 1981), pp. 26-55, y más en particular en pp. 33-35. La versión española supera el original inglés de 1970 en varios sentidos, aunque sobre todo por incorporar un artículo-reseña de Francisco Rico a esta obra y por una bibliografía de Dronke a cargo de Pedro Cátedra.

Las *vitae*, gracias a esa diversidad que tantas veces he señalado a lo largo de este libro, vinieron en auxilio de muchas generaciones de escritores; en sus páginas, encontraron uno de sus primeros modelos de escritura, en prosa y en verso, en latín y en vernáculo. La hagiografía les aseguraba satisfacción plena en un doble sentido, toda vez que les aportaba el sustento que precisaban en los años mozos, desde una óptica formal y moral. No podían mediar las suspicacias que, tantas veces, habían llevado a poner los clásicos en cuarentena: nada había que justificar a nadie, a diferencia de lo ocurrido al deleitarse con Virgilio, Ovidio o Terencio, por no citar sino los tres casos principales. A ellos, como sabemos, hubo que salvarlos al desviarlos, a veces forzando mucho la máquina, hacia una senda puramente cristiana; al interpretarlos apelando a un *integumentum* alegórico o moral; o, lo más difícil de admitir para muchos, al poner de manifiesto sus bondades artísticas. Todo esto era innecesario desde la primitiva hagiografía, dada la calidad literaria y la altura moral de san Jerónimo, san Atanasio o san Sulpicio Severo; por lo que a sus continuadores se refiere, la nómina resulta casi tan ilustre como aquélla, pues incluye a santo Tomás o a Jacobo de Vorágine. Los quilates de esta materia literaria destacan también a las claras en la tradición castellana, desde el Medievo en adelante; de todos los testimonios conocidos, no obstante, me quedo, por su difusión y por su calidad, verdaderamente extraordinarias, con cualquiera de las páginas escritas por Pedro de Ribadeneira.

La lectura al azar de un capítulo de su *Flos* convence al más escéptico y ayuda a entender por qué debe considerarse, no sólo como uno de los grandes prosistas áureos, sino como uno de los principales modelos de escritura para los escritores españoles entre las postrimerías del siglo XVI y el siglo XIX. Como muestra de su habilidad para el retrato (y no abundan, precisamente, en las *vitae*), me permitiré incluir por breve y por preciso (adjetivo que conviene a Ribadeneira en todo momento) el que ofrece de san Gregorio Nacianceno, que tengo por comparable al mejor que nos haya ofrecido el Barroco literario: «Fue san Gregorio de mediana estatura; el color, amortiguado, pero no triste; la nariz, corbada; las cejas, arqueadas; el aspecto, blando y suave; el ojo derecho, algo caído, la barba no larga, pero bien poblada y authorizada; era algo calvo y, con las canas, venerable» (*Flos*, II, p. 63). Ya puesto, me permitiré una salida de puro neocomparatismo, para afirmar que, en la técnica del retrato, Ribadeneira es con su escritura lo que Francisco Pacheco (1564-1644) con su dibujo (en su excepcional *Libro de los retratos*, iniciado en 1599 y nunca acabado): ambos penetran las almas.[2]

---

[2] Esa capacidad de calar tan hondo la alcanzan sólo excepcionalmente los mejores, y a ratos. Pienso por ejemplo en el Greco del *Retrato de Fray Félix Hortensio Paravicino* (*c.* 1605), del Fine Arts Museum de Boston.

Gracias al inagotable venero de la hagiografía, era posible asimilar, y casi sin esfuerzos, técnicas narrativas muy diversas, ya que los relatos de naturaleza hagiográfica —por poner un ejemplo de su claro talante retórico— ofrecían al lector modelos abundantes y rotundos de *orationes*, en forma de monólogos, *laudes*, consolatorias y *plancti* (discurso estupendamente trabado lo hallamos, pongo por caso, en Pedro de la Vega, en la vida de san Silvestre papa, I, 32v). De venir a otro género todopoderoso, el epistolar, hay que reparar en que muchos de los escritos de los santos, desde los apóstoles o desde los primeros mártires, están redactados a modo de epístola, como las célebres cartas de san Ignacio de Antioquía a sus amigos y discípulos o la de san Policarpo a los filipenses, entre otras; o las cartas cruzadas entre san Crisógono y santa Anastasia. Del mismo modo, la todopoderosa *Vita Martini* de Sulpicio Severo, que recoge la leyenda de san Martín de Tours, está escrita a manera de misiva del autor a su amigo Desiderio para darle noticia de la vida y los hechos del santo. El poder de impregnación de las Epístolas canónicas, incorporadas al Nuevo Testamento, fue lógicamente formidable; de hecho, las presentimos por doquier, aunque los estudiosos muchas veces las silencien o las ignoren.[3] Sin salir del género epistolar, ha de recordarse la existencia de leyendas tan extendidas como la de la carta apócrifa de Poncio Pilato sobre el prendimiento y muerte de Cristo (el motivo viene mezclado con otra leyenda igualmente sabrosa: la de la Verónica), la carta de Publio Léntulo al senado de Roma (que fue a parar a la *Leyenda de los santos*, como veremos luego) o la carta del emperador Teodosio a san Juan Crisóstomo, ya muerto, para pedirle su retorno a Constantinopla, ciudad que tanto lo maltrató en vida (esta carta cierra la extensa y trabajada versión de Pedro de Ribadeneira, I, pp. 256-257). La combinación de fórmulas literarias a que apela Sulpicio Severo en su *vita* supone la apertura de unos nuevos caminos que ayudan a entender la evolución de la literatura del Medievo y la del temprano Renacimiento. Por ejemplo, la *Vita Martini* ofrece soluciones que quedan muy cerca de la magistral fórmula de nuestro *Lazarillo de Tormes*, descontada una primera persona que, por cierto, también cabría rastrear tanto en la antigua literatura moral (sin ir

---

[3] Lo segundo ha sucedido cuando, al estudiar el *Cantar de mio Cid*, se ha perdido de vista el conocidísimo *initium* de la Epístola de Santiago el Menor, a quien llamaban el Hermano de Cristo, donde dice: «Tened, hermanos míos, como suprema alegría las diversas pruebas a que podéis ser sometidos». Creo que esta simple alusión habría explicado mucho más claramente el verso 14 («Albriçia, Álvar Fáñez, ca echados somos de tierra») del *Cantar* que todo lo dicho por la crítica al respecto; en cualquier caso, la cita debería haberse añadido a todo lo que, atinado o errado, se ha escrito hasta aquí (todo, ahora sí, recogido concienzudamente por Alberto Montaner en su magna edición del *Cantar de mio Cid, op. cit.*, pp. 391-392).

más lejos, la tenemos en las *Confesiones* de san Agustín) como, y sobre todo, en los grandes hagiógrafos, a la manera de san Jerónimo, cuando narra la novelesca vida de san Malco. Por su parte, el exordio de la *Vita Martini* se ofrece como un verdadero paradigma de lo que es un juego de perspectivas bien planteado, con una relación perfectamente medida entre el autor y su escrito. Al final, los apéndices al opúsculo de Sulpicio Severo, con los que se describen los milagros *post mortem*, son tres *Epistulae* y dos *Dialogi*, rotundas muestras de los dos géneros que acabarán por imponerse como moldes literarios predilectos de la Europa del Medievo tardío y temprano Renacimiento.

Al género epistolar apelaron también otros autores de vidas de santos, como el propio san Jerónimo al trazar las correspondientes a sus tres santas compañeras, las matronas romanas Fabiola, Marcela y Paula. Del mismo modo, son varios los estudiosos que han señalado la particular constitución de la *Vita prima* de Guillaume de Saint-Thierry, biógrafo de san Bernardo; en concreto, han puesto de relieve la escritura cumulativa que domina el conjunto, que se lleva a cabo por adición de breves episodios o de casos que el santo va resolviendo. Por supuesto, considerado este rasgo poético, las asociaciones por vía narrativa pueden ser infinitas, tanto antes como después de su fecha de composición, tanto en el ámbito de la literatura culta como en el del folklore; como quiera que sea, al estudioso no le deben pasar inadvertidos modelos tan fértiles como éste, cuya pujanza se puede adivinar a lo largo de varios siglos. Por ello, con su agudeza acostumbrada, Duncan Robertson ha indicado al referirse al modo en que se relatan los hechos de san Bernardo en la *Vita prima*: «The hagiographer, called upon to account for the mystery of the saint's consciousness, works therefore as a modern novelist does: by indirection, 'showing' rather than 'telling'. William does this with considerable flair».[4] En el caso español, importa mucho añadir que la técnica por la que un relato principal incorpora historias secundarias por boca de sus propios protagonistas, ese recurso narrativo de la novela bizantina y la novela pastoril que alcanzará su madurez plena en Cervantes, lo encontramos igualmente en las *vitae* compuestas por san Jerónimo.[5]

Aún cabe establecer otros muchos patrones narrativos a partir de las *vitae*; con todo, conviene tener presente lo dicho arriba en varios momentos: la narración hagiográfica, con independencia de su formulación, cae dentro de la órbita literaria del relato breve. Por supuesto, el género que se acopla siempre a esa forma menor de la narratividad es el *miraculum*, que a su vez puede ser una

---

[4]   *The Medieval Saint's Lives...*, *op. cit.*, p. 159.
[5]   Este aspecto fue estudiado por Edward Coleiro, «St. Jerome's Lives of the Hermits», *Vigiliae Christianae*, 11 (1957), pp. 161-178.

rama menor de una *vita*, de una *visio* o de una *translatio*. No es de extrañar que, muchas veces, el milagro se independice del relato que lo enmarca (como el del peregrino de Santiago que pecó mortalmente por culpa del Diablo, que parte del *De vita sua* de Guibert de Nogent, autor de comienzos del siglo XII, para pasar a la *Legenda aurea*, tal como nos recuerda Alain Boureau),[6] pero luego vuelve, como forma del relato breve que es, a insertarse como unidad menor en alguna narración extensa con un propósito literario diverso. Otras veces, la *vita* es poco más que un simple pretexto para insertar un *exemplum* que lo es todo en verdad, ya que, de eliminarlo, de aquélla queda poco más que el esqueleto.

Esto acontece, por ejemplo, en la vida de los santos mártires Samona, Guria y Abibo, en realidad una pura nonada; en su interior, sin embargo, hay un milagro *post mortem* de lo más sabroso. Se cuenta en él que una joven doncella aceptó la propuesta de matrimonio de un godo que formaba parte de las legiones romanas que defendían Edesa de los hunos. Pasado el peligro, se dispuso a regresar a casa con su nueva mujer, ahora encinta. Al barruntar peligro, la madre le pidió que jurase, sobre las reliquias de esos tres santos, que cuidaría de su hija y nunca la maltrataría. El drama comenzó para la joven cuando, nada más salir de Edesa, el que tenía por esposo legítimo le confesó que ya estaba casado y tenía hijos; por esa razón, le dijo que, en realidad, él la llevaba como amiga y esclava. Nacido el hijo, la mujer de pleno derecho del godo cayó en la cuenta de que el niño era fruto de su marido y de la esclava, por lo que envenenó al pequeño con rejalgar. Como demostración de que había sido su señora la culpable de la muerte, frotó la copa en que ésta solía beber con el pedazo de lienzo con que previamente había limpiado la lengüecita de su hijo ya cadáver. De ese modo, su señora murió y ella fue acusada del crimen; en castigo, los familiares de la difunta la encerraron junto con ella en la cámara fúnebre. Y justo ahí se produjo el milagro, cuando el hedor del cadáver en descomposición se convirtió en olor de santo, al aparecer los tres mártires milagrosos. Ellos fueron los que llevaron a la joven de retorno a Edesa, junto a su madre. El final del cuento se hace esperar, pues es precisa una nueva acometida de los hunos y, por ende, el retorno de las legiones romanas y, con ellas, el soldado godo. Interrogado por la madre, éste le contó que dejaba bien a su hija y al nieto que ella le había dado; en ese preciso momento, salió la hija y desveló la maldad del godo, cimentada sobre tantas y tantas mentiras. Por ello (y del cuento se deduce que, sobre todo, por su condición de bígamo), lo apresaron y ahorcaron.

---

[6]   «Pour une théorie élargie de la légende religieuse médiévale», *op. cit.*, p. 32.

La mentada *vita*, como ya he dicho, consiste en poco más que este sabroso relato, cuyos ingredientes principales son, en su mayor parte, motivos recurrentes en la literatura taumatúrgica, como el juramento ante sagrado, luego incumplido, o el viaje y traslado de un cuerpo a larga distancia por intercesión divina. La versión que he resumido es de Pedro de Ribadeneira (*Flos*, III, pp. 411-413); no obstante, el relato, con sus propias características (en ocasiones, se da a conocer el nombre de la joven burlada, Eufemia; otras, nada se dice del hijo que tuvo, como tampoco de su asesinato y posterior venganza, por lo que tampoco hay necesidad de escapar de la tumba en que la habrían puesto los familiares de la finada), se transmitió por distintas vías, algunas de las cuales sólo atienden a la figura de san Abibo (por ello, en el *Martyrologium Romanum*, no acompaña a san Samona y san Guria, que han conservado la fecha del 15 de noviembre, mientras su fiesta cae el 2 de septiembre), verdadero antídoto contra los bígamos y bígamas. En cualquiera de sus formulaciones, ya se trate de la historia de un mártir o de tres, nadie puede negar calidad literaria a una *vita* en la que su supuesta carga doctrinal se ha eclipsado por completo. ¿Cómo no iba a sentir verdadera fruición el lector de las vidas de los santos ante semejantes casos?

Así se explica también la formidable capacidad de transmisión de los relatos hagiográficos. Ello me induce a pensar que son muchas las ocasiones en que la versión de un *exemplum* incorporada a una determinada *vita* se constituye en fuente primaria y explica su posterior presencia en otras obras literarias. Acojámonos, por trabajar con una muestra, a la estampa de Sancho como gobernador que imparte justicia en la Ínsula Barataria y al momento en que Cervantes engasta un cuento afamadísimo: el juramento por parte de un acusado de que ha devuelto al litigante el dinero que le prestó; y es así, en verdad, porque, mientras el acusado jura, ha pedido al litigante que le sujete por un momento su báculo hueco, en que están ocultas las monedas. Pues bien, téngase presente que este cuentecillo se expandió por Europa gracias a la vida de san Nicolás, inserta a su vez en la *Legenda aurea* y divulgada gracias a las principales colecciones hagiográficas en lengua vernácula (véase, por ejemplo, Pedro de la Vega, II, 8). Aunque el cuento sea distinto, la aplicación de una argucia para hacer verdad de la mentira y, de ese modo superar la ordalía, se encuentra claramente manifiesta en el *Mal Pas* del *Tristan et Iseut* de Béroul, cuando Isolda dice que, fuera del peregrino que acaba de ayudarla a salvar una charca (en realidad, se trata de Tristán disfrazado), ningún otro hombre la ha tenido entre sus brazos.

Por supuesto, la creencia en las ordalías o juicios de Dios y su presencia en la literatura medieval no se entienden sin apelar a la taumaturgia de algunas leyendas religiosas (conocidísima es la del Cristo de la Vega, recogida por José

Zorrilla en *A buen juez, mejor testigo*) y, en particular, de las múltiples muestras que se cuelan en las *vitae*, que cuentan con ejemplos tan preclaros como
cierto milagro *post mortem* de san Félix de Nola (siglo III). Seguramente es de
testimonios hagiográficos como éste, y no del conocimiento que nada importa
de la *Lex visigothorum*, de donde arrancan motivos como el del *Tristan*.
Leamos a Pedro de Ribadeneira en el pasaje alusivo a este hecho:

> Entre los otros milagros que obraba Dios por este santo era descubrir la verdad
> oculta y que por otra vía no se podía averiguar. Porque cuando no había indicios
> vehementes que alguno huviesse cometido algún grave delito y el que era acusado
> lo negava y no se podía probar, llevábanle al sepulcro de san Félix para que allí
> jurasse y dixesse la verdad; y si no la decía, era castigado visiblemente. De lo qual
> hace mención S. Agustín en la Epist. 137, y añade que él embió desde África a la
> ciudad de Nola un clérigo suyo que, siendo infamado de un delito grave, le negó,
> para que, con juramento hecho sobre el sepulcro del santo, se manifestasse la ver-
> dad y purgasse la infamia (*Flos*, I, pp. 151-152).

Tengamos, no obstante, en cuenta que el planteamiento de la *vita* y su posterior influjo pueden resultar mucho más sorprendentes. Así, no es infrecuente
que la *vita* se apoye en una facecia y hasta en el puro chiste, como en la leyenda de Barlaam y Josafat, cuando éste concluye en un punto que, ya que las
mujeres son demonios (como le acaban de decir al verlas por vez primera), los
demonios son los más bellos seres del mundo (la encontraremos luego en la 31ª
cena de la *Segunda Celestina*). Del mismo tenor es la trufa literaria que se
cuela en la leyenda de santa Anastasia, cuando el adelantado romano, confun-
dido milagrosamente, en lugar de abrazar a tres bellas mujeres, abrazó sartenes
y cazos sucios, que mancharon su cara, causa ésta por la que sus hombres lo
confundieron con un demonio y lo apalearon (Pedro de la Vega, II, 14v). Por
no faltar nada, las *vitae* ni tan siquiera carecen de facecias que pueden ser, por
ejemplo, una lección de economía elemental, como la de san Macario
Alejandrino en versión de Ribadeneira:

> Juan Casiano escribe que solía decir san Macario que el monge había de ayunar
> como si huviesse de vivir cien años y mortificar sus passiones como si huviesse de
> morir aquel día. Y en otro lugar trae una semejanza con que solía enseñar el santo
> el engaño del monge, que, estando en su quietud y soledad, la dexa y buelve al
> bullicio de la ciudad con esperanza de hacer entre sus deudos y conocidos mayor
> provecho. Hubo (decía san Macario) en una ciudad un barbero excelente en su ofi-
> cio: afeitaba a todos los que venían a él, y cada uno le pagaba con tres maravedís
> por su trabajo; comía de él, y cada noche le sobraba mucho de lo que aquel día
> había ganado. Entendió que en otra ciudad se pagaba el barbero con mucha mayor
> cantidad que en la suya: fuesse a ella, creyendo que en poco tiempo se haría rico.

Puso tienda y comenzó a exercitar su oficio; y como le pagaban tan bien, allegó mucho dinero aquel día, y muy gozoso y contento fue a la plaza a comprar de comer, mas halló que las cosas se vendían tan caras que, de todo lo que havía ganado, no le sobraba nada, y que era más rico quando en su ciudad no le daban sino tres maravedís, porque con ellos se sustentaba abundamente y le sobraba; y haciendo bien su cuenta y conociendo su engaño, destexió la tela que havía texido y se bolvió a su antigua morada. De esta manera decía san Macario que es la ganancia de los santos religiosos, que, estando en sus monasterios, cada día ban trabajando y ganando, sustentándose en la vida espiritual. Y aunque la ganancia parezca poca, como es continua y segura, y poco el gasto, al cabo del año es grande el caudal. Y los que, con codicia de mayores ganancias salen del puerto de su quietud y se engolfan en los negocios del mundo, que no son de su regla e instituto, aunque parece que ganan mucho, son tantos los gastos de los ciudadanos y distracciones y vanidades que se les pegan que todas aquellas ganancias paran en humo y no les queda nada entre las manos. Todo esto es de san Macario, y lo trae, como diximos, Casiano (*Flos*, I, p. 93).

Si la vía más cómoda y común para la *amplificatio* de la vida de un santo radica en formar una larga retahíla de milagros, *post mortem* por lo común, la que más me interesa es la basada sobre ejemplos o casos, de acuerdo con un patrón que nos lleva directamente hasta las páginas del Nuevo Testamento. Pienso, por ejemplo, en la vida de san Juan el Limosnero y en la serie de casos que, en Pedro de Ribadeneira (*Flos*, I, pp. 218-224) muestran su agudeza y su santidad, pues se hallan dispuestos con arreglo a un patrón que bien puede calificarse de *Liber facetiarum* a lo divino.[7]

En otras ocasiones, lo que parece una simple pincelada o añadido implica todo un desarrollo a manera de cuento o *exemplum*, como la glosa a *Theophoros*, apodo con el que se conocía a san Ignacio de Antioquía. No es que, figuradamente, llevase a Dios en el corazón sino que, tras morir y abrirle el pecho, se comprobó que, en ese lugar y en letras de oro, tenía escrito el nombre de Jesús. Lo que hay detrás es un patrón cuentístico con diferentes ramificaciones, entre las que acaso la más conocida sea acaso la del avaro al que buscaron el corazón y no lo hallaron, pues lo tenía guardado junto con su dinero. Concretamente, esta versión parte del Evangelio de san Mateo («Ubi enim est thesaurus tuus ibi est et cor tuum») y aparece tanto en la leyenda del san Antonio (sabrosísima, por cierto, es la versión del humanista paduano Sicco

---

[7]   Remito al capítulo cuarto del presente libro y al rastreo de Aragüés en los *Apophthegmata Christianorum* (1608) y el *Magnum Theatrum Humanae Vitae* de Lorenzo Beyerlinck, en «Facecia, apotegma y hagiografía barroca: del ingenio a la *stultitia…*», *op. cit.* Como digo en ese lugar, este estudioso está en una magnífica situación para redactar un amplio trabajo sobre la poética de la comicidad hagiográfica.

Polenton [1375 o 1376-1447], que tituló *Sancti Antonii confesoris de Padua vita*),[8] como en el cuento XIV del *Libro del Conde Lucanor*.[9]

Aún cabe perseguir nuevos principios de poética literaria a partir de las vidas de santos, cuyo análisis fuerza un recorrido de extraordinaria amplitud a través de varias formas artísticas de épocas lejanas y distantes entre sí. Permítaseme una nueva calicata, que tiene su origen en la percepción de que, en su mayoría, las *vitae* se constituyen a modo de auténtico relato de formación, como una especie de embrión del moderno *Bildungsroman*. Por vía comparatista, sólo se me ocurre un caso semejante: el que resulta del ensamblaje de las distintas anécdotas biográficas de Hércules (cuyo patrón pesó extraordinariamente sobre el relato épico, novelesco y hagiográfico, como he pretendido poner de manifiesto en varias momentos a lo largo de este libro) desde la infancia hasta su ulterior divinización. Pocas obras enseñan como éstas a trazar caracteres radicalmente opuestos en clave maniquea, como tantas veces ha procurado el arte de todos los tiempos (la fórmula buenos contra malos, o puros contra impuros, es básica no sólo en gran parte de la literatura universal, sino que en ella radica también una de las claves de varios géneros o subgéneros cinematográficos);[10] por supuesto, esa cercanía no se ve sino que casi se palpa en el caso del arte narrativo de las dos últimas centurias, particularmente desde que irrumpiera el Naturalismo en el panorama.

Así pues, queda claro que de la lectura de las vidas de los santos podían derivar patrones de escritura tan diversos como los citados; además, con toda seguridad, su consumo cotidiano hubo de ser determinante para asimilar otras tantas técnicas narrativas. Como indica Jesús Moya: «Si la pasión de san Jorge no respeta la unidad de tiempo dramático, la de Tirso rompe la de lugar: el primer acto transcurre en Cesarea de Bitinia, el segundo en Apamea y el tercero en Apolonia»; de ahí al patrón de la comedia de santos el camino se ofrece recto y

---

8   Vergilio Gamboso, «La 'Sancti Antonii confessoris de Padua vita' di Sicco Ricci Polentone (c.1435)», *Il Santo. Rivista Francescana di Storia, Dottrina, Arte*, 11 (1971) pp. 199-283.

9   Las fuentes aducidas por algunos estudiosos de don Juan Manuel se dispersan al atender sólo a la magna colección de *exempla* del dominico Étienne de Bourbon (siglo XIII), que relaciona el milagro con santo Domingo de Guzmán. La vinculación a san Antonio era, sin embargo, la más común; por ello, aún la encontramos en el Padre Isla y su *Fray Gerundio de Campazas* (8, 34).

10 El citado patrón es básico en el cuento tradicional, en la épica o en el *roman courtois*. En este último, el planteamiento, mucho más refinado y complejo permite gradaciones, en la pureza (de Perceval a Galaad) y en la impureza (Morgana, Ginebra, Lanzarote, Arturo). La misma operación cabe hacer, asistidos por una razón más poderosa, en el *Persiles*, que se mueve entre lo puramente animal y lo espiritual y sublime; entre la noche herética del Septentrión y la luz diáfana de Roma.

plano, al igual que en un título concreto, *El rufián dichoso* de Cervantes, como bien ha indicado Florencio Sevilla Arroyo.[11] Como apunta ese estupendo novelista que es Javier Azpeitia, en un sagaz prólogo a su selección de vidas tomadas de la edición del padre Ribadeneira,[12] la vida de san Pablo aporta un magnífico ejemplo de *initium in medias res*;[13] por mi parte, puedo añadir ejemplos perfectos de la técnica contraria, esto es, de la *narratio ab ovo*, como la de la vida de santa Irene o santa Eiria de Portugal, en una narración del propio Ribadeneira que nos recuerda inmediatamente la *novella* de corte italiano y contenido idealizante del siglo XVI. La vida de santa Inés, en relato de san Ambrosio, se sirve a su vez de la primera persona narrativa tras una breve introducción (Pedro de la Vega, II, 38r y ss.). Del mismo modo, en su brevedad, la vida de santa Paula es el relato de un viaje, esta vez a Tierra Santa. Como ya hemos visto, el viaje es motivo estructurador básico en las leyendas de san Alejo o san Eustaquio, modelos ambos que, como he dicho antes, son de consideración obligada a la hora de trabajar con la novela bizantina de toda época.

Por otra parte, a pesar de su brevedad característica, hemos comprobado cómo la *vita* se permite incorporar algún que otro *exemplum* aun más breve, como el recién citado de Barlaam y Josafat. Todavía la leyenda de Barlaam (como sabemos, se trata de una cristianización de la leyenda de Buda, con un patrón vital que coincide plenamente con la leyenda de san Antonio, según la relata san Atanasio, su biógrafo y amigo) encaja otra anécdota: la del empeño de su padre por romper la castidad de su hijo apelando a la belleza de una cautiva, a la que Barlaam finalmente rechazó. Este cuentecillo lleva a un sinfín de asociaciones con otros que comparten semejante final; en unos, la situación es de lo más parecido, como en la historia de Alejandro Magno o en la de la moderna *Quo vadis*; en otros, es justamente la inversa, como en el relato cervantino del capitán enamorado de la bella mora durante su prisión en *Los baños de Argel* y en el *Quijote* de 1605 (caps. XXXIX-XLII). Todo lo visto hasta aquí me permite concluir que, con mayor o menor conciencia, la escritura hagiográfica, tanto en su contenido como en su forma, pesó lo suyo sobre los escritores de toda época, particularmente sobre la novela en ese dilatado espacio que etiquetamos como *era moderna*. Vuelvo a una frase de la antología de Azpeitia que vale por todo un libro:

[11] «Del *Quijote* al *Rufián dichoso*: capítulos de teoría dramática cervantina«, *Edad de Oro*, 5 (1986), pp. 217-245.
[12] Este fino creador literario ha rescatado, junto a Olalla Aguirre, las principales *vitae* editadas por Pedro de Rivadeneyra, *Vidas de santos. Antología del Flos sanctorum* (Madrid: Ediciones Lengua de Trapo, 2000).
[13] Véase su comentario al respecto en p. xxiv.

Pese a todo, esos procesos de imitación y combinación de modelos y tópicos, despreciados por los escritores actuales, han resultado fundamentales para la creación literaria de alta o de baja calidad, incluso para la que realizan los mismos escritores que desprecian el proceso.[14]

Entre todo lo hasta aquí considerado y en lo que resta, salta a la vista la comunión casi absoluta de la narrativa idealizante, larga o breve, y la *vita*. En tales casos, no cuesta ningún esfuerzo hermanar hagiografía y literatura, a diferencia de lo que ocurre con aquellos géneros que se muestran en principio refractarios a su mensaje, como la novela anticlerical o la novela proletaria del siglo XIX, o en los que utilizan unos personajes y se mueven en unos ambientes objetivamente degradados, como la novela picaresca del Siglo de Oro. Aunque la barrera cronológica que me he impuesto, evita que dedique a aquéllas más espacio del que puedo, me basta decir que, en no chica medida, tales modalidades de la novela decimonónica comparten con la hagiografía su tono moral y su apoyo en la figura de héroes y heroínas que responden a un estricto patrón de conducta;[15] con respecto a la novedad literaria que suponen el *Lazarillo de Tormes* y su linaje, diré categóricamente que los siento no sólo como una inversión manifiesta de la ficción narrativa idealizante sino, sobre todo, como el reverso de los relatos transmitidos por los *flores*. Y constituyen una inversión en todo los órdenes, ya que, mientras los personajes de las *vitae* son, casi por norma, de noble linaje y rica hacienda, los pícaros caen en el extremo contrario; del mismo modo, cabe enfrentar al santo, que se desprende de sus posesiones, entrega el fruto de ellas a los pobres y mendiga o incluso llega a venderse como esclavo, con el pícaro, que pretende dejar atrás su vil condición y alcanzar justamente el estatus que los santos dejan. Un análisis comparativo entre ambos dominios literarios da para mucho, pero me quedo en lo dicho, y nada más. Ahora, tan sólo me importa trazar líneas directrices perfectamente rectas, por las que aún me moveré en las páginas que faltan.

El folklore, la literatura culta y la hagiografía se prestaron mutuamente motivos, lo que explica, por ejemplo, que infinitos relatos de esas tres categorías presenten a emperadores, reyes y nobles con una única hija, bella y casa-

---

[14] *Op. cit.*, p. xxvi. La creencia, que comparto plenamente, de que incluso el arte más marcadamente profano se dejó influir por la literatura hagiográfica es una de las ideas fundamentales que maneja Julia Reinhard Lupton al abordar el arte literario de los siglos renacentistas (en *Afterlives of the Saints...*, *op. cit.*, *passim*, pero particularmente en la declaración de principios de la p. xxvii).

[15] Con razón dice George Steiner que, al mesianismo cristiano lo relevaron los mesías seculares de los siglos XIX y XX, todos ellos judíos: Marx, Freud, Einstein y Lévi-Strauss (en *Nostalgia del Absoluto* [Madrid: Siruela, 2001, orig. ingl., 1974]).

dera, que pronto frustra las expectativas de sus padres. Por no salir de este mismo ejemplo, aunque en atención ahora al santo varón y no a la heroína cristiana, comprobamos cómo las primitivas biografías paganas (con el paradigma de Ovidio), la semblanza del sabio cristiano (con el ya tópico modelo de los tres grandes intelectuales del Quattrocento y el abandono de unos provechosos estudios legales: Dante, Petrarca y Boccaccio) y algunas de las *vitae patrum* (con el conocido caso de san Agustín, contado en sus *Confesiones*, y los de san Juan de Ávila [1499 o 1500-1569], estudiante de Salamanca, donde había de estudiar «negras leyes», como él decía, y san Francisco de Sales, que se doctoró en Derecho por Padua por dar en el gusto a su padre y que, finalmente, dejó una carrera brillante como abogado y senador para servir a Cristo) comparten el motivo de la frustración paterna al salirse el hijo del *cursus honorum* que le esperaba tras culminar unos brillantes estudios de Leyes. En tales casos, el santo da clara muestra de ese espíritu rebelde a que me refería atrás. El tercer tomo del *Fructus sanctorum* de Alonso de Villegas aduce la mejor de las fichas posibles a este respecto, como bien apunta Aragüés: la de Jacopone da Todi (1236-1306). De nuevo, el que fuera gran poeta religioso en latín (compuso nada menos que el *Stabat mater*) e italiano (entre sus principales aportaciones, está la de haber dado vida al género de la *lauda* dramática) abandonó una brillante carrera como notario y abogado para darse a la observancia de la más dura de las ramas del franciscanismo, la de los espirituales o *fraticelli*, ya que quería ser un «loco de Cristo»; y aparentó serlo de verás por hacer mil y una locuras que provocaron las risas y burlas de sus paisanos. La más célebre de todas las que recoge su leyenda nos sitúa en la boda de su hermano, en la que apareció emplumado, aunque se le había pedido que no hiciese de las suyas durante la celebración.[16]

---

[16] Ruego que su caso se contraste con el de don Quijote a través de Juan Bautista Avalle-Arce en «La locura de vivir», en *Don Quijote como forma de vida, op. cit.*, pp. 60-97.

17.

UNA ESTÉTICA TREMENDISTA: ENTRE ACCIÓN Y CONTEMPLACIÓN

Mucho más forzado puede parecer acaso —aunque esta operación a mí particularmente me parezca de bajo riesgo— la búsqueda de claves de índole estética a partir de este tipo de literatura: claro está que las vidas de santos y los textos sagrados ayudan a interpretar el tremendismo plástico barroco; no obstante, entiendo que ni siquiera cabe ignorar este poderoso factor al alcanzar la literatura romántica e incluso la finisecular. No quiero decir con ello que las vidas de santos justifiquen tales estampas, aunque sí que los libros piadosos, de lectura común en toda época, convertían ciertas operaciones en algo perfectamente natural; del mismo modo, estos relatos de vidas sagradas sirvieron para legitimar la truculencia en el arte a lo largo de los siglos. Sólo ahora creo conveniente leer un fragmento como éste de la vida de santa Lutgardis transmitido por Pedro de Ribadeneira, con un hedonismo místico que ya quisiera para sí Coppola en su puesta en escena del *Drácula* (1897) de Bram Stoker:

> Otra vez, a la puerta de la iglesia, le apareció Christo crucificado ensangrentado; y baxando el brazo de la cruz le extendió sobre ella y la abrazó, y juntó la boca de ella con la llaga de su sagrado costado, del cual chupó y bebió una suavidad tan celestial y divina que la saliva de su boca le quedó más dulce que la miel (*Flos*, II, p. 225).[1]

Recuérdese que esta tendencia tremendista la poseen también algunos de los textos de la antigua épica castellana y, sobre todo, el romancero. Así, no es de extrañar que una imagen idéntica a la anterior se cuele de rondón dentro de la leyenda de los Siete Infantes de Lara, allí donde doña Sancha, madre de los

---

[1] La comparación no es en absoluto caprichosa, pues tengo para mí que, en ese punto, los lances amorosos de Drácula tienen su anclaje, directo o indirecto, en la hagiografía. El resultado de beber la sangre del vampiro resulta en un lazo amoroso indisoluble, al igual que en la vida de santa Lutgardis o santa Catalina de Siena, a la que de inmediato me referiré.

difuntos Infantes, en su deseo de venganza sueña beber la sangre de sus enemigos. Releamos, pues conviene, el pasaje correspondiente de la *Crónica de
1344*:

> Cuenta la estoria que domingo por la mañana soñava doña Sancha un sueño, e díxo-
> lo a su marido: «Señor, sabet que agora, contra la mañana, yo soñava cómo vos e
> yo estávamos en una muy alta sierra, e descuentra Córdova veía venir volando un
> açor, e posávaseme en la mano, e abría sus alas, e a mí semejaba que era tan gran-
> de que la sonbra dél crubía a mí e a vos; e levantávase bolando, e ívase posar en el
> onbro de Ruy Vasques, el traidor; e apretávalo tan fuerte miente con las manos que
> le tirava el braço del cuerpo, e a mí parescía que por él corrían ríos de sangre, e yo
> fincava los inojos e bevía de su sangre d'él».[2]

Por su parte, las vidas de los santos abundan en aspectos especialmente
morbosos y truculentos, verdaderamente enfermizos desde cualquier óptica. A
ese respecto, no conozco escritos tan dados a tendencias sadomasoquistas
como algunas de estas *vitae*, pues en ellas sus protagonistas pasan por penas
tan tremendas que cada una por separado habría bastado para provocar la
muerte de cualquiera, por hercúleo que fuese; y sin embargo la voluntad de
quienes redactaron estas obras fue, sin ningún género de duda, la de someter a
sus héroes y heroínas a padecimientos infinitos al aplicar el patrón narrativo y
retórico de la *amplificatio*. Antes de resumir tan formidable casuística, me permito aducir una muestra más de impregnación hagiográfica, patente a mi
entender en la famosa historia de *Griselda* o *Griselidis*, que podemos leer en
Petrarca, Boccaccio o Chaucer; además, las andanzas de Walter y su amada se
difundieron gracias a las colecciones renacentistas (en España, es la patraña
segunda de *El Patrañuelo*) y en forma de pliego suelto. Si es aquí donde aduzco el dato es porque la tortura sostenida (durante catorce años, de acuerdo con
la versión de Juan Timoneda) a que el marido somete a su mujer, para probar
su lealtad, paciencia y resignación, sólo se entiende cuando se ha pasado antes
por la lectura de las vidas de santos.

En ellas, la actitud del santo ante el dolor extremo es, paradójicamente, de
manifiesta alegría, como la de san Lorenzo, en los versos berceanos arriba citados; o como la de san Zoilo, a quien, según la tradición oral y el testimonio de
Diego Rodríguez de Almela, abrieron los costados y sacaron los riñones mientras se mostraba plácido y alegre (en estas fuentes, paralelas a la hagiografía
«oficial», se basa también el testimonio de Pedro de Ribadeneira, II, p. 266).
Aquí, en las *vitae*, los padres disfrutan con el martirio de los hijos o propician

---

[2]   Tomo el fragmento de Ramón Menéndez Pidal, *La leyenda de los Infantes de Lara*
       (Madrid: Espasa-Calpe, 1971), pp. 249-314.

su muerte para evitar la tentación de la carne;[3] aquí, las esposas no conocen mayor gozo que ver cómo sus maridos padecen los más terribles tormentos, al tiempo que se desesperan si sospechan que éstos flaquean y están a punto de cometer apostasía. El paradigma, a este respecto, nos lo ofrece la pasión de san Adrián, con las dudas de su mujer, santa Natalia, heroína cristiana que, para darle fuerza en tan duro trance, le recordó la corruptibilidad de la carne, en una clave que el Medievo había sabido explotar a la perfección, desde los años del *De contemptu mundi* de Inocencio III hasta los del arte macabro, justo en el cambio de siglo y de era. Segura ya de la determinación de su marido, santa Natalia se muestra gozosa cuando se entera de que éste ha salido de prisión no porque haya renunciado a su fe sino con el solo propósito de pedirle que esté presente durante su martirio y a la hora de su muerte.

Aquí, una madre puede sentir el gozo de saber que su hijo pequeño ha muerto como mártir, como santa Julita con su hijo san Quirico, de tan sólo tres años, a quien el gobernador romano estampó contra la pared por haber rechazado sus caricias para consolarlo (esta leyenda, especialmente querida en zonas de España como la Tierra de Pinares de Soria, se percibía ya como harto sospechosa allá por el siglo VI, en tiempos del papa Gelasio). Aquí, incluso se da por bueno el suicidio, con tal de dejar clara constancia de su testimonio cristiano, según sucede en el caso de santa Pelagia de Antioquía; así acontece una y otra vez, sin que quepa pensar en límites para ese sentimiento trágico, tremendista y truculento a que me refiero. Por otra parte, ya hemos visto cómo el camino de la santidad a veces lleva a infligir un sufrimiento insoportable a los padres y otros familiares, según se comprueba en la leyenda tantas veces mencionada de san Alejo, cuya pauta se repite, punto por punto, en la vida de san Juan Calibita. En ambos casos, los padres reconocen a su hijo ya tarde: en unas narraciones, nada más morir; en otras, a las puertas de la muerte. En este sentido, pocas páginas se me antojan tan patéticas como las de la pasión de santa

---

[3]   Es el caso de san Hilario, que convenció a su única hija para que no tomase esposo mortal sino a Jesucristo. El resto lo cuenta Pedro de Ribadeneira: «Y haviéndoselo persuadido, teniendo revelación que estaba en gracia de Dios, temiendo que como muger flaca se podría trocar y arrepentir, suplicó a Nuestro Señor que se la llevasse luego de esta vida, pura y entera, en la flor de su virginidad. Y el Señor se lo concedió, dando una muerte sin dolor ni enfermedad a la santa hija, y sepultura por manos de su mismo padre» (*Flos*, I, p. 147). Parecida es la anécdota que ofrece de san Juan el Limosnero, a quien un padre encomendó el cuidado de su hijo; pero a los treinta días, la oración del santo lo llevó a la otra vida y causó la lógica desesperación del padre. Éste recibió la respuesta de san Juan en un sueño: «¿No me rogaste que pidiesse a Dios que guardasse a tu hijo? Le ha guardado y librado de los peligros y miserias de esta vida; y si viviera más, se perdiera».

Perpetua, quien, fortalecida ciegamente por su fe, en ningún momento se apiada de su pobre padre anciano, que le implora que salve su vida y se compadezca de él y de su hijito, a quien la santa amamanta en la cárcel en los momentos en que se lo permiten. De idéntico modo, cuando los santos hermanos Marcos y Marceliano se hallaban presos, se mostraron impasibles al llanto de sus padres, mujeres e hijos, que pretendían evitar su tormento y muerte. La escena, montada sobre discursos de un marcado patetismo, resulta particularmente impactante en Pedro de Ribadeneira (*Flos*, II, p. 232).

¿Y qué decir de la mortificación de algunos santos, que puede transportar al lector más allá de los límites tolerables de la repugnancia? Valga, como prueba de ello, el que tengo por caso extremo entre todos los que haya podido leer: el de una santa Catalina de Siena que, para vencer el asco que le produjo un cáncer de pecho nauseabundo que ella misma había venido tratando, tomó la decisión que relata Pedro de Ribadeneira.[4] Al final, la unión con Cristo por medio de la ingesta directa de su sangre nos devuelve a la estampa, ya vista, de una santa Lutgardis vampiresca. En el colmo de la mortificación, santa Catalina procedió del modo que sigue:

> Una vez, curando aquella muger que tenía el pecho cancerado, como diximos, sintió un hedor intolerable que le turbó el estómago; y entendiendo que era tentación del Enemigo, que por aquel camino la quería apartar de su buena obra, enojándose consigo misma decía: «¿Cómo assí aborreces tú a tu hermana, comprada con la sangre de Cristo? ¿No puedes tú caer en esta o en otra más asquerosa enfermedad? Pues no será assí. Y juntando la boca y las narices a la llaga cancerada y podrida de la muger, estuvo buen rato pegada con ella hasta que conoció que la carne rebelde se havía sujetado al espíritu. Otra vez hizo otra cosa de mayor admiración, porque, haviendo sentido grande asco viendo aquella misma llaga, la lavó y limpió y cogió la materia en una escudilla y con grande ardor de fe la bebió. Y con esto cessó luego la tentación, y confessó después a fray Raymundo, su confessor, que en todos los días de su vida no había comido ni bebido cosa más sabrosa. Y luego la noche siguiente le apreció Christo; y queriéndole pagar aquella gloriosa victoria, le descubrió la llaga de su sagrado costado y le dio a beber de ella, regalando y recreando el alma de esta virgen, de manera que se derivó en el cuerpo aquel favor divino (*Flos*, I, p. 652).

---

[4]   No queda ahí la cosa, ya que, en una nueva mutilación mística, será Jesús quien saque, sin herida, el corazón a la dominica italiana. Más tarde, se lo devolverá, dejando, ahora sí, la correspondiente cicatriz en el pecho. Aunque su desarrollo no muestre conexión respecto de la hagiografía, este motivo está presente en las modernas historias de horror, que desembocan en escenas cinematográficas tan bien conocidas como la sustracción del corazón en la tercera de las películas sobre Indiana Jones de Stephen Spielberg: *Indiana Jones y el templo maldito* (1984).

Excesos tales caían fácilmente en el territorio de lo herético o lo heterodo-xo, aunque la Iglesia aguantó lo suyo y encajó sin conmoción alguna las noti-cias que le iban llegando de casos de mortificación extrema. Pero eran tan tan-tos y tan excesivos que los moralistas hubieron de recordar que había «ejemplos para imitar» y «ejemplos para admirar»; y sólo eso.[5] Son muchos, de hecho, los casos de esta índole que tengo documentados en los años de mayor efervescencia religiosa, durante el arrebato de la *pietas* cuatrocentista o en los dos siglos que van desde la Reforma hasta el final de los Austrias. Sobre uno de tales casos, el de Catalina de Cardona, han escrito lo siguiente Antonio Cortijo y Adelaida Cortijo:

> Catalina de Cardona pertenece a ese grupo de monjas y beatas que abundó en Castilla y Extremadura en las postrimerías del siglo XVI y comienzos del XVII, cuya vida ascética ronda los límites de sadomasoquismo. Durante numerosos años vivió en una cueva (Cueva de doña Catalina de Cardona, La Roda, Cuenca), donde llegó a alimentarse rumiando como los animales (ver *infra*). En este sentido se relaciona con los ejemplos de otras mujeres de vida virtuosa, como santa María Magdalena del Pazzi, carmelita de Florencia, que se revolcaba entre espinas y dejaba caer la cera ardiendo sobre su piel, se hacía insultar, patear la cara, azotar y humillar, mos-trando sus arrobamientos, como priora, en presencia de todas las demás. O la sale-siana santa Margaritte Marie Alacoque, que se grabó con un cuchillo en el pecho el monograma de Jesús, mas al ver que la herida se iba cerrando la reabrió a fuego con una vela. Realizando repulsivas penitencias, sólo bebía agua de lavar temporadas enteras, comía pan enmohecido y fruta podrida; una vez incluso limpió el esputo de un paciente lamiéndolo y en su autobiografía nos describe la dicha que sintió cuan-do llenó su boca con los excrementos de un hombre que padecía de diarrea. Otro ejemplo sería el de Catalina de Génova, que masticaba la porquería de los harapos de los mendigos, tragándose el barro y los piojos. Y el de santa Ángela de Foligno, que consumía el agua del baño de los leprosos.[6]

En fin, la importancia del martirio y su formidable potencial para atrapar al lector por la vía de lo morboso y lo truculento se manifiesta en el *Fructus sanc-torum* de Alonso de Villegas, en un lugar tan privilegiado como es el «Prólogo al lector».[7] Esa misma voluntad se revela en las ediciones tardías de

---

5 Tan importante distinción la recoge Aragüés en «*Deus concionator*»..., *op. cit.*, pp. 90-92.

6 «Vida de la madre Catalina de Cardona por fray Juan de la Miseria: un texto hagiográ-fico desconocido del siglo XVI (Bancroft Library, UCB, Hernan Núñez Collection, vol. 143)», *Dicenda*, 21 (2003), pp. 22-23.

7 Por su importancia, Aragüés me lo señala y lo recojo de su edición (pp. 10-11): «Los mártires no tenían mejor día que cuando se veían prender y llevar a las cárçeles y cala-bosos entre gente mala y facinerosa, de donde eran sacados para ser atormentados con

Ribadeneira, en las que alguien ha añadido (acaso el propio padre Andrés López Guerrero, responsable del *Flos* remozado del siglo XVIII) un capítulo introductorio lacónicamente titulado «De los tormentos de los mártires», donde se relacionan todos los modos de suplicio que aparecen en las *vitae*. Fruto de estas adiciones es también la incorporación de la vida de san Simón, virgen, inocente y mártir, relato éste que procede de Surio, quien a su vez lo ha tomado de Giovanni Mattia Tiberino. En realidad, se trata de una muestra más —y contemporánea, por cierto, del célebre caso del Santo Niño de La Guardia— de crimen ritual por parte de judíos, aunque en esta *vita* la descripción del asesinato del infante se haga con verdadero puntillismo tremendista. Conocida la naturaleza de éste y otros libelos parecidos, y a pesar de la innegable calidad literaria de este relato, el lector moderno no puede sino sentir verdadera repugnancia ante la patraña en sí y ante la recreación en el modo de contar el crimen por parte de los tres hagiógrafos.[8]

---

terribles tormentos. Veíanse desnudar en público y, siendo deste número donzellas honestíssimas, cuyos rostros aun a los familiares de sus casas eran ocultos, allí, públicamente, con sentimiento mayor que de muerte se veían desnudas en presencia y a los ojos de millares de gentes. Allí unos eran açotados hasta romperse sus carnes y parecer los huesos, blanqueando entre la sangre. Allí otros eran desgarrados con uñas azeradas, cayendo en la tierra no sólo sangre que la bañava y los pies de los verdugos hazían della lodo, sino pedaços de sus carnes. Ya los tendían en la catasta, estirando de pies y manos por partes contrarias con sogas y tornos, no dexando huesso con huesso y creciendo la estatura del mártir buena parte. Ya los levantavan en el eculeo, colgándolos de los braços de una biga y estirándolos de los pies, y poniéndoles piedras grandes asidas dellos. Allí con hachas encendidas les abrasavan los costados y con sartenes hechas fuego les quemavan los pechos y entrañas. Ya los ponían dentro de calderas llenas de pez y resina, y otros materiales que encendidos abrasavan como fuego. Ya derretían plomo y lo derramavan en sus bocas. Ya les llenavan las narizes y oídos de pólvora, les pegavan fuego. Abaxavan dos árboles con premia y atavan los pies del mártir a los cabos dellos, y dexávanlos bolver a su natural con tal ímpetu que en un instante partían su cuerpo y bolavan por el aire partes dél. También abrían un árbol gruesso y ponían dentro el cuerpo del santo, tornándose a juntar con increíble tormento suyo. En prensas los aprensavan, dexándolos sin vidas, y los cuerpos llanos, sin que huesso alguno quedasse entero. El arrastrarlos a colas de cavallos bravos, el ponerlos en horcas y palos, el cubrirlos bivos de tierra, el echarlos con pesas en los ríos y mar, el abrasarlos, el apedrearlos, asaetearlos, dessollarlos y degollarlos: todos estos martirios son fruto de los mártires, y muy agradable para Dios».

8　　El asterisco de la versión ampliada de Pedro de Ribadeneira (*Flos*, I, pp. 530-534) sólo revela que esta vida ha sido incorporada por otro hagiógrafo y no necesariamente por el padre Andrés López Guerrero. Por cierto, si el relato de ese crimen ritual quedase sólo como una señal histórica de la cultura occidental, no pasaría de pura anécdota; sin embargo, la realidad es que tales santos niños siguen siendo venerados y que el crimen ritual continúa siendo una de las principales acusaciones de los antisemitas (para una

Corrijamos, no obstante, la afirmación previa. Es verdad que la tortura de los mártires tiene un componente morboso innegable y poderosísimo; sin embargo, conviene rectificar esa etiqueta con un calificativo: *relativo*; de hecho, los grandes destrozos que sufren sus cuerpos en cada uno de los tormentos (a veces mantenidos durante varios días, dentro además de una sorprendente variedad de torturas, cada una de las cuales bastaría por sí sola para poner punto final a la vida de cualquiera) son reparados por intervención divina directa, o simplemente por la gracia del propio mártir, que tiene también un origen divino; de ese modo, esa virtud curativa y regeneradora de los miembros torturados de los santos se impone en sus *passiones* a manera de lógica narrativa. Así las cosas, la carne de nuestros santos aparece íntegra en cada una de las escenas, como si los destrozos previos no se hubiesen producido, con lo que se persigue una suerte de *decorum* hagiográfico y, de paso, se evita la truculencia extrema. Antaño, ni los santos ni los héroes se despeinaban en el trance de la muerte, que los acogía como si simplemente se adurmiesen, al modo de los grandes héroes épicos y novelescos (ambos con el paradigma del Roldán caído al atravesar los Pirineos, por lo que, con toda razón, dice Carlomagno en el *Cantar de Roncesvalles* español, vv. 45-46: «Non vos veo colpe nin lançada por que oviésedes male; / por eiso non vos creo que muerto sodes, don Roldane») o en los modelos que de los santos y santas ofrecen las viejas *passiones*.

En este sentido, no sorprende que la citada santa Perpetua, tras la acometida de un toro, se recomponga el vestido y se peine el pelo con la mano para morir propiamente como una verdadera mártir, sin perder su dignidad y compostura en ningún momento; para que no falte ningún detalle que logre conmover a los fieles, a lo largo de la escena la joven (veintidós años tenía, según la tradición) se muestra extremadamente bella, mientras en el colmo del patetismo, de sus pechos desciende la leche por no haber podido amamantar a su pequeño hijo.[9] Del mismo modo, Pedro de Ribadeneira da cuenta de la donosura con que santa Nunilo o Nunilón, condenada a morir junto a su hermana Alodia o Alodía, compuso su melena ante el verdugo que se disponía a decapitarla: «rodeó con aire y gracia sus hermosos cabellos a la cabeza y se puso

---

revisión del asunto, véase la entrada «antisemitismo» que yo mismo redacté para la *Enciclopedia Universal Multimedia Micronet* [Madrid: Micronet, 1995 y ss.], que debe mucho a la *Jewish Encyclopedia*). Para sorpresa mía, en Internet encuentro una tremenda página encabezada por la leyenda siguiente: «Santi sopressi dalla mafia razzista ebraica».

9   ¿Cómo no iba a fascinar su leyenda a los fieles cristianos que leían sus actas, tal como recuerda el propio san Agustín? De hecho, el Doctor de la Iglesia tuvo que poner coto a excesos como el que suponía poner esa lectura al nivel de las Sagradas Escrituras.

de rodillas, diziendo al verdugo que la hiriesse quando fuesse servido» (*Flos*, III, pp. 301-302).

Los santos confesores, hombres y mujeres, quedan al margen de este patrón, ya que lo que se espera cuando se apuesta por vivir bajo el calcinante sol del desierto, en una apartada gruta o entre cuatro estrechas paredes, es justamente lo contrario: el deterioro físico (no menos morboso, por cierto) que lleva de aquella María Egipciaca bella y libertina del pasado a una santa María Egipciaca con la carne quemada y consumida y con su greña por vestido primero y casi único; además, la desfiguración física del santo o santa de vida eremítica, entre otras cosas, sirve para propósitos bien distintos y llega a ser clave en la trama, ya que impedirá una anagnórisis inmediata, como sucede en la conocidísima leyenda de san Alejo y en la de san Juan Calibita, de ella derivada. Acaso sólo escape a este principio (y de manera relativa, cabe añadir, ya que pudiera decirse que, antes de cada una de las heridas que le infligieron o se infligió a sí misma, su cuerpo estaba perfectamente incólume, aunque lo extraordinario de su caso radica, precisamente, en el carácter permanente y cumulativo de sus dolores) la más tremenda de las *vitae* jamás escritas, dado su masoquismo extremo: la de Isabel Flores de Oliva, *alias* santa Rosa de Lima. En la obra de Ribadeneira, tan formidable cúmulo de atrocidades (ayunos imposibles desde nada más cumplir seis años,[10] cilicios y cadenas, éxtasis prolongados durante días en los que se pasaba sin comer ni beber, quemaduras por mano propia o ajena en piel y hasta en ojos, etc.) ocupa un total de dieciséis dobles páginas de un libro in-folio (*Flos*, II, pp. 583-599).[11]

El carácter truculento —arteramente ponderado, como he dicho— de las vidas de santos se percibe a las claras en esos ingredientes sadomasoquistas inherentes al género, que no se reducen a los simples términos que acabo de indicar. En realidad, mucho más común que la situación descrita, propia sólo de algunas pasiones (aunque no de pocas), es la del santo bañado en sangre y destrozado por heridas tremendas, de las que parece no resentirse por la fortaleza de su fe o por intercesión divina. Su estampa es la misma que la del héroe novelesco (y, en gran medida, la del héroe épico) tras cada una de las batallas, pues ninguno de ellos muere a causa de las heridas recibidas; es más, frente a la lógica del relato, ni tan siquiera pierden un ápice de su prestancia y apostura, ya sea porque logran recuperarse al aplicarse algún bálsamo o ungüento

---

[10] Que habría que añadir a la lista de precocidades de las santas vistas arriba. En realidad, santa Rosa «desde edad de tres años obraba de manera que parecía tener uso de razón» (*Flos*, II, p. 584); a los cinco, hizo voto de castidad.

[11] Dispuesta a mortificarse hasta el límite, regañó a una monja por matar a los mosquitos que picaban de continuo a la santa (*Flos*, II, p. 312).

maravillosos o bien porque sus heridas desaparecen por sí solas, mediando o no el necesario reposo. Por eso, tanto las vidas de santos como la novela de los siglos que me ocupan —y sobre todo, claro está, esta última— se caracterizan por una truculencia que cabe tildar, como he dicho, de necesariamente contenida o limitada, pues los cuerpos, tras cada encuentro con las armas o con los instrumentos de tortura, quedan intactos. A ojos del lector actual, el ingrediente a que me estoy refiriendo supone una verdadera amenaza contra el principio de la verosimilitud; implica, de hecho, un ataque devastador contra el realismo artístico, como muy bien sabía y como supo explotar aún mejor Cervantes en el *Quijote*.

La resolución taumatúrgica (y me sirvo del adjetivo con su valor etimológico, relativo a algo que causa asombro por contravenir los dictados de la lógica) de los momentos de crisis —que fuerza esa truculencia contenida a que me refiero— es marca indeleble de tales géneros literarios; sin embargo, en las artes visuales se trata de un principio poético respetado a ultranza hasta el siglo XX, en literatura, en artes plásticas y en cine. Así, durante los años del realismo literario, ya se trate del barroco o del decimonónico, la contención y la tamización de la realidad fueron norma en las artes plásticas por mor del decoro y del buen gusto; en su dominio y en el de las bellas letras, existían unos límites que sólo se superaron en contados casos. Todo cambió, no obstante, en la segunda mitad del siglo pasado, particularmente en los dominios del séptimo arte, en una senda que nos lleva de las películas de Stanley Kubrick o Samuel Peckinpah a las de jóvenes artistas como Quentin Tarantino o los hermanos Joel y Ethan Coen. Por supuesto, todo era distinto en los siglos de que me ocupo, que alcanzaron la cúspide de lo truculento en un arte macabro (entre los años de las *Danzas de la Muerte* europeas y los de Juan de Valdés Leal y sus coevos del Barroco) que, comparado con el cine del siglo XX, resulta de lo más *naïf*.[12]

El santo adquiere la fuerza que precisa para trances como los citados a través de la oración o por medio de un rapto místico. Las modernas *vitae patrum* llegan a la defensa entusiasta del ensimismamiento en la oración, esto es, el ideal de la oración mental, incluso en época postridentina, conjurado ya por completo el peligro del erasmismo y otras posibles desviaciones reformistas de la primera mitad del Quinientos. La literatura hagiográfica recordaba los beneficios derivados de esta forma de contactar directamente con Dios, una vía de

---

[12] Las circunstancias, además, eran muy distintas, con una muerte mucho más próxima a todos, como se pone de relieve en el fino libro de Patrick Geary, *Living with the Dead in the Middle Ages* (Ithaca, NY: Cornell University Press, 1994); de nuevo, cabe dirigir la atención al libro de Philippe Ariès, *L'homme devant la mort, op. cit.*

encuentro propia de los santos de esa centuria, como santa María Magdalena de Pazzis (1566-1607), quien, desde los siete años, se servía de la oración mental para entrar en trance.[13] Un ejemplo como el de la vida de san Francisco de Sales (añadida al corpus de Pedro de Ribadeneira, I, p. 274), que responde al patrón del santo abstraído, abunda en pinceladas como ésas, que sólo los no avisados continúan etiquetando —y estamos viendo el porqué del error— de tardoerasmistas e incluso de quietistas (aunque esta forma de heterodoxia queda, bien claro está, a la vuelta de la esquina). Leamos, pues, cómo fue la juventud de este santo tras entregarse al estudio con un maestro de la Compañía de Jesús:

> Y assí tomó por maestro espiritual a un padre de la misma Compañía, porque desde que la conoció nunca quiso otros maestros ni en las letras ni en el espíritu, como lo dice Carolo Augustino en su vida. E instó mucho a sus padres para que no le diessen otros maestros sino a los jesuitas. Con este padre se confessaba todas las semanas, y comunicaba su conciencia con grande claridad y sinceridad para ser regido y governado. El qual, viendo la buena disposición que havía en Francisco para la virtud, le enseñó el modo de tener oración mental. Y él se recogía a ella todos los días, y la llamaba su reposo y sueño espiritual.

Ahí radicaba, sin duda, su punto flaco; de hecho, sobre su adolescencia, el sabio jesuita había adelantado ya un significativo dato, pues nos dice que iba pálido y melancólico, porque ardía por dentro en amor a Dios, al igual que uno de esos tristes jóvenes que se veían arrastrados por el *amor hereos* en los manuales de medicina.[14] Las *vitae* inciden en la bondad de este método en el caso de san Vicente Ferrer, y lo hacen desde la vida trazada por el dominico Petro Ranzano, primera de todas ellas, hasta alcanzar a la vulgata de Pedro de Ribadeneira (*Flos*, I, p. 573, donde se parte, precisamente, de Ranzano, citado como «Pedro Rauzano»), quien afirma que de ese encuentro diario con Dios, y no de los libros, procedían su ciencia y su habilidad como predicador. Esta fuente de energía, que el visionario español comparte con la mística del Quinientos, supone la superación automática de la vieja diatriba *ars/natura*, al tiempo que ayuda a entender que la prosa del orador que recibe su inspiración

---

[13] Esta manera privilegiada de contactar con Dios la destaca Ribadeneira en contados casos anteriores al Quinientos, como en el de santa Isabel, reina de Portugal (*Flos*, II, p. 312).

[14] El texto más conocido sin duda es el del capítulo correspondiente de Bernardo de Gordonio en su *Lilium Medicinae* (el original latino lo acabó en 1305). Para otros testimonios de interés, véase Pedro Cátedra, dir., *Tratados de amor en el entorno de «Celestina» (Siglos XV-XVI)* (Madrid: Sociedad Estatal España Nuevo Milenio, 2001).

caiga dentro del ámbito del *sermo humilis* (y tengo la mente puesta, claro está, en santa Teresa):[15]

> Era dado a la oración y contemplación, en la qual era industriado y enseñado de lo que havía de predicar; y la eficacia de sus sermones más procedía de la fuerza y luz del cielo que no del estudio y lección de los santos, ni de la gravedad de las sentencias ni ornato y copia de palabras. Por donde una vez que havía de predicar a un gran príncipe que le deseaba oír, puso más conato que solía en estudiar los santos, y predicó un doctíssimo sermón; mas no contentó tanto al príncipe como otro día, que, siguiendo su estilo ordinario, se dio más a la oración que a la lección; y quedando maravillado, el príncipe le preguntó la causa de esta diversidad, y el santo respondió: «Señor, ayer predicó fray Vicente y oy predicó Christo».

Mucho más fácil de entender es que el trazado biográfico del santo se imponga en la semblanza laica del hombre de mérito y virtud, como se percibe claramente en el *Tratatello in laude di Dante* de Boccaccio, un opúsculo que he citado más arriba.[16] Aquí, el retrato de Dante apela una y otra vez a las biografías sagradas y lo hace desde una infancia que se revela marcada por el tópico del *puer/senex,* en clave semejante a las vistas en las páginas previas.[17] El fenómeno, no obstante, tiene muy poco de extraordinario, dado el hermanamiento que la crítica más avisada estableció hace ya mucho tiempo entre los escritos hagiográficos y las biografías, una manera de aproximarse a la materia que a estas alturas puede considerarse ya tradicional entre los estudiosos del Trecento italiano.[18] Así las cosas, el Dante abstraído o ensimismado en el estudio lo tenemos en paralelo en varias vidas de sabios y santos: en clave laica, el paradigma lo ofrece, a

---

[15] Aunque lo han repetido muchos, el primero en ocuparse del asunto ha sido Víctor García de la Concha en los trabajos que señalaba páginas atrás en alusión a la rara conjunción de sabiduría y santidad.

[16] Al respecto, hay varios apuntes en mi artículo, junto a Teresa Jiménez Calvente, «De Dante y otras *vite*», en María Hernández Esteban, ed., *La recepción de Boccaccio en España*, nº extra (7-9) de *Cuadernos de Filología Italiana* (Madrid: Universidad Complutense, 2001), pp. 373-392.

[17] En el artículo previo, afirmamos: «En ese punto, se adivina una primera muestra de contaminación (y habrá otras) de la literatura hagiográfica sobre el *Trattatello*, pues son raras las vidas de santos que no cargan las tintas —y de un modo especialmente intenso— sobre la primera de las tres partes de que constan (la infancia y juventud del santo o de la santa de turno) y atienden con detalle a la formación recibida dentro y fuera de casa» (p. 379).

[18] Como muestra especialmente elocuente, escojo el libro de John A. Garraty, *The Nature of Biography* (New York: Knopf, 1957), pp. 59-62. Si la hagiografía pesa mucho sobre la biografía moderna, aquélla no se entiende sin apelar al género biográfico en la literatura greco-romana. Al respecto, y por venir a lo más fresco, el fenómeno se explica con claridad en Derek Krueger, *Writing and Holines...*, *op. cit.,* particularmente en su capítulo IX.

todas luces, la muerte de Arquímedes, que no percibió la llegada de un soldado enemigo a la playa de Siracusa, absorto como estaba procurando hallar la solución a un problema; en cambio, en clave religiosa, el patrón se muestra repartido entre místicos y anacoretas, aunque donde tal vez se ofrece más diáfano sea en una estampa del santo-sabio por excelencia, santo Tomás de Aquino. Pienso, en concreto, en aquel pasaje de su vida que recuerda que, invitado a comer por san Luis de Francia, no hizo ningún caso a la mesa, absorto como estaba al pensar en un nuevo libro que estaba escribiendo, la *Summa contra gentiles* (Pedro de la Vega, II, 71v). Si acaso, pondría a su lado las distintas biografías de san Bernardo que, desde la de Guillaume de Saint-Thierry, indican que siempre estaba embebido en un estado permanente de arrobo místico. De santa Isabel de Hungría, en este mismo sentido, se cuenta que hacía su oración con tal celo que perdía la noción de todo lo demás; por ello, cuando un día se hallaba orando y unas brasas le prendieron la falda, ni siquiera se inmutó: tuvo que ser una criada la que las apagase (Pedro de Ribadeneira recoge la anécdota, en III, p. 436). Así las cosas, imágenes como las previas no podían sino tener connotaciones altamente positivas, por lo que los cronistas y biógrafos de Alfonso V el Magnánimo se refirieron a la facilidad que el monarca de Nápoles tenía para abstraerse al escuchar un discurso bien trabado o un bello poema.[19]

Si la oración mental cabe en la España postridentina gracias a las *vitae patrum*, otro tanto puede decirse de otra de las ideas, convertida en lema, característica del pensamiento erasmista: *Monachatus non est pietas*.[20] Trento había puesto mucho énfasis en la superioridad de la vida religiosa sobre la vida civil, y hasta había pedido el anatema para todo aquel que osase decir lo contrario. Los *flores*, no obstante, mostraban una libertad sorprendente a este respecto, al introducir casos como el de san Nicéforo, basado sobre una de las múltiples ramas del cuento de los dos amigos. Aquí, uno es un hombre de religión, Sapricio; el otro, un laico, Nicéforo. Ambos pasan de la amistad al peor de los odios, que Nicéforo supera y convierte de nuevo en amor, mientras arrastra a Sapricio a la perdición, pues lo induce a renegar de su propio Dios. Leamos la glosa de Pedro de Ribadeneira, que en ningún momento reivindica abiertamente un libre albedrío que había sido una de las grandes obsesiones de Trento y es la clave en otros relatos parecidos:[21]

---

[19] Me refiero al asunto en mi *España y la Italia de los humanistas…*, *op. cit.*, pp. 139-140, principalmente.

[20] Al mismo tiempo, el caso se ofrece como paradigma de ejemplos impares (*exempla imparia*), estudiados por Aragüés en los diversos trabajos recogidos en la nota 237.

[21] Pienso concretamente en Tirso de Molina y *El condenado por desconfiado*, con el ermitaño Paulo y el bandolero Enrico, en que, de nuevo, aquél se pierde mientras éste se salva. Como ocurre en el caso de san Nicéforo, se da la paradoja de que, cuando lo ajustician y pierde la vida terrenal, gana la vida eterna.

¿Quién no se admira, teme y tiembla de los secretos juicios de Dios por más que sea religioso y sacerdote y haya comenzado bien y padecido mucho por Christo, considerando que Sapricio era sacerdote y padeció muchas penas y tormentos por el Señor y al cabo desfalleció y no mereció el don de la perseverancia ni la corona del martirio? Y por otra parte Nicéforo, que era lego y menos obligado que el sacerdote a seguir la doctrina evangélica del amor, por haverse abrazado con ella y buscado la paz y pedido perdón tantas veces al que con ánimo obstinado y pertinaz se la negó, agradó tanto a Nuestro Señor que le hizo digno del martyrio y glorioso en el cielo (*Flos*, I, p. 360).

La *vita* debe guardar a menudo un difícil equilibrio en la compleja topografía que ella misma se traza. ¿Cómo entender, por ejemplo, que, en su cuna, a san Pedro Armengol se le vaticine que ganará la santidad en el patíbulo y que así ocurra, tras dejar una vida de verdadero calavera? Cuando el camino es el derecho, esto es, cuando se nace santo, se vive santo y se muere santo, el problema apenas si existe; distinto, en cambio, es el caso citado, que corresponde a otro patrón hagiográfico y literario, que encontramos en una comedia cervantina a la que ya me he referido: *El rufián dichoso* (editado con *Ocho comedias y ocho entremeses* en 1615), que narra la vida del hampón Cristóbal de Lugo, que, tras infinitas fechorías morirá santo en Méjico bajo el nombre de Cristóbal de la Cruz. Este tipo de transformaciones es de lo más eficaz en términos artísticos y cuenta con desarrollos semejantes en toda época, como vemos en *Balarrasa* (1951), película dirigida por José Antonio Nieves Conde con guión de Vicente Escrivá. Aquí, al inicio, encontramos a un misionero español, Javier Mendoza que está muriéndose en Alaska; en ese trance, recuerda una vida que arranca en plena Guerra Civil, cuando, como teniente de la legión y gran pecador, tahúr y mujeriego, se juega el siguiente turno de guardia con un compañero y amigo, Javier Hernández. Es afortunado y gana la partida, por lo que Hernández entra de guardia y muere de herida de bala. A resultas del suceso, Balarrasa (apodo con el que todos conocen al libertino Mendoza) toma hábito de sacerdote y cambia radicalmente su vida, de acuerdo con el citado patrón, que es, básicamente, el de san Pablo de Tarso, que pasó de perseguir cristianos a ser el primer gran propagador de su fe. En fin, me resta añadir que esta vida de san Pedro Armengol, añadida al corpus de Pedro de Ribadeneira (*Flos*, I, pp. 634-642), es uno de los relatos con más valor literario de todo el conjunto.

Por el contrario, las *vitae* se muestran ciertamente unánimes al postular la preeminencia del celibato del religioso frente a la vida doméstica. Trento, que defendía este principio a ultranza (con la amenaza de anatema para quien osase afirmar lo contrario), no precisaba destacarlo en las *vitae*, toda vez que la tradición hagiográfica le ofrecía justamente eso; es más, como ya hemos ido vien-

do, son contadas las ocasiones —y éstas siempre van convenientemente justi-
ficadas, como en la vida de santa Mónica, cuyo matrimonio era de todo punto
necesario para engendrar a san Agustín— en que el santo o la santa optan por
desposar a un ser humano y no a Cristo; no obstante, los aromas tridentinos se
perciben especialmente nítidos e intensos en algunos casos, como en el magnífico discurso que, sobre los males del matrimonio y la maternidad, hicieron
los santos eunucos Nereo y Aquileo para mantener célibe a quien, tras dar testimonio de su fe, había de ser santa Domitila.[22] Por supuesto, me refiero nuevamente a la versión de Pedro de Ribadeneira:

> A esto, respondió Nereo: «Tú, señora, tienes puestos los ojos en los deleites breves
> y frágiles de este soplo de vida y no miras a aquellos macizos y perpetuos de la
> bienaventurada eternidad. Miras los bienes que hay en el matrimonio y no conside-
> ras las cargas y trabajos de él. Y esto querría, señora, que atentamente considerás-
> ses antes de perder lo que al presente tienes; porque primeramente la doncella que
> se casa pierde el nombre de doncella, y siendo libre se hace esclava de un varón
> estraño, que no conoce, y muchas veces es tratada como esclava; y si se le antoja a
> su marido, le vedará que no trate con sus proprios parientes, y aun con sus mismos
> padres; que no oiga, ni vea; que no hable y que se prive de todo lo que le da gusto;
> y si es zeloso, todo lo que la muger hiciere con ánimo sincero y limpio, lo echará a
> la peor parte».
> «Los hombres —dixo Aquileo— antes que se casen suelen mostrarse muy huma-
> nos, afables y amorosos hasta el día de las bodas; pero quando ya tienen a sus
> mugeres en sus casas, múdanse de tal suerte que parecen otros; y trátanlas como
> quieren, no sólo con malas palabras, sino con peores obras. Pero puesto caso que el
> esposo no tenga zelos, ni ruines amistades, ¿qué provecho saca la esposa de su com-
> pañía? Si no tienen hijos, ¡qué de dessabrimientos y disgustos! Si los tienen, ¡qué
> de molestias en la prenez!, ¡qué de dolores en el parto!, ¡qué de peligros de perder
> la vida o la salud! ¡Quántas madres perdieron las vidas que dieron a sus hijos! ¡Qué
> de angustias y tormentos si salen a veces rebeldes y desobedientes! Pues ¡qué si
> salen coxos, ciegos o mancos, sordos o mudos, corcovados o contrahechos, locos o
> feos, o con otras tachas que se ven cada día aun en los hijos de los señores y prín-
> cipes, y de los que se tienen por bienaventurados! No quiero hablar de los cuida-
> dos, angustias y peligros que traen consigo las hijas en criarlas, guardarlas, casar-
> las y ponerlas en estado. ¡Qué pocos son los hijos que salen buenos y son alivio y
> consuelo de sus padres! ¡Quántos más son los que les dieron gran contento en su
> nacimiento y mucho mayor en su muerte! ¡Quántos nacieron para cruz y tormento

---

[22] Hay incluso una *vita* íntegramente dedicada a desvelar los crueles tormentos, peores que
la arena del circo, por los que pasan de continuo algunas malcasadas: la «Vida y martirio de santa Godoleva, casada», según reza en Pedro de Ribadeneira (*Flos*, II, pp. 298-
299). El jesuita recuerda que hasta un hombre con virtudes innegables, como el rey
Dionis de Portugal, hizo sufrir lo indecible a su esposa, santa Isabel, con sus amoríos y
sus incontables hijos bastardos (*Flos*, II, p. 313).

de los que los engendraron, para deshonra de sus casas, para destrucción de la república, para infamia de todo su linage y para perdición suya propia! Los quales, con sus calamidades y tristes successos convirtieron el placer de sus madres en penas, todo su gozo en angustias, y todo el gusto en llanto. Finalmente, si se pudiessen pintar en un retablo todos los trabajos, dolores, cuidados, temores y miserias que passa un hombre desbaratado, ellos solos bastarían para desengañar a todas las mugeres y quitarles el deseo de casarse» (*Flos*, II, 66).

Las reflexiones anteriores explican cuál es el vehículo conductor común a relatos con diferentes señas de identidad; no obstante, otras veces las vidas de santos coinciden en lo que sólo son simples aunque muy significativas pinceladas. Por ejemplo, podemos comprobar cómo una imagen tiene su origen inicialmente en la Biblia o en una o varias *vitae*, caso éste de la definición de la amada como *lirio entre cardos* por parte de Ausias March, que encontramos en el Cantar de los Cantares (2, 2) y en algunas alusiones a la Virgen y que, además, se cuela en la biografía de san Pedro Mártir de Verona, según la transmite Jacobo de Vorágine, o en las representaciones de san Antonio de Padua; tampoco podía faltar, por supuesto, en la iconografía de algunas santas, como Catalina de Siena. La flora del santoral merecería un capítulo aparte, aunque dejo este interesantísimo estudio para otra ocasión, ya que las vidas de santos (y su iconografía) se adornan de continuo con rosas, azucenas y otras tantas flores de bella vista y agradable aroma, ligadas a algún momento de la vida del santo o, a modo de prodigio, brotadas de la propia tumba donde descansan sus restos.

18.

Últimas prospecciones: los santos en la literatura y la vida

Abordemos la materia por otro lado y afirmemos, pues conviene, que la superación de pruebas permite enlazar la *vita*, por igual, con el relato maravilloso o con la literatura heroica. Así, en los orígenes de la leyenda hagiográfica y de la leyenda heroica encontramos muchas veces un mismo principio: el culto a un santo o a un héroe, ya se trate de la tumba del Cid en San Pedro de Cardeña, la de doña Sancha (de *La condesa traidora*) en San Salvador de Oña o la de los héroes franceses estudiados por Joseph Bédier en su monumental *Les légendes épiques* (Paris: Honoré Champion, 1908-1913). Por supuesto, ese vínculo se refuerza en aquellos casos en que el héroe muerto posee la gracia del santo, ya se trate del olor de santidad y otros prodigios en el caso de Fernán González o del aroma de santo y la incorruptibilidad en el del Cid, como vimos más arriba. Del mismo modo, la resignación que demuestra el amante cortés en la cárcel amorosa y su abnegada resistencia al padecer los tormentos de amor nos llevan de lleno al patrón de las vidas de los santos mártires; es más, de bajar al detalle, si cadenas de amor humano (y no sólo metafóricas, como tantas veces en la poesía cancioneril o la novela sentimental) se puso algún amante de manera voluntaria (como Suero de Quiñones, antes de acometer, en 1434, la aventura militar relatada por Pedro Rodríguez de Lena en su *Passo honroso de Suero de Quiñones*), cadenas de amor divinas, impuestas también voluntariamente, acompañaron a algunos santos afamados, como santa Catalina de Siena, el papa san Pedro Celestino (1215-1296), santo Domingo de Guzmán o san Ignacio de Loyola. Del lado opuesto, puede afirmarse que la actitud de los santos es claramente heroica, en particular en el caso de esos mismos mártires; por ello, a nadie debe extrañar que en sus semblanzas sean calificados de *héroes* o *héroes cristianos* de continuo.

En una simple pincelada inicial, aunque tenga de hecho implicaciones de la mayor importancia en el conjunto de la literatura románica medieval, suele quedar la reivindicación que algunas de estas obras hacen de su lejanía respecto de la ficción; y es que la ficción (entendida como simple engaño o patraña y no como *integumentum*, según querrán Petrarca y sus herederos)[1] cae, desde una perspectiva moral, en la vertiente opuesta, toda vez que se asocia al arte de los juglares y, en especial, al de los cultivadores del *roman courtois*. Ese orgullo, que deriva de la verdad de los hechos narrados o de los contenidos didácticos y morales que se aportan en la obra, se pone también de manifiesto en aquellos títulos que apelan a los añosos contenidos de la *matière de Rome* o en los que narran sucesos históricos, esto es, supuestamente acaecidos. De ese modo, tales escritores coinciden con los que se ocupan de historia sagrada o de hagiografía, como se desprende de los ejemplos que extraje hace años de la literatura francesa, italiana y española para elucidar la segunda estrofa del *Libro de Alexandre*.[2] Ahí, por ejemplo, aduzco una muestra de las *Vies de Pères* (vv. 19-36), compuestas a petición de Blanca de Navarra, donde se arremete contra Chrétien de Troyes y sus poco edificantes y mendaces *Cligès* y *Perceval*:

> Par vous encomençai ceste euvre
> por cuers de crestiens esmeuvre
> à bien penser e à bien faire,
> et pour eus de pechié retraire.
> Les autres dames de cest mont,
> qui plus pensent aval qu'amont,
> si font les mençonges rimer
> et les paroles alimer
> pour les cuers mielz enrooillier
> et pour honesté avillier.
> Dame, de ce n'avez cure:
> de mençonge qui cuers oscure,
> corrompant la clarté de l'ame
> n'en aiez cure, douce dame.
> Leissiez Cliges et Perceval,

---

[1] Por supuesto, pienso en el Petrarca de *Invective contra medicum*, traducido por Hernando de Talavera como *Denuestos contra un médico rudo y parlero*. Hay edición de esta versión castellana de Pedro M. Cátedra en Francisco Rico, ed., *Petrarca: Obras, I: Prosa* (Madrid: Alfaguara, 1978), pp. 369-410. Para una discusión adicional sobre el término y el concepto, véase mi libro *El «Prohemio e carta» del Marqués de Santillana y la teoría literaria del siglo XV* (Barcelona: PPU, 1990).

[2] Me refiero a mi temprano artículo «Notas al prólogo del *Libro de Alexandre*», *Revista de Literatura*, 46 (1984), pp. 117-127.

qui les cuers tue et met à mal,
et les romanz de vanité.
Assez trouverez verité.

Al comienzo de este libro lo señalaba y después, en varias ocasiones, he
vuelto sobre un aspecto básico de la literatura hagiográfica: la incorporación de
la ironía y de una comicidad abierta sobre las que Curtius ya llamó la atención;
por ello, ahora al cierre, sólo pretendo refrescar la memoria del lector e indicar
que, incluso en ese terreno, el público pudo recibir nuevas —y no tan sorprendentes, por lo comunes que resultaban tales procedimientos en este universo
literario— lecciones de las vidas de santos.

En mi modo de proceder, hay una supuesta fisura, aunque en realidad se
trata de una manera de hacer las cosas por la que he apostado con conciencia
plena. He preferido trabajar con las leyendas hagiográficas en su conjunto,
pues venía bien para mi propósito; por eso, como he reconocido en varias ocasiones, no me ha parecido conveniente marcar unas fronteras rígidas de orden
lingüístico o cronológico, aunque siempre he procurado indicar las diferencias
principales en la evolución de una determinada leyenda, cuando éstas existían
y, sobre todo, cuando importaban para el hilo de mi exposición. Como quiera
que sea, en ningún caso se me ha escapado que determinadas marcas literarias
son más comunes en unas épocas que en otras, del mismo modo que la comunión artística o estética es mucho mayor entre coevos, particularmente cuando
se comparte un mismo universo de referencias culturales, artísticas y, ya en
nuestro terreno, literarias.

A ese respecto, me basta un ejemplo verdaderamente ilustrativo, que tomo
de nuevo del libro de Duncan Robertson;[3] en él, se recuerda la influencia ejercida por diferentes géneros sobre la escritura hagiográfica en romance.
Concretamente, atiende a la *Vie de sainte Catherine*, poema compuesto a finales del siglo XII por una monja inglesa de la orden de San Benito, de nombre
Clemence de Barking. La importancia del comentario radica en que supone el
envés respecto de la mayoría de los ejemplos aducidos previamente, en los que
la influencia se ejerce por norma desde las vidas de santos a la ficción literaria, y no al contrario:

Clemence's translation expresses this interpretation and brings it «home» to the
reader by a use of familiar, vernacular literary discourses. The language of the chansons de geste serves, as we have seen, to describe the saint's epic battle with the 50
pedants; the emperor, adressing Catherine or remostrating with his newly convert-
ed queen, speaks lines from courtly romance; Catherine sings the praises of the vir-

---

[3]   *The Medieval Saint's Lives...*, *op. cit.*, pp. 72-73.

gin [...] in the lyric manner of the trouvères. The saint becomes a character in literature, involved in dialogue not only with other saints of the hagiographical tradition, but also secular poetic voices, with Roland, Tristan, Iseut, Erec and Enide,
whose passions reflect also her own. Underpinning these style-references is the
vernacular poetic technique of the octosyllabic couplet. «Doggerel», perhaps, by
comparison to learned Latin prose, this verse form tends naturally toward paratac-
tic juxtaposition of phrase against phrase, encouraging a rhetoric of parallelisms
and paradoxes, often underscored by anaphoric repetitions at the beginnings of
lines. The vernacular artist abandons the Latin grammar of subordination, with its
winding periphrases, in favor of short, autonomous propositions, easily, firmly
grasped and fully understood by the reader, one at a time.

Del mismo modo, en línea con otros trabajos previos, siempre que he dispuesto del dato y venía bien a mi propósito, he contrastado las lecciones que
nos aporta la literatura con los datos que ofrecen las artes plásticas. Obvio es
que, en el ámbito en que me he movido a lo largo de este libro, dicha operación tiene sentido pleno y que, sólo por ello, no se precisa mayor justificación;
en realidad, si a estas alturas me arrepiento de algo es de no haber hecho un
mayor número de calicatas neocomparatistas, de ésas que tan elevados réditos
reportan al estudioso y que tan fructíferas han resultado en mi caso (en éste y
otros trabajos, particularmente en los que he redactado en fecha reciente). En
realidad, ya que me ocupo ahora, aunque sea brevemente, del potencial educa-
tivo de la hagiografía, no puedo esquivar la alusión al universo plástico, en el
que esa materia aparece por doquier desde el Medievo más temprano. Así, si
las vidas de santos brindan numerosas claves literarias, entre el puro rudimen-
to y la alta técnica narrativa, las artes plásticas ofrecen lecciones permanentes
y universales, desde la primera infancia hasta la tumba, a los miembros de
todos los estamentos sociales, y sin diferencia de sexo. Pensemos, sin ir más
lejos, en la penetración de todo fiel en el fascinante universo de los símbolos,
con su nivel elemental en el abecé del cristiano (el agua, el vino, la cruz, el cordero, el pez, etc.) y sus grados medio y superior en el inabarcable mundo de la
tipología bíblica y la hagiografía.

Nadie podía quedar al margen de este rico y fascinante entramado cultural, en
el que santa Ágata o Águeda era conocida por llevar sus pechos sobre una ban-
deja, santa Lucía por el par de ojos que porta en ese mismo recipiente, santa
Catalina por la rueda en que se le aplicó el tormento, santa Cecilia por acompa-
ñarse de un órgano o algún otro instrumento, santa María Magdalena por el pomo
de perfumes que porta (en una o bien en ambas manos, si es que el recipiente no
se sitúa en algún lugar cercano a su figura), san Lorenzo por la parrilla en que
fue martirizado, san Clemente por el ancla que sujetó su cuerpo en el fondo de
las aguas, san Bartolomé por la navaja con que fue desollado o san Gil por la fle-

cha con que fue herido durante una cacería; san Antonio por la campana con que los miembros de su Orden Hospitalaria (famosos por curar el ergotismo o fuego de san Antonio) pedían limosna y por el cerdo al que solían colgársela posteriormente —entre otros tantos animales— para protegerlo de todo mal.

Por supuesto, los más conocidos e invocados eran los santos auxiliares, que en número de catorce eran venerados durante el Medievo en la Europa Central (en buena parte de Italia, Francia o la Península Ibérica nunca hubo un club tan selecto como éste, aunque el culto a los santos aquí relacionados estaba muy extendido, si bien anteponían a alguien ausente en esta primera lista, san Nicolás): (1) san Jorge, a quien los fieles se encomendaban con los más diversos propósitos; (2) san Blas, patrón de enfermos de la garganta y veterinarios; (3) san Erasmo, Ermo, Elmo o Telmo, patrón de navegantes; (4) san Pantaleón, patrón de médicos (honor que comparte con san Lucas) y socorro de tísicos o tuberculosos;[4] (5) san Vito, que protege de la muerte repentina y algunas enfermedades, sobre todo la corea, conocida popularmente como baile de san Vito; (6) san Cristóbal, protector de viajeros; (7) san Dionisio de París, cuyo poder se enriqueció por la propia confusión con otros santos del mismo nombre, como ya se ha visto; (8) san Gil o Egidio, venerado por tullidos, mendigos, herreros y hasta por las nodrizas; (9) santa Margarita, que ayuda a las mujeres a vencer todo peligro (o el mal en abstracto, representado por el dragón que la acompaña en su iconografía); (10) santa Bárbara, protectora contra las tormentas y el fuego y, por ende, patrona de artilleros y bomberos; (11) santa Catalina de Alejandría, valedora de las jovencitas y patrona de abogados y estudiosos en general; (12) san Eustaquio, patrón de cazadores; (13) san Ciriaco o Quirico, protector de los niños, como lo era él, y de pecho, cuando murió junto a su madre, santa Julita; (14) por fin, menos extendido estaba el culto a san Acacio, limitado este último a Suiza y Alemania e invocado para proteger la salud mental y corporal.

Incluso esa lista de catorce no era homogénea, pues presentaba algunas diferencias entre unas y otras regiones, para incluir a santos de la talla de san Antonio, patrón de todos los miembros de las distintas órdenes religiosas y salvaguarda de la salud de hombres y animales; san Nicolás, de culto extendidísimo y tenido, a una misma vez, por protector principal de niños, estudiantes, solteras, mercaderes, marineros farmacéuticos y otros tantos grupos y gremios; o san Sebastián, que los soldados hicieron pronto patrón suyo gracias al Acta del siglo v, de contenido claramente ficticio, que nos transmite su leyenda.[5] La

---

[4]   Este santo es más conocido, como también san Jenaro por idéntica razón, por el milagro de la licuación de su sangre en unas fechas y circunstancias determinadas.

[5]   Una muestra concreta del culto a los catorce santos se revisa en Marina Testa, *I Quattordici Santi Ausiliatori: origine e sviluppo del culto in Alto Adige* (Bolzano:

relación de santos auxiliares no acaba ahí, como vemos en tantos y tantos ejemplos, de los que se pueden extraer a santa Águeda, cuya iconografía está asociada a su capacidad para curar el mal de pecho, o san Eloy, patrón de los trabajadores del metal (pues era orfebre de profesión, dato éste que resulta clave en su *vita*, ya que, tras ser elegido obispo, aún siguió haciendo arcas de metales preciosos para conservar en ellas las reliquias de diversos santos, varios de ellos hallados gracias a sus propias pesquisas).[6]

Caso curioso es el de san Judas Tadeo, que popularmente se tiene por patrón de las causas imposibles y que es invocado, entre otras cosas, para recuperar objetos perdidos. Pues bien, esta creencia no se documenta en ninguna de las viejas *vitae* por ser una derivación moderna, lo que explica su arraigo en el Nuevo Mundo y su presencia en Europa en fecha muy reciente. Hay un mucho de cultura popular y de superstición inocua en un santo invocado con gracejo y hasta con sorna por creyentes y no creyentes, en una clara muestra de que el patronazgo de los santos —nunca la fe local, claro está, que ha ido en aumento en los últimos años— es un fenómeno de tiempos ya lejanos. En esta función concreta que se le asigna, san Judas compite con santa Rita de Cascia o Casia, cuya leyenda fue derivando hacia esa órbita en tiempos recientes, con el consiguiente fortalecimiento de su culto (de masas, verdaderamente, a día de hoy) en Europa y América. Mucha más solera tiene como coadyuvante san Antonio de Padua a la hora de encontrar objetos perdidos cuando ya se está al borde de la desesperación, lo que explica que, en ocasiones, aquellos dos invadan el terreno del santo patavino, a quien correspondía esta función de acuerdo con los *flores* renacentistas. También merece comentario el culto absolutamente pagano más que laico a san Valentín, presbítero y mártir, extendido desde el mundo anglosajón hasta el último rincón del orbe, a pesar de que no hay una sola razón en la vida de este santo —pues se trata de uno solo, a pesar de que en un punto derivó en dos supuestos santos del mismo nombre— que invite a asociarlo con el amor o los enamorados; de hecho, parece que sólo el anuncio de una primavera inminente y el retorno de la sangre a las venas a partir del 14 de febrero están tras este curioso culto, que enlaza con el folklore británico (según el cual los pájaros acuerdan amores en esa fecha) o tradiciones

---

Provincia autonoma di Bolzano-Alto Adige/ Assessorato alla scuola e cultura italiana, 1996).

6   Según Pedro de Ribadeneira, hizo nada menos que las siguientes: «Tal fue la que hizo a san Quintino, a san Germano, a san Severino, a san Platón, a san Luciano, a santa Genobesa, a santa Columba, a san Maximiano y Juliano, a san Crispino y Crispiniano. Para todos estos santos, y a cada uno de por sí, hizo caxa de oro, plata y piedras preciosas, todo fabricado por sus manos» (*Flos*, III, p. 515).

tan lejanas en el tiempo como las que refleja el *Pervigilium Veneris* atribuido a Floro, que remite directamente a las lupercales.

Con respecto a los atributos de los santos, conviene tener presente algo de sobra conocido: que no suelen ser únicos ni exclusivos sino que, comúnmente, son compartidos por varios de ellos, lo que dificulta no pocas veces su identificación y convierte la hagiografía en un verdadero reto hasta para el más consumado especialista; por supuesto, nadie piense que esa iconografía era de universal conocimiento y que cualquier fiel distinguía automáticamente a los santos por sus atributos, pues nunca fue así.[7] Las dificultades eran grandes incluso en el caso de santos afamados cuando compartían sus símbolos o atributos, lo que no es raro, con otros igualmente famosos. Así se comprueba en la iconografía de san Sebastián, en que este santo-soldado, al igual que el citado san Gil, porta una flecha en recuerdo de las muchas con que fue herido; así lo vemos en las representaciones de san Lorenzo y san Vicente de Zaragoza, hermanados iconográficamente por portar ambos en la mano la parrilla sobre la que padecieron tormento; así ocurre también en las de santo Domingo de la Calzada, san Vito o san Pedro, ya que suelen ir acompañadas (sobre todo, las dos primeras) de un gallo; en las de santa Dorotea y santa Casilda, ambas portan sus respectivos cestos de flores;[8] en las de santa Ágata-Águeda y santa Eulalia de Mérida (la santa Olalla lorquiana), con sendas bandejas en las que portan sus pechos cortados en el tormento, etc.

La veneración fervorosa de muchos de estos santos en el Medievo contrasta con su posterior expulsión del Calendario Romano vigente: la celebración de las fiestas, otrora principales, de santa Barbara, san Cipriano y santa Justina, san Eustaquio o santa Catalina de Alejandría alcanza hasta fecha muy reciente, para desaparecer del citado Calendario en 1969, al igual que sucedió con el propio san Cristóbal, a pesar de haberse convertido en patrón de los modernos motoristas. Las localidades a veces veneran a sus santos a pesar de su segre-

---

[7]   La red viene ahora en nuestra ayuda, como comprobamos en esta relación de atributos para identificar a los santos: http://www.historiarte.net/iconografia/atributos.html.

[8]   Ya he referido la anécdota de la primera santa que justifica dicho atributo; por lo que a santa Casilda se refiere, su leyenda es la de la princesa mora convertida al cristianismo. Cuando su padre la descubrió llevando alimentos para los prisioneros, ella le dijo que sólo escondía flores para alegrar las estancias del palacio. Urgida por su padre, abrió su delantal y sacó un manojo de rosas, tal como le había dicho. Idéntico milagro se atribuye a san Pedro Pascual (1227-1300), cuando estaba preso en Granada (Pedro de Ribadeneira, III, p. 564, lo recoge: «Llevaba un día algunas cosas de comer a unos cautivos cristianos que estaban presos. Encontrole el rey y, preguntándole qué llevava, respondió que rosas. No lo creía por ser el mes de diciembre; pero levantando el escapulario, vio que eran rosas porque se havían convertido en rosas los regalos»).

gación por parte de la Iglesia Católica e incluso llegan al punto de preservar el recuerdo de sus figuras, a pesar de su expulsión, a veces muy temprana, por parte de los bolandistas. Por ejemplo, del culto oficial al san Vitores burgalés no queda nada; la villa de Oña, sin embargo, continúa celebrando sus fiestas anuales en honor a este santo cefalóforo.

En muchos de mis trabajos me he permitido arremeter contra la equivocada idea de que el Renacimiento y el Humanismo supusieron una laicización del universo y una apuesta decidida por el antropocentrismo frente al teocentrismo.[9] Si por un lado los principales guardianes de la transmisión del legado clásico y los valedores de los distintos prerrenacimientos fueron cristianos, el signo del Renacimiento, desde la reforma trescientista de Dante, Petrarca y Boccaccio, fue igualmente cristiano. Es la frustrada empresa de Cola di Rienzo el mejor aviso de la implantación de ese nuevo ideario, marcado por el panitalianismo, un europeísmo que pasaba por Roma y un cristianismo que daba sentido a la empresa; para lo primero, se autonominó Tribuno del Pueblo; la segunda meta pasaba por potenciar a la casa imperial del momento o por devolvérsela a Roma (de hecho, él tenía ambiciones imperiales que nunca ocultó); para lo tercero, había un primer movimiento obligado: el retorno de Clemente VI desde Aviñón hasta la Ciudad Inmortal. La unión del poder temporal y el religioso en una Roma renacida era una de las claves del movimiento intelectual (cuyo signo era tanto político y social como artístico y literario, según vemos) de Petrarca y de sus predecesores, de sus coevos y de los herederos de su ideario.

Al filo del siglo XVI, los aires que soplaban apenas si cambiaron el panorama a este respecto. Por ejemplo, los nuevos géneros literarios vinieron a potenciar —y no al contrario, como algunos afirmaban, lastrados por una perniciosa *idée reçue*— el lado religioso de la existencia, como vemos en las propias *laudes urbium*, en las que los santos locales o las reliquias traídas desde el último rincón del orbe servían para engalanar las ciudades o los lugares sagrados de renombre tanto o más que los *vetera vestigia* del mundo clásico conservados en ese mismo lugar. Es más, se tenía conciencia de que, al igual que los héroes y emperadores del Mundo Antiguo, míticos (como Antenor el troyano, fundador de Padua) o reales (como Sila, fundador de Florencia, aunque a los florentinos les pesase tanto la figura de un dictador y prefiriesen recordar a un santo, reciente además, como el dominico san Antonino, arzobispo de la ciu-

---

9 Aunque de ello me he ocupado en múltiples trabajos, véase más concretamente mi artículo «Los intelectuales europeos y españoles a ojos de un librero florentino: las *Vite* de Vespasiano da Bisticci (1421-1498)», *Studi Ispanici*, número extraordinario *«Italia y la literatura hispánica»* (1997-1998) (1999), pp. 33-47.

dad [1389-1459]), fundaron ciudades, también hubo santos —por lo común, ya muertos— que lograron atraer a riadas humanas y estuvieron en el origen de determinados lugares. Valga, a este respecto, el ejemplo de san Albano y la ciudad británica de St. Albans; valga, por supuesto, el rotundo ejemplo de Santiago de Compostela, ciudad que creció en torno a una leyenda bastante endeble desde el punto de vista de los hagiógrafos de la Iglesia Católica (que han recordado una y otra vez la presencia de restos del santo dignos de mayor fe en la iglesia de santa María de Mérida).

Lo dicho sirve para entender las disputas eruditas entre naciones y entre ciudades para determinar dónde había nacido, vivido, fallecido o dónde, en definitiva, estaban enterrados los restos de un santo. Tal vez la más sabrosa de tales disputas sea la que ha enfrentado a numerosas iglesias por la posesión de una reliquia: la cabeza de san Juan Bautista. También es digna de recuerdo otra disensión entre cristianos relativa a santa Elena, madre del emperador Constantino, quien hizo del cristianismo la religión oficial del Imperio Romano; además, a ella se le adjudica el mérito del hallazgo de la Vera Cruz, de acuerdo con el relato de san Ambrosio (y ya sabemos de las disputas entre ciudades e iglesias por ver cuál de ellas tenía el mayor pedazo de la Cruz o *lignum Crucis*). Méritos tan excepcionales estuvieron en el origen de que a santa Elena se le atribuyesen varias patrias, entre ellas la británica, de acuerdo nada menos que con Geoffrey of Monmouth, para quien habría sido hija de Coel, rey de Colchester; frente a esa creencia, lo poco que sobre ella se sabe es que fue de humildísima cuna (por ser hija de un criado y concubina, antes que esposa, de Constancio Cloro).

Así las cosas, en su evolución, las colecciones de *vitae* experimentaron una progresiva «nacionalización». Esto se comprueba ya en aquellos manuscritos de la *Legenda aurea* que incorporan las vidas de santos locales. Como ejemplo, me basta el del manuscrito 416 de la Fundación Lázaro-Galdiano de Madrid, que esconde nada menos que la mejor copia (la única medieval, además) de la *Vida de san Ildefonso* del Beneficiado de Úbeda, dispuesta a renglón seguido, como si de prosa se tratase.[10] Además, conviene recordar de nuevo que los aromas renacentistas supusieron el reforzamiento de esta tendencia, pues una nación, una provincia o una ciudad podían presumir de preeminencia si contaban con un pasado importante en términos laicos y religiosos. Ello quiere decir que, a los *vetera vestigia*, había que sumarles el nombre de algún santo o, en el mejor de los casos, todo un santoral del lugar (lustre adicional le daba el hecho de con-

---

[10]   El manuscrito contiene otras *vitae* españolas, como la de san Pelayo o san Saturio. Para el poema en cuaderna vía, véase Leonardo Romero Tobar, «Versiones de la *Vida de San Ildefonso*», *Revista de Filología Española*, 60 (1978-1980), pp. 285-318.

tar con su propio martirologio). En ese sentido, nuestros flores renacentistas y barrocos no defraudan, como se desprende del *Flos* de Pedro de la Vega, particularmente al inicio de su parte segunda, con una verdadera plétora de santos españoles; y, sobre todo, como vemos en la gran vulgata de Pedro de Ribadeneira, literalmente trufada de santos nacidos en España o vinculados, por una razón u otra, a alguna de sus regiones.[11] Para valorar debidamente este dato, cabe recordar que, en cuanto a españolidad, los héroes de los libros de caballería no les llegan a los talones a los santos y santas.

Los *flores* eran hijos de su época, como bien vemos; y lo son claramente en un sentido más, al destacar no sólo los santos propios sino, sobre todo, los más recientes, a veces incluso contemporáneos —*vel quasi*— al lector. En ese sentido, el *flos* Pedro de Ribadeneira, con sus sucesivas actualizaciones, nos recuerda lo mucho que Europa se esforzó en fortalecer la parte que más próxima le quedaba, en términos cronológicos, en la manida disputa entre los antiguos y los modernos. No bastaba con confeccionar una larga nómina de autoridades del pasado reciente (en sentido más o menos lato) en las ciencias, las letras o la milicia; por su preeminencia, la batalla principal había que darla en términos espirituales, acarreando nombres y más nombres de santos próximos en el tiempo (mejor si, además, eran paisanos del compilador del *flos*). Como digo, donde mejor percibo esta intención es en la pluma de Pedro de Ribadeneira, aunque los años en que más activa anduvo la que se tenía por disputa entre el mundo antiguo y el presente quedaban algo lejanos.[12]

Para reforzar la preeminencia de la vida espiritual, vuelvo a nuestro gran humanista español, Elio Antonio de Nebrija, por medio de sus palabras en el prólogo a su *Vocabulario español-latino*. Aquí, el de Lebrija proclama la bondad de su oficio intelectual no sólo por cuanto permite engrandecer la patria al fortalecer su lengua (ahijándola estrechamente a la latina y haciendo un uso artero de la teoría de la *translatio imperii*) y mostrar su ilustre pasado; antes de nada, el humanista ve en su abnegada labor (tras optar por los *studia humanitatis* y dejar «aquellas artes que son para ganar dineros e más aparejadas para alcançar onras») un medio para alcanzar la gloria: «Este es mui cierto camino para ir al cielo», nos dice en ese mismo lugar. Nebrija, como en el pasado el anónimo autor del *Libro de Alexandre* —cuyo *mester* le obligaba a ser generoso con sus conocimientos, al tiempo que fiel a la verdad transmitida—, sabía

---

[11]   Y eso que comete fallos inexplicables, como atribuir una cuna italiana a santo Domingo de la Calzada, usurpándoselo al pueblo alavés de Viloria de Rioja, donde nació en 1019.

[12]   Aunque me he ocupado del asunto en más de una ocasión, aquí me conformo con recordar al maestro José Antonio Maragall, *Antiguos y modernos. La idea del progreso en el desarrollo inicial de una sociedad* (Madrid: Sociedad de Estudios y Publicaciones, 1966).

que los intelectuales podían tomar una senda especialmente cómoda para alcanzar tan anhelada meta.

No nos confunda ese primer golpe de vista, que en otra época arrastró a tantos críticos: no marquemos distancias entre dos modelos de vida enfrentados sólo en apariencia, ya que el ocio provechoso de los humanistas, el mismo que preconiza Petrarca en *De vita solitaria* (1356), es el que procuraban muchos religiosos. Por ello es posible aplicarle a san Ramón Nonato (en Pedro de Ribadeneira, II, p. 600) exactamente la misma máxima que Cicerón uso en *De Republica* (I, 17), para referirse a la actividad intelectual y la disposición de ánimo de Escipión el Africano de acuerdo con Catón: *Nunquam minus solum esse quam cum solus esset* (y recuérdese que la frase tuvo fortuna entre la nobleza lectora del siglo XV, con el primer Marqués de Santillana al frente de todos). La fórmula más próxima era la de los cenobitas, dadas sus facilidades para desarrollar una rica labor intelectual en la soledad de la celda o en el *scriptorium*, aunque siempre con el auxilio de una biblioteca; ahora bien, cabía seguir otra senda más rigurosa —al tiempo que distante de los ideales humanísticos—: la del retiro eremítico, que permitía, eso sí, una actividad espiritual fértil como ninguna otra. Cuando el refugio espiritual se procuraba en la soledad de una naturaleza amable y placentera para los sentidos, tampoco faltaban modelos literarios: en clave puramente laica, los brindaba la pastoral clásica; con expresión exclusivamente religiosa, se contaba con estupendos ejemplos extraídos de las vidas de los santos; claro está que también cabían formulaciones mixtas que muchas veces se les escapan a los críticos de turno. Ese doble componente está en el citado texto de Petrarca y se nos ofrece diáfano en la primera estrofa de la *Vida retirada* de Fray Luis de León (1527-1591):

> ¡Qué descansada vida
> la del que huye el mundanal ruïdo,
> y sigue la escondida
> senda por donde han ido
> los pocos sabios que en el mundo han sido.

Por la razón que acabo de indicar, los editores de este último aducen las referencias obligadas a Horacio, Petrarca y a ciertos pasajes bíblicos; y sin embargo, en todos ellos faltan alusiones, que considero obligadas, a las vidas de los santos.[13] Como demostración de lo útiles que resultan también en este caso, podría aducir testimonios tan valiosos como el de la vida de san

---

[13]   Pongo por caso la espléndida edición de las *Poesías completas* de Fray Luis preparada por Cristóbal Cuevas, por la que cito (Madrid: Castalia, 2000, pp. 87-88), siempre convincente y casi siempre exhaustiva en sus aclaraciones.

Romualdo, fundador de los camaldulenses (*c.* 950-1027), de quien se destaca como prueba adicional de santidad a través de la longevidad, que vivió ciento veinte años. Este valioso testimonio lo tomo una vez más de Pedro de Ribadeneira, contemporáneo del poeta de Belmonte (*Flos*, I, p. 345); en él, destaco en cursiva un momento especialmente sorprendente:

> Criose Romualdo con regalos y passatiempos en casa de sus padres hasta edad de veinte años, y sus ordinarias ocupaciones eran la caza y otros entretenimientos de mozos; mas aun en este tiempo, quando andaba por los bosques y montes, los ojos y el corazón se le ivan tras los árboles, fuentes y campos, agradándole sumamente la soledad. Allí se despertaba su espíritu y consideraba *quán descansada y sossegada* vida podría tener en el yermo, y dábale en el rostro la de palacio, con sus regalos y trato tan peligroso y trabajoso.

Esta cita concreta, verdaderamente importante para entender un poco mejor a Fray Luis (y hasta a santa Teresa de Jesús o a san Juan de la Cruz [1542-1591], dada la significativa presencia del adjetivo clave *sosegada*, que usa tanto en *Cántico espiritual* como en *Noche oscura del alma*),[14] tiene el valor añadido de que pertenece a un texto hagiográfico que fue también básico para la redacción del *De vita solitaria*; es más, Petrarca no se limitó a esta fuente concreta sino que, para componer la obra, apeló a otras vidas de santos. Conviene recordar que, en torno a 1371, el gran humanista, con la intención de contentar a un amigo que le había afeado que en la obra no aludiese a san Romualdo, añadió el así llamado *Suplementum Romualdianum*. Para ello, lo tuvo fácil, ya que ese amigo era prior camaldulense y, previamente, le había hecho llegar copia de la *Vita Sancti Romualdi* (*c.* 1040) de san Pedro Damián (*c.* 1007-1072), muchos de cuyos datos incorporó al libro II.[15]

Los humanistas no sólo hermanaban ambos ideales de vida sino que, puestos a hacer una declaración de principios, no dudaban en anteponer la Iglesia a la sociedad civil. Nunca, frente al parecer de Jakob Burckhardt (1818-1897),

---

14 Pienso en un ambiente común, marcado por unas lecturas, un imaginario y un lenguaje o expresión idénticos, y no en ningún influjo directo, imposible por razones cronológicas, si se procede en un sentido, y poco probable por la transmisión textual de estos poetas, cuando nos movemos en la dirección contraria.

15 Para esta noticia, léase al propio Petrarca en *Seniles*, XVI, 3. El texto latino de san Pedro Damián, a pesar de su importancia («Nam et si quando se ad studium venationis accingeret, ubicunque per silvas amoenum locum reperire poterat, mox se ad eremi desiderium ejus animus accendebat, dicens intra se: O quam bene poterant eremitae in his nemorum recessibus habitare! Quam congrue possent hic ab omni saecularis strepitus perturbatione quiescere!»), resulta mucho menos goloso que la versión castellana de Ribadeneira, que coincide, literalmente, con el primer verso luisiano.

prevaleció ésta sobre aquélla;[16] por eso, Vespasiano da Bisticci, el afamado librero florentino, al reunir a un buen número de intelectuales europeos en sus *Vite*, no dudó cuando tuvo que buscar un criterio para ordenar su galería de semblanzas: «perchè lo spirituale debba tenere il principato in ogni cosa, metterò papa Nicola come capo e guida di tutti».[17] Los intelectuales cristianos, desde los años de la primitiva Iglesia, se movieron por un ideario en que, a lo largo de los siglos, prevaleció la estabilidad sobre el cambio; en ese sentido, la literatura hagiográfica mostró una capacidad única para acarrear y transmitir materiales de índole variada; sirvió, así también, para hermanar épocas, lo que permite avanzar al historiador, cómodamente y sin estridencias, desde los años de ese gran hagiógrafo que fue san Jerónimo hasta las magnas recopilaciones del Renacimiento y el Barroco, si es que no le apetece pasar más adelante. De todo ello he pretendido dar cumplida cuenta a lo largo del libro que está a punto de acabar.

---

[16] En su opinión, que muchos aceptaron y hasta continúan aceptando a día de hoy, es una de las claves del Renacimiento, como se recoge en *Die Kultur der Renaissance in Italien* (1860).

[17] Esta cita y la idea que la acompaña se integran en mi artículo «Los intelectuales europeos y españoles a ojos de un librero florentino: las *Vite* de Vespasiano da Bisticci», *op. cit.* pp. 34-35.

19.

ALGUNAS REFLEXIONES AL CIERRE

¿Para qué más sirven las *vitae*? Pues, entre otras cosas, para no sorprenderse ante ciertos hechos literarios, ya se trate de aspectos centrales o de simples pinceladas. Si empezamos por éstas, por los simples detalles, creo que la definición que da Jorge Manrique sobre el ideal de conducta de los religiosos, que ganan el cielo «con oraciones y con lloros» (*Coplas a la muerte de su padre*, vv. 428-429) sólo se entiende cuando se leen las vidas de los santos confesores, que mueven a devoción con sus lágrimas precisamente, a la manera de san Ambrosio. Pedro de la Vega, al abordar su leyenda (II, v-11r), se refiere a los tres tipos de lágrimas que vertía este santo. Esa misma fuente indica que santo Domingo de Silos vivió cristianamente desde joven e hizo lo que se esperaba de su condición, «ocupándose siempre en lloro y en oración» (II, 21r); por su parte, Pedro de Ribadeneira (*Flos*, II, p. 76) nos cuenta que a san Pacomio, entre otras muchas tentaciones, «le tentaron de risa», pero él consiguió conjurar el peligro «gimiendo y llorando en lugar de reír». En fin, san Lupo ni comía, ni dormía, pero «lloraba mucho y sus ojos eran dos fuentes de lágrimas», según el testimonio de Pedro de Ribadeneira (*Flos*, II, p. 379). Así, el santo estaba repitiendo un modelo de conducta: el del propio Cristo, de acuerdo con la *Carta de Publio Léntulo al senado de Roma* (que cito aquí a través de la *Leyenda de los santos*), «al qual nunca vieron reír, mas llorar sí». Queda claro, por lo tanto, que los lloros son inherentes a la vida de religión y que el religioso que se servía de las lágrimas como herramienta para mover o conmover estaba observando un verdadero paradigma de conducta: el que le brindaban las *vitae* de los santos, que así obraban a partir del modelo que les daba el propio Jesús.

Tengo para mí que, si hubiésemos leído más hagiografía, tampoco nos habríamos hecho tantas preguntas en relación a la presencia de la brujería y de la intercesión ante el Maligno para triunfar en amores, como tema literario. De que no se trata de superstición sino de una creencia que cae dentro de la pura ortodoxia, sirve de ejemplo la vida de san Basilio, como la transmiten los *flo-res* medievales y la recoge Pedro de la Vega (comparativamente, el relato es una nonada en Pedro de Ribadeneira, II, p. 219). Por su interés, me permito aducir el pasaje completo:

> Y un rico y noble varón de muy sanctos desseos, que era llamado Eraclio, tenía una sola hija muy hermosa, y por el mucho amor que le tenía, queríala consagrar al Señor. Y viendo esto el enemigo, encendido uno de los servidores de Eraclio en amor desordenado de aquella doncella, y como el mancebo viesse que no la podía aver a su voluntad, llegó a un hombre malvado encantador, e prometiole gran pre-cio si se la hiciese aver. Y respondiole el encantador, e dixo: «Yo no puedo hazer esto que tú me ruegas, mas si tú quieres ir al demonio, mi señor, y hazer lo que te dixere, podrás alcanzar lo que dessea tu voluntad». Respondiole el mancebo, e dixo: «A mí plaze de hazer todo lo que me dixeres». Y el encantador escrivió una carta para el demonio, y embiósela con aquel mancebo; y el tenor de la carta era el que se sigue: «A mí, señor mío, conviene apartar con todo cuidado de la religión cristiana a todos los que pudiere engañar y traerlos a obedecer tu voluntad por que sean siempre acrecentados los que te sirven de noche y de día; y por tanto te embío este mancebo, que está muy encendido en amor de una doncella. Ruégote que le cumplas en todo caso lo que dessea por que me pueda yo glorificar de la ganancia de aquéste, e aya voluntad de aquí delante de te allegar otros muchos con mayor lealtad». E diole la carta, e díxole: «Ve a tal hora de la noche, ponte sobre un sepulchro de un gentil y llama a los demonios desde allí y lança esta carta en el aire, y vernán luego a ti». Y el fue luego a la hora que el encantador le dixo, y subiose encima de un sepulchro de un pagano, y llamó a los demonios desde allí, y lançó la carta en el aire, y vino luego el príncipe de las tinieblas cercado de muy gran mul-titud de demonios; y tomó la carta y leyola, y dixo al mancebo: «¿Tú eres en mí para que yo cumpla tu voluntad y niegas a Jesuchristo y el baptismo?». Respondió el mancebo y dixo que sí creía y negava lo que dezía. Y díxole el demonio: «Vosotros los christianos mucho sois porfiados, porque venís a mí quando me avéis menester, y desque he cumplido vuestro desseo partís os de mí y negaisme luego y tornáis os a vuestro Christo, y él, como es de gran piedad, recíbeos luego y perdo-na vuestra infidelidad. Y por tanto, si tú quieres que cumpla yo tu voluntad, escrí-veme una carta con tu mano y confiessa en ella cómo niegas a Jesuchristo y la pro-fessión de la religión christiana y el baptismo, y que serás siempre mi siervo, y que irás comigo para siempre al infierno». Y él escrivió luego una carta de su mano, en que confessava que negava a Nuestro Señor Jesuchristo, y se hazía siervo del ene-migo. Y luego el demonio llamó a los espíritus malos que tentavan de fornicación y mandoles que fuessen a la donzella y encendiessen su coraçón en amor de aquel mancebo. Y ellos fuéronse para ella y encendiéronla en tal manera en amor del mancebo que se derribava en tierra a los pies del padre y llorava y dezía: «Avé mer-ced de mí, padre, avé merced de mí, porque mucho soy atormentada por amor de fulano, tu siervo. Ten compassión de tus entrañas, muéstrame amor de padre y cása-me con este tu siervo que digo; y no me dexes más ser assí atormentada, porque, si no cumplieres mi desseo, en breve verás mi muerte, y darás razón de mí el día pos-

trimero al Juez muy estrecha». Oyendo esto el padre, començó a llorar y dezir: «¡Ay de mí, desventurado! ¿Qué acaesció a la miserable de mi hija? ¿Quién hurtó mi thesoro y quién amató la lumbre dulce de mis ojos? Yo te quería dar por esposo a Nuestro Señor Jesuchristo, rey del cielo, y tenía esperança de ser por ti salvo; y tú agora enloqueciste por amor del suzio deleite. Plégate hija de ser esposa del rey soberano, según que yo lo avía pensado, y no lleves mi vejez al infierno, con dolor y tormento». Mas ella dava grandes bozes y dezía: «Padre mío, o cumple luego mi desseo, o te conviene ver mi muerte antes de tiempo». Y como la donzella llorasse amargamente, y poco menos enloqueciesse, viéndose el padre puesto en muy gran desconsolación, y engañado por los consejos de los amigos, cumplió la voluntad de la hija y diola por muger al mancebo que ella demandava, y diole todo lo que le pertenescía de su erencia, y díxole con gran amargura: «Ve, hija mía, verdaderamente desventurada, y cumple tu voluntad, porque sigues gran mezquindad». Y como estuviessen algún tiempo casados en uno, y el mancebo no entrasse en la iglesia, ni se signasse con la señal de la cruz, ni se encomendasse a Dios, dixeron los vezinos a su muger: «Sabe que este tu marido no es christiano, ni entra en la iglesia». Y ella oyendo esto, uvo muy gran temor, derribóse en tierra y començó a rasgar y a herir sus pechos, y a dezir: «¡Ay de mí, mezquina! ¿Para qué naciste? ¿Por qué no fui muerta el día de mi nacimiento?». Y como dixesse a su marido lo que oyera, respondiole el marido que no era verdad y que le avían dicho gran falsedad. Y díxole ella: «Si tú quieres que yo te crea, vamos mañana los dos a la iglesia». Y él, viendo que no se podía defender della, díxole por orden lo que le acaesciera. Y ella, oyendo esto, fuese para sant Basilio y díxole todo lo que le acaesciera a ella y a su marido; y díxole si era verdad lo que dixera su muger; y él respondió que sí. Y preguntole el sancto varón si quería tornarse a Nuestro Señor, y respondió el mancebo y dixo: «Plazerme hía de tornar a Nuestro Señor, mas no lo puedo hazer porque hiz profissión dello al demonio y negué a Jesuchristo; y escreví desto una carta y la firmé de mi nombre y la di a Sathanás». Y díxole sant Basilio: «No ayas tú cuidado desto porque Nuestro Señor Jesuchristo es muy benigno y recebirá tu penitencia si te tornares a él con voluntad entera». Y hízole luego en la frente la señal de la cruz, y encerrolo en una cámara tres días, y vínolo a visitar al tercero día, y preguntole cómo le iva, y él respondiole: «Señor, mucho estoy en gran trabajo y no puedo suffir las bozes y amenazas y espantos de los demonios, que me muestran la carta que escreví por mi mano y dizen: 'Tú veniste a nosotros, y nosotros no fuimos a te buscar; y, por tanto, no puedes escapar de nuestro poderío'». Y díxole sant Basilio: «No temas, hijo, mas cree firmemente en Jesuchristo, Dios y hombre verdadero». Y diole un poco de comer, y hízole la señal de la cruz en la frente otra vez, y encerrolo y oró por él. Y después de algunos días, vínolo otra vez a visitar, y preguntole cómo le iva, y respondiole y díxole: «Padre, oigo de lexos sus bozes y sus amenazas, mas no los veo según que primero». Y diole otra vez de comer, y hízole la señal de la cruz sobre él, y cerró la puerta y fuesse, y oró por él. Y a los quarenta días, vínole otra vez a visitar, y preguntole cómo le iva, y él respondió y dixo: «Bien me va, sancto de Dios, porque oy te vi pelear por mí y vencer al demonio». Y sacolo sant Basilio de la celda adonde estava encerrado y hizo ayuntar los clérigos y los religiosos y el pueblo, y amonestoles que orassen por él, y tomolo por la mano y llevolo a la iglesia. Y vino el demonio con gran multitud de espíritus malos, y queríalo arrebatar visiblemente de la mano del varón sancto, y començó el mancebo a llamar a grandes bozes y a dezir: «Ayúdame, sancto de Dios». Y tan fuertemente se arremetía el demonio por lo quitar al varón sancto que empuxava a sant Basilio por lo hazer caer. Y díxole sant Basilio: «Abástete, maligno, tu perdición, y no quieras perder la criatura de Dios». Y respondiole el demonio en manera que lo oyeron muchos, e dixo: «Gran injuria me hazes, Basilio». Y oyéndolo los que allí estavan, llamaron a gran boz, e dixeron: «Kirie eleison», que quiere dezir: «Señor, ave merced de nos». Y respondió el glorioso y bienaventurado sant Basilio al demonio y dixo: «Reprehéndate el Señor muy alto, espíritu malo». Y díxole otra vez el demonio: «Gran agravio me hazes, Basilio, porque no fui yo a lo buscar, mas él vino a mí, y negó a Jesucristo, y se me dio por vasallo. Y cata aquí la carta escripta de su mano». Y respondiole el glorioso sant Basilio y dixo: «No cessaremos de orar hasta que nos des la carta». Y alçó las manos el glorioso sant Basilio al cielo, e hizo oración al Señor. Y él estando orando, vino la carta por el aire bolando, viéndola todos los que allí estavan. Y púsose en las manos del varón sancto. Y él tomola y diola al mancebo, y dixo: «¿Conoces, hijo, esta letra?». Y respondió el mancebo e dixo: «Sí conozco, señor, que de mi mano es escripta». Y tomolo el glorioso sant Basilio por la mano y metiolo en la iglesia y diole la sancta comunión, e informolo en lo que convenía hazer, y diolo a su muger (II, 25v-26v).

Tras leer pasajes como éste —u otros parecidos, como el que narra el modo en que cierto joven de Gaza, ayudado por los sacerdotes de Esculapio, logró enamorar a su bella vecina, y cómo san Hilarión fue capaz de desligarla al descubrir el amuleto con que la atenazaba el maligno—, la principal lección que se extrae es que *La Celestina* no plantea nada extraordinario que precise de una explicación o de una justificación que debamos buscar lejos y con un esfuerzo ímprobo. Entiendo que la literatura religiosa del Medievo tardío (el ejemplo aducido, tomado del *Flos* de Pedro de la Vega y renacentista sólo en apariencia, es en puridad medieval, como dije hacia el comienzo, pues figura en la Compilación A y se encuentra ya en la *Legenda aurea* de Jacobo de Vorágine) también es aleccionadora a este respecto.[1] Si nos interesan los hitos previos, hay que apelar al milagro de Teófilo; hacia delante, la referencia obligada la tenemos en *La Celestina* y en su universo literario; sólo al final de este recorrido llegamos al *Fausto* de Goethe, que bebió en toda esta literatura taumatúrgica.

---

[1]   Y cierro el aparato de notas rindiendo nuevo tributo a ese maestro hagiógrafo que es José Aragüés Aldaz, quien ha dado esta lección a todos cuantos, neófitos como yo, hemos osado adentrarnos en tan difícil y apasionante materia.

ÍNDICE DE NOMBRES

Aarne, Antti, 161
Abad don Juan de Montemayor, leyenda, 164
Abdías, obispo de Babilonia, 71
Abdón y Senén, santos, 57
Abibo, san, 227-228
Abraham y Sara, 95
Absalón, 179
Acacio, san, 32, 254
Acebrón, Julián, 76
Acevedo, Francisco de, 72
Acta sanctorum, 14, 26
Adelelmo, san, *vid.* Lesmes, san
Adrián, san, 175, 185, 237
Agapito, san, 56
Águeda o Ágata, santa, 93, 116, 143, 151, 216-217, 253, 255-256
Aguirre, Olalla, 232
Agustín de Hipona, san, 11, 85, 96, 208, 217, 226, 234, 240, 247
Aigle, Denise, 18
Aigrain, René, 29, 51
Alarico I, 218
Albano, san, 93, 165, 258
Alberto confesor, san, 80, 95
Alburquerque, Luis, 93
Alejandro Magno, 33, 43, 44, 52, 55, 60, 61, 76, 91, 105, 106, 108, 112, 133, 139, 159, 232

Alejo, san, 95, 103, 104, 122, 139, 179, 182, 193, 195, 232, 237, 242
Alemany, Rafael, 7
Alexandre, Marcel, 44
Alexandri Magni iter ad Paradisum, 44
Alfonso V el Magnánimo, 246
Alfonso VI, 65
Alfonso VIII, 37
Alfonso X, 66, 86, 91, 122, 139, 172, 201
Alodia o Alodía, santa, 241
Alsina, José, 76
Alvar, Alfredo, 35
Alvar, Carlos, 34, 63, 66, 76, 88, 104, 124
Alvar, Manuel, 85
Amadís de Gaula, 58, 103, 121, 129-130, 135, 140, 161, 177, 194, 200
Amador, san, 203
Amaro, san, 44, 57, 119
Ambrosio, san, 85, 93, 98, 110, 115, 185, 208-209, 232, 258, 263
Ana, santa, 95
Ana I, 33
Analecta Bollandiana, 26
Anastasia, santa, 225, 229
Anastasio, san, 32, 94, 121
Andrés Apóstol, san, 192
Andrés Corsini, san, 21-22, 81, 124, 185
Ángela de la Cruz, santa, 130
Année Chrétienne, 214-215
Anscario, san, 109

Cazal, Françoise, 72
Cea Gutiérrez, Antonio, 86
Cecilia, santa, 178, 253
Celedonio, san, 192
Celso, san, 115
Cenis o Ceneo, 169
Cerda, Juan de la, 170
Cerrato, Rodrigo de, 201
Cervantes, Miguel de, 36, 37, 58, 67-73,
    97, 103, 105, 107-108, 118, 119-120,
    121, 135-136, 138, 140-145, 151,
    166, 169, 172, 175, 177, 181-182,
    196-197, 206, 217-218, 221-222,
    226-227, 231-232, 234, 243, 247
Cesáreo de Arles, san, 157
Céspedes, Alonso de, 187
Chanson de Guillaume, 77
Chanson de Roland, 53, 74, 94, 184
Chanson de sainte Foi, 29
Charbonneau-Lassay, Louis, 64
Chasca, Edmund de, 155
Chaucer, Geoffrey, 44, 48, 129, 178, 194-
    195, 236
Chauchadis, Claude, 72
Chrétien de Troyes, 58, 62, 103, 114, 118,
    132-133, 136-137, 196, 216, 221-222,
    251
Christin, Anne-Marie, 120
Ciarán, san, 21
Cicada, Sergio, 63
Cicerón, Marco Tulio, 98, 101, 102, 181,
    223
Cid, el, 34, 54, 65-69, 78, 86-88, 104-
    105, 116-117, 119, 122, 137, 182-
    184, 198, 208, 250
Cid, Jesús Antonio, 89
Cipriano, san, 151, 256
Ciriaco, san, *vid.* Quirico, san
Cirilo de Jerusalén, san, 90, 125
Cirino, san, 32
Cirlot, Victoria, 200
Cisneros, Francisco Jiménez de, 146
Clara de Montefalco, santa, 156

Clemence de Barking, 252
Clemente VI, 257
Clemente Papa, san, 63, 131, 207, 253
Clodoveo I de Francia, 95, 185
Clussa, Isidro, 186
*Cobles fetes en laor de la beneyta senta
    Tecla*, 151
Codex Calixtinus, 196
Coen, Ethan y Joel, 243
Cola di Rienzo, 257
Coleiro, Edward, 226
Colledge, Edmund, 85
Colledoc, san, 140
Collomb, Pascal, 13
Colomba o Columba de Cornwall, santa,
    119
Columba de Córdoba, santa, 109
Columbano, san, 57
Company, Concepción, 181
Connolly, Jane E., 26, 35, 43, 68, 146,
    152, 196, 201
Constancio Cloro, emperador, 258
Constancio de Lyón, 32, 186
Constantino I el Grande, 191, 199-200,
    258
Contreras, Jerónimo de, 135
Cooper, Gary, 186
Coppola, Francis Ford, 235
Corbera, Esteban, 207
Córdoba, Martín de, 56, 152
Coronel, María, 170
Corral, Pedro del, 103
Correa Calderón, Amelina, 215
Cortijo Ocaña, Adelaida, 176, 239
Cortijo Ocaña, Antonio, 11, 15, 30, 39,
    72, 99, 141, 176, 204, 239
Cosme y Damián, santos, 54, 85, 209-210
Craddock, Jerry R., 24
Crisanto y Daría, santos, 178
Crisógono, san, 225
Cristóbal, san, 45, 46, 180, 183-184, 254,
    256
Cristóbal de la Cruz, san, 247

ÍNDICE

Medievalia Hispanica: